中国社会科学院创新工程学术出版资助项目

国家社科基金重大特别委托项目

西南边疆历史与现状综合研究项目·研究系列

中国社会科学院创新工程学术出版资助项目

国家社科基金重大特别委托项目
西南边疆历史与现状综合研究项目·研究系列

云南民族关系的
历史与经验

张　刚　伍雄武／著

社会科学文献出版社
SOCIAL SCIENCES ACADEMIC PRESS (CHINA)

"西南边疆历史与现状综合研究项目·研究系列" 编委会

总　序

　　"西南边疆历史与现状综合研究项目"（以下简称"西南边疆项目"）为国家社科基金重大特别委托项目，由全国哲学社会科学规划办公室委托中国社会科学院科研局组织管理。"西南边疆项目"分为基础研究和应用研究两个研究方向，其中基础研究类课题成果结集出版，定名为"西南边疆历史与现状综合研究项目·研究系列"（以下简称"西南边疆研究系列"）。

　　西南边疆研究课题涵盖面很广，其中包括西南区域地方史与民族史等内容，也包括西南边疆地区与内地、与境外区域的政治、经济、文化关系史研究，还涉及古代中国疆域理论、中国边疆学等研究领域，以及当代西南边疆面临的理论和实践问题等。上述方向的研究课题在"西南边疆项目"进程中正在陆续完成。

　　"西南边疆研究系列"的宗旨是及时向学术界推介高质量的最新研究成果，入选作品必须是学术研究性质的专著，通史类专著，或者是学术综述、评议，尤其强调作品的原创性、科学性和学术价值，"质量第一"是我们遵循的原则。需要说明的是，边疆地区的历史与现状研究必然涉及一些敏感问题，在不给学术研究人为地设置禁区的同时，仍然有必要强调"文责自负"："西南边疆研究系列"所有作品仅代表著作者本人的学术观点，对这些观点的认同或反对都应纳入正常的学术研究范畴，切不可将学者在研究过程中发表的学术论点当成某种政见而给以过度的评价或过分的责难。只有各界人士把学者论点作为一家之言，宽厚待之，学者才能在边疆研究这个颇带敏感性的研究领域中解放思想、开拓创新，惟其如此，才能保证学术研究的科学、公正和客观，也才能促进学术研究的进一步深入和不断繁荣。

自 2008 年正式启动以来，中国社会科学院党组高度重视"西南边疆项目"组织工作，中国社会科学院原副院长、"西南边疆项目"领导小组组长江蓝生同志对项目的有序开展一直给予悉心指导。项目实施过程中，还得到中共中央宣传部、全国哲学社会科学规划办公室、云南省委宣传部、广西壮族自治区党委宣传部、云南省哲学社会科学规划办公室、广西壮族自治区哲学社会科学规划办公室以及云南、广西两省区高校和科研机构领导、专家学者的大力支持和参与，在此一并深表谢意。"西南边疆研究系列"由社会科学文献出版社出版，社会科学文献出版社领导对社会科学研究事业的大力支持，编辑人员严谨求实的工作作风一贯为学人称道，值此丛书出版之际，表达由衷的谢意。

"西南边疆研究系列"编委会
2012 年 10 月

目　　录

前　言

云南民族关系史的研究是极为重要且有意义的课题，因为，民族关系问题日益成为当今世界重要而基本的问题，构建和谐、稳定的民族关系，关乎世界的和平与稳定。云南地区民族众多且文化多样，自古以来却从未像某些多民族地区（如巴尔干半岛）那样成为地区的"火药桶"，自秦汉以来云南各民族始终以统一、团结和稳定为主流，很少陷入长期的民族冲突与战乱，故而就中华民族或全人类来说，云南民族关系史是一份宝贵的、不可多得的历史遗产，总结其中的历史经验具有重大、深远的意义。

此前，众多学者、先贤对云南民族关系史已有许多卓有成效的研究，给我们许多启发与教益，但是，随着时代前进的步伐，在一些基本的理论和方法上，我们觉得须在他们的基础上做一些新的探索和发展。一些论著认为，民族关系实质为政治关系，由此民族关系史，即为各民族政权（特别中央政权与地方政权）的关系史。然而，我们认为，这样理解民族关系的内涵过于狭隘，民族的实质在于文化，故要从文化的视域来认识民族关系。具体来说，民族关系不仅包含政治关系，也含有经济和思想文化关系；且此三者对民族关系的作用及影响也存有差异，在民族关系中，政治与经济是基础，但观念文化、民族精神才是灵魂。一个民族的政治、经济形态必定随着生产方式的变更而变革：从原始公有制到奴隶制，到封建制，到资本主义，到社会主义，但是，只要其观念文化的核心、民族精神不泯灭，那么，这个民族依然还是"这个民族"。因此，我们力求以文化为核心，全面展开对民族关系的探讨。

在方法上，现今论说民族关系史，无不以民族为叙述单元。民族关系就是讲一个民族与另一个民族的关系，这似乎是当然之理。其实，对于"多元一体"的中华各民族来说，特别是对于云南各民族来说，这样的方法不是很恰当的。首先，云南民族关系的历史，就是云南各民族形成"多元一体"关系（结构）的历史；云南民族关系的历史经验，就是形成"多元一体"关系的经验。费孝通先生和马曜先生都指出，中华民族"多元一体"结构的形成，有一个基本规律，就是从局部到整体，或者说，以局部的"多元一体"为基础构建整体的"多元一体"。我们进而认为，若以云南为全国的局部，那么云南的"多元一体"是全国"多元一体"的基础的一部分；若以云南为一整体，那么，它的"多元一体"又是以各个局部的"多元一体"为基础而形成的。由此，我们分析云南"多元一体"民族关系不是以单个的民族为基点（单元），而是把云南分为五个地区，以地区为基点（单元）来研究各民族的相互关系，然后以此为基础再论云南整体范围内的民族关系，以及云南与全国的关系。其次，也只能采取以地区为基点的方法，因为，云南 26 个世居的民族，空间分布为突出的"大分散，小聚居"，除几个人口较少的民族外，多数民族都分散在各县，其中彝、苗、回等族在全省 100 多个县都有聚居点；历史源流则既有"同源异流"，又有"异源合流"；文化上，不仅多元并存，而且相互渗透、融合，由此云南各民族之间形成突出的"你中有我，我中有你"的交错、渗透关系。面对这样的现实，以时间为框架，以民族为单元来叙述，实难理清相互关系，只有以地区为基点（单元）才能理清云南民族关系。这亦如在我国，只能实行民族区域自治，而不能以民族为单元进行自治一样。

依据上述理论与方法，我们力图对数千年的云南民族关系史做一番概要的考察。我们按"多元一体"结构在云南形成、发展的轨迹，把民族关系史归结为四个阶段，也就是本书的前四个章节：第一章，远古至两汉——云南民族关系的酝酿与形成；第二章，南中"大姓"与爨氏时期——云南"多元一体"格局的开端；第三章，南诏与大理国时期——云南"多元一体"格局初步形成；第四章，元明清时期——云南"多元一体"格局的调整、发展。由于诸多原因，近代部分未及完成，但是我们认为，就"多元一体"关系（结构）形成、发展的历史而言，至此也可以了。所谓"可以"，不仅是就过程的描述而言，而且也指：可以总结基本的历史经验了。由此，我们在第五章论述了云南民族关系的历史经验。

　　我们对云南民族关系历史过程的基本看法是：春秋战国时期云南就存有古滇国这样的地方性政权，秦汉后中原王朝就开始在云南开郡设治，将云南纳入全国统一的行政管理体制，但这些郡治都带有羁縻性质，云南当地土著首领依然被封为王管理本民族事务，如汉武帝征服古滇国后又"赐滇王王印，复长其民"①。魏晋南北朝时期，云南实际处于以爨氏为代表的大姓统治下，其治下人民既被统称为"爨人"，又根据彼此特点被分为"东爨乌蛮""西爨白蛮"；"西爨白蛮"一般由爨氏家族直接统治，而"东爨乌蛮"因经济文化比较落后，爨氏对其更多采取羁縻性质的统治。同时，爨氏始终没有割据称王的意图，始终保持与内地王朝的臣属关系。唐宋时期，云南先后出现了南诏、大理两个地方性政权，基本实现了对云南全境各民族的政治统一。但其内部依然有民族自治性政权的存在，政权结构上的"多元一体"特征非常明显，如南诏时期生活在滇西南地区的傣族先民基本是自治的；到了大理国时期，这些傣族先民甚至建立了独立政权——景陇金殿国（也称景龙金殿国），并得到大理国政权的认同。在与中原王朝的关系上，南诏、大理依然存有强烈的内聚倾向。在与唐朝发生天宝之战取得胜利后，南诏还是认为"我自古及今，为汉不侵不叛之臣"②，言下之意发生战争完全出于无奈。大理则是因为北宋王朝主动放弃才脱离中国版图的，而其自身始终要求归顺宋朝，并多次派遣使节至宋都城开封表达称臣意愿。元明清时期，云南虽已成为直属于中原王朝管理的一个行省，但其内部普遍推行不同于内地郡县制的土官、土司制度，在保留各民族原有政治结构不变的情况下，其民族首领管理其内部事务，中央王朝更多负责不同民族间外部关系的协调。

　　从经济上看，云南地势、地貌多样奇特，既有崇山峻岭又有峡谷平原，还有许多点缀其间的高原盆地（俗称"坝子"），在历史长河中，不

---

　　① 《史记·西南夷列传》。
　　② 《南诏德化碑》，见方国瑜主编《云南史料丛刊》第 2 卷，云南大学出版社，1998，第379 页。

同民族依据不同的地理环境发展出不同的经济生活方式,如生活在高原山区的藏族、傈僳族、纳西族等主要以畜牧业为生,而居住在平原地带的傣族、白族又以农耕经济为主。首先,不同地理环境产生的不同经济生活方式,使云南各民族得以各得其所,形成稳定的民族分布,从而始终能保留住彼此的民族特点。如,生活在高原地区的藏族、傈僳族等已适应自己的生活方式,如果让他们迁徙到平原地带,或反过来,生活在平原地带的傣族、白族等迁徙到高原地区,他们都不适应、也不愿意。其次,在优势互补原则的支配下,处于不同经济生活方式的各民族形成彼此不可或缺的依赖关系。畜牧民族需要农耕民族为他们提供粮食、茶业等农产品,反之,农耕民族需要畜牧民族提供牲畜、毛皮等商品。纵贯云南的茶马千年古道就是这种经济互补关系的明证。

在文化上,云南各民族都有自己悠久灿烂的文化,如,傣族信奉南传小乘佛教文化,彝族信奉毕摩教,纳西族则是东巴教等,所以云南各民族文化差异巨大。但在长期的民族发展及融合中,不同民族文化相互交流,文化上的彼此认同及共性也越来越凸显,如,"在藏族和纳西族之间长期的文化交流中,不仅两族的宗教产生相互融会、相互影响的现象,而且,两族民众相互信仰对方宗教的现象也比较突出"[①]。尤其随着以儒学为代表的汉族文化传入,云南少数民族普遍尊崇、学习儒学,从而使儒学成为云南各民族共同的文化和信仰。

因此,从政治、经济、文化三个方面都可以看出云南民族关系具有明显的"多元一体"特征,且是中华民族"多元一体"结构最典型的表现。

同时,云南民族关系"多元一体"结构不是一蹴而就的,而是有一个漫长的渐进过程。费孝通先生在描述中华民族"多元一体"结构形成过程时说:"中华民族成为一体的过程是逐步完成的。看来先是各地区分别有它凝聚中心,而各自形成了初级的统一体。"[②] 我们认为,云南"多元一体"民族关系形成过程也是这样,先在不同地区形成由一个或多个

---

① 杨福泉:《纳西族与藏族历史关系研究》,民族出版社,2005,第9页。

② 费孝通:《中华民族多元一体格局》(修订本),中央民族大学出版社,1999,第35页。

民族主导的初级统一体，进而融合上升至更高层次的"多元一体"结构。因为，许多地处偏远的民族生活非常闭塞，不要说和内地民族的联系，即便与云南彝、白、汉等主导民族接触也不是很多，但他们与其所处地区的主导民族交流频繁，相互间形成了紧密关系，进而随着本地区的主导民族融入云南乃至全国的民族关系中。具体言之，构成云南"多元一体"民族关系的初级统一体共有五个，即滇东北地区，滇西南地区，滇东南地区，滇西北地区，滇池、洱海地区。滇东北地区生活着彝、汉、苗、回等民族，从历史上看，滇东北地区是彝族的发源地，在清代"改土归流"前彝族一直是该地区的主导民族，汉族、回族及其他民族都是少数。之后，由于滇东北彝族在清朝"改土归流"中几乎被赶尽杀绝，随之大量汉族移入滇东北地区，进而汉族又成为该地区人数最多的民族，所以滇东北地区形成以彝、汉为主导，同时包容回、苗等民族的初级统一体。滇西南地区生活着傣、佤、拉祜、布朗等民族，傣族始终是该地区人口最多、文化最发达的民族。历史上在该地区建立割据政权的只有傣族，元后以土司身份统治该地区的基本还是傣族，所以滇西南地区形成以傣族为主导，包容其他民族的初级统一体。滇东南地区生活着壮、哈尼、苗、瑶等民族，壮族、哈尼族是该地区人口最多、文化最发达的土著民族，壮族主要在坝区以种植水稻为生，而哈尼族在山上开垦梯田，在山顶种植水稻，因此，壮族、哈尼族虽都以稻作农耕为生，但在历史上却未发生因争夺耕地而来的战争，始终能和睦相处、相互融合；苗、瑶等民族则是明末清初才迁徙到该地区，而且主要生活在高寒山区，很少与外界接触，所以滇东南地区形成以壮族、哈尼族为主导，包容苗、瑶等民族的初级统一体。滇西北地区生活着纳西、藏、傈僳、普米等民族。从现在情况看，傈僳族人口在滇西北地区最多，约53万人，但大部分人口都是在19世纪后迁徙而来的。纳西族、藏族则是该地区的土著民族，尤其纳西族自唐以后就一直统治着滇西北地区，在政治、经济、文化上相比其他民族具有明显优势。而藏族和纳西族同根同源，经济、文化上都比较相似，所以历史上两族相互交融、不分彼此，最终形成以纳西族、藏族为主，包容傈僳、普米等民族的初级统一体。滇池、洱海地区主要生活着彝、白、汉等民族。明代以前，彝、白两族不仅是滇池、洱海地区人口最多的民族，而且是整个云南的统治民族。南诏是由彝族联合白族建立的政权，大理国则是白族联合彝族建立的政权，明代以前迁入云南的汉族基本上都融入他们中去了。明以后，汉族才在人数上占绝对优势，成为该地区的主导和统治民族。历史上，彝、白、汉三个民族始终和睦相处，没有发生过不可化解的民族矛盾，所以滇池、洱海地区形成以彝族、白族、汉族为主导，包容其他民族的初级统一体。

在上述五个初级统一体中，滇池、洱海地区及生活在此的彝、白、汉三族是彼此进一步凝聚的核心和联系的纽带。首先，滇池、洱海地区一直是云南的政治中心所在，彝族、白族、汉族也一直是云南的统治民族，这就在政治上统摄了其他地区的民族。其次，滇池、洱海地区地处滇中，在地缘上和其他四个地区都直接相连，所以一直是云南各地区商品贸易的中心，如茶马古道虽起于普洱和西双版纳，但须经大理中转才能将茶叶运往香格里拉、西藏；此外，滇池、洱海地区拥有云南最发达的农业和手工业经济，其技术和产品亦为其他地区民族所必需。这就从经济上紧密凝聚了云南各民族。再次，滇池、洱海地区是汉文化最早开始传播的地区，文化积淀非常深厚。汉代时期，中原王朝就有意识地在此传播汉文化，魏晋南北朝时期的爨氏集团更是积极学习汉文化，南诏、大理时期的统治者也在此积极推广汉文化，甚至开科取士，明清时期涌现一批全国知名的彝族或白族的汉文化专家，如李元阳、高奣映等。因此，滇池、洱海地区历来是云南文化最发达的地区，是传播汉文化的中心地带。最后，滇池、洱海地区的彝族、白族、汉族人口最多，并凭借政治、经济、文化上的优势广泛分布在其他地区，从而能与云南其他民族建立起普遍的联系，将其串联成一个整体。

通过历史与逻辑相结合的方法，笔者将复杂的云南古代民族关系较为清晰地梳理出来，认为稳定、团结的云南民族关系成因即在于"多元一体"格局的形成。因此，如何保护好云南民族关系"多元一体"格局将关系到云南民族关系未来的稳定与和谐。

第|一|章

远古至两汉

——云南民族关系的酝酿与形成

历史是从古至今一步步走来的，但是，对历史的认识却基于回溯。对云南民族关系史的认识，其实就是对当代云南民族关系何以形成的历史过程的回溯。当代云南民族关系的最大特点就是"多元一体"。"多元一体"就是说，一方面有众多的民族，是众多相互差异的民族之间的关系，而非简单的甚至单一的民族关系；另一方面，云南各民族又相互融汇与凝聚，形成一个整体，并进而成为中华民族整体的有机部分。各民族相互宽容与理解，合作、交流超过排斥与战争，并且始终作为中华民族的有机组成部分而存在，这就是云南民族关系的历史内容与特点。回溯历史可知，这种关系由来已久，而远古至两汉则是其酝酿时期。正是在这一历史阶段中，云南民族关系开始孕育、发生。

第一节 云南民族多样性的发生

云南是人类起源地之一。在这 39.4 万平方公里的土地上，考古学家们多次发现了人类的源头。1965 年，元谋县发现 170 万年前的两枚猿人牙齿化石，随后又发现相关的石器和用火的痕迹，从而肯定了云南"元谋猿人"的存在。此外，还有属旧石器时代晚期的"丽江人""西畴人"化石及多处旧石器时代遗迹的发现，由此确认早在旧石器时代，人类的祖先就已活动在云南这片土地上。当然，追溯人类的起源或亚洲人、中国人的起源，我们须详究云南的旧石器时代，但是在旧石器时代，文化的差别尚不明显，对于认识民族、民族文化的发生、发展而言意义还不大。故而我们认识云南民族关系的酝酿、发生，就须从新石器时代开始。

云南新石器时代的下限大约在公元前一千多年前（以内地王朝分期来说大约商周时期），此后，云南的主要地区即进入文明社会，文化的差异、族类的区分日渐明显，由此跨入民族、民族关系的孕育、发生时期。这一历史时期大致从商周延续到两汉，考古学界将之称为"云南青铜文化时期"。云南考古学界对这一时期的发掘和研究取得了丰硕的成果，得到了商周至两汉时期的许多信息，但是，有关云南这一时期文献的记载极少，因此，对这一时代（以及此前的新石器时代）我们既要依据历史文献，同时要以考古学资料为依据来进行论述。

一 新石器时代云南族群与文化多样性的发生

新石器文化距今一万年左右。现今发现的新石器文化遗址和器物，遍布云南各地，并已显露地区之间存在差别。这样就孕育着地区之间、族群之间的文化差别，以及未来民族的区分。

对云南新石器文化，考古学家虽有不同的分类法，但都一致肯定，云南不同地区之间存在文化差别。李昆声先生将云南新石器时代文化分为八种地区类型：滇池地区（石寨山类型），滇东北地区（闸心场类型），滇东南地区（小河洞类型），滇南及西双版纳地区（曼蚌囡类型），金沙江中游地区（大墩子类型），洱海地区（马龙类型），澜沧江中游地区（忙怀类型），滇西北地区（戈登类型）。汪宁生先生将其分为五种地区类型：洱海地区、金沙江中游地区、滇池地区、澜沧江中上游地区、滇东北地区。① 这八种或五种地区（类型），都各有特点而独立成形，但是也可以据其共性而归并为两大类。这也是李昆声、肖阳、郭家骥等先生共同的看法。他们认为，可将金沙江中游地区、洱海地区、滇西北地区三者归为一类，其特点是：居住于穴居、半穴居或平地起建的房屋；以尖底瓶和圆底钵为其陶器的主要特征，并有少量陶三足鼎；对夭折的儿童

---

① 汪宁生：《云南考古》（增订本），云南人民出版社，1980，第12页。

作瓮棺葬，等等。由此说明，这三个地区的文化"与黄河流域尤其是上游的我国西北地区新石器时代文化有着较密切的文化联系。其本质上的原因，这些文化的创造者是我国古代氐羌民族的先民"，故可称之为"先氐羌文化"①。汪宁生先生也认为，金沙江中游新石器文化以元谋大墩子文化为代表，这种文化对夭折儿童作瓮棺葬，并在瓮棺上开小圆孔，似乎为了让灵魂出入，这与西安半坡仰韶文化瓮棺葬相似。② 郭家骥先生则说：这些地区的文化"与黄河中、上游的仰韶文化、马家窑文化和齐家文化关系十分密切"③。以上诸位又将滇池地区、滇东北地区、滇东南地区、滇南及西双版纳地区归为一类，其共同特点是：居住于"干栏式"房屋；使用有肩石斧、有段石锛和有肩有段石锛；其陶器，质地以夹砂陶为主，纹饰有绳纹、划纹、方格纹等，器型以釜罐为主；有稻谷种植的遗址和谷种遗物；滇池地区有贝丘遗址，等等。李昆声先生认为："这些考古学文化特征，反映了云南这四种类型的新石器时代晚期文化与我国东南沿海有着较强的联系，而这些文化特征则是百越民族的先民们所具有的。因此，可以将以上四种类型的新石器时代晚期文化称为'先越文化'。"④ 郭家骥先生则说：这些地区文化"与东南沿海地区有较多联系"⑤。

以上分类十分明晰，因此也较简化，但实际情况则复杂得多，首先存在两大文化类型交汇的地区，这些地区两类文化和族群都存在，如滇池地区。"滇池地区新石器文化具有强烈的南方色彩，种植稻谷，出土双肩石斧、有段石锛及有肩有段石锛，具有鲜明的百越文化特色，说明这是百越族群的先民创造的原始文化。但从该地区发现的带耳、带流陶器上的锥刺纹、划纹等情况，以及后来青铜时代的众多骑马人物俑，甚至还有披'察尔瓦'的人物形象等因素来看，远在新石器时代，即有为数不少的氐羌族系的先民居住在滇池地区。"⑥ 而"洱海地区和金沙江中游

① 李昆声：《云南通史·远古至战国时期卷前言》，《云南文史》2010 年第 3 期，第 9 页。
② 汪宁生：《云南考古》（增订本），云南人民出版社，1980，第 17 页。
③ 郭家骥：《云南民族关系调查研究》，中国社会科学出版社，2010，第 128 页。
④ 李昆声：《云南通史·远古至战国时期卷前言》，《云南文史》2010 年第 3 期，第 9 页。
⑤ 郭家骥：《云南民族关系调查研究》，中国社会科学出版社，2010，第 129 页。
⑥ 李昆声：《云南考古学论集》，云南人民出版社，1998，第 107 页。

地区的新石器文化以氐羌文化因素占主导地位，也有百越文化因素（稻作文化），是氐羌先民南下和当地土著居民（百越系先民）共同创造的原始文化。"① 或许正因为是两类文化交汇的地区，滇池、洱海地区从远古（新石器时代）开始，就成为云南社会发展的两个中心地区。

我们认为，将云南新石器文化分为两大类别是可行的，符合现今考古发掘的成果。由于两类文化的族属和来源问题十分复杂，如果仅以氐羌和百越来定其族属还有一些困难，例如百濮，即作为云南地区最原始的土著，或所谓孟高棉语系的百濮（而非源于长江中游地区的百濮），他们在新石器时代的分布范围尚不是很清楚，但应当还是较为广泛的。把他们归入百越文化、百越族群似乎不太妥当，但若说他们与百越皆属南方族群、南方文化，还可以。因此若笼统地看，云南新石器文化已分别有类似我国北方族群和南方族群的文化因素，因此以"类北方族群文化"和"类南方族群文化"称之较好一些。

我国北方族群的文化与南方族群的文化有很大的差别，地域上也相距甚远，但是从石器时代开始，就在云南地区汇聚、交融起来，这可说明三个问题：第一，云南文化多样性的孕育和发生，是很久远的；第二，云南一地汇聚我国南北两大族群文化，这两类文化的差异性和多样性在全国是很特别的；第三，这两类文化的源头可能在内地，可从内地去追溯，从而说明云南的族群与内地在远古就有密切的交流与联系。

二 青铜时代（商周至两汉）云南族群与文化多样性的形成

云南地区的青铜时代大致始于商周之际而终于东汉，这正是云南民族孕育、发生的时期。青铜时代始于铜石并用。1957 年发现的剑川海门口遗址，是一个铜石并用时期的遗址，从遗址中发掘出青铜器及大量石器。其青铜器经测定，距今三千余年约当商周之际。青铜时代终于铁器的出现，即铜铁并用的时代。滇池地区李家山遗址晚期器物中青铜器和铁器并存，同时还出土东汉五铢钱，以其为代表可知云南青铜时代大致

---

① 李昆声：《云南考古学论集》，云南人民出版社，1998，第 106 页。

终于东汉初年。当然，由于云南各地发展的不平衡性，这一时代划分只是就中心或主要地区而言的。

新中国成立以来，云南青铜器考古取得丰硕成果，发掘出许多遗址，获得大量青铜器物，由此得到这一时代社会和文化发展的丰富信息。把这些信息与文献记载的信息相比较（互证），可知商周之际至东汉这千余年中，云南在新石器时代的基础上，继续发展有地区差异的、多种多样的文化类型。考古学家基本将云南青铜文化分为四个地区类型，这与新石器时代文化类型的地区划分大体相对应。从这四类地区文化的特点中，我们可以进一步、更为清楚地看出云南地区族群与文化多样性的发生与形成。

（一）以滇池为中心的滇东地区

1. 云南经济、文化中心的出现

以滇池为中心的滇东地区，是一个大概的范围，其外延，南至今蒙自，西抵楚雄，北面把滇东北（即滇、蜀交接地区）包括进来，东面连接黔西地区。这里与"以洱海为中心的滇西地区"，同是发现青铜器最多、内涵最丰富的地区。我们认为，这应是青铜时代云南经济、文化发展的中心，因为它在以下几个方面有突出的发展。

第一，青铜冶炼与制作。这是当时生产工具制作及生产力水平的重要标志。现今在滇池地区发掘出众多的青铜遗址，如晋宁石寨山、江川李家山、曲靖八塔台、呈贡石碑村以及安宁太极山等，从这些遗址中出土大量的青铜器，如石寨山就有两千余件，其中有武器、农具、生活用具、乐器、礼器以及装饰品，等等。其冶炼水平高、制作工艺精湛，如，武器，其铜锡比例恰当，十分坚硬；铜"贮贝器"、铜鼓和各种装饰品，制作特别精美，说明至迟在西汉，滇池地区已有较发达的青铜冶炼和制作业。而这时的滇东北，即今昭通、会泽一带青铜冶炼和制作也很发达，其代表作则是朱提、堂狼铜洗。"洗"乃两汉用语，相当于周代之"盘"。汉代铜洗上常刻有铭文以注明制作年代和地方。现传世或发掘的汉代铜洗，很多都刻记朱提、堂狼。朱提、堂狼，即今昭通、会泽。由此可知，两汉时期滇东北地区青铜炼制很是发达。更何况，除铜洗外这一地区还发现其他许多汉代青铜器物。故方国瑜先生在《朱提堂狼铜洗概说》一文中指出："在公元 1 世纪后期至 2 世纪后期，朱提铜器工艺发达，亦为社会经济繁荣时期。"①

第二，农业发展。出土的青铜器中农具很多，并且品种也多，如铜锸、铜锄、铜镰、铜斧等。秦汉时期已有这样的金属工具（而在东汉末则出现铁制工具）说明当地农业已有较高水平。当时滇池地区以及滇东北（今昭通地区）的坝区，稻作农耕已较发达。《后汉书·南蛮西南夷列传》记载，王莽时期益州太守文齐，在朱提（今昭通地区）"造起陂池，开通池沼溉灌，垦田二千余顷"。从青铜贮贝器等器物上所铸造或刻画的动物形象看，秦汉时期滇池周围饲养的牲畜已有牛、羊、猪、鸡、犬，并且捕食鱼、螺等水产，以至《后汉书·南蛮西南夷列传》赞美说，当时滇池周围"有盐池田渔之饶，金银畜产之富"。

第三，社会组织的发展。当时云南多数地方还处于"毋常处，毋君长"的状态，而滇池周围以及滇东北的一些地方，已有定居的邑聚，形成特定的社会组织形式。这从青铜贮贝器上所铸造的众多人物活动场景可窥一斑。汪宁生先生《云南考古》一书中指出，晋宁石寨山先后出土的贮贝器（基本为两汉时期），其中 7 件在盖子上或腰部铸有人物活动场面，2 件表现战争，3 件表现举行某种杀人祭祀仪式，1 件表现纳贡，1 件表现出女奴隶们正在女主人监视之下纺织。还有 1 件杀人祭祀的场面，出现人物达 127 人之多。……还有几件铜鼓形贮贝器上不用雕塑的方法，而是刻铸着人们放牧、乐舞、纳粮以及统治者率领人民出外播种等图像。② 由此可见，社会已有主、奴、平民的等级区分；存在祭祀、纳贡、战争等有严密组织的社会活动，存在强制性的社会组织。而据文献记载，云南地区最早出现的国家政权形式，可能就是以滇池为中心的滇国。《史记·西南夷列传》载，战国时楚人庄蹻入滇，以"兵威"平定滇池地区，终"以其众王滇"。滇国是否在此时诞生的呢？尚不能肯定，但是，《史记·西南夷列传》载汉武帝元狩元年（前 122）帝令使者"出西夷西，指求身毒国。至滇，滇王尝羌乃留，为求道西十余辈"。则可以认为，此

---

① 方国瑜主编《云南史料丛刊》第 1 卷，云南大学出版社，1998，第 99 页。
② 汪宁生：《云南考古》（增订本），云南人民出版社，1980，第 55～58 页。

时滇国国家政权形式已经存在。特别是《史记》载，元封二年（前 109）武帝"发巴蜀兵击灭劳浸、靡莫，以兵临滇"，滇王举国投降，于是武帝在其地建益州郡，同时"赐滇王印，复长其民"。20 世纪 50 年代，晋宁石寨山墓葬发掘出金印一枚，印文"滇王之印"，这就与《史记》所述互相印证：当时滇国政权确实存在。它即便不是唯一的，也应是云南地区最强大的地方政权。而益州郡（辖云南境内 24 个县）之郡治亦在滇池县（今晋宁县），因此，滇池周围应是云南地区最重要的政治中心。

第四，交通和商贸。战国至两汉，内地与云南的交通、商贸首先从滇东北开始，因为，内地主要通过蜀地（今川东南）而与云南交通。《史记·西南夷列传》载"秦时常頞略通五尺道"，就是指秦始皇时，修筑了宽仅五尺的道路，从今之宜宾起至曲靖，故谓"略通"，或谓"五尺道"。此乃秦孝文王时蜀守李冰就开始修建，后常頞继之，但不论如何，这就是从云南通往内地的首条正规道路了。此后，不仅蜀地，甚至关中的人员、物资，如铜镜、弩机和铁器，多经此道进入云南，而云南物资如朱提的铜洗、纯银，以及各地的牲畜甚至奴仆也经此输往内地，故两汉时期经滇东北直到滇池，与内地交往较多、经济较发达。而从滇池周围发掘的文物，如大量精美的贮贝器及其中所藏海贝可知，当时已将海贝作为"通货"和财富的标志而收藏，并且这些贝可能来自印度或东南亚，由此也可见，当时滇池地区经贸之发达程度。

2. 族群和文化多样性的形成——地下文物与古文献互证

以滇池为中心的滇东地区，不仅是当时云南发展的重心所在，而且形成独特的区域文化。这种文化既有北方游牧文化的特点，又有南方农耕文化的特点，同时还受中原文化的影响。也就是说，它与上述三种文化都有关系，但是又都不等同，或者说它不能归于这三种文化中的任何一种，由此可见，它就是一种独特的区域文化，是包含多样性、由多种族群共建的文化。而以滇池为中心的滇东地区也正是云南民族多样性孕育与发生的重要地区。

这种多样性，在考古发掘的文物中有许多表现。如，在现今滇池地区发现的青铜贮贝器、铜奁、铜鼓等器物上，有雕塑的立体人像及刻画的人像数以百计，他们的发式、服饰、用具清晰可见；由众多人物组成的活动场景众多，可直观其社会生活状况。有关专家认为：据这些图像可知当时滇池地区存在众多的族群。如汪宁生先生说，这些器物上的人物，首先是人数众多的"滇"人，他们是滇国的主体民族，"男女均穿无领对襟外衣，长仅及膝，赤足，男的常以带束腰，腰带正中有圆形铜带扣，有的衣后拖一后幅，即所谓'衣着尾'之俗。男女均叠发为髻，中间以带束之，惟男子之髻在头顶，而妇女之髻则拖于脑后。这种髻应即是文献记载的'椎髻'"。除此之外的人则"作为纳贡者、宾客或奴隶"，又分为多种族群。对此，汪先生说："前人划分为七种，而据我们观察，可分为十几种，主要可分为四类：第一类，是服饰与'滇'人大同小异者，似为与'滇'人'同姓'的'靡莫之属'。第二类是男女均梳辫子，是与'滇'人经常发生战斗的'昆明之属'。第三类人数很少，男女均挽髻为结，盘于头顶或于一侧，类似今桶裙或'沙龙'之类，很像今滇西的傣族。第四类只见女性，头梳螺髻，与今云南苗族发式一样"①。在我们看来，这四类人中，除"昆明之属"梳辫外，其余皆梳发髻（椎髻）。故而，如果说昆明人似北方族群，其余则应当像南方族群。与此同时，在一件被称为"纳贡"的贮贝器上，铸有一组人，他们高鼻深目，多长髯，窄衣、窄裤、窄袖、佩长剑。张增祺先生认为，他们可能是从中亚地区南迁至滇的斯基泰民族——塞人；汪宁生先生认为他们"疑来源于西方……也可能是身毒之民或僄人侨居滇西地区者"②。此外，从其他器物也可推测存在不同的族群，如曲柄青铜短剑，"此种短剑在我国内蒙、河北和山西北部及四川西部发现较多"；弧背铜刀，"我国辽宁、山西北部及苏联贝加尔湖等地多有出土，器形也大致相同"，③ 因此它们应属北方游牧民族文化，由北方民族带入滇池地区；而铜铸的"干栏式"房屋模型，则说明居住者可能为南方民族；一些腰带的扣饰，其上以镂空浮雕形成的图案来表现动物之间的厮咬、搏斗，以及社会中的掳掠、狩猎、

---

① 汪宁生：《云南考古》（增订本），云南人民出版社，1980，第 68 ~ 69 页。
② 参见张增祺《再论云南青铜时代"斯基泰文化"的影响及其传播者》，载云南省博物馆编《云南青铜文化论集》，云南人民出版社，1991。
③ 见张增祺《滇池区域青铜文化内涵分析》，载云南省博物馆编《云南青铜文化论集》，云南人民出版社，1991，第 73 页。

乐舞形象，其艺术风格和手法颇有北方民族的特点。故而从考古发现的各种青铜器物可以看出，当时滇池地区是一个多种文化与族群聚集的地区。

有关历史文献，最重要者当推《史记·西南夷列传》，其所述内容与上述考古文物研究大体一致，故可相互举证之。现今引用最多者如：

> 西南夷君长以什数，夜郎最大；其西靡莫之属以什数，滇最大；自滇以北君长以什数，邛都最大：此皆魋结，耕田，有邑聚。其外西自同师以东，北至楪榆，名为嶲、昆明，皆编发，随畜迁徙，毋常处，毋君长，地方可数千里。

此以"滇"（地方或国名）为"靡莫之属"中最大者，即以滇人属于靡莫族群之一支，其周围应当有"靡莫之属"的许多分支存在。"滇以北"即滇东北以及川东南地区，这一地区的人与"靡莫之属"（其中包括滇人）的共同特点是："魋结，耕田，有邑聚"。既然有共同特点，那么他们是否同属一个大的族群呢？有可能。司马迁认为，在"西自同师以东，北至楪榆"即今滇西地区，存在另一个大的族群"名为嶲、昆明"，他们与滇东"靡莫之属"相比较，其特点是"皆编发，随畜迁徙，毋常处，毋君长"。这些与滇池地区青铜器物显示的信息大体相吻合。由此可认为，以滇池为中心的滇东地区，主要居民为"靡莫之属"，他们的共同特点是"魋结，耕田，有邑聚"；而滇西地区，主要居民为"嶲、昆明"人，他们的共同特点则是"皆编发，随畜迁徙，毋常处，毋君长"（此处可能脱一"大"字，即"毋大君长"）。这样，滇东地区和滇西地区，开始显现出地区的差异。两汉以后云南地区分为东爨与西爨、东爨乌蛮与西爨白蛮，《史记》所述应是这种差异酝酿、开始时的状况。

《史记》接着又说：

> （武帝灭南越国后）上使王然于以越破及诛南夷兵威风喻滇王入朝。滇王者，其众数万人，其旁东北有劳浸、靡莫，皆同姓相扶，未肯听。劳浸、靡莫数侵犯使者吏卒。元封二年，天子发巴蜀兵击灭劳浸、靡莫，以兵临滇。滇王始首善，以故弗诛。滇王离难西南

夷，举国降，请置吏入朝。于是以为益州郡，赐滇王王印，复长其
民。西南夷君长以百数，独夜郎、滇受王印。滇小邑，最宠焉。

这再与青铜器的信息互证："西南夷"包括滇人、夜郎人、昆明人等
百数部落、族群，因而不应当是一个特定族群的名称，而是一个地区的
族群的统称，即在这一地区有数以百计的部落、族群，因其不同于内地
华夏族人，故以"夷"（或"蛮"）总称之。而在西南夷中，滇人与劳
浸、靡莫为同一族群。

在此，太史公又提示说：在这外夷之地，曾有内地的楚人进入并留
下及融入夷人之中。这就是所谓"庄跻入滇"之说：

始楚威王时，使将军庄跻将兵循江上，略巴（蜀）、黔中以西。
庄跻者，故楚庄王苗裔也。跻至滇池，（地）方三百里，旁平地，肥
饶数千里，以兵威定属楚。欲归报，会秦击夺楚巴、黔中郡，道塞
不通，因还，以其众王滇，变服，从其俗，以长之。

在最后的赞语中司马迁说："楚之先岂有天禄哉？在周为文王师，封
楚。及周之衰，地称五千里。秦灭诸侯，唯楚苗裔尚有滇王。汉诛西南
夷，国多灭矣。唯滇复为宠王。"即再强调，早在战国时，滇池地区已有
"楚之苗裔"，并绵延不绝至于汉代，而楚曾为文王师，即属华夏，故在
西南夷中早有华夏苗裔融合其中。由此我们认为，在上述文字中太史公
意在说明：当时以滇池为中心的地区（上文"〔地〕方三百里"似应为
"池方三百里"，故可理解为：以三百里滇池为中心，周围肥饶数千里的
地区）由多种族群构成，其中就有华夏苗裔。除《史记》外，《汉书》
《后汉书》以及《三国志》、晋宋齐梁诸书、《华阳国志》等史书志，对
秦汉时期以滇池为中心的滇东地区，其族群构成皆有记述，但与《史记》
大体一致，故不一一引述。

内地华夏族裔进入云南，史书记载以庄跻为先，而内地文化大量浸
润云南则从秦汉开始。《史记》载，元封二年（前109）武帝"发巴蜀兵
击灭劳浸、靡莫，以兵临滇"，滇王举国投降，武帝"赐滇王印，复长其

民"，设益州郡，辖云南 24 县。于是内地文化大量进入滇池地区。在晋宁和江川的考古发掘中，就出土了汉字镌刻的"滇王之印"及其他印章，以及内地制造的青铜镜等。而滇东北地区，即今云南昭通地区，自秦开五尺道，遂成内地，特别是蜀地入滇的主要通道，内地文化，特别是蜀地文化入滇首先就浸润滇东北。滇东北地区的多样文化，日渐增加汉文化的因素。清光绪二十七年（1901）在昭通城南发现东汉《孟孝琚碑》，碑文载：孟孝琚（广宗）"四岁失母，十二随官受韩诗，兼通孝经。博览……"可见汉文化在其地之流传。李昆声先生在其《云南考古学论集》中指出，云南地区农业的牛耕技术是由内地传入的，其始于东汉，并且首先接受和传播的地方是滇东北的昭通地区，他说："最近（指 1998 年之近期——引者注）在昭通县城关东汉墓中发现一块画像砖，此砖……画面图二幅……左图为一幅'牵牛图'。牵牛图上右边为一椎髻披毡人，左边为一两角朝上的黄牛。牛和人之间有一细绳相连，绳的一端系于牛鼻，另一端牵于披毡之内的人手，牛前方有一尖状土堆。穿鼻系绳之牛，当为耕牛。……两汉时期，四川是中原入滇的孔道，牛耕技术当由中原经过四川传入。而最早使用牛耕的地区是滇池、昭通地区。"就接受内地汉文化并较早发展农耕生产方式而言，两汉时期的滇东北地区与滇池地区是相近的，故可视为一个地区来认识。

3. 族群和文化多样性的形成——据当代论述的分析

关于滇国的主体民族为何？秦汉时期滇东地区主要族群为何？当代史学家、学者众说纷纭，但是都有道理，都无法相互否定。这就提示我们，有可能各家都有一面的真理，都从一个特定的方面反映出当时以滇池为中心的滇东地区，是多种文化、多种族群的汇合之地。由此，我们可以据之对当时滇池地区族群和文化的多样性做出一定的分析。

（1）以僰人为滇池地区主体族群

马曜、尤中诸家持这种看法。马曜先生认为，"西汉时，滇池地区的主要居民是滇、劳浸、靡莫'同姓相扶'的各部落，组成部落联盟，称为'靡莫之属'，其中以滇为最大。……滇又称滇僰，意为滇池的僰人。僰是'羌之别种'，史称'氐僰'（亦作羌僰），当为氐羌族群中的氐人。

— 11 —

氐人接受汉文化较早较多"①。此说认为，滇池地区主体族群为"靡莫之属"，滇人则是其中"最大"者；"靡莫之属"乃僰人，而僰人源于氐人，氐人属氐羌族群。氐羌族群原本居住在我国西北河湟地区，后来向南迁徙，先入滇西地区，再向滇东迁移。氐人与羌人有区别，氐人居住在低地（谷地、坝区），以农耕为主，较先进；羌人则居住在山区，以游牧为主，较落后。由于云南特殊的地形，他们常交错生活在同一地区（滇西和滇东），但是，氐人在低处（谷地），羌人在高处（山头），呈所谓"垂直分布"。尤中先生的看法与此基本一致，仅有小的区别，即认为僰人以氐羌为源头，而不是只以氐为族源，后来也不以叟人为其后裔，叟人是与僰人同时并存的氐羌族群的另一分支族群。②

这种看法，在古代文献和考古资料中都有许多根据。其优点在于，能清晰地说明云南最大的两个兄弟民族（彝族和白族）在历史发展过程中的相互关系。如说两者皆属氐羌族群，这就可以说明为什么他们会同属彝语支，在文化上有许多共性，在发展过程中相互渗透。又如说，氐羌虽同为一个族群，但后来分化，氐族为农耕者，较发达，接受汉文化较多，为白族的源头；羌族则以游牧为主，较不发达，为彝族的源头。以此来说明彝、白两族后来发展中的差异，就有一定的道理，能理清许多历史关系。但此说又有一些困难，首先在于，滇国主体族群有一些明显的华南族群的文化特征，而氐、僰（以及今之白族）作为来自西北的民族，很难说是这种南方文化的主体。其次，以氐羌族群、氐人、僰人为滇国主体族群的源头，进而作为白族的历史源头；而以氐羌族群、羌人、昆明人作为滇国的敌人、掳掠对象，进而作为彝族的历史源头，这种历史源流的梳理过于简单，不能说明秦汉时期彝族先民在滇东、黔西地区的高度发展（不能认为魏晋以前这些地区经济、文化的发达与彝族先民无关）。秦汉时期彝族先民并不只是"随畜迁徙，毋常处，毋君长"，游牧且较落后的昆明人，彝族的历史源流是很复杂的。所以，以马曜先生为代表的这种看法，还不能定于一尊，但是，它肯定滇国的主体包含

---

① 见马曜主编《云南简史》（新增订本），云南人民出版社，2009，第5页。
② 参见尤中《云南民族史》，云南大学出版社，1994，第19～29页。

氐羌文化、僰人文化，其历史源头中包含氐羌族群，则是对的，我们很赞同。

（2）以越人为滇池地区主体族群

此说以张增祺先生为代表。他认为"滇池区域青铜文化是古越人创造的"，当时滇池地区的主体民族是古越人。其根据大致有以下一些方面。其一，从石寨山、李家山等滇池地区青铜时代考古发掘可知，"从新石器时代晚期开始，滇池区域就有'百越'文化遗物，青铜时代出土更多"，如，发现大量有肩石斧和有段石锛，而学界已公认此类石器和古越人有关；发现靴形铜斧，而此类铜斧在广西、浙江及越南东山文化中都有出土，并被学界认为是古百越民族的遗物；出土不少的铜鼓（约三十余面），而铜鼓是古代百越民族特有的器物；出土了特殊的铜桶，此类铜桶在广西贵县及越南东山都有出土，可见它也与古百越人有关。其二，从青铜器物上的图像，特别是贮贝器上铸造的人物形象可看到，作为主人、统治者或活动的主持者，无论男女其发型都是"椎髻"，服式则"妇女皆服一件宽大对襟的短袖外衣，衣长及膝。着时不系不扣，使胸前之内衣微露。大多不着裤，皆跣足。男子的服装与妇女略同……"这与《史记》《太平御览》等文献记载古越人的装束相似。其三，从器物上的图像可知，当时滇池地区主体民众有一些特别的习俗，这些习俗与百越族群自古以来的独特习俗十分相似，如猎头、文身、跣足、祭铜柱、居"干栏式"房屋，等等。其四，古代文献的记载，如《华阳国志·南中志》说："南中在昔盖夷、越之地。"可理解为"南中"（云南地区）西部为夷（昆明族类），南部（包括滇池地区）为越。根据以上，张增祺先生得出结论："……我们认为古代越人的文化特征和滇池区域青铜文化相似，说明两者之间有一定的族属关系。"[1]

古越人与古氐羌人，不论文化特征或民族源流都有巨大的差别，故而可以说，张增祺先生的看法与前述马曜、尤中诸先生的看法差异极大，几乎不能相容。但是，前述马曜、尤中等先生的看法持之有故、十分合

---

[1] 以下引文和引述见张增祺《云南青铜文化的类型与族属问题》，载云南省博物馆编《云南青铜文化论集》，云南人民出版社，1991，第 220~235 页。

理，而张先生的看法也同样是持之有故、十分合理的。既然如此，那么，青铜时代（商周至两汉）滇池地区的主体文化究竟是氐羌文化，还是百越文化？其主体族群是氐羌还是百越？似乎两者都可以，而两者又都不可以，于是处于两难的境地，两种对立的看法长期僵持不下。我们认为，欲摆脱这种两难境地须把"非此即彼"与"亦此亦彼"两种思路结合起来，肯定当时滇池地区是两种文化、两个族群复合的地区；两种差别极大的文化和族群在此汇聚、交融在一起了。

问题的复杂性还不止如此。还有第三种看法，即认为滇池地区的主体文化和族群是属于古百濮或楚人等的。

（3）以濮人或楚人为滇池地区主体族群

还有学者认为滇国（滇池地区）的主体民族是古代濮人。如侯绍庄、史继忠等学者在《贵州民族关系史》中认为"先秦时期，在今滇、黔、川西南、桂北以至鄂西的广大地区，居住着许多濮系民族集团，他们的社会发展已进入了初期的阶级社会，是滇、夜郎、邛都等地的主体民族"①。至汉代，滇国与夜郎的主体民族还是相同的，即濮人。在书中列举现今黔西考古发现的许多汉代文物，认为它们与滇池地区（石寨山、李家山等）发现的文物，有许多相似之处，如，"靴形铜钺，饰有翔鹭、羽人的铜鼓，与滇文化的风格极为相似"②，因此族属应当相同，即为濮人。又认为，庄蹻率楚人"循江上，略巴（蜀）、黔中以西"最后到滇国，这些楚人与滇、夜郎的濮人相融合，故滇国（滇池周围）的民人是濮人与楚人结合的后裔。李昆声和张增祺就指出："也有的人认为滇池区域的青铜文化是濮人文化。根据之一是《华阳国志·南中志》将滇和濮连用称'滇濮'，说明两者之间有族源关系。二是甲骨文中有'濮'字，其形似一人头上有奴隶标志，手执盂盘，衣后饰长尾。滇池区域古代也有'衣着尾'的习俗，与濮人同。三是滇池区域青铜器上多'椎髻'人物图像，古代濮人亦为'椎髻'，与青铜器图像同。"③ 虽然张增祺先生

① 侯绍庄等：《贵州古代民族关系史》，贵州民族出版社，1991，第47页。
② 侯绍庄等：《贵州古代民族关系史》，第56页。
③ 李昆声、张增祺：《云南青铜文化之探索》，载云南省博物馆编《云南青铜文化论集》，云南人民出版社，1991，第10页。

否定濮人是滇国的主体民族，但是，他不否定这些文化特征的存在，不否定在古滇国中有濮人存在，只不过这些濮人，"他们和'昆明人'一样，都是滇池区域主体民族越人的奴隶或被征服的民族"。① 关于濮人，虽然论述还不够深入，但是我们觉得，从两汉以降到隋唐以前，滇东（如南中的朱提、建宁等郡）都是云南最为发展的地区，这种发展很可能与巴蜀、湘黔的古濮人有关，因此，对于古滇国的主体族群是不是濮人，值得深入研究。

上述诸家关于古滇国（滇池地区）主体族群的看法，虽然没有一家能得到学界的一致认同，但是，他们指出的文化特征及其族属存在于古滇国（滇池地区），却是论据确凿、论证服人的。由此，若把滇国主体族属为何的问题放在一边，我们就可以由之得出一个看法：古滇国，即秦汉时期滇池地区，汇聚了众多的族群，主要是氐羌（或氐、僰）、越人、濮人。除此之外，还应当有嶲、昆明族群以及荆楚族群。

（二）以洱海为中心的滇西地区

这一地区以洱海为中心。当时洱海周围经济、文化已较发达，以之为中心形成一特定的经济文化地区。按今天的地域，这地区大约东起楚雄，西至保山，北抵剑川，南至昌宁、双柏。当然，这只是一个大致的设定，如楚雄地域在滇池与洱海之间，文化也兼有两方面的特点，但置之于滇西地区，只是为了方便；而剑川以北，其地理位置在滇西，但因文化类型的区别，我们将其与洱海地区区别开来，另设"滇西北地区"以论之。

1. 云南经济、文化发展又一中心的形成

《史记·西南夷列传》载，滇国（以滇池为中心）以西的地区"名为嶲、昆明，皆编发，随畜迁徙，毋常处，毋君长"。故人们多认为包括洱海地区在内的滇西，主要是游牧民族，没有发达的农业，没有邑聚，没有君长及权力组织，没有地区中心，较为落后。但从现今考古文物和遗址来看，情况却并非如此。第一，洱海地区很早就发生、发展了青铜

---

① 张增祺：《云南青铜文化的类型与族属问题》，载云南省博物馆编《云南青铜文化论集》，云南人民出版社，1991，第234页。

文化。剑川海门口青铜文化遗址，时在商周之际，与滇池地区青铜文化大体同时起步，不能算落后。第二，洱海周围集中了众多的遗址、墓葬，如剑川海门口、祥云大波那、弥渡青石湾、楚雄万家坝、大理金梭岛、巍山营盘山，等等。说明这一地区当时经济、社会发展水平已经较高，已经相对聚集。第三，在这一地区发现的器物数量大、质量高，表现了发达的生产力水平和繁荣的经济，如祥云大波那出土的铜棺，重达275千克，由7大块铜板铆接而成，其侧壁和横头铜板都铸有精美的文饰和动物图像。如此大件，只能在当地铸造；如此精美，必有极高的制作工艺。第四，在发现的青铜器物中，农具很多，如楚雄万家坝就出土青铜农具142件，其中铜锄就有99件。这不仅说明当地青铜冶炼、制作十分发达，更说明有较高的农耕水平，否则不会用当时贵重的青铜来做农具。第五，祥云大波那墓为大型的铜棺葬，该墓以及楚雄万家坝墓又以铜鼓陪葬，由此可知其墓主应是特权人物，当时社会已分层并形成权力结构。阚勇先生就指出："祥云大波那、楚雄万家坝随葬铜鼓的墓主，无疑就是'邑君'之类的显赫人物。大波那铜棺内随葬象征权力的铜杖一根即是有力的印证。"① 以上足可说明，当时以洱海为中心的地区，有较发达的农业，有发达的青铜冶炼、制作业，并有较发达的社会组织，应是云南社会发展又一个中心地区。

2. 地区族群和文化多样性的形成

以洱海为中心的滇西地区同样是多种文化和族群共存的地区。

（1）农耕文化及其族属

如前所述，当时在洱海周围以及今楚雄一带已有较发达的农耕经济以及相应的定居生活和文化。首先是楚雄一带。阚勇先生就认为，楚雄一带（包括今姚安、大姚等地），都有"农业民族"并"跨入定居农业社会"。② 他认为，这种农业文化的主体与滇池地区文化的主体是同一的，即都源于氐人的僰人。他说："在今楚雄州及其邻近地区的居民应为靡莫

---

① 阚勇：《滇西青铜文化浅谈》，载云南省博物馆编《云南青铜文化论集》，云南人民出版社，1991，第58页。
② 阚勇：《滇西青铜文化浅谈》，第63页。

之属的农业民族。据《史记·西南夷列传》载，春秋战国、秦汉时期的西南夷中，农业经济最发达的正是'滇僰'。他们即是古代滇国的主体民族——僰人。"① 如此一来，关于楚雄一带的文化类型可以肯定，即农耕定居的文化，但是，族属则因与滇池地区相同而引起争论。也就是说，当时在楚雄一带创造了较发达的农耕文化的族类，同滇池地区一样，可能是僰人，也可能是越人、濮人。

楚雄一带靠近滇池地区，其地的农耕人民与滇池地区为同一族群，此说好理解。那么，洱海周围呢？洱海周围也发展了农业。剑川海门口、祥云大波那、弥渡青石湾、大理金梭岛、巍山营盘山等处考古发掘出大量的青铜农具，以及六畜（马、牛、羊、猪、犬、鸡）的铜铸像和骨骼，由此可知洱海周围有发达的农耕文化。剑川海门口发现大片的干栏式房屋遗址，证明那里的居民是定居的农耕族群，并且生活于河网、湖滨。那么，这种文化的主体（族属）仍与滇池地区一样吗？从地理的距离与古文献记载来看，都让人疑惑，以至设想其是另一种族群。

凡此种种，故可肯定，在洱海周围及楚雄一带，存在不同于游牧文化的农耕文化，不同于游牧族群的农耕族群。

（2）游牧文化及其族属

对于滇西的游牧族群及其文化，一般都依循《史记》所述，认为是"皆编发，随畜迁徙，毋常处，毋君长（或为'无大君长'）"的嶲、昆明诸族及其文化。这种文化应与我国西北甘青一带或川西雅砻江一带的游牧民族有文化共性和历史渊源关系。如张增祺先生就依循《史记》《汉书》的记述，认为昆明人族类是"编发，随畜迁徙，毋常处，毋君长"的游牧群体，在把史书上关于这个群体的分布区域及其发型、服饰等特征与滇西青铜文化比较后，他说："……结论是当地青铜文化主要是由'昆明'人创造的。当然，滇西地区范围广阔，民族众多，除人数较多的'昆明'人外，还有嶲人、斯、苞蒲等少数民族。不过他们后来多被'昆明'挤走或融合，滇西地区人数最多、占统治地位的民族始终

---

① 阚勇：《滇西青铜文化浅谈》，第 63 页。

是'昆明'人。"① 而尤中、阚勇等先生则认为，滇西地区的昆明族群已发生分化，其中一些较为落后的仍在游牧，且未定居，还处于原始社会，但是也有一部分已经以农耕为主，且定居，有了阶级分化和权力机构。尤中先生说：秦汉之际的滇西"……是嶲（叟）、昆明各部落的共同杂居地区，其中以昆明族的部落占多数，同时也有昆明族分布在这一带地方。《史记·西南夷列传》说，这一带的嶲（叟）、昆明部落'皆编发，随畜迁徙，毋常处，毋君长'，即以游牧为主，农业还没有发展起来，也还没有出现阶级的分化"。但是，尤中先生又认为，以上是《史记》的看法，它是片面的，即只说了昆明人中落后的那部分，而"当时当地的嶲（叟）、昆明族中，有相当大的一部分已经从事定居的农业生产，有了阶级的分化。不韦、嶲唐二县内属于昆明族的哀牢人就是如此"，而"邪龙县的昆明族在西汉初年已经从事定居的农业生产，并在此基础上产生了阶级的分化"②。两汉设置的不韦县在今保山市东面、嶲唐县在今云龙县西部至保山市北部、邪龙县在今巍山与漾濞两县中间，因此尤中先生的看法即是认为，当时洱海周边确有较发达的农耕文化，而其族属可能是从昆明人族群中分化出来的僰人，或哀牢人，但是，在滇西地区的昆明人相当一部分还是以游牧为主，属游牧族群。

当然也可以认为，滇西的主体族群已以农耕为主，其游牧文化的因素主要源于与外地的交流，如在祥云大波那、楚雄万家坝、剑川鳌凤山出土的青铜剑，其类型"在四川甘孜、西昌等地也有发现。足见与四川西部地区文化有密切的关系；同时与北方地区青铜文化亦有某些承袭关系"。③ 其并不一定说明当地与甘孜、西昌是同一族群，而很可能是受其文化影响。

（3）铜鼓文化及其族属

铜鼓有悠久且连续的历史，现今看到的铜鼓，其制作年代可从两千

---

① 张增祺：《云南青铜文化的类型与族属问题》，载云南省博物馆编《云南青铜文化论集》，云南人民出版社，1991，第238页。

② 尤中：《云南民族史》，云南大学出版社，1994，第42~43页。

③ 阚勇：《滇西青铜文化浅谈》，载云南省博物馆编《云南青铜文化论集》，云南人民出版社，1991，第51页。

多年前（约春秋中期）连续到一二百年前。铜鼓又分布广泛，我国的云贵高原、珠江流域、武陵山区都有分布。国外，与华南毗邻的越南、缅甸、老挝，以及南海之外的印度尼西亚都有流传。历史上铜鼓被许多民族作为族之"重器"（尊贵的礼器）、宗教之神物，而现在许多民族还用之为乐器，视之为宗族之圣物。因此，铜鼓是民族文化的一种标志和象征物，它承载着丰富的文化内涵，标志特定民族及其文化的存在，故而为文化史、民族史所重视。

在世界各国中，我国现今收集到的铜鼓最多，仅各地博物馆里就有1200 多面（国外大约有二三百面）。而在我国各省区中，云南收集到的铜鼓最为重要，这不仅因为数量较多（有 200 面），更因为云南铜鼓有三点突出之处：一是当前国内发现的古代铜鼓共分为 8 个类型（即万家坝型、石寨山型、冷水冲型、遵义型、麻江型、西盟型、北流型和灵山型①），云南铜鼓就有 6 个类型；二是在云南铜鼓中，有 28 面是"早期铜鼓"（而其他省区则没有），此中又有 7 面（万家坝 5 面、大波那 1 面、八塔台 1 面）是有伴出物的"科学发掘品"，可作为认识的可靠依据；三是万家坝型铜鼓，在现今出土的所有铜鼓中，年代最久远、形态最原始，是探索铜鼓起源、传播最重要的依据②。

万家坝型铜鼓，最初发现于楚雄市万家坝古墓葬遗址。根据出土伴物的时代特征和棺木的 C14 年代测定，出土铜鼓的万家坝古墓，大约距今 2600 年上下，古墓中出土的铜鼓当在此之前，即春秋中期或战国初期。这就是现今所知最古老的铜鼓。再由于万家坝出土的铜鼓，器形简朴，并有炊爨的痕迹等因素，我国学界公认，万家坝型铜鼓是人类铜鼓之祖。此型铜鼓全世界仅发现 19 面，有 18 面发现于云南。云南的 18 面中，有13 面是考古发掘出土的，其出土地点为楚雄（6 面）、弥渡（2 面），而祥云、昌宁、腾冲、禄丰、晋宁各 1 面。除腾冲外，其余 6 地均在楚雄周围。有学者认为，昌宁、祥云、禄丰三地可连接起来形成一个三角形地区，这个地区的中心是楚雄和弥渡；或者认为，把上述 7 个地方（楚雄、

---

① 参见王大道《云南铜鼓》，云南教育出版社，1986，第 4～17 页。
② 参见李昆声、黄德荣《再论云南早期铜鼓》，载云南省博物馆编《云南青铜文化论集》，云南人民出版社，1991，第 374 页。

弥渡、祥云、昌宁、腾冲、禄丰、晋宁）连接起来，可形成一条西抵洱海、东达滇池的连线（滇西—滇东连线），而楚雄也在中间。这样便可看出，滇西楚雄一带是铜鼓的发源地。① 在楚雄地区以外均有铜鼓发现，但是其制作年代都较晚，器型更为精致，器身纹饰更为复杂，由此，学界普遍认为，它们都是楚雄地区原创铜鼓向外传播的产物。"早期铜鼓在滇中—滇西一线产生后，很快即往东、北、南三个方向传播而没有往西传播。"② 往西，由于族群的不同、冶铜技术的不成熟，故而铜鼓的传播止于腾冲。

确认楚雄一带（或"滇中—滇西一线"）是铜鼓的发源地、原创地，就说明，创造铜鼓的是先秦时期这一地区的人民（族群），铜鼓所承载的是这些族群（人民）特定的文化。现在我们也可以反过来，根据这一地区出土的铜鼓来认识滇西，特别是楚雄地区青铜时代的文化与族群。

首先，当时楚雄一带的文化与滇池地区的文化是同类的，因为，两地的铜鼓一脉相承。晋宁石寨山和江川李家山出土的铜鼓，不论属于万家坝型或石寨山型，都为同类。虽然万家坝铜鼓年代更早一些，更古朴原始一些，是为始祖，但因是同类，故可据石寨山和李家山鼓来认识楚雄地区文化。如果这样，那么，石寨山和李家山铜鼓上的众多纹饰图像，首先反映出来的，是南方族群的文化，如翔鹭纹、船纹、竞渡纹、蛙纹以及文身的人物图像。再者，从铜鼓产生后的传播路线主要是向东、向南、向北，而向西至腾冲而止，可推测此中原因在于，西至保山、腾冲以外多为"随畜迁徙"的昆明族类，与铜鼓创造者的族群文化不同，故而铜鼓传播到此为止，但东、南、北三方多为同类文化故而不断传播、扩散。但是，正如前述滇池地区的青铜文化一样，楚雄和洱海地区的文化也包含北方民族的一些文化因素，如铜鼓纹饰中，有瘤牛图像、"磨秋"图像，这些似北方氐羌文化。所以，如李伟卿先生说的：先秦

---

① 参见李伟卿《台湾学者对铜鼓起源的见解——兼述五十年来中国的铜鼓研究工作》，载云南省博物馆编《云南青铜文化论集》，云南人民出版社，1991，第427页。

② 李昆声、黄德荣：《再论云南早期铜鼓》，载云南省博物馆编《云南青铜文化论集》，云南人民出版社，1991，第374、384～385页。

时"……楚雄一带，其地理位置正好在靡莫与巂、昆明之间，所以和楚雄出土文物混合着滇池、滇西两种文化因素一样，铜鼓的产生，也可能包括西南民族，乃至西北民族的多种民族文化因素"。①

铜鼓由什么族群创造？也就是说，先秦时期楚雄一带的居民是什么族群？如认为万家坝型铜鼓与石寨山型铜鼓表现的是同类的文化，那么创造这两种铜鼓的人，即楚雄一带与滇池地区的居民的族属应是同类。如果这样，那么，对滇池地区的族群有多种看法，对楚雄一带居民的族群自然也就有多种看法，进而对铜鼓创制者的族属也就有多种看法了。在《云南青铜文化论集·代序言》中作者指出："关于始创铜鼓的民族，有荆楚民族说、南蛮族说、僰人先民说、巂昆明族说、骆越族说、僚人、乌浒人说等等。更多的研究者主张创制铜鼓的民族是古代濮人。"② 这就是说，先秦时期楚雄一带的住民有可能是荆楚人、南蛮族人、僰人先民、巂昆明族人、骆越族人、僚人、乌浒人等。

主张濮人说者，可以李伟卿先生为代表。他认为，铜鼓的创制者，即楚雄一带的居民为百濮族群中的一支。秦汉之时，这一支濮人被称为"劳浸"和"靡莫"，而"为了和曲靖地区与滇王'同姓相扶'的劳浸、靡莫相区别，可以把楚雄等地的铜鼓创造者称为'靡莫之属'"。在他看来，铜鼓的创制者只可能是越人、昆明人、濮人三种族群。但是，仔细分析后就会发现，不会是越人，因为楚雄在滇西，那里不会有越人。也不会是昆明人，因为：一者，铸造在铜鼓上的人物形象，凡是主人者皆椎髻，而昆明族群的人是"编发"的，故不是昆明人；二者，昆明族群主要分布在大理、保山以西，铜鼓创制后没有向西传播，而是主要向东传播，这就说明昆明人非铜鼓创制者。这样，铜鼓的创制者就只能是被称为"靡莫之属"的濮人了。③ 他的这种看法，与认为滇池地区（滇国）主体居民是濮人的看法一致，有其合理处，但也有不足。

---

① 李伟卿：《关于铜鼓起源的若干问题》，载云南省博物馆编《云南青铜文化论集》，云南人民出版社，1991，第495页。

② 见云南省博物馆编《云南青铜文化论集》，云南人民出版社，1991，第16页。

③ 参见李伟卿《关于铜鼓起源的若干问题》，载云南省博物馆编《云南青铜文化论集》，云南人民出版社，1991。

张增祺先生在1981发表的论文《略论铜鼓的起源与传播》中，提出的看法与李伟卿正好相反，他认为铜鼓的创制者，即楚雄一带的居民，是昆明人族群。其主要论据如下：铜鼓与铜釜共同起源于鼓形釜，而鼓形釜又是模仿作为炊具的双耳鼓腹陶罐而铸造的。这种双耳鼓腹陶罐，是新石器时代滇西昆明人在游牧过程中用的炊具，后来由它演进的青铜鼓形釜（可能存在，但至今未见实物），也应当是游牧族群在游牧过程中使用的炊具，因此，把鼓形釜改进成为铜鼓的人，也应当是滇西的游牧者——昆明人；再者，鼓形釜（如果存在）是一种很大的炊具，能供许多人用餐，因此它是奴隶主用来给奴隶做饭的炊具，而在滇西，只有昆明族群为奴隶主，他们一路向东征服了洱海周边直到楚雄的农耕族类，只有他们才有能力使用这种鼓形釜，于是鼓形釜和由之演化来的铜鼓就成为权力和财富的标志、象征，有了神圣的社会意义。张先生的这种看法，与其关于滇国的主体民族是越人的看法，可能是矛盾的，因为许多人都认为滇国的主体居民与楚雄一带居民是同一族群的；认为滇国的主体是越人，就不能同时认为楚雄一带的族群为昆明人。但是我们认为，这种矛盾正反映了青铜时代云南（在此主要指滇西地区）族群和文化的多样性，即对同一个地区，可以指出它包含两种差异极大的文化，对同一种文化现象（如铜鼓文化），可以设想它是由不同的族群共同创造的。

根据同样的思路，我们认为，李伟卿先生认为创造铜鼓的是濮人，而张增祺先生认为是昆明人，两种看法大相径庭，但又各自有其根据和道理，这同样反映出滇西以至整个云南在青铜时代族群和文化的多样性。

（三）滇西北地区

滇西北地区指剑川以北，滇川、滇藏交接的地区，或者说云南境内金沙江、澜沧江、怒江上游地区。这里虽与洱海周围一样属滇西，但是，在地理环境及民族文化方面，和洱海地区有较大差别，故独立划为一个文化区域。近年国内民族学、人类学学界提出"藏彝走廊"概念，将滇西北归入其中，此即反映了滇西北民族、文化的特点。故李昆声、张增祺在《云南青铜文化论集·代序言》中说："滇西北地区的青铜文化，目前材料尚少，但从德钦永芝、石底、纳古、宁蒗大兴镇发现的一批石板墓和土坑墓内涵分析，与滇池地区青铜文化迥然不同，与洱海地区青铜文化也有很大区别，又有一定联系。因而，这是一种新的青铜文化——滇西北地区青铜文化。"①

我们可把滇西北纳入"藏彝走廊"范畴来认识其文化与族群的多样性。"'藏彝走廊'是我国著名学者费孝通先生首先提出的一个学术概念，它主要指川、藏、滇边境横断山脉地带的怒江、澜沧江、金沙江、雅砻江、大渡河、岷江共六条由北向南流的大江及其主要支流分布的地区，包括藏东高山峡谷区、川西北高原区、滇西北横断山高山峡谷区以及部分滇西高原区，故这片区域又称为'六江流域'。但它并非六江流域的全部，主要是怒江、澜沧江的下游不在此区之内。这片区域现今居住着藏缅语族的藏、彝、羌、白、纳西、傈僳、普米、独龙、怒、哈尼、景颇、拉祜、基诺等民族，以藏语支和彝语支的民族居多，故亦称之为'藏彝走廊'。"② 当然，这里说到的众多民族，只有居住在金沙江、怒江、澜沧江上游的属于滇西北范围，但是已包括藏、彝、白、纳西、傈僳、普米等多种民族。其实，滇西北不仅民族众多，它更值得注意的是，在历史上许多族群曾由此南下进入云南地区，故这里是民族迁徙的走廊（"藏彝走廊"），因而在滇西以至整个云南民族多样性形成的历史过程中占有特殊的地位。

新石器时代以来，我国西北的一些族群就从这民族走廊进入云南，而在滇西北留下自己的足迹。1974 年，在今迪庆藏族自治州德钦县永芝发掘石棺墓 2 座、土坑墓 1 座；1977 年，又在德钦纳古发掘石棺墓 2 座，在德钦石底发掘土坑墓 2 座。这些墓中出土器物有青铜器、陶器，其青铜器制作粗糙，纹饰简单，陶器表面多未磨光，并且对纳古墓葬作 C14 测定，其绝对年代距今约 2900 年，因此这些墓葬属青铜时代早期，约当内地商周之际。③ 可见早在三千年前，处于青铜时代早期的人民就已生活

① 见云南省博物馆编《云南青铜文化论集》，云南人民出版社，1991，第 6 页。
② 李绍明：《"藏彝走廊"研究与民族走廊学说》，载石硕主编《藏彝走廊：历史与文化》，四川人民出版社，2005，第 3 页。
③ 参见阚勇《滇西青铜文化浅谈》，载云南省博物馆编《云南青铜文化论集》，云南人民出版社，1991。

在滇西北高原的崇山峻岭之中了。

这是一些什么族群呢？他们很可能是从我国北方甘青地区向南迁徙入滇的族群。这有以下三个方面的理由：第一，上述滇西北发现的墓葬，以石棺墓为主，此类石棺墓大量分布在"藏彝走廊"各条大江的沿岸之中，向北一直延伸到岷江、大渡河上游，而向南至云南剑川后，再往南则渐行渐少以至绝迹。由此可见这类墓葬的主人应是从"藏彝走廊"北端向西、向南沿河谷进入云南的族群。第二，从这类墓葬中出土的陶罐，多为双耳陶罐，它们与西北甘青地区新石器时代齐家文化的陶罐有相似之处，而且"滇西青铜文化所出双耳陶罐，自剑川鳌凤山墓地以南便逐渐减少甚至绝迹，而德钦永芝、纳古、石底墓地及其以北的雅砻江流域乃至岷江上游地区却比比皆是。再往北追溯，便可抵达此种双耳陶罐的发源地——甘青地区"①。第三，出土的铜剑、铜牌饰，则与北方草原地区的同类物有相似之处。那么，他们又是从甘青地区向南迁徙的什么族群呢？

阚勇先生认为，是西北氐羌族群中的氐人，进而又是氐人中的一支：冉（駹）。他说："据史籍载，早在新石器时代晚期，氐羌族群的先民就从甘青高原向西南地区迁徙。约当春秋战国之际，氐羌族群中之氐人又逐渐移居今四川西部和云南地区。广泛分布此区域的青铜文化之主人，即是南迁的氐人和本地氐族部落融合、同化而形成的土著民族。"他又据《史记》等文献而认为，这些南迁的石棺墓的主人，是氐人中称为冉（駹）的支系。他说："氐人之一的冉（駹），即是石棺葬的主人。"② 张增祺先生认为，滇西北石棺墓的主人应是古羌人的一支：白狼人。他还据李绍明、童恩正等先生的看法认为，这是学界的普遍看法。他说："……考古界普遍认为川西及滇西北地区的石棺墓，是古代'白狼'人及其先民的墓葬。他们原来是北方游牧民族古羌人中的一部分，后来沿金沙江及澜沧江河谷进入西南地区，成为云南古代民族之一。"③ 但是，

① 阚勇：《滇西青铜文化浅谈》，载云南省博物馆编《云南青铜文化论集》，云南人民出版社，1991，第61页。

② 阚勇：《滇西青铜文化浅谈》，载云南省博物馆编《云南青铜文化论集》，云南人民出版社，1991，第62页。

③ 张增祺：《云南青铜文化的类型与族属问题》，载云南省博物馆编《云南青铜文化论集》，云南人民出版社，1991，第240页。

上述观点都留有余地，即前一种观点认为，除氏族的支系外，"这一地区还有为数众多的游牧民族——'昆明'等族的活动"。①而后一观点则认为，就整个滇西地区而言昆明人是占主要的民族，而非唯一的民族。

综上所述可知，滇西北地区虽然族群较为简单，但它是北方各族进入云南的"走廊"，是形成云南地区民族多样性的关键地区之一。

（四）滇南地区

在论述新石器时代时我们曾指出，许多学者把滇池地区、滇东北地区、滇东南地区、滇南及西双版纳地区在考古学上归为一类，认为它们有共同的文化特点。李昆声先生认为："这些考古学文化特征，反映了云南这四种类型的新石器时代晚期文化与我国东南沿海有着较强的联系，而这些文化特征则是百越民族的先民们所具有的。因此，可以将以上四种类型的新石器时代晚期文化称为'先越文化'。"②郭家骥先生则说：这些地区文化"与东南沿海地区有较多联系"，③而我们将之称为"类南方族群文化"。到青铜时代（商周至两汉），滇池地区和滇东北地区已不能简单归属于"类南方族群文化"或"先越文化"。这两个地区形成独立的文化和族群区域。但是，滇东南、滇南和滇西南，即今南部边境一线的文山、红河、西双版纳、普洱、临沧、保山、德宏等地组成的地区，还只能笼统地作为一个文化和族群地区来认识。所以如此者，一来因为客观上这一地区族群与文化的分化还不明显，二来则因认识上的局限，即关于这一地区的考古资料和古文献资料都较少，尚难做深入细致的分析。

张增祺先生认为，作为青铜文化类型的滇南地区，现已发现的"……青铜器数量较少，地方特点也不十分明显。代表性器物有：靴形铜斧、尖叶形铜镬、一字格铜剑、扁平长銎铜斧和凹字形铜斧等。另外还有少量梯形铜斧和铜鼓。以上青铜器和滇池区域青铜文化有许多相似处"④。而在

① 阚勇：《滇西青铜文化浅谈》，载云南省博物馆编《云南青铜文化论集》，云南人民出版社，1991，第65页。
② 李昆声：《云南通史·远古至战国时期卷前言》，《云南文史》2010年第3期，第9页。
③ 郭家骥：《云南民族关系调查研究》，中国社会科学出版社，2010，第129页。
④ 张增祺：《云南青铜文化研究》，载云南省博物馆编《云南青铜文化论集》，云南人民出版社，1991，第23页。

《云南青铜文化论集·代序言》中则仅对滇南之"红河流域地区"的青铜文化做出论述，认为这一地区"……目前材料不多，亦无典型墓葬群或遗址。但从出土青铜，尤其是 1982 年文物普查后发现的一批青铜器风格来看，有的同志已将其列为一种新的类型的青铜文化，器物主要是青铜矛、斧、钺、锛、锄、剑、戈、凿、鼓等，以兵器居多。青铜钺的种类较多，其中有的型制接近越南北部同类器物，而祖型或为当地石器，或来源于滇池地区。看来这一地区是滇池地区青铜文化往越南传播的中途站。其年代与滇池地区青铜文化相当或略晚"[①]。

从考古学资料来看，首先，青铜时代滇南文化与滇池周边文化有密切关系，甚至滇南一些地方，如红河北部，可能与滇池地区属同一文化类型，即以稻作农耕为主的文化，而其文化主体中应有濮人或僰人。其次，滇南地区又与我国东南沿海文化及越南北部文化有一定关系，是滇中与我国东南沿海文化的中间环节。如果这样，那么滇南地区，特别是南部边界的地区，应属于百越文化的范围，其族属主要为越人。

从文献记载来看，《史记·西南夷列传》载："西南夷君长以什数，夜郎最大。"此以夜郎为"最大"的众小国中，有句町国。《华阳国志·南中志》对"句町县"作如下说明："故句町王国也，其置自濮王，姓毋，汉时受封迄今。"刘琳先生在注释中说："句町故城应在今云南广南。此外云南之富宁、广西之西林……等县应亦当属其辖境。""句町原是濮人的一个部落，居住于云南东南部、广西西北部。汉武帝元鼎六年开其地为县。……这里说句町为濮人，其首领姓毋，颇疑云南东部、贵州南部的毋单、毋棳、毋敛等部也是濮人。"[②] 自句町向西有仆水，亦可称濮水，即今之红河，因此可推测自句町向西之滇南地区皆有大量濮人居住。但《后汉书·南蛮西南夷列传》载："西南夷者，在蜀郡徼外。有夜郎国，东接交阯，西有滇国，北有邛都国，各立君长，其人皆椎结左衽，邑聚而居，能耕田。"可知，夜郎各国多为濮人，但是其最南端与交阯（今越南）相接的地区，其民"皆椎结左衽，邑聚而居，能耕田"既可能是濮人，也

---

① 见云南省博物馆编《云南青铜文化论集》，云南人民出版社，1991，第 7 页。
② 《华阳国志校注》，刘琳校注，巴蜀书社，1984，第 458～459 页。

可能是越人。西汉征服夜郎设牂牁郡。牂牁郡辖 17 县，其南部为今红河哈尼族彝族自治州、文山壮族苗族自治州，与越南相毗邻，为古越人居地。尤中先生认为，这些地方的越人，在两汉文献中称为"僚"。他说：在牂牁所辖区域内，"……普遍有夜郎僚人的部落与其他的部落杂居在一起，直到晋朝时期，仍以僚的族名称呼出现在相同的地域之内，而且分布区域依旧往东与秦末、汉初的百越聚居的中心——南越之地相连"。"秦、汉之际，夜郎这个僚人群体，与其他地区原属百越系统的其他群体，已经是有所区别，但区别不是那样明显，而且相互之间也存在许多共同之处。"① 此即肯定，秦汉时期滇东南地区不仅有濮人，更有大量的越人。

以上关于夜郎国及牂牁郡所述，皆指滇东南地区，再看滇西南。滇西南即今德宏傣族景颇族自治州及保山以南地区，东汉属永昌郡。《史记·大宛列传》载："昆明之属无君长，……然闻其西可千余里有乘象国，名曰滇越。"人们据此以为，"滇越"即指在滇（云南地区）的越人，或专指滇西南之德宏、保山地区的越人。再由"乘象国"而联系到《后汉书·南蛮西南夷列传》所载：汉和帝永元九年（97）"徼外蛮及掸国王雍由调遣重译奉国珍宝，和帝赐金印紫绶"。安帝永宁元年（120）"掸国王雍由调复遣使者诣阙朝贺，献乐及幻人……"由此推测，滇越人与掸国人可能同一族群，皆为古越人之后裔。马曜先生就说："在'昆明'部落以西千余里有名为'滇越'的'乘象国'，其地在今腾冲及德宏地区。滇越人与后来从永昌和日南（今越南中圻）向东汉王朝进贡的掸人，都是今傣族的祖先。"② 所以，两汉时期滇西南和东南地区一样有越人。同时，这里与滇东南一样有濮人，也是濮人与越人杂居之地。但是，这里与滇东南有所不同，即其所谓"濮"人，实际是两种不同的族群，一是属南亚孟高棉语系的"濮"人，一是与滇中（滇池、洱海一带）濮人同类的濮人。就后者来说，在汉代滇西南地区主要是哀牢人。"哀牢"为地名，今有哀牢山为滇西南地区重要山脉，秦汉时有哀牢国，故其地之人亦称哀牢人。哀牢人是何族群呢？有关哀牢人的记载最早见于《后汉书·南蛮西南夷列传》。它说"哀牢夷"信奉

---

① 尤中：《云南民族史》，云南大学出版社，1994，第 30 ~ 31 页。
② 马曜：《马曜学术著作自选集》，云南人民出版社，1998，第 533 ~ 534 页。

"九隆"神话，自认为是九隆及其兄弟的后代，此"种人皆刻画其身，象龙文，衣皆著尾"。"哀牢人皆穿鼻儋耳，其渠帅自谓王者，耳皆下肩三寸，庶人则至肩而已……知染采文绣，罽㲲帛叠，兰干细布，织成文章如绫锦。有梧桐木华，绩以为布，幅广五尺，洁白不受垢污。先以覆亡人，然后服之。"据此，有的人认为，九隆神话为彝族先民所信奉，故哀牢人为氐羌族群；有的人认为，有文身习俗（刻画其身）且"衣皆著尾"，则应是濮人；又有人认为，能以"木华"（木棉）织成细布如绫锦者，应是越人；还有人认为，只有孟高棉语族的人才"皆穿鼻儋耳"。凡此种种，两汉时的哀牢人，可能以濮人为主，但是融合着多种文化与族群。

关于南亚孟高棉语系的"濮"人，史书记载极少。尤中先生据《史记·司马相如列传》中有"举苞满"一语而考证出："苞满"即"濮曼"，近代指布朗族，而"西汉初年的'苞满'只是百濮（孟高棉）系统部落中的一部分，其同族其他众多部落，在西汉时期还不曾被纳入郡县范围，所以当时的汉族还不知道他们，也就没有作出记录。至东汉初年设永昌郡时，与'苞满'同一族系的其他百濮（孟高棉）的部落，才纳入永昌郡的范围，为汉族所知，作出了记录，书面记录名称为'闽濮'"。"苞满和闽濮都是近代孟高棉语族中的布朗、佤、德昂族的先民。秦汉时期，它们是同一语言系统中的众多不同的部落，还没有分化组合为单一民族。"[①]

第二节　促成云南民族多样性的因素

云南地区自古就聚集着众多的民族（族群），何以如此呢？众多族群向云南的迁徙是重要的因素或根源。从远古开始，迁徙的人流，像一条条江河、小溪蜿蜒流向云南，经千百年的汇聚形成了云南民族的多样性。在多种多样的民族之间，才发生了云南独特的民族关系。

一　民族迁徙——形成云南民族多样性的重要因素

民族多样性根源于迁徙，而古代民族的迁徙，在自然环境的基础上

---

① 尤中：《云南民族史》，云南大学出版社，1994，第34~35页。

展开，则受自然条件、地理环境的极大制约，因此，对民族迁徙的认识要从地理环境，特别是云南特殊的地理位置开始。

（一）地理环境与云南民族迁徙

向云南迁徙的民族（族群），主要来自中华内地。他们从东、南、北三个方向进入云南，聚集于云南。徐新建先生在《西南研究论》一书中曾提出，中国西南地区是多种文化汇聚的"大三角"。他说："……西南实际上是处于多方交融之中的一个巨大三角地。此三角地的一边与东亚中部的黄河中下游流域相接触，一边与东亚南部的长江中下游流域相连接，还有一边则同东南亚半岛及印度次大陆地区毗连，三角地的每一边都存在着不同类型的文化，并分别同西南三角地发生着'双边交融'，于是，对于作为相对整体的西南来说，就形成了一个多通道中的多边关系。"① 此关系如图 1 - 1 所示。

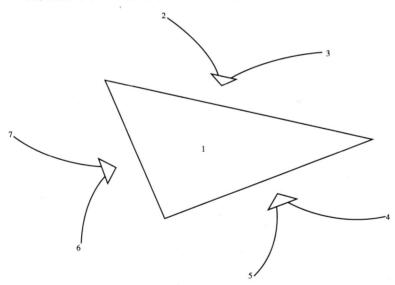

图 1 - 1　"大三角"示意图

说明：1. 西南三角地；2. 黄河上游地区（西北）；3. 黄河中下游地区（中原）；4. 长江中下游地区（南方文化带东部）；5. 珠江流域（南方文化带中部）；6. 东南亚半岛；7. 印度次大陆。

---

① 徐新建：《西南研究论》，云南教育出版社，1992，第 141～142 页。

云南在西南之中。西南处于多通道、多边关系的中心，云南亦应如此。但撇开文化交流而仅从民族迁徙来看，把上述"大三角"理论用于云南，我们须作两点修正。其一，"大三角"的西边："东南亚半岛及印度次大陆地区"则与云南关系不大，即"东南亚半岛及印度次大陆地区"很少有民族向云南迁徙、流动，对云南来说，民族迁徙基本来自中国内地，即来自黄河中上游地区、长江中游地区和华南沿海地区。其二，徐先生强调，在文化上"大三角"内外"双边交融"，而我们从民族迁徙上看，则强调从三个地区（黄河中上游地区、长江中游地区、华南沿海地区）向云南的单向流动（迁徙），并且在流向（迁入）云南后，就停留、汇聚于云南，形成云南的民族多样性。对此可做示意图，见图 1 - 2。

图 1 - 2　向云南迁徙的流向示意图

众多民族何以从南北两面向云南迁徙和汇聚呢？我国的地理环境和云南的特殊区位，是重要的客观原因。

对我国的地理环境白寿彝先生在《中国通史·导论》说：

中国地理条件，由于天然特点而自成一个自然地区。这个自然地区的环境是：北有大漠，西和西南是高山，东与南滨海；黄河、长江、珠江三大水系所流经地区是地理条件最好的地区。在这个自然地区里，任何局部地区的特点、局部地区与局部地区之间的差异及其产生的种种社会结果，一般地说，都不能不受到这个整体所具有的统一性的约束。①

费孝通先生在《中华民族多元一体格局》中认为：

　　中华民族的家园坐落在亚洲东部，西起帕米尔高原，东到太平洋西岸诸岛，北有广漠，东南是海，西南是山的这一片广阔的大陆上。这片大陆四周有自然屏障，内部有结构完整的体系，形成一个地理单元。②

他们都认为，我国的地理环境多样而又自成系统，有向外的通道而又半封闭。作为一个自足的整体，它有不同海拔的地势，有不同纬度的气候，有平原和山区，有内陆和海滨……由此形成了游牧经济和农耕经济、旱作农耕和水稻农耕、农业和渔业……相互补充、圆融自治的整体。这个整体，由于四周的天然屏障，而成为一个半封闭的整体，极似一个封闭的半岛形地区。它的四周：东面为太平洋，北面为西伯利亚荒原以及大漠、戈壁，西面为帕米尔高原、青藏高原以及东南亚热带丛林（古瘴疠之地）。由此，自远古以来这块大地上的人类迁徙大体都只在这相对封闭的区域内流转、掺和。"至少在十六世纪之前，中国人是相对独立和封闭地生活在以新疆、西藏为界的中国这块半岛形成的大陆上，外来因素渗入小、外来影响亦小，在这块大陆上来回怎么活动遇到的都只是这群人。不应该忘记这一历史过程长达数万年。"③
　　在这数万年的人群（族群）的迁徙、流转过程中，云南地区具有十

---

① 白寿彝主编《中国通史》第 1 卷，上海人民出版社，1989，第 144 页。
② 费孝通等：《中华民族多元一体格局》，中央民族学院出版社，1989，第 2 页。
③ 龙西江：《中国亟待建立自己的民族学理论》，《战略与管理》1994 年第 3 期，《新华文摘》1994 年第 10 期转载。

分特别的地位。它处在西南之一角，一方面，北方各族群，如甘青、河湟地区的氐羌族群，向西迁徙，至青藏高原后为其所阻，一部分便转而向南，沿金沙江、澜沧江、怒江河谷而进入云南。即便藏族，由于翻越喜马拉雅山之困难，也转而向内地发展，他的一个方向是青海、四川，另一个方向就是云南。另一方面，南方各族，如古代华东、华南的百越族群，他们沿海岸呈弧形向南迁徙，进入南粤后为瘴疬所阻，其中一部分则沿珠江水系的南盘江、北盘江转而向北，进入云南。所以，自古以来我国内地族群迁徙画出的轨迹，大致可视为一南、一北的两条弧线，这两条弧线的交接点，甚至终点就在云南。特殊的地理区位使云南成为中华各民族迁徙、流动的汇聚点。

民族迁徙、流动较为集中、频繁的路线，被民族学界称为"民族走廊"。李绍明先生说："民族走廊指一定的民族或族群长期沿着一定的自然环境如河流或山脉向外迁徙或流动的路线。"① 这样，我们以上所说的一南、一北两条民族迁徙的弧线，就可视为两条"民族走廊"。费孝通先生认为我国存在三条"民族走廊"，即西北走廊、藏彝走廊、南岭走廊。我们所说的两条民族迁徙弧线，正对应着藏彝走廊和南岭走廊。故学界对这两条民族走廊的研究和我们的看法是完全一致的。我们从"藏彝走廊"的存在，不仅看到我国西北地区族群（主要是氐羌或藏缅语族群）向云南的迁徙，而且看到这一走廊的终点在云南，众多藏彝族群（氐羌族群）进入云南后就汇聚、居留在云南。

对"南岭走廊"目前学界讨论得还不多。

这两条弧线（两条走廊），既可说明地理环境与民族迁徙的关系，又可说明云南成为民族汇聚之地的客观原因。下面再从地理环境与生产类型的关系来看。在中华大地上，以北方游牧或畜牧为主的民族，与南方稻作农耕或热带农作的民族，两者之间隔着中原大地（黄河、长江中下游地区），但两者又以中原为中介而相互联系。但是，他们在云南却直接、紧密地联系在一起。许多学者都指出，可以从黑龙江省的爱辉到云

---

① 李绍明：《"藏彝走廊"研究与民族走廊》，载石硕主编《藏彝走廊：历史与文化》，四川人民出版社，2005，第10页。

南的腾冲画一条线，此线"东部为面向海洋的季风湿润区和汉族聚居的农耕文化区……西部为背靠欧亚大陆的干旱区和少数民族聚居的游牧文化区，其间也穿插分布着若干河谷与绿洲农业区"①。如此，则东、西文化区的分界斜穿云南，而北方游牧或畜牧为主的民族，与南方稻作农耕或热带农作的民族，就在云南直接地联结、交融在一起。在整个中华民族"多元一体"格局中，只有云南一地能够把藏、普米、纳西、傈僳等以畜牧和旱作农耕为主的民族，与壮、傣、布朗等以稻作和热作农耕为主的民族，直接地（所谓"零距离"地）联结、交融在一起。由此，云南北面通过藏族与青海、甘肃各族联系，南面通过壮、傣各族而与广西、贵州各族联系，这样，联结中国边疆各民族的两条弧线，由于云南这个关键环节的存在，得以扣结为一条半圆形的弧线，它一头联结着中国最南面的各民族，另一头联结着北方各民族，使得文化差异极大的南、北两方的民族能够交汇在一起。

最后，我国地势从青藏高原向东南倾斜，形成三级台阶，而云贵高原处于中间一级，由之而下，联结着湘、鄂、两粤；而处于同一平台的滇、黔（黔西）、川（川西、川南）则紧密相连，互相交通。于是，除南北两条民族走廊是内地民族进入云南的通道外，云南东面，即滇川、滇黔交接地区也存在进入云南的通道。远在先秦时期，楚人庄蹻即可溯江而上，抵达滇池。而秦汉以后则形成"南方丝绸之路"，其自长安、咸阳，经巴蜀而入云南。

总之，云南特殊的地理位置与地形，使之从古以来就成为我国南北民族迁徙的汇聚之地。

（二）远古至两汉北方氐羌族群向云南的迁徙

如前所述，从新石器时代至青铜时代，在滇中以北，包括滇西北地区、以滇池为中心的滇东北地区以及以洱海为中心的滇西地区，都存在我国北方族群的文化。学界普遍认为，这类文化的族属，即创造者和主人，是源于我国西北河湟地区的氐羌族群；从远古至两汉向云南迁徙的北方族群，主要就指氐羌族群。远古以来氐羌族群沿"藏彝走廊"迁徙，

① 郭家骥：《云南的民族团结与边疆稳定》，民族出版社，1998，第13页。

最终进入云南，为云南带来了我国北方族群的文化，并与土著相融合而繁衍成为云南藏缅语族彝语支各民族。

从云南考古发掘可知，氐羌族群向西南、进而向云南的迁徙，从新石器时代就已开始，绵延至青铜时代后期，甚至到两汉以后。而其迁徙的路线，也即北方族群文化向西南及云南传播的路线，是怎样的呢？我们认为，其路线主要就是"藏彝走廊"，可以认为，氐羌族群主要沿"藏彝走廊"向云南迁徙，这在前面我们已做了论述。但若从更宽阔的角度看，还可以通过童恩正先生提出的"半月形文化带"的概念进一步理解。童恩正先生在20世纪80年代提出著名的"半月形文化带"概念。他认为，自新石器时代晚期以来，以滇西北、藏东南为南端，经甘青宁，直到北端的黑龙江、大兴安岭，存在一个半月形文化带，其特征是分布着石棺墓、大石墓和北方细石器。"……经过对各地（半月形文化带各地——引者注）遗址的时差分析，童恩正认为有理由推测出一条'石棺葬文化'在古代的传播路线。即其最初在黄河上游某一氐羌系统的民族处出现，然后连续传播到'西南夷'和'胡''戎'族群中。这样，童恩正其实已把作为局部的'藏彝走廊'与一个由东北至西南的广大地带联系了起来。并且，他不仅指出该地带对夷、羌、戎、胡诸游牧族群的生存价值和'通道'作用，而且也暗示了它在整个农、牧集团对峙格局之间的'过渡'与缓冲意义。"① 由此可看出，半月形文化带绵延数千公里、从东北到西南，是北方羌、戎、胡众多族群的迁徙通道和栖息地，这样一个共同的文化带的存在，说明羌、戎、胡等族类，从西北甚至遥远的东北向西南、向云南迁徙，是可能的，而其迁徙路线只能沿这一通道。

氐羌族群从新石器时代开始向西南及云南迁徙的动因为何呢？人们认为，新石器时代至青铜时代早期多因气候变化。如段丽波在《中国西南氐羌民族源流史》一书中，据水涛先生《甘青地区早期文明兴衰的人地关系》一文而得出结论："……距今4000年开始气候变为持续时间达

---

① 徐新建：《"族群地理"与"生态史学"——由"藏彝走廊"引出的综述和评说》，载石硕主编《藏彝走廊：历史与文化》，四川人民出版社，2005，第102页。

200 年以上的寒冷期导致了甘青地区在新石器时代发展的农业到晚期时逐渐衰败，逐步过渡到了畜牧业。农业的连年歉收，导致人口的大量外流，从陇东、陇中等地的河谷中赶出来的人们，纷纷选择西进或南下的路线，希望找到新的理想家园。这也可以从青铜时代甘青地区聚落小而分散、没有形成像秦安大地湾一样的遗址为证。甘青地区在青铜时代所经历的生态环境的重要（应为'重大'——引者注）剧变导致了氐羌系统民族大规模地不断向南迁徙。"

至于进入阶级社会以后的青铜时代，即商周以后，氐羌族群在上千年的时间中又为何迁徙呢？人们多说是因族群之间的排挤以及国家政权间的争斗。如说，羌本为西戎之一部，春秋之初在秦国之西。秦兴起后，穆公向西发展，这就挤压羌、戎各部。至秦厉共公时，羌人部众推举爰剑为首领。爰剑本羌人，为秦所俘而沦为奴隶，后来逃回羌地，众人以其神勇应有天助，而推为首领。爰剑在秦时学会各种农耕技艺，当时河湟"少五谷，多禽兽，以射猎为事，爰剑教之田畜，遂见敬信，庐落种人依之者益众"①。于是爰剑愈为各部所拥戴，致其子孙也多为羌人各部首领。据《后汉书》载："至爰剑曾孙忍时，秦献公初立，欲复穆公之迹，兵临渭首，灭狄獂戎。忍季父卬畏秦之威，将其种人附落而南，出赐支河曲数千里，与众羌绝远，不复交通。其后子孙分别，各自为种，任随所之。或为牦牛种，越巂羌是也；或为白马种，广汉羌是也；或为参狼种，武都羌是也。忍及弟舞独留湟中，并多娶妻妇，忍生九子为九种，舞生十七子为十七种，羌之兴盛，从此起矣。"② 以上"出赐支河曲数千里，与众羌绝远"而向南迁徙的羌人，进入西南地区后，就"各自为种"，即分化、演变成为西南以至云南众多彝语支民族的先民。此即认为，秦自穆公崛起至始皇统一天下，在五百余年中，对西北羌、戎施以巨大的军事、政治压力，此即氐羌西走、南迁的重要动因。

基于自然和社会的动因，氐羌族群向西、向南迁徙，他们迁入云南后演变为哪些民族呢？或者说，云南哪些民族源于氐羌族群呢？这是我

---

① 《后汉书·西羌传》。
② 同上。

们研究云南民族关系所关注的问题之一。而要了解这一问题，须先对"氐羌"以及"氐""羌"之分别有所认识。学界普遍认为，氐与羌乃同源异流的两个民族。因其同源，故先秦文献多合称"氐羌"，二者混一，如，《诗经·殷武》云："昔有成汤，自彼氐羌，莫敢不来享，莫敢不来王，曰商是常"；《荀子·大略》记："氐羌之虏也，不忧其系垒也，而忧其不焚也。"至战国、秦汉之际，虽《吕氏春秋·恃君览》仍混称"氐羌"（"氐羌、呼唐，离水之西"），而《山海经·海内南经》已分别记述氐与羌（"氐人国，在建木西，其为人，人面而鱼身，无足"）。马曜先生说："秦汉以后多是氐、羌分记。《汉书·地理志》载西汉有'氐道'（今甘肃礼县），其西有羌道（今甘肃舟曲）。"① 由此，学者们在论及云南民族的渊源时，多从氐羌乃同源异流的两个民族而言之。

首先，考古学界对滇西石棺墓主人的族属、渊源，就从氐、羌为不同民族而有不同看法。如张增祺先生认为，滇西北石棺墓的主人是古羌人，并且是其中的一支：白狼人。他说："……考古界普遍认为川西及滇西北地区的石棺墓，是古代'白狼'人及其先民的墓葬。他们原来是北方游牧民族古羌人中的一部分，后来沿金沙江及澜沧江河谷进入西南地区，成为云南古代民族之一。"② 而阚勇先生认为，滇西北石棺墓和细石器的主人，不是羌，而是氐，故迁入者是氐羌族群中的氐人，并且是氐人中的一支：冉駹。他说："据史籍载，早在新石器时代晚期，氐羌族群的先民就从甘青高原向西南地区迁徙。约当春秋战国之际，氐羌族群中之氐人又逐渐移居今四川西部和云南地区。广泛分布此区域的青铜文化之主人，即是南迁的氐人和本地氏族部落融合、同化而形成的土著民族。"阚勇又据《史记》等文献而认为，这些南迁的石棺墓的主人，是氐人中称为冉駹的支系。并说："氐人之一的冉駹，即是石棺葬的主人。"③

① 马曜：《马曜学术论著自选集》，云南人民出版社，1998，第549页。
② 张增祺：《云南青铜文化的类型与族属问题》，载云南省博物馆编《云南青铜文化论集》，云南人民出版社，1991，第240页。
③ 张增祺：《云南青铜文化的类型与族属问题》，载云南省博物馆编《云南青铜文化论集》，云南人民出版社，1991，第62页。

　　而学界讨论最多、最为重视的是，氐、羌与秦汉时期云南地区各类族群的渊源关系，对这些族群的历史渊源，因氐、羌之不同，就有属氐与属羌的不同看法。关于秦汉时期云南地区的族群构成，最早记述见于《史记》。《史记》有一段著名记述："西南夷君长以什数，夜郎最大；其西靡莫之属以什数，滇最大；自滇以北君长以什数，邛都最大；此皆魋结，耕田，有邑聚。其外西自同师以东，北至楪榆，名为嶲、昆明，皆编发，随畜迁徙，毋常处，毋君长，地方可数千里。自嶲以东北，君长以什数，徙、筰都最大。自筰以东北，君长以什数，冉駹最大。其俗或士（土）著，或移徙，在蜀之西。自冉駹以东北，君长以什数，白马最大，皆氐类也。"今人多认为，嶲、昆明族群在滇国之西，即今滇西地区，他们"皆编发，随畜迁徙，毋常处，毋君长"，他们源于从滇西北迁徙入云南的古羌人。昆明人与滇池周围（即滇国的主体族类）不同，后者"皆魋结，耕田，有邑聚"，是以农耕为主的族群。从滇国遗留的青铜贮贝器可知，滇国椎髻的人常与其外编发的人，发生战争，并且掳掠后者为人牲以祭鬼神，因此滇人与昆明人为不同的族群。这样，许多学者就认为，滇国的主体族群，以及"靡莫之属"皆为氐类，并进而认为，云南民族有这样两股历史源流："古羌人—昆明人—乌蛮—彝族"和"古氐人—靡莫之属（或僰人）—白蛮—白族"。

　　此说可以马曜先生为代表。马曜先生认为，"氐羌南下从新石器时代延续到青铜时代"，在商周时期氐羌未分，其后（亦称"南下前后"）则分化为农业为主的"氐"与牧业为主的"羌"。"南下氐羌中的羌人，仍从事游牧，保留火葬遗俗"，与当地土著相融合而成为《史记》中说的嶲、昆明诸族，他们居住于滇西和滇东的山区；而"氐者低也，氐人分布于低平之地，从事农耕或半农半牧，有石棺墓、大石墓等文化遗存"，分布于平坝地区从事农耕或半农半牧，与当地土著相融合而成为《史记》中说的夜郎、滇、邛都，以及《吕氏春秋·恃君览》中说的僰人。因此，两汉时期"僰、昆明分布于'地方可数千里'的川西南和滇西广大地区。《后汉书·南蛮西南夷列传》有所谓'六夷、七羌、九氐'的说法，氐羌不仅分开，而且氐和羌中又各分化出许多族体。'六夷则很可能是川滇境内的土著居民。'以后，僰人为白族的重要历史源头，昆明人则为彝族的重要历史源头"。①

　　方国瑜先生虽然不同意把"乌蛮"与彝族、"白蛮"与白族对应起来②，但是，他较早提出彝族源于古羌人的看法。在《彝族史稿》中他说："彝族祖先从祖国西北迁到西南，结合古代记录，当与'羌人'有关。早期居住在西北河湟一带的就是羌人，分向几方面迁移，有一部分向南流动的羌人，是彝族的祖先。""总之，从彝族迁移的方向以及语言、生活、文化、名称的特点，都与古代羌人有关，'彝族渊源出自古羌人'的提法是可以成立的。"③

　　刘尧汉先生与方先生的看法类似，不过改"古羌人"为"羌戎"，他说："'羌戎'不是自称，因从事牧畜而被称为羌（从羊）、黄牛羌、白马羌、牦牛羌等等。……藏缅语族羌、藏、彝各族及彝语支彝、白、纳西、哈尼、傈僳、土家等族，都是古羌戎的遗裔。彝族及彝语支各族多是'牦牛种——越巂羌'的遗裔。"但他特别之处在于，不认为羌戎是从我国西北迁入西南及云南的，而是反过来，认为是从云南向外（包括西北）迁徙的。他说："既经考古发掘证明，金沙江南侧楚雄彝州元谋盆地的元谋猿人，是我国迄今发现的最原始的人类，则滇、川、黔三省的彝族，按照以往所说，是从西北迁来的羌戎，当重新考虑。……彝族是乌蒙山和金沙江的土著居民，以往的旧说，应当改变。春秋时迁入金沙江两侧滇、川、黔的西北甘、青羌戎，原先本是元谋人的子孙，在170万年的历史长河中，迁出又迁入，这是不足为奇的事。因而，西南三省的彝族及彝语支各族是当地的土著，远古时已迁往西北甘、青，及至夏、商、周、秦、汉以后，被称为戎或羌戎。"④ 此说把170万年前的元谋猿人与5000年前（夏商周时期）的羌戎直接联系起来，亦如认为70万年前的北

　　① 马曜：《云南少数民族中的同源异流和异源同流》，载《马曜学术著作自选集》，云南人民出版社，1998，第548～550页。

　　② 方国瑜：《关于"乌蛮"、"白蛮"的解释》，载方国瑜《滇史论丛》第1辑，上海人民出版社，1982。

　　③ 方国瑜：《彝族史稿》，四川人民出版社，1984，第14～15页。

　　④ 刘尧汉：《中国文明源头新探——道家与彝族虎宇宙观》，云南人民出版社，1985，第28～29页。

京猿人与明、清的北京人有亲缘关系一样，完全是臆测，不足为训，但不影响刘尧汉先生以古羌人为彝语支各族渊源的论点。

总而言之，对于氐羌族群进入云南后的繁衍、变化，众说纷纭，高见频出，但一些基本看法大家则是一致的，即氐羌族群是从西北河湟地区迁徙进入云南的，他们进入（或分别进入）云南后，与当地土著融合形成云南各个时期的主体族类，从而在云南民族史和民族关系史上占有极重要的历史地位。

（三）远古至两汉南方百越族群向云南的迁徙

学界一般都认为，云南少数民族可分为四大族群：氐羌族群、百越族群、百濮族群和苗瑶族群。如前所述，氐羌族群乃自西北河湟地区迁徙入云南，那么，百越族群也是从云南以外迁入的吗？这个问题较难回答，三种情况似乎都有可能：一是自外迁入；二是自新石器时代以来就是云南土著；三是部分土著、部分外迁而来。

讨论这个问题的前提是，新石器时代以来云南就存在百越族群和百越文化。首先是新石器时代。如本章第一节所述，云南新石器时代就存在与华南沿海地区类似的百越文化。当时这种类似的百越文化存在于滇池地区、滇东北地区、滇东南地区、滇南及西双版纳地区。那么，这些文化的主人是谁呢？他们是迁徙而来的呢，还是从来就生活在这里？有迁徙而来的可能。在陆巍、吴宝鲁二位的论文《试论第四纪晚期中国古人类三次迁移与气候变化》①中可看出这种可能性。陆、吴二位认为，在新石器时代，两广地区部族曾向北迁徙。对此，他们做了多学科的综合研究，即在对我国各地石器时代文化的特征做出整理的基础上，将这些特征量化，并构建其特征函数"用以构成各文化的特征向量和某一个时期的特征矩阵。最后进行聚类分析"，并得出结论："至少从旧石器中期末开始南北文化不断融合，大的有三次。这种南北文化大融合是部民大迁徙的结果。气候变化是大迁徙的主因。文化融合产生新文化并决定远古史发展。"第三次大迁徙发生在全新世早期，距今 10000～8000 年。这

---

① 陆巍、吴宝鲁：《试论第四纪晚期中国古人类三次迁移与气候变化》，《地理学报》1997年第 5 期。

"全新世早期的南民北迁（10kaBP～8.3kaBP），成为中原新石器文化的南源头，促进了中原新石器文化的繁荣和中华文明的兴起。尤以甑皮岩人（甑皮岩文化遗址位于广西桂林，为新石器时代早期文化——引者注）迁到关中地区为典型。南方部民创造的斧、凿（均已磨制）和锛，为'盘古'用来'开天辟地'，并说明古人极准确地认识到斧和凿史无前例的作用"。在此论文中，陆、吴二位关注的是两广与中原（关中）的关系，但是，从这次大迁徙的原因看，迁徙的路线不会仅仅是从两广至中原（关陇）地区，也可能向西北进入云贵高原。陆、吴论文中说："甑皮岩文化持续了1000年（9600kaBP～8500kaBP），正处在9.6kaBP和8.3kaBP两次寒冷气候事件之间，气候温暖，降水不多（比现在少），属温暖半湿润气候。这样的环境，正适于人类居住（指两广地区——引者注）。但8.5kaBP以后，中国气候进入全新世大暖期，桂林一带气候异常温热，年降水可达2200mm（比今多400mm/a～500mm/a）以上，是东部中国最多的地区之一（现在桂林降水也是全国最多的地方之一），甑皮岩开始积水。古人类已不能适应这种环境，而整个南方已不大适合人生活，因此，这种异常温热的气候，逼使部分（也许是大部分）南方部民北迁。""甑皮岩人先到了大地湾，然后向东发展。由此可以推知，甑皮岩人北移，一路至江西，另一路至长江之后，其中一部分留居洞庭湖北岸，另一部分沿南岸向西寻找合适的落脚点。而四川此时亦炎热多雨，不太适合人居。于是他们继续北上，由川北进入陇南（川北和陇南一直是新石器文化比较发达的地区）。此时的陇南，气候比现在暖和……很适合人居住。"由此可知，新石器时代早期，"异常温热的气候，逼使部分（也许是大部分）南方部民（即两广族类——引者注）北迁"，即向较凉爽干燥的地区迁移，其中一路到长江南岸、洞庭地区后，由于此湖南地形的特点是东、南、西三面环山而高，北面地势低平，故往北更炎热，于是迁徙者"其中一部分留居洞庭湖北岸，另一部分沿南岸向西寻找合适的落脚点"，即转向湘西武陵山区，而从湘西武陵山区北上进入川东（今属重庆市）不可能，因为那样就进入了成都盆地，而成都盆地也是炎热多雨之地。此即文中所说："而四川此时亦炎热多雨，不太适合人居。于是他们继续北上，由川北进入陇南。"而我们由此可以推测，这些迁徙者在沿成都盆地边缘，经大娄山、乌蒙山、五莲峰、邛崃山等山脉而到达川西前，极可能有很大一部分人就沿大娄山、乌蒙山、五莲峰等山脉南下进入云贵高原，因为这里和川北及陇南一样凉爽干燥、宜于人居，但并不比翻越大雪山、邛崃山容易。很可能就是这些人为滇东北、滇池洱海地区带来了类似的百越文化，而他们也许就是后来云南地区百越族群各民族最早的先民，或者最早的百越先民之一。

再看考古学的青铜时代，即相当于商周至两汉的时代。亦如本章第一节所说，这一时期云南仍存在类似华南沿海的百越文化，这与新石器时代有一定的连续性，但也可能是后来的迁徙者所带来的。

青铜时代从华南沿海向云南地区迁徙的可能性，首先建立在从华南到云南存在一道文化走廊。这与氐羌族群向云南迁徙的走廊——藏彝走廊，几乎是一南一北完全对称的两条弧形走廊。如前所述，这是两条交汇在云南的民族迁徙的弧形走廊。对南方的民族走廊，费孝通先生称之为"南岭走廊"，认为华南和西南的古百越族群通过此走廊而迁徙、交流。① 其次，一些学者提出了南方的半月形文化带的看法（这恰巧又与童恩正先生提出的北方"半月形文化带"相对称），又为百越族群向西南迁徙的可能性提供了一个基础。实际上我国古人早已对此文化带有所认识。此即《汉书·地理志》所言："自交趾至会稽，七八千里，百粤杂处，各有种姓。"这就包括了北起钱塘江口、绍宁平原，南至今越南北部的广大区域。其西至何处，是否包括云南的某些部分呢？《汉书·地理志》没有明确说明。今人黄兴球考证后认为："'百越'的分布范围的西线可以做如下估计：大致沿着广西与云南的交接线，向北延伸到柳州、桂林，进入湖南、湖北，到长江为止，向南延伸经越南的高平直到红河边。"② 据此看来，《汉书》所言"百越"之地应包含今云南的部分地方。但是，"大致沿着广西与云南的交接线"之说，还是有局限，因为考古学对滇池周围以及楚雄一带青铜文化所做的研究证明，这些地区在秦汉时期就有许多百越文化的特征，甚至有学者认为滇国的主体应属百越族群，如果

---

① 见费孝通《民族社会学调查的尝试》，载费孝通《从事社会学五十年》，天津人民出版社，1983。
② 黄兴球：《壮泰族群分化时间考》，民族出版社，2008，第237页。

那样，百越文化区西线就应包括红河以东、滇中大部的地区了。对这个包括云南很大一部分地区的、更加宽广的百越文化区，当代许多学者都注意到了，如费孝通先生在论述中华民族"多元一体"格局时就说："许多民族学者把古代的越人联系到现在分布在西南各省壮侗语族民族，直到东南亚，如广西的壮族，贵州的布依族、侗族、水族，云南的傣族。如果这个历史联系可信的话，则可以把他们连上历史上沿海的越人。现在沿海的越人已经都融合成了汉族，而这个越人系统至今还保住了西南一隅，主要是居住在山区的盆地里从事农业，……这样一个分布颇广，人数又众的越人系统究竟怎样形成的历史，我们还没有具体材料予以说明。"① 而一些云南学者则在研究百越与傣、泰民族的关系时，进而具体论述了"百越文化区"的概念，如黄惠焜先生在《从越人到泰人》一书中就论说道："古代中国的黄河流域地区，是华夏民族的发源地。古代中国的长江流域、珠江流域、澜沧江流域地区，则是越人诞生的摇篮。越人文化相同，语言相通，支系繁杂，被称为'百越'。著名的《汉书·臣瓒注》说：'自交趾至会稽七八千里，百粤杂处，各有种姓。'交趾在今越南北部，会稽在今浙江省绍兴，加上云南省整个南部沿边地区，便构成为半月形的广阔弧形地带，这便是最早的百越文化区。"② 而日本学者中尾佐助、佐佐木高明等，为探讨稻作农耕和日本倭族的起源，认为在东亚存在一个"照叶树林带"。这个"照叶树林带"，既是自然生态的概念，也是一个文化生态的概念。他们认为："喜马拉雅山脉南麓海拔自1500 米至 2500 米一带分布着和日本非常相似的以常绿柞树为主的森林。这种森林分布于喜马拉雅山南麓、阿萨姆、东南亚北部山地、云南高原、长江南侧（江南一带）的山地和日本的西南部，覆盖了整个东亚的暖温带。构成这片的树种……全是常绿乔木，树叶的表面会像山茶树叶那样闪光，所以被称为照叶树林。很多民族居住于照叶树林带，他们的文化生活中存在着许多共同的要素。"如种水稻、大豆、红豆，饮茶，吃豆豉、魔芋，类似的一些神话传说，等等。佐佐木高明说："在早些时候我

---

① 费孝通主编《中华民族多元一体格局》（修订本），中央民族大学出版社，1999，第25～26 页。
② 黄惠焜：《从越人到泰人》，云南民族出版社，1992，第 5～6 页。

就认为，照叶树林文化的中心在中国的云南高原。那是以云南高原为中心，西起阿萨姆、东至中国湖南省的半月形地带。西亚的农耕发源地被称为'富饶的月牙形地带'所以与此相对应，我把这一地带命名为'东亚半月弧'。"① 这与黄惠焜先生所说的半月形百越文化区的概念相类似。

以上所说的百越文化或照叶文化区的概念，能说明百越族群有迁徙的可能性，而非一定迁徙。例如，黄惠焜先生就认为，百越共同文化区的存在，并不说明百越从华南沿海向云南迁徙，而只说明，在这个辽阔的区域内，共同源于百越的各个局部（如江浙与云南）的群体，后来发生不同的变异，分化为不同的民族，而不是发生迁徙。他说："大体说来，中国江苏、浙江、福建、广东地区的古代越人，由于很早受到华夏文化和楚文化的影响，通过同化的道路，已经变成为汉人。……第二个地区是中国的广西、海南、贵州和越南民主共和国的北部，这里的越人虽然受到汉楚文化及其他文化的影响，但他们并没有变成汉人，只是汉文化程度较深。……第三个地区是中国云南省西南部、泰国中北部、缅甸东北部以及印度阿萨姆部分地区。这里的古越人被独特的地理环境和地理位置保护着，虽有汉文化影响但烙印不深，虽有印度文化影响但已被消化，由此走上了一条保留型道路，在此基础上形成了泰傣各族，其中的西双版纳地区和清迈即兰那地区，应是仅存的标准泰人区。……由此可见，泰民族的形成不是迁徙的结果而是就地演变的结果。"②

但是，另一些学者却从这种共同的文化区域得出百越族群在古代发生迁徙的看法。这可以范宏贵、黄兴球二位为代表来说明。

在《同根生的民族——壮泰各族渊源与文化》一书中，范宏贵先生综合比较壮、傣等民族的语言、生活方式、习俗、传说以及考古资料和文献资料，据之而得出结论："在春秋时代以前，即距今 2700 年以前，壮族与傣族、泰族、佬族同一起源，共同生活在岭南和岭北一带。春秋到汉代以前，即距今 2700~2100 年前，已进入以农业为主的社会，傣族

① 佐佐木高明：《照叶树林文化之路——自不丹、云南至日本》，刘愚山译，云南大学出版社，1998，第 10、18 页。
② 黄惠焜：《从越人到泰人》，云南民族出版社，1992，第 4~5 页。

的祖先从岭南和岭北向南迁徙，定居在现在的居住地。壮族与傣族、泰族、佬族的分化形成不同的民族，与迁徙密切相关。"① 而整个越人（西瓯人）向南迁徙的路线大体是：从岭南出发，行进一段后分别在三个地方集结和停留，"一是中越边境的广西南部与越南毗邻的地方，二是中国云南文山壮族苗族自治州，尤其是广南县一带，三是云南省元谋县一带。然后他们继续南迁，到了云南西双版纳、老挝，再转入泰国、越南的西北。另一支从元谋县向西迁移，经大姚或姚安、祥云、漾濞、云龙、六库，到德宏一带，进入缅甸。进入泰国、缅甸的泰族、掸族再向西迁移，进入印度阿萨姆"。范先生由此认为："西瓯人的后裔，即现今的壮泰各族是从一条根发展、分化出来的，泰国的泰族、缅甸的掸族、老挝的佬龙族、中国的傣族、越南的泰族，受到印度文化和佛教（越南泰族除外）的影响以及地理环境的不同，朝一个方向发展；中国的壮、布依、侗、水、仫佬、毛南、黎族，越南的侬族，受汉族文化的影响以及地理环境的不同，则朝另一个方向发展；越南的岱族受京族的影响，又朝另一个方向发展。"②

黄兴球先生在《壮泰族群分化时间考》③ 一书中也认为，"壮泰族群"共同起源于华南沿海的百越，后来沿半月形弧线向南、向西迁徙，并分化为现在的壮、傣、泰、佬、水、布依等民族。他说："壮泰族群是包括壮族、侗族、水族、布依族、傣族、黎族、仫佬族等民族在内的、具有共同文化特征的民族共同体。他们都是春秋时期散布在中国南方的越人后裔，战争、灾害、环境恶化等原因导致他们从古代广信地区（今广西梧州地区——引者注）开始向南、向西迁徙，从而遍布在从中国南方、越南北部、老挝、泰国、缅甸东北部，直到印度阿萨姆的广大区域里。"由此，古代百越族群的分化和迁徙是同一个过程，这个过程的时间起点是 6 世纪，空间（地域）起点是岭南的广信地区。黄兴球先生论著的特点在于，确定百越族群各民族的一些文化"历史事件"，然后进行比较研究，在这种"实证"研究基础上，得出古百越族群分化、迁徙的时

---

① 范宏贵：《同根生的民族——壮泰各族渊源与文化》，民族出版社，2007，第47页。
② 范宏贵：《同根生的民族——壮泰各族渊源与文化》，第284~285页。
③ 黄兴球：《壮泰族群分化时间考》，民族出版社，2008。

间表和路线图。

被他确定并研究的文化"历史事件"是：数量词语音的异同，各支系语言分化的年代，是否有桌、椅及最早使用的时间，外来农作物在各支系的传播，是否知道用瓦盖房屋及最早用瓦的时间，以"板""勐"作为地名称呼的异同。根据这 6 种文化"历史事件"的研究，黄兴球先生得出他的上述结论。对此，林超民教授评论说："这是作者的重要发明之一。资料可靠、论证合理、分析允当、方法科学，故结论可信，颇具说服力。这是兴球对壮泰族群的历史与文化研究的重要学术贡献"。①

由于古百越文化区及当今壮泰诸民族分布地十分广大、复杂，而其历史又十分悠久，因此，关于其历史发展与变迁的理论，至今难有定论，各种看法都有各自的优、缺点。如以范宏贵、黄兴球为代表的迁徙说，在我们看来，仍有三个问题难以解决。一者，按范说云南的百越族群是春秋至汉代才迁入的，按黄说更晚至唐代（6 世纪）以后才迁入的，然而云南地区的百越文化或类百越文化，在春秋时期以前就存在，它们是什么族群创造的，或者带来的？二者，铜鼓是百越文化标志性的器物，但是现今发现的各种资料显示，它创始于滇中楚雄地区，并从这一地区向四方，特别是向东、向南传播，正好与前述古百越族群向云南迁徙的路线相反，它是否说明云南是百越文化的发源地之一，百越文化并不是从外面传入云南的？三者，对于滇越、掸国，在先秦就有发达的文化，却远在滇西、缅北，否定其与百越的关系可乎？

但是，这些疑难之处并不能否定迁徙的各种证据，因此，对秦汉及其以前云南地区壮、傣各族先民，有迁徙说与土著说，然而两者却无法相互否定。两者能否折中、并存？两说都肯定云南自古就存在百越文化和族群，从这种共识出发，两说有可能折中、调和。我们认为，东南沿海百越与云南的关系，从时间看，新石器时代至两汉数千年的长时段中，先后多次迁徙的可能性是存在的，先至者若早千余年，相对于后至者就已是土著了，因此迁徙说与土著说是可以并存的；从空间看，从钱塘江

---

① 林超民：《壮泰族群分化时间考·序二》，载黄兴球《壮泰族群分化时间考》，民族出版社，2008。

口至澜沧江中游这样辽阔的地域中，数以百计的族群交流、迁徙情况十分复杂，非一两种模式就能说明的，各种说法皆有道理，也有不足。但是，从各种看法中可得出与本书论题有关的几点结论。

其一，云南自新石器时代以后，就存在与东南沿海同类或相似的百越文化以及百越族群。至秦汉时期，其分布范围还十分广泛，包括滇东南、滇西南、滇东以及滇中地区。

其二，这种文化和相关的族群，如果是由云南以外迁移进入的，那么，只可能来自我国东南沿海地区，即源于古百越族群，而非东南亚或南亚其他地方。

其三，从远古至秦汉，在百越族群迁入云南的过程中，没有发生重大的战争，其迁徙的原因主要是寻找更宜于生存的地方，而不是为了征服与掠夺。范宏贵先生在考察了古百越族群各支系的迁徙过程后得出结论："过去有一些学者凭主观推测，认为民族的迁移是因为民族压迫或战乱所致，从以上的叙述看，因民族压迫的迁移只有一两例，因战乱而搬迁的也是少数，多数是寻找有获取食物丰富、方便的地方。"① 他的结论是符合事实的。

（四）远古至两汉滇中、滇东北族群迁徙的问题

氐羌族群向云南的迁徙，即是滇西北的民族迁徙，而百越族群向云南的迁徙，则是指滇南的民族迁徙，那么，滇东北和滇中北部（包括今昭通地区和楚雄），在远古到两汉时期有族群自外迁徙进入云南吗？由于认为，现今彝、白、哈尼、纳西等族源于氐羌族群，壮、傣等族源于百越族群，而这些民族占现今云南少数民族的多数，于是人们就认为，滇东北和滇中的彝族、白族先民，如昆明人、僰人、叟人、乌蛮、白蛮等，都是从滇西北迁入后再向滇中和滇东扩散的氐羌，而百越由滇东南进入云南，因此没有从滇东北进入云南的大规模迁徙。这是当前学界多数人的看法，也是本节前面所说的内容。但是，这种看法存在两个难以解释的问题。一是，各地、各支系彝族的《指路经》，在追溯远古祖先至今的迁徙路线时，最终都指向滇东北乌蒙地区，即以此为祖先最早的住地，

---

① 范宏贵：《同根生的民族——壮泰各族渊源与文化》，民族出版社，2007，第284页。

而四川凉山彝族，不论在文献中或口头传说中都说，本民族（特别黑彝）源自滇东北。他们都没有说自滇西北。二是，秦汉以来，滇东北以及相连的滇中（楚雄地区）、黔西（水西地区），都是彝族人口较集中、势力较大、文化较发达的地区，认为这些都是由滇西北进入的氐羌（甚至就仅只是古羌人）东进后创造的，不能使人信服。由此我们十分关注有关滇东（迤东）地区民族迁徙的问题。

首先是普遍注意到的"庄蹻开滇"问题。有人认为这是楚人从滇东进入云南的一次民族迁徙，或认为楚人乃百濮之一，故也算作百濮从东方进入云南的一次迁徙。但我们认为，这主要是一次大的军事行动，而且"变服，从其俗"，没有留下明显的文化影响，因此不属我们讨论的民族迁徙的范畴。

真正有关滇东北民族迁徙问题的，还是来自有关彝族起源的研究。一些研究彝族起源的学者认为，彝族的源头主要从滇东北及滇中（楚雄北部）进入云南的，而且他们并非古羌人。这种看法以易谋远先生为代表。我们认为，这种看法初步回答了上述两个疑问，因此对其十分重视。

在《彝族史要》一书中，易谋远先生以 70 万言的篇幅论述自己的理论。[1] 他首先否定彝族源于古羌人说。他说："我们所说的古羌人……是指信奉传说中的炎帝（前 2550）为宗神的古羌人氏族部落。……从渭河流域到黄河流域中游，是古羌人活动的地方。相传炎帝后裔主要有共工、四岳等部，他们较早地融为华夏族。其余未融合华夏族的古羌人中，除有一部分曾东下到今山东地方为东部古羌人外，更多的是西羌。""正由于古羌人的大部分较早融为华夏族，所以，西羌就成为与华夏族有别的西戎，又称氐羌。"这部分西戎（西羌、氐羌）"同古羌人有过血缘上的远亲关系，但他们却老早就同古羌人分居了"，已经不是一个民族。在秦献公时，他们受秦国的威胁而从河湟一带向西北及西南迁徙。他们（亦称河湟羌人）与彝族之间在族属上是否存在渊源关系呢？易谋远先生认为，不论在史书中或考古学中都没有根据。[2] 他还援引马长寿先生的看

---

① 易谋远：《彝族史要》，社会科学文献出版社，2007。

② 易谋远：《彝族史要》，第 84 页。

法："自从彝族形成一个独立的民族以后，彝族便有他独立的历史了。到目前为止，无论汉文献或彝文文献，我们还找不到彝族起源于西北羌族起源地青海高原的根据。很难想象当战国秦献公威逼上游赐支河曲的羌族南下时（约公元前 4 世纪中叶）云南地区还没有彝族。即以贵州大定土司的《帝王世纪》说，彝族在云南已经有三千年以上的历史了。这三千年的估计，只有漏估或低估，绝对不会有多估或超估的。"①

在否定氐羌说之后，易谋远先生提出"彝族起源的主源是以黄帝为始祖的早期蜀人，在彝族多源起源中的又一源是彝族以母族昆夷而祖古东夷族"②。"早期蜀人"源于蜀山氏。蜀山氏本居于蜀山（今岷山），此即"旄牛徼外"之地，后来迁到称为"邛之卤（卢）"的成都平原。在《彝族史要》中说："大约在商末周初，彝族先民'自旄牛徼外入居于邛之卤'则是由蜀山而来成都平原的以黄帝为始祖的蜀山氏之后裔的一支。这支蜀人，其后与从西北迁来成都平原的一支昆夷发生亲缘关系，而这支昆夷则是源出史前以蚩尤为始祖的三苗与古东夷族西迁的一支。蜀人、昆夷又在成都平原与当地土著濮人融合为'早期蜀人'。"③这些人创造了早期蜀文化和古蜀国，经 31 代人的发展，到蜀王杜宇（即彝文经典所称的彝族祖先笃慕），由于洪水及失去国家政权，笃慕率众从成都平原向南迁徙到洛尼山。洛尼山在滇东北，即今云南省东川市落雪。"这就是说，笃慕是洪荒之后由古蜀地迁徙到今云、贵、川三省交界处乌蒙山系一带活动的彝族民族再生始祖，'彝族六祖'也分支于此，从此开创了彝族内部以'祖'为特征的各自为政的奴隶主分别统治族邑的局面，奠定了彝族分布、活动的范围，并有承先启后的作用。所以，笃慕是研究彝族历史的关键人物，'彝族六祖'分支是中国彝族历史上的重大事件，……洛尼山便成为彝族公认的民族再生发祥地。"④

易谋远先生的以上论述，着重要解决的是彝族源流的问题。由于彝

---

① 马长寿：《彝族古代史》，李绍明整理，上海人民出版社，1987，第 5 页。
② 易谋远：《彝族史要》，社会科学文献出版社，2007。
③ 易谋远：《彝族史要》，第 122 页。
④ 易谋远：《彝族史要》，第 307 页。

族源于古羌人（氐羌）的看法，为众多云南著名专家所主张并受到广泛认同，因此，易先生的看法就别开生面、特别值得注意。其实不仅如此，它还有一个独特之处在于，主要依据彝文历史文献，并与汉文史籍互证。由于彝文文献皆由毕摩（布慕）所撰写和传承，而毕摩乃巫、史合一者，其文则神话与史实相融，因此学者在应用它们时，历来都持谨慎、存疑的态度。如方国瑜先生在《彝族史稿》中就认为："从彝文书面的传说古事看，彝族的历史起源很早，且讲了许多过程，有人认为传说有事实根据，可以追述远古的历史；但这些大都出自巫师的臆造，并不是历史事实。""彝文书中传说古事，是历史记录？还是神话？要批判它的史料价值，若认为'记载了历史的事实'，把这段背着黄金到各处买父是'从女系氏族到男系氏族转化过程'，是不可能如此的，因为由母系到父系的转化，绝不会是得到'仙人'的指示，而有它一定的社会经济的变化，所以这完全是神话而不是历史事实。在彝文书所载的四个'王朝'，十二个'王朝'，也不可能是根据历史事实，而是职掌祭鬼的巫师所造。我们肯定彝族有很古的历史，也肯定曾经过母系氏族到父系氏族，但历史事实不见于记载。所谓几个'王朝'，都是虚构的。"[①]

我们认为，对待彝文文献，亦如对"三皇五帝"等传说一样，谨慎、存疑是必要的，但断言"大都出自巫师的臆造，并不是历史事实"，"都是虚构的"，则如"古史辨"学派一样，当有片面之嫌。若合理地对待它的巫、史合一，神话与史实相融的特性，能将其与汉文文献、考古资料互证、比较，然后发现其中保存的历史记忆以资认识，那么，它们就是前人留给我们极宝贵的知识财富。在《彝族史要》中，易谋远先生对彝文文献基本上就是这样的态度。我们也力求这样来看彝文文献，因此在探讨云南民族迁徙问题时，特别注意各地彝文文献和民族传说中，关于滇东北、乌蒙山区是彝族发祥地的说法，认为它不都是虚构的，其基本内容是可靠的民族记忆。那么，这些彝族先民是从哪里来的呢？说是 170 万年前"元谋人"留下的后裔，此说把相隔 165 万年的两种人直接扯在一起，太离谱了；说是战国时期从滇西北入滇、再东移到

---

① 方国瑜：《彝族史稿》，四川民族出版社，1984，第 13、23～24 页。

乌蒙山的古羌人，也缺乏充分的证据。而依《彝族史要》的观点，"早期蜀人"是彝族的主要来源，他们从滇东北和楚雄北面迁徙入滇，建构了乌蒙山区的彝族发祥地。此说比较符合彝族的历史记忆，也较为合理。

依据《彝族史要》的观点，先秦时期有"早期蜀人"从滇东北及楚雄北面迁徙进入云南；"早期蜀人"的构成以蜀山氏为主，又融入了昆夷人、土著濮人，并且是有较发达的文化的农耕族类，因此给云南带来的，是不同于从滇西北和滇东南入滇的文化类型。我们所关注和赞同的，主要是这些论点，而由此否定彝族源于氐羌（古羌人）之说，则可再议。

彝族历史悠久，人口众多，分布面广，支系繁茂，源流复杂，因此，关于其源流的多种说法有并存的空间。本节前面论及氐羌族群，说氐羌自滇西北迁入，并成为云南彝语支各族之重要渊源。现读《彝族史要》后，仍认为此论可以成立，其论据非《彝族史要》所能全盘否定的，故我们无须在彝族源于氐羌与源于"早期蜀人"之间，作"非此即彼"的选择。更何况我们主要着眼于滇东北的民族迁徙，而不深究氐羌与"早期蜀人"的差别。其实，一些主张氐羌说的学者，同时也认为古蜀人自滇东北进入云南，他们并不觉得此两者是相互排斥的。如尤中先生在《中华民族发展史》中就认为，古蜀人与氐羌族群就有渊源关系。他说："蜀国的主体民族就是蜀族。蜀族在原始社会时期是炎黄族群中的一部分，它是从炎黄族群中分化出来的。炎黄族群进入阶级社会形成华夏族之后，蜀族及其近亲部落形成氐羌部落集团。接着蜀族又从氐羌中分化了出来。"① 这既与易谋远认为"早期蜀人"源于黄帝族与炎帝族（三苗与东夷）相一致，同时又认为蜀族为氐羌部落的一部分，即把羌人与蜀人联系起来。他的《中华民族发展史》和许多论著（包括《彝族史要》）一样，都引述《华阳国志·蜀志》：蜀国"后有王曰杜宇，教民务农，一号杜主。时朱提有梁氏女利游江源，宇悦之，纳以为妃。……杜宇称帝，号曰望帝，更名蒲卑。自以功德高诸王，乃以褒斜为前门，熊耳、

———————————

① 尤中：《中华民族发展史》第 1 卷，晨光出版社，2007，第 182 页。

灵关为后户，玉垒、峨眉为城郭，江、潜、绵、洛为池泽，以汶山为畜牧，南中为园苑"①。据此说明早在先秦时期蜀人就与滇东北有密切关系，因为，"朱提"即滇东北，"南中"更包括滇东北；杜宇娶妃于朱提，说明蜀人势力早在先秦就已进入滇东北，而以"南中为园苑"更是从滇东北进入后，定居下来发展农业。尤先生也说："……今宣威至昭通地区为蜀国的地域范围，此即所谓'南中为园苑'。"② 今宣威以北至昭通地区，就包括了整个滇东北。

段丽波博士的近作《中国西南氐羌民族源流史》，主张彝族源于氐羌并从滇西北进入云南，同时又认为蜀人在先秦就进入滇东北，并且也是乌蛮（彝族）的一个源头。她同样把两种看法统一起来，她说："我们认为，蜀族最初居于川西高原，后入成都平原的观点比较符合历史。……蜀族源于岷江上游的岷山，并行石棺、石椁之俗，这已为岷江上游所发掘出的秦汉时代数量众多的石棺葬所证。""所谓'园苑'的南中，乃是蜀国的南部边陲，已达到今四川西南部及贵州西北部和云南东北部。……说明在蜀国最强大的时候，蜀族已基本分布在今天的川东、川南和川西南的广大地区以及滇北、滇东北与黔西南交界处。"③

总而言之，通过以上辨析与综合，我们可以断言，从远古至秦汉，滇东北亦是一个民族迁徙的通道，蜀人很早就由此进入云南，对云南文化的发展、民族的构成，产生了巨大的作用。

（五）远古至两汉云南民族迁徙的特点

从新石器时代至两汉，外地众多族群向云南迁徙，这对云南民族关系基本格局的形成，具有极其重要的意义。它的基本特点持续而深远地影响着云南民族关系的历史发展。

1. 以中华内地各族向云南迁徙为主

从新石器时代至两汉数千年的时间里，就只有从内地向云南的民族迁徙。从北面、南面或东面向云南迁徙的族类，不论氐羌、百越、百濮

① 《华阳国志校注》，刘琳校注，巴蜀书社，1984，第182页。
② 尤中：《中华民族发展史》第1卷，晨光出版社，2007，第177页。
③ 段丽波：《中国西南氐羌民族源流史》，人民出版社，2011，第73、75页。

或蜀人、楚人，相对云南来说都是从内地而来的。而在云南西面，从未形成自外而来的民族迁徙，如果说有一些族群的迁徙，也只是土著族群在云南范围内的流动。由此，从新石器时代至两汉，云南地区的族群结构已大体形成，它主要由氐羌族群、百越族群、土著百濮族群以及部分巴蜀、荆楚族群构成。这种结构及其构成要素，对云南地区内部各族的关系，以及云南各族与中华民族整体的关系，都有极其重要的影响。

2. 中华南北族群汇聚云南

亦如前述，若从黑龙江省的爱辉到云南的腾冲画一条线，此线东部就地势说主要为丘陵与平原，就气候说是面向海洋的季风湿润区；此线的西部，主要是高原和亚洲腹地的干旱区，这一东、西分界线斜穿云南，云南则可能成为以北方游牧或畜牧为主的民族，与南方稻作农耕或热带农作的民族，联结和共同生活的地区。但是，这种客观的地理环境还须通过人的活动，才能在云南实现南北文化的连接。这些人类的活动就是民族迁徙。正是通过民族迁徙，我国南、北的不同族群进入云南地区，并相互连接起来、交汇起来，才形成融汇我国南北文化的新文化、新族群。

3. 没有征服、战争和屠杀

当代一些著名史学著作都认为，几次大的民族迁徙对人类历史的进程有巨大的影响，甚至可以说它们改变了人类历史和文化发展的进程。但是，除史前（石器时代）的迁徙我们不知其详情外，进入文明社会以后的民族迁徙几乎都是在征服与战争的血雨腥风中进行的。[①] 近代随着"地理大发现"而发动的欧洲人向美洲、大洋洲及世界各地的迁徙，同时也就是一场侵略、征服与屠杀的过程，其血腥的性质自不必说了。就是古代史上三次重大的民族迁徙，也无不是与征服和战争并行的。它们都是游牧民族离开其原驻地，向农耕民族地区发动战争、进行迁徙。《民族地理学》一书中把这称为"亚欧民族大迁徙：游牧世界对农耕世界三次大规模的冲击"，并说："……因为游牧民族骁勇强悍、性情凶野，他们

---

① 参见斯塔夫里阿诺斯《全球通史：从史前史到 21 世纪》，吴象婴等译，北京大学出版社，2005，第 3、8 章。

向往农耕世界先进的文明、富饶的物产，出于生活的需要或者迫于生存的压力，他们挥舞着与农耕民不相上下的金属武器，可以用流血的方式代替流汗的方式，获取农耕世界的物产。正是由于游牧民族对农耕世界所具有的强大的冲击力，导致了亚欧大陆两个世界之间的历史，在 15 世纪以前的相当长一段时间内，并不是田园牧歌式和缓推进，而是伴随着游牧民族对农耕世界的无数次规模不等的冲击与迁徙，在对抗与冲突、入侵与防御、征服与反征服的血雨腥风中，书写着亚欧大陆的上古及中世纪史"。① 然而，先秦至两汉，从北、南、东三面向云南的民族迁徙，基本上都不是为征服而发动的，也没有因本地土著的坚决抵制而发生大规模战争和屠杀。在这段历史中，云南地区是发生过多次战争，但是皆与民族迁徙无关。其中几次大的战争，现在看来多是为反抗朝廷暴政而爆发的人民起义，与民族迁徙无关。如，汉昭帝始元元年（前86）益州郡、（牂）牁郡爆发的起义及持续 4 年的战争；王莽始建国元年（9）为反抗王莽"新政"爆发由句町王带头的起义，及持续 14 年的战争。只有西汉武帝时为开发"西南夷"（云南是"西南夷"的主要地区），而发动征服劳浸、靡莫、滇国的战争，这场战争与移民多少有些关系。但是，战争的进行，仅用兵击灭劳浸、靡莫，而滇国则因大军临境时，"滇王始首善，以故弗诛。滇王离难西南夷，举国降，请置吏入朝。于是以为益州郡，赐滇王王印，复长其民"（《史记》）。没有真正交战，结果虽然在其地设益州郡，但是仍"赐滇王印，复长其民"，而且也没有借此大量移民进入。总之，这段时期中，不论氐羌、百越、百濮或蜀人、楚人对云南的迁徙都与这些战争无关，迁徙走的不是血雨腥风、屠杀之路。

4. 融合与分化、变迁与承续并行

在从远古至两汉云南民族迁徙的过程中，复杂、多样的族群既不断融合，又不断分化；既因环境的改变而文化变迁，又能持守故有传统而保持文化本源的恒定。这种情况对形成云南民族多样性，具有重要的作用和影响。

---

① 管彦波：《民族地理学》，社会科学文献出版社，2011，第148、152页。

马曜先生在论云南民族源流时认为，云南民族既有"同源异流"，又有"异源同流"。他说的是从古到今，至少是整个古代的情况，当然也就包括先秦至两汉时期。先生说："大多数民族史研究者都承认，西北的氐羌和西南的藏缅语诸民族有渊源关系。唐代以前分布在云南境内的藏缅语诸民族有今天的彝、白、哈尼、傈僳、拉祜、纳西、景颇、怒、阿昌、基诺、独龙等族，他们的先民都是从我国西北部沿横断山脉几条大江南下的氐羌，同当地土著相传，经过融合和分化而形成的新族体。"就秦汉时期来说，就是"分布于山区从事放牧的嶲、昆明和分布于平坝地区从事农耕的夜郎、滇、邛都，当是南下的羌人和氐人与当地不同的土著居民融合形成不同的族体"。① 这就说明，云南地区的彝、白、哈尼、傈僳、拉祜、纳西、景颇、怒、阿昌、基诺、独龙等族"同源"于我国西北的氐羌族群；氐羌自远古就开始迁徙进入云南，其后就"异流"而为以上众多的民族。而就秦汉时期来说，则首先是氐与羌"异流"，而后羌人"异流"为嶲、昆明，氐人"异流"为夜郎、滇、邛都。滇南地区百越自两广迁徙而入，马曜先生则说："壮族和傣族都和自古以来分布在中国南方的古越人有着渊源关系，他们和其他壮侗语各族都是同源异流。"② 虽然，关于彝族是否由氐羌或古羌人"异流"而出，有不同看法，但马曜先生"同源异流"说基本是符合历史实际的。

当然，马曜先生所说的是从古到今云南民族源流的特点，而我们现在说的是，在远古到两汉这段时期里，各民族向云南的迁徙过程就已经形成这样的特点。此外，在字面表达上，我们认为称"合流"为好，即可将"异源同流"改为"异源合流"较好一些。马曜先生认为："彝族先民昆明—乌蛮形成的特点是'同源异流'。严峻的山川阻隔和'无常处'的游牧经济，使乌蛮由同源而散处各方，时间愈久，形成不同的语言和风俗习惯族体。"③ "而滇僰叟爨—白蛮形成的特点则是'异源同

---

① 马曜：《云南少数民族中的同源异流与异源同流》，载《马曜学术论著自选集》，云南人民出版社，1998，第 248、549 页。

② 马曜：《云南少数民族中的同源异流与异源同流》，载《马曜学术论著自选集》，云南人民出版社，1998，第 554 页。

③ 马曜：《云南少数民族中的同源异流与异源同流》，载《马曜学术论著自选集》，云南人民出版社，1998，第 552~553 页。

流'。""白族先民——僰人不仅融合了古越人、蜀人、楚人、叟人，而且融合了不少后来的汉人，虽来源不同，最后都融入一体了。"① 但我们认为，云南各个大的族群都是"同源异流"与"异源同流"并行的，而不是有的"同源异流"，另一些则"异源合流"。如彝族先民迁入云南后就有"合流"的情况，首先就是与本地土著"合流"（融合），如在滇东北，就是氐人与蜀人、濮人相"合流"；在滇西南，哀牢人就体现为土著与外来氐羌的"合流"。而白族先民也是有"合"有"异"的，如白蛮在发展中，既合而为白族（这是主流），也部分分而为其他族。

各源流分、合、同、异的同时，各族群一方面发生文化变迁、族性变化，同时又都承续和保持着先民在源头上就形成的各种文化内核与民族性的根本。实际上，这也就是各民族源与流的分、合、同、异关系的动因与根源。

二 多样性的地理环境——促成云南民族多样性的客观条件

如前所述，云南独特的地理位置和地理环境，是促成众多族群向云南迁徙、汇聚的重要条件，但同时，云南独特的地理环境也是众多族群进入云南后，能保持和发展其文化特异性、多样性的重要条件。不同的族群汇聚云南，没有因汇聚而相互消融特性，而是在汇聚后继续保持和发展各自的特性，地理环境是一个重要原因。对此，我们可从两方面来看。

（一）云南地理环境总体的多样性与民族分布

云南的地形、地势，从总体看属青藏高原向南延伸的部分，故而滇西北紧接青藏高原，其海拔最高，继之，整体地势向滇东南方向倾斜、高度呈扇形下降（每公里递降约 6 米），形成梯次下降的三级台阶。第一级为滇西北（今日的迪庆藏族自治州、怒江傈僳族自治州），其地势最高，海拔平均约 3000～4000 米，高山矗立，其梅里雪山主峰海拔 6740 米。第二级为滇中、滇东北，海拔平均约 2000 米，虽然仍属高原，但多

---

① 马曜：《云南少数民族中的同源异流与异源同流》，载《马曜学术论著自选集》，云南人民出版社，1998，第 553 页。

为起伏和缓的低山和丘陵以及各种熔岩地形。第三级为滇南（包括东南、西南），平均海拔已降至 800~1000 米，个别地区降至 500 米以下。最南端靠近越南的河口县的最低处，海拔仅 76.4 米，这是云南地势的最低点。在这个台阶上，地势已较和缓、平坦。从第一级（滇西北）到这里，直线距离仅 900 公里，地势高度却陡降 4000~6000 多米，为国内仅见。云南"这种高纬度与高海拔相结合、低纬度和低海拔相一致，即水平方向上的纬度增加与垂直方向上的海拔增高相吻合的状况，一方面使得全省水平方向上的八个纬度间的温度差异，相当于从我国南部海南岛到东北长春之间的年均温差，呈现出热、温、寒三带多样气候。……省内各地各季起止时间，南北可相差 5 个月以上，同一时期各地有不同的季节。如 4 月，滇中尚是春暖季节，滇南已是炎热夏季，滇北高寒山区仍为寒冷冬天"。①

与此同时，云南地理环境总体来说还有三个特点。第一，不同地区雨量分布的差异性。由于受不同大气环流影响，云南省内不同地区雨量分布差异很大。有的地区如江城、金平、西盟等县，年降水量可达 2200~2700 毫米，为全国多雨区之一；而另一些地区，如宾川、元谋等县却雨水稀缺，年降水量仅约 600 毫米。② 第二，在云南全省崇山峻岭之中，星罗棋布地散布着许多"断陷盆地"和高原台地（云南俗称"坝子"）。面积在 1 平方公里以上的各种坝子，全省共有 1442 个，面积 100 平方公里以上的坝子全省共有 49 个。③ 这就使得山地占 90% 以上的云南各地有了进行稻作农耕的地理条件。第三，云南虽然山区占全省总面积近 95%，但是，由于三个地势梯级台阶上分布着大大小小的坝子，江河冲刷形成的谷地掺杂其间，众多湖泊星罗棋布，于是形成了多种多样的地形地貌，有盆地、河谷、丘陵、低地、中山、高山、山原、高原等众多类型，各类型之间差异极大。

在古代，进入云南的各族，其物质生产主要是农耕和畜牧，这在很大程度上受制于地理环境。上述云南复杂多样的地理环境，就能够为多

---

① 《新编云南省情》编委会编《新编云南省情》，云南人民出版社，1996，第 8 页。

② 《新编云南省情》编委会编《新编云南省情》，第 4 页。

③ 同上。

种多样的生产形态，或者说不同民族的不同生产形态，提供客观的地理条件，从而在云南继续保持和发展其固有的民族特点。总体来说，云南的地理环境能为三种类型的农业（农耕和畜牧业）生产提供条件。《云南地理》① 认为这三种类型是：高寒层农业、中暖层农业和低热层农业。高寒层农业，主要分布于滇西北和滇东北海拔 2300～2500 米以上地区。这些地区气候寒冷，霜雪期长，但高原草地面积较广，因此适宜于畜牧业发展，农耕可种植青稞、马铃薯、荞麦、燕麦等耐寒作物。低热层农业，主要分布在滇南（包括滇西南、东南）海拔 1300～1500 米以下的地区。这里气温高、雨量充沛（干热河谷除外），宜于水稻种植，一年能两熟甚至三熟；热带作物如甘蔗、橡胶及各种热带水果都能种植。在高寒层与低热层农业地区之间的广大地区，则属中暖层农业地区，包括海拔 1300～2300 米的全部地区，占全省总面积的 54%，属温暖带和亚热带，适于水稻、玉米、小麦、蚕豆等多种作物的生长。从全国范围来看，近代以前物质生产和相应的文化类型大体有三种：游牧或畜牧文化、旱作农耕文化、稻作农耕文化。由于上述特殊的地理环境，这三种文化类型都可能在云南生成。这样，云南虽然没有内蒙古和新疆的大草原，不能进行草原游牧，但在滇西北高原上，畜牧业与青藏高原有类似的条件；云南虽处南方，但是滇西、滇中、滇东北的部分地区，有类似西北黄土高原的条件，因而以玉米、荞麦的种植和畜牧为主要的生产方式；而滇南低海拔地区，与华南沿海的生产环境无大差别。

由此，从我国西北沿"藏彝走廊"进入云南的族群，如氐羌等，在滇西北就能继续"随畜迁徙，毋常处"，保持其游牧文化的特点，继续作为游牧民族或畜牧与农耕并重的民族。而从"南岭走廊"进入云南的百越族类，则在滇南就能继续其华南沿海的稻作农耕生活，保持其固有的文化传统。而在以后的发展中就形成了云南民族的多样（多元）性，即高寒地区，生活着以畜牧业为主的农耕民族，如藏、纳西、独龙、怒、傈僳等族；中暖地区，生活着以种植稻、麦、玉米为主的农耕民族，如汉、彝、白、哈尼等众多民族；低热地区，则生活着以水稻和热带作物

---

① 王声跃主编《云南地理》，云南民族出版社，2002。

为主的农耕民族，如傣、哈尼、基诺等族。

（二） 云南各局部地理环境的多样性与民族分布

云南地理环境的特点还在于，不仅从全省的整体来看是多种多样的，而且各个局部地区也是多种多样的。

云南地形既多山又多江河。由于这些江河经过亿万年的强烈冲刷，在高原上切割出了一道道深邃雄伟的峡谷，其中，如怒江峡谷、澜沧江峡谷、金沙江峡谷世界著名，其谷底到山顶的高差达数千米。如"横亘于澜沧江上的西当铁索桥……从桥面上至江边的卡格博峰顶端，直线距离大约只有 12 公里，高差竟达 4760 米"①。由于地形的这种陡变，在很短的直线距离范围内，气候就有极大的差别：谷底是一种气候，山腰是另一种，山顶再成另一种。在三大峡谷中，谷底是亚热带干燥气候，酷暑难耐；山腰则为温带，和暖凉爽；而山顶则终年积雪，冰天雪地，即如寒带。这是大峡谷的情况。与此同时，由于江河的冲刷以及造山运动的作用，在云南全境的崇山峻岭之中，星罗棋布地散布着许多"断陷盆地"和高原台地，云南俗称为"坝子"。这些坝子很多，其面积在 1 平方公里以上的，就多达 1442 个。它们与周围山岭的相对高差极大，而由于高差的陡变，就如大峡谷一样，在很短的水平距离内，气候就有极大的差别：在坝子里可能很热，水稻可以一年两熟；旁边山岭的中腰则凉爽，既可种水稻也可种小麦、玉米；而到了山顶就属于高寒地带，无霜期很短，只能种马铃薯和荞麦，以畜牧业为主了。当然，海拔很低、很热的坝子并不多，但是，绝大多数坝子和高寒山区的差别是很大的。

由此在云南，既可按"地势梯级"把全省分为三种不同的生产、生活环境，同时，又可按"山一坝"结构，把每一个局部（如县级行政区域），分为两种或三种不同的生产、生活环境。由此云南的许多局部，如在一个县，甚至一个乡（镇）的范围内，都会有冷热不同的气候，即所谓"一山分四季，十里不同天"的景象。这样一来，不仅云南全省39.4万平方公里范围内，有热、温、寒多种不同的气候，而且在省内各个局部地区，或小小数千平方公里的范围内，就有多种不同的气候。因此，

---

① 《新编云南省情》编委会编《新编云南省情》，云南人民出版社，1996，第4页。

对于云南任何较大的局部地区，如滇南的西双版纳或普洱地区，既要依纬度和全省的地势而确定它属于全省低热农业区，同时，还要看到，它又是一个多样性丰富的地区，首先它包含"山区—坝区"① 差异，进而又可分为三种或四种气候和生产类型。在描述这些局部地区的地理环境、生产类型时，不能简单化，将其确定为某一种类型，而要把全省大的即所谓水平（纬度）分类，与本地高低（山、坝）分类结合起来，做一种多样性的分类描述。

这种存在于局部地区的地理环境多样性，使云南每一个局部都可能容纳不同文化类型的民族；使得每一个民族都可能分布到不同的地区。古代人们的生产、生活方式对地理环境的依赖性极大，上述情况确实只有在云南才可能存在。所以，即使在两汉时期，云南就已经聚集了众多的族群，并且在各个局部都能聚集不同类型的族群。如西汉以滇池为中心的地区，既汇聚有北方氐羌文化特征的族群，又汇聚有南方百越文化特征的族群，很有可能，前者在山区，后者在坝区。

第三节　秦汉时期云南多民族相互关系的形成

一　远古至秦汉建构多民族相容并存关系的历程

云南民族关系的最大特点，就是众多民族能够在这片土地上相容并存。这种特殊的关系特点从新石器时代就开始萌发，进入文明时代到秦汉时期，已初见形态。

两汉时期民族究竟是否形成，或者说，能否用"民族"一词来称呼当时的"昆明""劳浸""滇人"等，学界颇有争论，而"族群"一词，近年来又成了文化人类学界的一个专用述语，因此在本章第一节中，我们就主要从文化类型来说明当时民族的多样性，在言及该文化的主体（创造者、主人）时，就暂用"族群"一词来指称。在第一节中，我们将

---

① 《云南民族团结与边疆稳定》一书称之为"山坝结构"。

云南分为四个地区："以滇池为中心的滇东地区""以洱海为中心的滇西地区""滇西北地区""滇南地区"，据此来说明云南民族的多样性。首先，我们论述这四个地区互有差异，各有其独特的文化特点和族群，由此说明整个云南地区由多种文化和族群构成；进而论述，这四个地区又各由多种文化类型、多样的族群构成，因此，从这两个层次上说明云南多民族汇聚的状况。现在需要进而说明的是，众多民族聚集在云南这一块不大的地区，他们能相容共处吗？只要认真考察先秦至两汉的历史，就可以得出结论：在这上千年的历史中，云南众多的族群（民族）是能相容共处的。

首先，在先秦与两汉的文献，以及现今各民族口头传说中，都没有关于外地迁徙来的民族（族群）与云南土著发生战争的记载。

其次，在文献记载中，中原王朝对云南的开发与统一，基本上是通过和平的方式，而非征服与战争的方式。秦国至始皇统一天下，多次对巴蜀用兵，然对滇未闻用兵。《史记》载秦始皇欲开发云南，命常（安）续修僰道，最终成为抵达今曲靖地区的"五尺道"。汉兴，至武帝始有开发、经略西南夷之意，但主要是派遣使臣晓谕各部酋，或修筑道路，设置邮亭。至元封二年（前109），才征集巴蜀地区兵力，发动对滇、黔地区的征伐战争，其结果只是以武力征服了滇东北的劳浸、靡莫，而对云南，因"……滇王始首善，以故弗诛，滇王离难西南夷，举国降，诸置吏入朝。于是以为益州郡，赐滇王印，复长其民"。故司马迁评论说："汉诛西南夷，国多灭矣。唯滇复为宠王。"[①] 可见，对滇国的征服及纳入全国郡县制体系，即中原对云南的开发与统一，一开始就是和平的，没有发生大规模的战争与屠杀。接着，东汉继续推进对云南的开发与统一。明帝永平十二年（69）设永昌郡，把实际的统治从滇池、洱海地区，向西推进到今天云南与缅甸的边境（甚至超出这边境）。史书所谓：永昌郡"东西三千里，南北四千六百里"，而开发这一广阔的地区、将之纳入全国统一区划的进程，即当地哀牢人和掸人主动内附的过程。《后汉书》载，光武帝建武二十七年（51）哀牢王贤栗等"……率种人户二千七百

---

① 《史记·西南夷列传》。

七十，口万七千六百五十九，诣越嶲太守郑鸿降，求内属。光武封贤栗等为君长，自是岁来朝贡"①。到永平十二年，哀牢国属下部族、种人更加扩大，其时之"……哀牢王柳貌遣子率种人内属，其称邑王者七十七人，户五万一千八百九十，口五十五万三千七百一十一"②。所谓"王者七十七人"即指其属下有七十七个部落的首领，其中多为哀牢部落，亦有其他部落，如掸人部落。由此推动东汉王朝顺利建立永昌郡，即将哀牢王所属55万人及77王所辖地域设置哀牢、博南两县，并与原"益州郡西部属国"所辖6县合并在一起，设置为永昌郡，使汉朝的属地推进到今日中缅边境，包括今滇西全境。

再次，西汉二百余年，据文献记载，较大规模的战争仅昭帝始元元年至六年（前86～前81）发生一次。据《汉书·西南夷两粤朝鲜传》载："孝昭始元元年，益州廉头、姑缯（今滇西剑川、鹤庆一带——引者注）民反，杀长吏。（牂）柯、谈指（今黔西南兴义一带）、同并（今滇东弥勒县）等二十四邑，凡三万余人皆反。遣水衡都尉发蜀郡、犍为犌命万余人击（牂）柯，大破之。后三岁，姑缯、叶榆复反，遣水衡都尉吕辟胡将郡兵击之。辟胡不进，蛮夷遂杀益州太守，乘胜与辟胡战，士战及溺死者四千余人。明年，复遣军正王平与大鸿胪田广明等并进，大破益州，斩首捕虏五万余级，获畜产十余万，上曰：'钩（句）町侯亡波率其邑君长人民击反者，斩首捕虏有功，其立亡波为钩（句）町王。……'"这是一次波及面大，前后五年的战争。今人论著或定性为"两汉时期云南各族人民大起义"③或"廉头、姑缯等部落的反抗"④。益州在滇西，（牂）柯在黔西南，相距千里，恐难有相互的组织与呼应，定为一次大起义或反抗有所困难，但视为同时爆发的"民反"（人民对朝廷的反抗）则是确切的。这场战争主要仍是本地各族人民与朝廷之间的斗争，虽本地的句町王与朝廷站在一边镇压"民反"，但其结果也主要影响本地各民族与中央王朝之间的关系，对云南各民族的关系并未有直接的影响。

---

① 《后汉书·南蛮西南夷列传》。
② 同上。
③ 马曜主编《云南简史》（新增订本），云南人民出版社，2009，第29页。
④ 尤中：《云南民族史》，云南大学出版社，1994，第60页。

王莽时期虽然不长，但也发生了一场较大规模的战争，这就是由于王莽篡位后，下令改"四夷"（边疆少数民族）称王者为侯，以贬低少数民族上层统治者，由此招来少数民族，尤其是其上层的强烈反对。云南句町王邯首先反对，王莽朝廷杀邯，邯弟承起兵反抗，益州、越巂、（牂）牁三郡各族在其上层带领下皆起兵反抗。王莽政权一度从陇西、天水、巴蜀等地调集20万大军进行镇压，但遭到三郡各族的坚决抵抗，最终死人无数、劳民伤财，而成为促成王莽政权迅速灭亡的重要因素。显然，这仍是地方政治势力与中原朝廷的矛盾，而不是云南内部各族之间的矛盾，其结果是王莽政权的垮台，因此，对云南地区各民族相互关系亦无重大影响。

东汉时期战争较西汉增加，但其规模较大者仍以地方对中原朝廷的战争为主，而对云南地区各民族相互关系影响不大。其规模大者如《后汉书·南蛮西南夷列传》所记："建武十八年，夷渠帅栋蚕与姑复、楪榆、桥栋、连然、滇池、建怜（伶）、昆明诸种反叛，杀长吏。益州太守繁胜与战而败，退保朱提。十九年，遣武威将军刘尚等发广汉、犍为、蜀郡人及朱提夷，合万三千人击之。尚军遂度泸水，入益州界。群夷闻大军至，皆弃垒奔走，尚获其羸弱、谷畜。二十年，进兵与栋蚕等连战数月，皆破之。"可见这次战争（今人多称为"各族人民起义"）主要是针对中原朝廷，"杀长吏"、攻击太守，而朝廷主要由广汉、犍为、蜀郡调集兵员来镇压，因此，对云南内部各民族关系同样影响不大。与此类似，在东汉安帝元初年间，"时郡县赋敛烦数，五年（元初五年即118年——引者注）卷夷大牛种封离等反畔，杀遂久令。明年，永昌、益州及蜀群夷皆叛应之，众遂十余万，破坏二十余县，杀长吏，燔烧邑郭，剽略百姓，骸骨委积，千里无人。诏益州刺史张乔选堪能从事讨之。乔乃遣从事杨竦将兵至楪榆击之，贼盛未敢进，先以诏书告示三郡，密征求武士，重其购赏。乃进军与封离等战，大破之，斩首三万余级，获生口千五百人，资财四千余万，悉以赏军士。封离等惶怖，斩其同谋渠帅，诣竦乞降，竦厚加慰纳。其余三十六种皆来降附。竦因奏长吏奸猾侵犯蛮夷者九十人，皆减死"。① 这场战争更惨烈，边疆受到的破坏、人民的

---

① 《后汉书·南蛮西南夷列传》。

死伤更严重，但其矛盾在于各族人民与东汉朝廷官吏之间，而非云南各民族之间，这场战争（或曰起义，或曰反叛）的结局，一方面是封离及三十六种（部落）来降，"竦厚加慰纳"；另一方面是，侵犯边疆各族的奸猾官吏90人，皆减死。因此，对边疆民族关系的破坏作用大大减弱，未形成不可修复的破坏。

综上所述，从先秦至两汉，千余年间云南各族初步建构或相容共处的关系，没有受到大的破坏。

二　特殊的地理环境——促成各族共处、融汇的客观条件

（一）特殊的气候和地形使各民族能"各得其所"、互利合作

值得注意的是，云南地势的梯级结构，不仅是形成民族差异性、多样性的条件，也是这些民族能够相容和凝聚的重要条件。首先，在长期的历史过程中各民族分别适应了相应地区的生产和生活方式，由此也就形成了各得其所的、稳定的民族分布。例如，藏族、傈僳族等高寒地区的民族已适应这一地区，形成相应的生产、生活方式，如果让他们迁居于低热地区，或反过来，让傣族、基诺族等低热地区的民族迁居于高寒地区，他们都不适应、也不愿意。故而云南地势的分级结构也就成为各民族可以长期相容共处的客观条件。其次，这三种不同的生产、生活方式具有优势互补、相互支持的关系。突出的事实就是，存在由茶马交易形成的、纵贯云南的茶马古道。这条有上千年历史的古道，从滇南普洱、西双版纳产茶区开始，经过临沧、大理，直达滇西北丽江、香格里拉（最终至西藏）。它体现了以滇西北畜牧业为主的藏、纳西、普米诸民族，与滇南产茶区的傣族、哈尼族、布朗族以及汉族的互补关系。其实除了茶、马之外，食盐和手工制品（如缝衣的针线、刀具、马具等）也是各民族交往和联系的重要中介。在古代，这些生活必需品多集中于经济发达、交通便利的地区，就云南来说，就是以滇池、洱海为中心的地区。这一地区的汉、彝、白等民族生产并向南、北两个方向输出这些东西。从滇西北的各族来说，对于茶、盐及手工金属制品等，他们不能向更为高寒的北方（西藏）去取得，只能从滇中得到；而滇南，特别是与缅甸、老挝相邻的滇西南各族要取得盐、布匹、手工金属制品等，越过热带丛

林从境外取得也很困难，他们也主要面向滇中进行交易。所以云南自古形成了以洱海、滇池为中心的经济、社会联系。

这是就云南地区整体来说，就局部（每一个州、县）来说也都如此。因为在每一个局部，都存在山区和坝区、山区民族和坝区民族的相互联系和依存。例如，在每一个县都存在山区的民族与坝区的民族相互交换粮食，前者用玉米换稻谷来吃，后者用稻谷换玉米作饲料；前者用牲畜换后者的粮食或工艺品，等等。特别是，这种"山—坝"结构使每一个县几乎都有山地民族，如彝族、苗族、瑶族，也有坝区民族，如白族、汉族。一些人口较多的民族，如彝族，虽然多以村寨为单位聚居，但是这些村寨分散在全省的各个县。云南绝大多数县（市）都有彝族聚居，但是又没有一个县全是彝族。这就促使云南的各民族形成交错共处、互利合作的关系。

（二）河流和山谷形成通道便利族际的交往、融通

云南地处横断山脉尾段，为高原地势，崇山峻岭，不利于内外交往。它的地形是西北极高且向东南呈扇面倾斜，加上云南雨量充沛，由此造就众多自西北向东南奔流的江河。这些江河，多湍急汹涌，难行舟楫，但山岭经过它们亿万年的冲刷、撞击，形成了山间峡谷，则可成为云南高原内外交往的通道。

横断山脉分高黎贡山、怒山（碧罗雪山）、云岭三组，其主体皆在川、藏，下段自滇西北入云南。在云南，高黎贡山延伸至泸水、腾冲后，分为两支，一支为南北走向，高度不断降低，经龙陵、芒市地区而进入缅甸；另一支则呈东北—西南走向，绵延在中缅边界上，高度也不断降低，至瑞丽、盈江则山势低平、宽缓，地形开阔，无碍于交通。怒山又称碧罗雪山，上段（北段）在西藏境，从西北入云南德钦地区，向南展开，初为梅里雪山，继为太子雪山，再南进为怒山或碧罗雪山，其初高度一般在海拔5000米以上，南向绵延后逐渐下降，至保山地区后海拔在2000余米。云岭山脉同样北段在川、藏境，称宁静山、大雪山，南向在中甸、德钦入云南境，始称云岭，随后分为东、中、西三支，其东支接滇中高原。横断山脉的这三组山系，其中间夹着三条大江：怒江、澜沧江和金沙江。也可以说，三条大江在横断山脉中切割出三条巨大的河谷，从北向南冲开崇山峻岭而贯通云南。由此，怒江、澜沧江及其支流，即

为北面川、藏与云南的出入提供了条件；南面则成为云南与东南亚出入的孔道。而金沙江自川、藏南向入滇后，在丽江地区转而向东，曲折前进，一方面分隔了云南与四川，另一方面也构成滇东与川东交往的条件，特别是金沙江的众多支流在云贵高原上形成河谷，成为沟通滇黔的重要通道。

云岭山脉虽是横断山脉之一，但是却覆盖滇东和滇南的广大地区。其东支接滇东高原，即构成云贵高原的西部。滇东高原连接着川东（今重庆地区）、黔西，受金沙江及其支流的切割、冲刷，形成许多峡谷、孔道，为云南出入川、黔提供可能。而在滇西南，一方面高原海拔不断降低，另一方面则有南盘江水系众多河流乘势南下，既沟通滇中与滇南，同时又成为云南出入广西、贵州，以至越南、老挝的通道。

山脉与河流的这种走向，使云南地区自古以来形成以南北走向为主的族际交往通道，所谓远古氐羌族群自川、藏入滇，就是沿三江（怒江、澜沧江、金沙江）及其支流形成的河谷迁徙的。而到秦汉时期，在云南修筑的多条重要道路，也是充分利用这种山脉与河流的走势。当时连通云南内部与周边地区的重要道路，大多与河流相依托而呈南北走向。如灵关道，为西汉王朝统治西南夷而较早开辟的重要官道。其起于邛都，而以南安（今四川乐山市）为基点。南安就在金沙江水系的大渡河上，由此向南过大凉山后即沿越西河河谷前行，然后再沿安宁河河谷南行到今西昌，又经德昌、会理而过金沙江进入云南永仁、大姚。再如南夷道（又称夜郎道），其起点在四川僰道县（今宜宾市），即在金沙江边，由此沿金沙江支流南广河河谷，往南达至今贵州关岭、盘县地区，而后再沿北盘江河谷，进至南盘江。故此《云南通史》在总结秦汉时期云南交通时写道：

> 汉代西南夷地区的交通多为南北纵向的通道，这与汉王朝的首都长安在其北有关，也与当时经营西南的基地巴蜀在其北有关，当然也与西南边疆山河多为南北走向的大势有关。从更广的范围考察，西南夷地区丛山高耸，然而四面皆低，穿越西南夷地区的大道，不仅是越来越高的天梯，而且是连接各条水运干道的高原陆桥。[①]

---

① 何耀华总编《云南通史》第 2 卷，中国社会科学出版社，2011，第 156 页。

三　流动、迁徙中民族的建构——"同源异流"与"异源合流"

从纵向的时间流程来看，云南民族结构的重要组成部分是由迁徙而来的，云南民族关系是在流动与迁徙的过程中形成的。在这个意义上可以说，云南民族关系是流动与迁徙中的关系。这种纵向的、流动的关系的基本结构（格局）就是"同源异流"与"异源合流"。当然也可以反过来说，"同源异流"与"异源合流"是纵向、流动中的云南关系。

如前所述，马曜先生首先提出云南民族的"同源异流"与"异源同流"关系，并论述其基本内容。① 我们在此，主要从民族关系的角度对"同源异流"与"异源合流"进行阐释，并作某些补充。

（一）云南氐羌族类的"同源异流"与"异源合流"关系

氐、羌同源，或认为是一个族群，故先秦文献曾将两者合称"氐羌"，如《诗经·商颂　殷武》："昔有成汤，自彼氐羌，莫敢不来享，莫敢不来王。"《竹书纪年》："氐羌来宾。"《荀子·大略》："氐羌之虏也，不忧其系垒也，而忧其不焚也。"但是，二者在先秦就已异流，如《山海经·海内南经》就有"氐人国"一称，其记为："氐人国在建木西，其为人，人面而鱼身，无足。"郭璞注说，此氐人国即是《山海经·大荒西经》所说的"互人国"，乃炎帝之后裔。② 而古已认为，"羌""姜"皆与"羊"相关，故先秦亦认为羌人与姜人同为周人之一支，乃西北从事畜牧的族群，而氐人与之有所区别。故马曜先生认为，南下进入云南的氐羌已开始异流，分为从事农业和牧业的两种族群。氐人是从事农业或半农半牧的族群。马先生认为，《史记·西南夷列传》所说"耕田，有邑聚"者就是指氐族，他们分为夜郎、滇、邛都以及徙、筰都、冉（駹）诸部。

---

① 马曜：《云南二十几个少数民族的源与流》《云南少数民族中的同源异流与异源同流》《"滇""叟""爨"族属与彝白源流》，载《马曜学术论著自选集》，云南人民出版社，1998。

② 见《山海经全译》袁珂译注，贵州人民出版社，1991，第236、301页。

又在《吕氏春秋》等文献中有"僰人"的称谓，马先生认为，"僰人当是氐人的一支"①，在滇中的僰人称为"滇僰"，即是滇国的主体族类"滇"，故"僰人""滇僰""滇"，与夜郎、滇、邛都、徙、筰都、冉（駹）诸部一样，都是从氐羌—氐人中分化（异流）而出的。再者，马先生认为，《史记·西南夷列传》所说"随畜迁徙"者，应是羌人，他们分为嶲、昆明诸部。由此可以说，以上诸部［夜郎、滇、邛都、徙、筰都、冉（駹）、嶲、昆明］皆同源于氐羌而后异流。这是从马曜先生的论述中得出的必然结论。以上就是秦汉时期氐羌族群进入云南后"同源异流"的基本情况。

与此同时，氐羌族群进入云南地区后，不仅"异流"，即不断地分化，而且也与其他族群不断"合流"（融合）。正是这种"合流"才形成云南各族相互交叉、渗透，"你中有我，我中有你"的复杂关系。

首先，就上述滇国的主体——"滇人"（滇僰）来说，他就不仅与氐羌族群有上述"同源异流"的关系，而且与其他族群有"异源合流"的关系。我们在本章第一节中就指出，滇国的主体——滇人综合多样的文化，而不仅仅是氐羌文化或源于氐羌的僰文化，故对其族属的多种说法（氐羌说、氐人说、僰人说、越人说、濮人说、楚人说等）皆有一定根据。如按马曜先生的说法滇僰属氐人，而按张增祺先生的说法滇国主体为越人，审视二位的论据后，我们认为，滇人极可能融合了氐羌文化与百越文化，在氐羌（僰）与百越的"异源合流"中形成。按马曜先生的说法，这属白族先民的源流问题。

其次，就彝族的源流来看，马曜先生认为，嶲、昆明诸部"和今天的彝族（包括彝语支各族）有族属上的渊源关系"，"滇僰"则和今天的白族有族属上的渊源关系，而"彝族先民昆明—乌蛮形成的特点是'同源异流'"，"滇僰叟爨—白蛮形成的特点则是'异源同流'"。② 我们认为，不能把马先生的论断理解为：彝族先民仅由"同源异流"而形成，白族先民仅由"异源同流"而形成。彝、白两族及其先民在历史发展过

---

① 马曜：《马曜学术论著自选集》，云南人民出版社，1998，第 549 页。

② 马曜：《马曜学术论著自选集》，第 552～553 页。

程中，与其他民族（族群）既有"同源异流"关系，又有"异源合流"的关系。两汉以前彝、白两族先民"同源异流"已如前述，而白族先民（滇僰叟爨—白蛮）"异源合流"的问题，"叟、爨、白蛮"问题不属本章范围，而"滇僰"问题已如上述。由此，问题就只集中在彝族先民（昆明—乌蛮）形成过程中有无"异源合流"（在此我们仅论述两汉以前的情况）。

彝族先民是否只有一个源头，只是从同一个源头分化而成的呢？在《彝族史要》一书中，易谋远先生提出的一个主要论点就是，彝族有多个源头，在多源（异源）合流中发展。他认为，"彝族起源的主源是以黄帝为始祖的早期蜀人，在彝族多源起源中的又一源是彝族以母族昆夷而祖古东夷族"。[1]"早期蜀人"源于蜀山氏。蜀山氏本居于蜀山（今岷山），此即"旄牛徼外"之地，"大约在商末周初，彝族先民（蜀山氏）'自旄牛徼外入居于邛之卤'则是由蜀山而来成都平原（即"邛之卤"——引者注）的以黄帝为始祖的蜀山氏之后裔的一支。这支蜀人，其后与从西北迁来成都平原的一支昆夷发生亲缘关系，而这支昆夷则是源出史前以蚩尤为始祖的三苗与古东夷族西迁的一支。蜀人、昆夷又在成都平原与当地土著濮人融合为'早期蜀人'"。[2] 这些人创造了早期蜀文化和古蜀国，经31代人的发展，到蜀王杜宇（即彝文经典所称的彝族祖先笃慕，其时约当内地春秋时期），由于洪水及失去国家政权，笃慕率众从成都平原向南迁徙到洛尼山。洛尼山在滇东北，即今云南省东川市落雪。"这就是说，笃慕是洪荒之后由古蜀地迁徙到今云、贵、川三省交界处乌蒙山系一带活动的彝族民族再生始祖，'彝族六祖'也分支于此，从此开创了彝族内部以'祖'为特征的各自为政的奴隶主分别统治族邑的局面，奠定了彝族分布、活动的范围，并有承先启后的作用。"[3] 这样，据易谋远先生的看法，彝族在笃慕（即"六祖分支"）以前，也即先秦时期，就是由多个源头合流而来的。这不同的源头（异源）大致如下：①从旄牛徼外迁入成都平原的蜀山氏，而蜀山氏又源于内地黄帝族；②西北迁来成

---

① 易谋远：《彝族史要》，社会科学文献出版社，2007。
② 易谋远：《彝族史要》，第122页。
③ 易谋远：《彝族史要》，第307页。

都平原的一支昆夷，而昆夷又源于三苗与古东夷；③成都平原的土著濮人。这三个不同的源头（异源）在成都平原合流为早期蜀人。而早期蜀人至笃慕（杜宇）则迁居滇东北，又与当地濮人通婚（即杜宇娶朱提女为妃）而后成为彝族的"再生始祖"。易谋远先生的上述论点，以彝文文献为主要依据，又以汉文文献作互证与诠释，我们认为基本是可信的，但是，它也只是彝族的部分（或者说一方面）的源头，因为，它并不能否定彝族的氐羌源头（虽然易先生是断然否定的）。由此，我们认为它是论证彝族"异源合流"的重要根据，进而也说明彝族与众多民族的先民（或者说"族群"）有相互渗透的、密切的关系。

（二）云南百越族群的"同源异流"与"异源合流"关系

云南的百越族群，即今天云南的壮侗语族壮傣语支的各民族：傣、壮、布依、水等族。

云南傣、壮、布依、水等族皆同源于古百越族群。这已为学界普遍认同，并有不少论著。

在《同根生的民族——壮泰各族渊源与文化》一书中，范宏贵先生综合比较壮、傣等民族的语言、生活方式、习俗、传说以及考古资料和文献资料，据之而得出结论："在春秋时代以前，即距今 2700 年以前，壮族与傣族、泰族、佬族同一起源，共同生活在岭南和岭北一带。春秋到汉代以前，即距今 2700～2100 年前，已进入以农业为主的社会，傣族的祖先从岭南和岭北向南迁徙，定居在现在的居住地。壮族与傣族、泰族、佬族的分化形成不同的民族，与迁徙密切相关"。① 范先生由此认为，"西瓯人的后裔，即现今的壮泰各族是从一条根发展、分化出来的，泰国的泰族、缅甸的掸族、老挝佬龙族、中国的傣族、越南的泰族，受到印度文化和佛教（越南泰族除外）的影响以及地理环境的不同，朝一个方向发展；中国的壮、布依、侗、水、仫佬、毛南、黎族，越南的侬族，受汉族文化的影响以及地理环境的不同，则朝另一个方向发展；越南的岱族受京族的影响，又朝另一个方向发展。""壮、泰各族的产生、分化，犹如一株树，经过若干年的发展后，生出各条枝干，他们有内在的关系，

---

① 范宏贵：《同根生的民族——壮泰各族渊源与文化》，民族出版社，2007，第 47 页。

又不相同。"① 黄兴球先生在《壮泰族群分化时间考》中则进一步考证壮、傣、布依、侗、水各族何以同源于百越，他们从百越分化出来的时间先后、分化路径，等等。黄先生在该书结束语前，以"同源异流的大结局"为标题说："从百越到壮泰族群，这是一个'同源'到'异流'的过程。当将壮泰族群的发展历史与华夏民族发展史两相对比的时候，发现壮泰所走的路刚好与华夏族的发展道路相反，壮泰是由同源而分化，由一体的百越分化成众多的壮泰，是一个'同源异流'的发展格局"。②那么，壮、傣、布依等族在从百越分化出来的过程中，是否有"异源合流"的情况呢？

我们认为，在壮、傣等族从百越分化出来，形成、发展的过程，也同样是"异源合流"的过程。首先，如范宏贵先生所说，从百越分化而出的壮族、侗族、布依族走向一个文化方向，而傣族走向另一个文化方向。显然，这就是对于其他"异源"文化吸收、融合的结果。此即，壮族这一支受汉文化影响较大，融合汉文化。如以古百越为一个整体来看，其较多的部分都与华夏文化（汉文化的前身）相融合，此即原越国、吴国中心地带的越人，先为楚国所吞并，而随楚一起为秦所统一，其族人或被迁往江淮间，或留在原地，多融入华夏；少部分向南迁徙，进入南粤，与本地越人（西瓯人）合流。但到秦始皇三十三年（前214），始皇发兵五十万征服岭南，设南海、桂林、象郡，军队及随军百姓不少于五六十万，遂屯留岭南。由此，促进了岭南百越（西瓯）与华夏的融合。在此后，从岭南向西北（滇、黔）迁徙的百越族群，就与华夏文化（汉文化）有前期的结合，从而形成壮、侗、布依等族的发展方向。所以，秦汉向云南迁徙的百越族群，不仅存在分化（与古越人异流）的过程，而且存在与华夏（汉族）融合（合流）的过程。而傣族先民在从百越分化而出的同时，也就与迁徙过程中各地区的土著相合流。如秦汉就存在于滇西极远处（即汉永昌徼外）的滇越，今人对其族属就很有争论，有主张属百越的（如江应樑、张公谨、黄惠焜等），有反对的（如黄兴球）。

---

① 范宏贵：《同根生的民族——壮泰各族渊源与文化》，民族出版社，2007，第284～285页。

② 黄兴球：《壮泰族群分化时间考》，民族出版社，2008，第274页。

在我们看来,古人称之为"越"自有其道理,而且"滇越"也种稻、役象、文身、住"干栏式"房屋等,但是,又与滇东南的傣族有差别,因此他们很可能是越人与土著结合的族群。

四 地域、空间中民族格局的萌生

在本章第一节中,对新石器时代至两汉时期云南族群及文化的地区分布,做出初步论述。这种族群和文化的地区分布,是后来云南民族关系地区格局的萌芽。

新石器时代,云南地区已大体分为两部分:一部分是滇西北及以洱海为中心的滇西地区,其文化特点是:居住于穴居、半穴居或平地起建的房屋;以尖底瓶和圆底钵为其陶器的主要特征,并有少量陶三足鼎;对夭折的儿童作瓮棺葬;等等。因此这是与我国西北地区新石器文化类似的地区。这一地区的族群基本属氐羌等我国北方族群。除此之外其他部分共同的文化特点则是:居住于"干栏式"房屋;使用"有肩"石斧、"有段"石锛和"有肩有段"石锛;其陶器,质地以夹砂陶为主,纹饰有绳纹、划纹、方格纹等,器型以釜罐为主;有稻谷种植的遗址和谷种遗物;滇池地区有贝丘遗址;等等,因此与我国东南沿海的新石器文化有关联,其族群则基本属我国南方的百越族群。将新石器时代云南的文化与族群按地区(从空间上)分为两个部分,形成二分结构(格局),应当说,这种结构(格局)是非常粗略的。但也只能如此,因为,在新石器时代,文化的个性和特殊性才刚刚显露,而我们的认识也只是粗浅的。但是,这已经是以后数千年中,云南民族与文化地区分类的基础了。

进入文明社会后,即从商周到两汉,云南族群与文化的这种地区格局进一步发展,或者说分化,它从此前的二分结构,形成四个地区的结构。这四个地区是:以滇池为中心的滇东地区、以洱海为中心的滇西地区、滇西北地区、滇南地区。这四个地区在族群和文化上都各有特点,互不相同,共同构成了云南青铜时代(商周至两汉)民族与文化多样性的总体格局。与此同时,这四个地区中的每一个区域,又都包含多种族群和文化,从而有自己区域内的民族(族群)关系的格局。这样,就有了两个层次的民族关系格局,形成了复杂的民族关系网络。由此,云南民族关系开始显现在地域、空间的格局（网络）中，但只是萌芽和雏形。云南民族关系的地域分布格局和中心，还正在形成、发展之中。

云南民族关系的重要特点是，多样而又相容共存，差异而又相互融通，表现在时间和源流上，就是"同源异流"与"异源合流"的统一；表现在空间和分布上，就是两个层次的地区分布格局。同时，由于多样、差异而又融通和渗透，在认识云南民族关系时，从源流来认识与从地域分布来认识，是同样重要的。

第四节 秦汉时期云南地区与内地关系的建立

从地理环境来说，中华民族是一个有内在联系的整体，云南是其有机的组成部分；从民族源流来说，云南民族（族群）最重要的源头都在内地，因此，云南与内地的关系，是云南民族关系的重要前提和应有的内容。

考察云南与内地的关系，可以民族（族群）为单位，如以彝族为单位，或以白族为单位，考察他们与内地氐人、羌人、蜀人、夜郎人的关系等。同时，也可以云南整个地区为单位，考察云南与内地的整体关系。

民族作为一个整体，谁是其代表呢？在原始时代就是氏族或部落组织，进入阶级社会以后就是国家，或具有国家性质的政权组织。就先秦至两汉时期来说，云南地区虽然有了如滇国那样统辖部分地区（滇池周边地区）的重要政权，但是，尚未有统辖和代表整个云南地区各族的政权；而内地则自秦汉郡县制建立后，秦、汉朝廷就是内地作为一个整体的代表，它代表着华夏以及酝酿中的中华民族整体。当然，此前夏、商、周政权早已作为中原地区的统一政权建立起来，代表着内地（或者说"华夏"）的整体，但是，它们的统治形式和范围皆不能与秦、汉相比，同时，它们与云南地区的联系也很少，因此，我们着重考察的是秦、汉政权与云南地区各民族的关系。

一 秦汉郡县制的建立对云南民族关系的意义

秦始皇统一六国，自称皇帝，以天下共主自居，又废分封制而行郡县制，由此我国统一专制国家建立。秦随二世而亡，但汉承秦制，继承和发展了郡县制。国家是政治组织，是阶级统治的工具，本与民族是两种不同性质的范畴，但是，国家又与民族密切相关：国家合法性的基础既在阶级，也在民族；国家既组织阶级，又组织民族，促进民族的凝聚与自觉。而对于边疆少数民族地区，统一国家的建立同样具有政治的和民族关系的重大意义。

秦、汉帝国建立，统治者以皇帝、天子自命，以统一天下、征服六宇为己任，于是四处征伐、开拓疆域。这当然为统治阶级欲望与利益所推动，但其结果，则是我国大体的疆域从此确定，云南地区开始纳入统一国家的疆域和政治体制，云南各民族与内地的联系进入一个崭新的阶段。

早在秦惠文王九年（前316），秦国就出兵灭巴、蜀二国，将之纳入版图而建巴、蜀二郡。至秦始皇，欲进一步经略滇、黔，命常頞修筑"五尺道"，自巴郡入滇，即从今天重庆市的宜宾达云南的曲靖地区，并在沿途置县，分属巴、蜀二郡。由此开始了云南地区纳入国家统一疆域和政治体制的进程。

汉初，休养生息并集中力量对付北方的匈奴，至武帝始经略西南。建元六年（前135），唐蒙使南越，知黔中至南越有道可行，遂向武帝建言经牂牁江以击南越。于是武帝"拜蒙为郎中将，将千人，食重万余人，从巴蜀筰关入，遂见夜郎侯多同，蒙厚赐，喻以威德，约为置吏，使其子为令。夜郎旁小邑皆贪汉缯帛，以为汉道险，终不能有也，乃且听蒙约。还报，乃以为犍为郡。发巴蜀卒治道，自僰道指牂牁江"①。这样，西汉开始在西南夷地区建郡，并辟"南夷道"以通之。此时，滇、黔偏僻闭塞，地方势力全无天下、国家意识，故《史记》记言："滇王与汉使者言曰：'汉孰与我大？'及夜郎侯亦然。以道不通故，各自以为一州主，不知汉广大。"致成千古流传之典故："夜郎自大"，实则无中华统一意识之表现。此后，汉庭继续推进统一进程。元鼎六年（前111），且兰等部反，"杀使者及犍为太守"，于是以平定南越之军，击灭且兰等部，建

---

① 《史记·西南夷列传》。

（牂）牁郡。同年，邛都、冉駹等部畏汉之威，"请臣置吏"，于是再设越巂、沈黎等郡。这种形势下，夜郎王终于认识到汉之广大，始有天下国家之观念，而请求归属，于是武帝在置郡的同时仍以之为夜郎王。同时，"上（汉武帝）使王然于以越破及诛南夷兵威风喻滇王入朝"。但滇王自持"其众数万人"，并有劳浸、靡莫之属相扶持而"未肯听"，于是"元封二年，天子发巴蜀兵击灭劳浸、靡莫，以兵临滇"。这时滇王才认识到汉之广大，中原王朝是为宗主，于是"举国降，请置吏入朝。于是以为益州郡，赐滇王王印，复长其民"。

汉朝以兵威喻滇王及夜郎王，打破其闭塞狭隘的地方观念，统一两地，既赐其王印并保持其部分政权，同时又依全国统一的制度置郡、任命郡守。这在云南地区发展史上，是有极其重大意义的事件，因为，自此云南地区纳入中华统一国家的体系，统一趋势不断加强，而从未有分裂之事；云南各族，从此确立中华整体意识，"夜郎自大"的狭隘意识被打破，与中华整体凝聚不断加强。在此基础上，云南地区与内地联系也就达到了新的阶段。

二 两汉政权对云南地区的政策方针、指导思想，及其对民族关系的影响

秦始皇在我国历史上首建统一的、中央集权的国家，但秦二世即亡，仅存在 16 年，因此，两汉才是我国历史上第一个真正意义的统一的、中央集权的国家，它的民族政策及其指导思想，也就具有开创的意义，对后世产生巨大的影响。此时的云南已纳入全国的政治体系，故两汉中央政权的政策及其指导思想，对云南民族关系无疑有实际的作用和深远影响。

国家既体现统治阶级的意志，同时也代表主体民族，因此，两汉中央政权的政策及其指导思想，在一定的意义上也可视为"华夏"（或正在形成中的汉族）对各少数民族的政策主张和思想，因此，极大地影响了当时"华夏"（汉族）与少数民族的关系。

（一）"大一统"的思想与策略

我国大一统的思想、观念起源久远。战国、秦汉之际，《春秋公羊

传》（简称《公羊传》）对它就有明确的表述。《公羊传》认为，孔子所编定的《春秋》乃"微言大义"，在简略的话语中包含极深刻而重大的思想。它说，《春秋》开篇所谓："元年，春，王正月。"就包含一个极其重大的原则："元年者何？君之始年也。春者何？岁之始也。王者孰谓？谓文王也。何为先言王而后言正月？王正月也。何言王正月？大一统也。"这就把"大一统"作为前圣、先王的重大原则提了出来。

但是，此乃儒生、文人的学说，直到西汉它才上升为国家政治的指导思想。这虽以秦汉的政治、经济形势为基础，但董仲舒等人的大肆宣扬及向统治者的推介也起了重要而关键的作用。在《举贤良对策》中，董仲舒说："《春秋》大一统者，天地之常经，古今通谊也。"由此，汉武帝对《公羊传》大为赞赏，对治《公羊传》的董仲舒、公孙弘等人十分重用。

何谓"大一统"呢？首先指天下统一、定于一；再就是指，这种统一乃重大、至高的原则（"大"者，不仅有广大的意思，而且有张大、重视、推崇之意）。这思想，虽张扬于秦汉，而其源头则在春秋以至西周之前。《诗经·小雅·北山》就有诗句："溥天之下，莫非王土；率土之滨，莫非王臣。"这说明，在西周就有天下皆为王土的大一统思想。西周之时，所谓"天下"显然不是指王畿周围，也不仅指中原华夏所居之地，而是指包括"四夷""四方"的广大地域。毛亨注解以上诗句就说："溥，大；滨，涯也。"孔颖达疏曰："孙炎曰：浒、滨、涯、浦，皆水畔之地……以滨为言者，古先圣谓中国为九洲者，以水中可居曰洲，言民居之外皆水也。"就是说，天下乃指"九洲"，即"四海之内"或"海内"。这就包括东边的东夷、西边的西戎、北边的北狄、南边的蛮越所居的广大土地了。不仅这广大的土地属天子所有，而且土地上的人民也都是天子的臣民了。于是对四夷、四方之民，就应当视为同一的臣民来对待。先秦儒家认为："四海之内皆兄弟"[1]"四海之内若一家"[2]

---

[1] 《论语·颜渊》。
[2] 《荀子·儒效》。

就是把四海之内的所有人民，包括戎狄蛮夷都视为同胞兄弟。而墨子认为，古圣王都把四夷当作臣民对待，施以兼爱，后人应当效法之。他说："昔者尧北教乎八狄……舜西教乎七戎……禹东教乎九夷。"① 又说，大禹在东南西北四方治水以利人民，其中"南为江汉淮汝，东流之注五湖之处，以利荆楚干（吴）越与南蛮之民"。② 他认为，尧舜禹都施教化、兼爱于蛮夷戎狄。由此可见，把四海之内的土地都视为王土，四夷和华夏之民都视为王臣，这种意识在先秦就有了。它应是大一统思想的发端。

与此同时，特别是战国诸子，又都鼓吹统一天下的思想，把天下统一作为至高的理想来追求，这则是大一统思想的形成与实践了。法家认为天下须统一。韩非子说："事在四方，要在中央，圣人执要，四方来效。"③ 主张以法治的办法来实现天下统一。儒家则主张以王道来实现天下的统一。孟子说："苟行王政，四海之内皆举首而望之，欲以为君。"④ 荀子说："天下归之之谓王。"⑤ 反对霸道，主张以仁政来统一天下（王天下）。尽管各家对统一的方式、方法，意见不同，有主张王道的，有主张非攻的，有主张法治、暴力的，但是，天下要统一则是各家各派共同的主张。这种统一的主张，经先秦数百年的思想酝酿，至西汉才经董仲舒等人总结、阐发、推介，而成为国家政权的政治指导思想，并且不同程度地付诸实施。可以说，"大一统"思想能成为国家指导思想并付诸实施，始自西汉，是西汉做出的一大贡献。

从汉武帝对西南夷地区的开发可看出，汉朝统治者视西南为王土、蛮夷为子民，极力统一之，而统一并非以杀戮、战争来征服，而是恩威并用，力图"以德来人"。这就体现了大一统的思想原则与策略，使滇、黔地区，从此统一于中华，并始终维护国家统一；各民族亦内聚于华夏（汉族）而未因统一而结下不可和解的仇恨。

---

① 《墨子·节葬下》。
② 《墨子·兼爱中》。
③ 《韩非子·扬权》。
④ 《孟子·滕文公下》。
⑤ 《荀子·王霸》。

（二）王道与霸道，德治与暴力

实现大一统的途径与方法，儒家主张王道与德治，法家主张霸道与暴力。两汉统治者"独尊儒术"，当然宣扬的是王道，但其实际的政治实践，则如汉宣帝所言："汉家自有制度，本以霸王道杂之"，[①] 即恩威并施，王霸并用，德治爱民与暴力镇压相协同。或以为王道、德治不过是表面的花言巧语，是为了欺骗百姓和少数民族，真实的只是霸道和暴力镇压。我们认为，这样的理解不合于中国的历史实际，儒家思想在中国更多的是一种人们（其中包括部分统治者）所信仰的精神准则，虽然，"霸王道杂之"，在一部分统治者那里是两者都用、两者都"实"（而非一虚一实）的策略、方针，但古代史家在总结历史经验时，大都认为王道与德治方能和谐百姓、稳定边疆、强盛国家。今天看来，两汉时期的情况也大体如此，其对云南各族，"两手"都用，但王道与德治更能促进内地与边疆各民族的和平与凝聚。

西汉，武帝征服夜郎与滇国，即用兵威与招降"两手"，其后，既置郡县，复又赐夜郎王印、滇王印；既连续三年以武力征服南粤、黔、滇，又于新建的 17 个郡（"初郡十七"）实行宽缓的政策，即"以其故俗治，无赋税"。又为减轻各民族地区负担，兵卒、官吏的粮饷、供给皆不在当地获取，而通过从内地"募豪民田南夷，入粟县官，而内钱于都内"这种办法来取得，或者从靠近边疆的内地郡县供给[②]。但是武帝末年，朝廷所命郡县官吏不施仁政，贪残暴虐，至昭帝即位之始元元年（前86）云南地区各族爆发大规模反抗。《汉书·西南夷两粤朝鲜列传》载："孝昭始元元年，益州廉头、姑缯（今滇西剑川、鹤庆一带——引者注）民反，杀长吏。（牂）牁、谈指（今黔西南兴义一带）、同并（今滇东弥勒县）等二十四邑，凡三万余人皆反。"于是汉朝统治者悍然以武力镇压。三年后，姑缯、楪榆再次起义反抗，朝廷再以武力镇压，双方激战两年，官军初战死者四千余人，各族民众被杀五万余人，十分惨烈，充分表现了汉朝统治者"霸王道杂之"的方针、策略。但"霸王道杂之"不只针

---

① 《汉书·元帝纪》。
② 《汉书·食货志》。

对边疆民族，对内地及全国所有百姓也是如此。汉武帝后期，因其好大喜功、穷兵黩武，文景所积社会财富消耗殆尽，民众不堪重负，破产失地农民，大量沦为流民或富豪奴婢。自天汉二年（前99）后，南阳、齐、楚、燕、赵之间，农民揭竿而起，诛杀官吏，攻击富豪，此起彼伏。一方面，汉武帝毫不留情地暴力镇压。如设"直指绣衣使者"以分区展开镇压、屠杀，又立"沉命法"，并规定太守以下官吏如果不能及时发觉并镇压暴动，罪至于死。另一方面，汉武帝也深知仅靠暴力镇压是不行的，故而仍欲实行王道，他对臣下说，"不出师征伐，天下不安"，但仅如此"是袭亡秦之迹也"，因此希望太子"仁恕温谨"为"守文之主"。

新莽暴政，莽贬抑句町王为侯，又诈杀句町王邯，于是激起句町及"三边蛮夷尽反"，攻占城邑，击杀郡守。王莽朝廷先后数次征调各地兵力进行镇压，最后一次调集陕、甘等地兵力共20万人入滇作战，双方死者枕籍，伤者无数，反抗之火却越燃越烈，最终成为促成新莽政权灭亡的重要因素。即使在这样短促的暴政时期，仍然有内地（中央政权）派往边疆的官员，力求在民族地区施行德治。如王莽出兵云南时，扩大税赋，就都（广汉）大尹冯英，不仅不肯给予，而且上书王莽说："（僰）道以南，山险高深，茂（指冯茂——引者注）多驱众远居，费以亿计，吏士离（遭）毒气死什七……功终不遂。宜罢兵屯田，明设购赏。""莽怒，免英官。后颇觉悟，曰：'英亦未可厚非'"。① 就在此征战之时，新任益州郡太守文齐，上任后即在益州"造起陂地，开通溉灌，垦田二千余顷。率厉兵马，修障塞，降集群夷，甚得其和"。后于东汉光武帝时去世，"诏为起祠堂，郡人立庙祀之"。② 这是一个践行王道与德治的官吏。

东汉，一方面滇、黔地区多次爆发武力反抗，朝廷派大军残暴镇压；另一方面，又有不少朝廷命官在云南施行德政，缓和民族关系，得到各族爱戴。暴力镇压之突出者，如《后汉书·南蛮西南夷列传》所载："建

---

① 《汉书·王莽列传》。
② 《后汉书·南蛮西南夷列传》。

武十八年（42）夷渠帅栋蚕与姑复、楪榆、梇栋、连然、滇池、建怜
（伶）、昆明诸种反叛，杀长吏。益州太守繁胜与战而败，退保朱提。十
九年，遣武威将军刘尚等发广汉、犍为、蜀人及朱提夷，合万三千人击
之。""灵帝熹平五年，诸夷反叛，执太守雍陟。遣御史中丞朱龟讨之，
不能克。"于是，由益州太守和刺史发动巴郡"板盾蛮"参与镇压。而规
模较大的一次边疆民族的武力反抗，是前述安帝元初五年（118）"卷夷
大牛种"封离等的武装反抗。与暴力镇压同时，东汉也有一批在云南地
区施行德政朝廷官吏。史载如下。

郑纯，东汉明帝时为"益州西部属国"都尉，"为政清洁，化行夷
貊，君长感慕，皆献土珍，颂德美"。于是朝廷得以改"益州西部属国"
为永昌郡，并以他为永昌太守。他在永昌实行减轻赋税、安抚各族的政
策。史载："纯与哀牢夷约，邑豪岁输布贯头衣二领，盐一斛，以为常
赋，夷俗安之。"[1] 邑豪大户才要缴纳赋税，而且仅只是出衣两件、盐一
斛，这样的赋税是非常轻微的了，故此才使边地"夷俗安之"，"君长
感慕"。

王追，东汉章帝年间继为益州郡太守。他在永昌郡内最早兴办学校，
向云南民族地区传播内地文化，使一些边民"渐迁其俗"。

景毅，灵帝时继为益州郡太守，其时前太守刚发动"板盾蛮"镇压
民众起义结束，益州"米斗千钱""民夷困饿"。景毅到任后，安抚各族
"渐以仁恩""恩化洽畅"，社会逐渐安定，到他去任之时，"米斗八钱"，
社会清平无事。[2]

张翕。《后汉书·南蛮西南夷列传》载："永平元年（58）姑复夷复
叛，益州刺史发兵讨破之……后太守巴郡张翕，政化清平，得夷人和。
在郡十七年，卒，夷人爱慕，如丧父母。苏祁叟二百余人，赍牛羊送丧，
至翕本县安汉，起坟祭祀。"按此，张翕似为益州太守。而王先谦《集
解》称，惠栋曰："《华阳国志》云：'翕字叔阳，安汉人，为越（嶲）
太守。布衣疏食，俭以化民……'"今本《华阳国志校注》（刘琳校注）

① 以上见《后汉书·南蛮西南夷列传》。
② 《华阳国志·南中志》及《先贤士女总赞》，刘琳校注，巴蜀书社，1984，第349、817
页。

中则载为："张翕，字子阳，巴郡人。为阴平郡守，布衣疏食，俭以化民。……迁越（嶲）太守（原注：此句依《北堂书钞》卷七五补），夷汉甚安其惠爱。在官十九年卒。百姓号慕，送葬以千数。……后太守数烦扰，夷人叛乱。翕子端方察孝廉，天子起家拜越（嶲）太守，迎者如云。"①

（三）作为政策与制度的羁縻

羁縻是古代中央政权（内地统一王朝）对边疆民族地区的政策、策略，同时，也是一种制度。它据国家的力量而影响边疆的民族关系，同时，它也代表内地的统治民族（多数情况下是汉族）对于边疆民族的态度与看法，体现了双方的关系。故此是我国民族关系史中的重要问题。

羁縻在中国历史上渊源久远，但"把羁縻作为一种连续民族政策看待始于西汉初年"。② 而以"羁縻"一词来表达这种政策思想，则首见于司马相如的《难蜀父老书》。其中有所谓："盖闻天子之于夷狄也，其义羁縻勿绝而已。"唐代张守节《史记正义》注释说："羁，马络头也。縻，牛缰也。《汉官仪》：'马云羁，牛云縻。'言制四夷如牛马之受羁縻也。"③ 此"言制四夷如牛马之受羁縻"仍为比喻，未有对羁縻的确切说明。今人徐兴祥先生对羁縻作如下归纳："（一）羁縻的对象都是中原王朝尚不能对它进行直接统治的周边少数民族。（二）羁縻的措施或手段有通使、和亲、互市、册封、纳贡、派流官对土长进行监督以及建立土、流合治的政权机构等多种，但只需采用其中的一种就可以称为羁縻。（三）根据羁縻的方式、强度和目的不同，可以把它们划分为政策型羁縻和体制型羁縻两种类型。"④ 据此我们来看汉代在云南地区对各民族实行的羁縻。

首先，云南边疆部族主动内属，而形成羁縻，据《后汉书·南蛮西南夷列传》所载即有多起。其一，东汉光武帝建武二十七年（51），"贤

① 《华阳国志校注》，刘琳校注，巴蜀书社，1984，附录一，第970页。
② 徐兴祥：《中国古代民族思想与羁縻政策研究》，云南民族出版社，1999，第139页。
③ 转引自方国瑜主编《云南史料丛刊》第1卷，云南大学出版社，1998，第25～26页。
④ 徐兴祥：《中国古代民族思想与羁縻政策研究》，第162页。

栗等遂率种人户二千七百七十，口万七千六百五十九，诣越嶲太守郑鸿降，求内属。光武封贤栗等为君长，自是岁来进贡"。其二，东汉明帝永平十二年（69）"哀牢王柳貌遣子率种人内属，其称邑，王者七十七人，户五万一千八百九十，口五十五万三千七百一十一，西南去洛阳七千里。显宗以其地置哀牢、博南二县，割益州郡西部都尉所领六县，合为永昌郡"。其三，东汉和帝永元六年（94）"郡徼外敦忍乙王莫延慕义，遣使译献犀牛、大象"。其四，永元九年（97），"徼外蛮及掸国王雍由调遣重译奉国珍宝，和帝赐金印紫绶，小君长皆加印绶、钱帛"。其五，东汉安帝永初元年（107），"徼外憿僬种夷陆类等三千余口举种内附，献象牙、水牛、封牛"。

其次，两汉朝廷以武力或武力威慑征服后，建立中央与地方共治的"属国""初郡"。这种羁縻，主要是制度性的。如：西汉武帝征服夜郎国和滇国后，既将其地纳入全国统一的郡县制体制之内，设为犍为郡、（牂）牁郡、益州郡，同时，仍以其为夜郎王、滇王，并赐王印，保持其故有的政权体制，"复长其民"。此后连续三年以武力征服南粤、黔、滇，共新建17个郡（"初郡十七"），在这些所谓"初郡""以其故俗治，无赋税"实行羁縻的制度和办法。东汉明帝时边境部族内属，设"益州西部属国"，下辖六县，至永平十二年（69）"哀牢王柳貌遣子率种人内属"，明帝于其地设哀牢、博南二县，并将"益州西部属国"下辖六县与这两个县合一起设置为永昌郡。这些"属国"与"初郡"皆"以其故俗治，无赋税"，由此"夷俗安之"，局势稳定。

羁縻，作为对待边疆少数民族的政策和制度，自汉代明确与自觉后，在我国古代历史上延续不断，对于我国的民族关系产生了重要的作用。对其历史作用，我们一方面要看到，它是古代统治阶级对其无力全面统治的民族地区的一种策略、手段，同时也要看到，它体现了中华"大一统"的思想不是简单地统一、专制集权，同时也包含承认差异与特殊性；在实现统治阶级"一统天下"政治要求的同时，也宽容少数民族不同的社会制度与习俗，因此，羁縻不单纯是一种权宜之计的手段、谋略。它对维护国家的统一和边疆民族地区的和平、稳定发挥了深远的历史作用。

三　内地与云南各族经济、文化的交流和联系

民族关系的内容不仅在于政治，或者说，不仅在于政权之间的关系，而且在于经济和文化的关系，因此，不能把民族关系史限制在政权之间的关系上，只注重政权之间的战争与和平，还要重视经济和文化的关系。秦汉时期云南地区与内地的经济、文化关系，就是云南地区与内地的民族关系。

（一）经济交流与联系

1. 生产资料与技术的交流与联系

从远古到秦汉，云南与内地在生产资料与技术方面的交流与联系，总体的态势是：云南主要是向内地输送原料和初级产品，而内地主要向云南传播生产技术和经验。

云南矿产丰富，自古就是东部和中原冶金原料的来源地。据李晓岑等著《中国铅同位素考古》一书说：1984 年"……中国科技大学的金正耀同志用现代同位素质谱技术对河南殷墟出土的青铜器进行了跟踪研究，发现在 14 件青铜器中（妇好墓 12 件，西区 2 件）5 件的铅同位素属比值非常低的异常铅。这种异常铅和云南滇东北永善金沙厂矿山的异常铅同位素特征是一致的，但和中国其他地区的矿山铅同位素分布场有很大的差异，所以实验结论认为这几件殷墟出土的青铜器的矿料应来自于云南永善金沙厂的矿山"。书中又说，1986 年，美国学者 E. V. Sayre 等人在其关于中国古代青铜器铅同位素比值分析的报告中说，他们对美国沙可乐美术馆收藏的 327 件中国殷商、西周、东周的青铜器进行测定，结果发现这种"铅同位素属比值非常低的异常铅"矿质在商代的青铜器中有较大比例（共几十件）。这也佐证了制造殷商青铜器的原料部分来自云南的结论。李晓岑等在书中又从历史文献、云南考古等方面，对商周时期云南的金属原料输入中原内地进行了细致的论证。① 这些，应是云南地区远在商代，即距今三千年前就已经是内地（中原政权）青铜冶炼所需铜矿石的重要来源地。远在三千年前，云南与内地之间应当有一条铜矿石的运

---

① 以上引述均见李晓岑等《中国铅同位素考古》，云南科技出版社，2000。

输通道。由此联想，楚国庄（蹻）长途跋涉到滇池之滨，或许就是为了打通一条从楚国到云南铜矿产地的道路。《汉书·地理志·西南诸郡》中说："俞元县（今云南江川、澄江、玉溪地区）怀山出铜。""律高县（今通海、河西）西石空山出铅，盘町山银、铅。""贲古（今个旧、蒙自、建水地区）北采山出锡，西羊山出银、铅，南乌山出锡。"① 西汉初年，朝廷封闭蜀地入滇的通道，但是"巴蜀民或窃出商贾，取其筰马、僰僮、髦牛，以此巴蜀富"。② 其时，蜀地钜富卓王孙在临邛"即铁山鼓铸，运筹策，倾滇蜀之民，富至僮千人"。③ 由此可知，当时云南僰僮曾作为劳动力被贩卖到四川从事冶炼等。

内地需要云南的生产资料，云南需要内地的什么呢？需要生产技术和经验。特定的地理条件决定了云南只能从内地得到生产技术和经验。《云南科学技术史稿》指出，"中原的青铜盛世在商代，云南则迟至战国至西汉；中原在春秋之交已普遍使用铁器，云南到东汉才达到这个水平"；④ 中原地区在春秋时期已使用牛耕，至西汉已普遍使用，而云南至东汉才有牛耕，蜀汉时才推广开来；⑤ 东汉以前，云南民居主要是木构架平顶"土掌房"、"干栏式"房屋、"井干式"房屋三种，东汉以后才开始出现砖、瓦，有了瓦顶、斗拱、飞檐的建筑。⑥ 这就说明，上述生产技术是从内地传入云南的，而不可能相反。前述东汉文齐任职益州郡和朱提郡，他兴修水利、推行军民屯田，"相其土地之饶，观其水泉之利，制屯田之术……"⑦ "造起陂地，开通溉灌，垦田二千余顷……"⑧ 这就把内地的农业生产技术和经验引入滇池地区。

2. 商品交流与联系

通过众多的通道，经蜀、巴、黔等地，云南与内地很早就发展了商

① 夏光辅等：《云南科学技术史稿》，云南科技出版社，1992，第33页。
② 《史记·西南夷列传》。
③ 《史记·货殖列传》。
④ 夏光辅等：《云南科学技术史稿》，第6页。
⑤ 夏光辅等：《云南科学技术史稿》，第64页。
⑥ 夏光辅等：《云南科学技术史稿》，第75页。
⑦ 《后汉书·冯衍传》。
⑧ 《后汉书·南蛮西南夷列传》。

品贸易。从内地输入的商品，主要是内地特有的、技术含量较高的，如丝绸、铜镜、弩机等；从云南输出的，主要是冶金原料、牲畜，东汉以后还有某些青铜器。云南的青铜冶炼和铸造技术，在战国至西汉时期已达到相当高的水平。《云南科学技术史稿》在对各项技术指标比较后指出："若把晋宁县石寨山战国至西汉时期的青铜器所含化学成分比例与我国内地最著名的青铜稀世珍宝（司母戊大鼎、偃师二里头商代青铜器、洛阳丰伯戈及丰伯剑）相比较，也同样看出，云南古代青铜器所含人工化学元素比例完全可与之相媲美。……以上几件全国最著名的青铜器所含化学成分表明，它们的铜含量过高，锡含量偏低，必然影响到青铜器的硬度不够，特别是兵器丰伯戈与丰伯剑，其含锡量仅有 11.65%，比晋宁县石寨山青铜剑含锡量还低 8.58%，其硬强度也必然不如云南古代青铜剑高。从这里我们看到，云南古代的青铜器冶炼水平，可以说达到了'炉火纯青'的境地。"① 因此，至东汉时，滇东北的青铜器"朱提洗"和"堂狼洗"才能成为全国著名的产品，能够批量生产并销售到中原。朱提不仅产铜，而且产银，其冶炼技术和规模都居全国前列，新莽时期用之铸造全国通用的银币，又规定朱提银价格高于其他银 1.58 倍，由此可见其产量大和质量优。

汉代又有途经云南的所谓"南方丝绸之路"，内地的丝绸、铜镜等得以经云南而向东南亚，以至印度输出。借此商贸通道，云南与内地的经济联系也得到加强。

（二）文化交流与联系

亦如本章第一节所指出，远在新石器时代，云南北面与四川、甘青等地区有文化交流与联系，南面与两广、东南沿海有文化交流与联系。进入青铜时代以后，云南与内地，特别是中原的文化交流与联系更加深广。云南考古学家张增祺先生就指出："据近年来发现的考古资料，从秦汉时期起，云南的'汉式器物'逐年增加，分布地区也愈来愈广。其中常见的兵器有长铁剑、环首铁刀、铁戟及铜弩机等。弩机上刻有'河内工官'的铭文。显然来源于中原地区。生产工具有铁斧、铁锸及铁镰。

---

① 夏光辅等：《云南科学技术史稿》，云南科技出版社，1992，第 40 页。

锸上有'蜀郡成都'铭文,是四川产品。生活用具中的'汉式器物'更多,其中有'昭明'、'日光'及'百乳'镜;'半两'、'五铢'、'大泉五十'、'货泉';还有玉璧、漆奁、耳环、案及铜壶、(金焦)斗等,也可能来自内地。另滇池区域还发现不少汉文印章和汉字铭文的青铜器,这都是受汉文化影响的结果。"①

较能深入说明两汉内地文化在云南传播的,是孟孝琚碑。此碑于光绪二十七年(1901)出土于滇东北的昭通县城。经考证,多认为立于东汉桓帝时期。碑文说,墓主孟孝琚"四岁失母,十二随官受韩诗,兼通孝经二卷"。孟氏为南中"大姓",孝琚幼年即能学习汉文经典,这说明内地汉文化已深入滇东北地区。同时也可与《后汉书·南蛮西南夷列传》所载尹珍事迹相印证,其中载:"桓帝时,郡人尹珍自以生于荒裔,不知礼义,乃从汝南许慎、应奉受经书图纬,学成,还乡里教授,于是南域始有学焉。"尹珍为民间自兴学堂、自为教授之始,可佐证孟孝琚幼年即学儒家经典之事。而《后汉书·南蛮西南夷列传》又载益州太守王追②官办学校的事迹:"肃宗元和中,蜀郡王追为太守,政化尤异……始兴起学校,渐迁其俗。""肃宗元和中"即东汉章帝元和年间,又早于桓帝六十多年,王阜(王追)就在益州(云南地区)官办学校传播内地儒家思想,进行儒学教育。由这些记载可以肯定,早在东汉中期,内地思想、文化已在云南地区深入传播,对云南与内地的文化联系起到积极的作用。

(三) 屯垦对经济、文化交流的积极作用

西汉征服滇国建益州郡、赐滇王王印后,继续加强对云南地区的开拓、发展。屯垦,既是一种配合和支持军事行动的后勤措施,同时,也是开发边疆、促进边疆发展的措施。屯垦有多种形式,具体如下。

商屯(或称民屯)。武帝时,修筑西南夷道的人员数万,征伐边地的军队上万,这些人员的食用皆由内地供给。从内地至边地中途遥远,在

---

① 张增祺:《滇池区域青铜文化内涵分析》,载云南省博物馆编《云南青铜文化论集》,云南人民出版社,1991。

② "王追"应为"王阜"之误。王先谦《后汉书集解》说:"惠栋曰:'案:众《汉书》及《华阳国志》皆云王阜。"常璩在《华阳国志》中述云:"传写既久,讹阜为追,遂使学者不知有世公名字,是可慨也。"

输送过程中，运输者就把粮食吃掉大半；就地购买，因征战、道路不通，无法筹集；以近处巴蜀的税赋来供给，也不能长期支持。于是"乃募豪民田南夷，入粟县官，而内受钱于都内"①。即让豪强、大户招募内地汉族人丁来云南垦殖，收获的粮食交云南当地的县官，豪强、大户则到内地支取粮食所值的钱币。这样就有一批内地民众不远千里来到云南边疆。

官屯。即官府"募徙死罪及奸豪"到益州郡屯垦，如南越叛乱平定后，"徙南越相吕嘉子孙宗族"于不韦县（今保山市）屯垦，以作为对吕嘉的惩罚。这又是一批来自内地的民众。

这些民众，可算作到达云南边疆最早的汉族移民。他们不仅给边疆民族带来先进的农耕技术，而且带来内地文化，起到沟通边疆与内地的积极作用。

① 《史记·平准书》。

第 二 章

南中"大姓"与爨氏时期

——云南"多元一体"格局的开端

"南中"一词最早出现在三国时期,《三国志·魏书·李寿传》载有"以南中十二郡为建宁国"① 之言。其地因在巴、蜀的南面,故名,地域范围大概相当于今云南、贵州两省及四川省大渡河以南地区。所谓"大姓"即指世家大族,他们世代享有政治、经济、文化各方面特权,主导着所生活区域的发展走向,从而在当地有举足轻重的影响。从时间来看,南中"大姓"至少西汉末期就已出现,"会公孙述据三蜀,'大姓'龙、傅、尹、董氏与功曹谢遇保境"②,公孙述据蜀时间(25~34)正值西汉末期,这时南中就有龙、傅、尹等"大姓"。随着时代发展,南中"大姓"的数量越来越多,分布区域也越来越广,如牂牁郡有"大姓"谢、龙、傅、尹、董等,晋宁郡有霍、爨、焦、娄、孟、董、毛等,朱提郡有朱、鲁、兴、仇、递、高、李等,永昌郡有吕、陈、赵、谢、杨等,兴古郡则有爨③。可见,除去滇西南、西北等偏远地区,南中各地均有"大姓"势力的存在。他们凭借自身优势世仕州郡,成为南中各地实际掌权者。如果以南中最后一个"大姓"爨氏灭亡时间为终点(约公元 597年前后),南中"大姓"存在于南中的时间前后持续将近六百年,尤其魏

---

① 《三国志·魏书·李寿传》。

② 《华阳国志·南中志》。

③ 参见《华阳国志·南中志》。

晋南北朝时期他们成为南中实际统治者。在这一时期，无论云南内部民族关系还是与内陆中原王朝的关系，南中"大姓"都起着决定性作用，成为该时期云南民族关系形成与发展的纽结。依托南中"大姓"的统治势力，云南各族间的交往明显增多，出现了覆盖云南大部分区域的统一政权，共有的宗教文化、经济生活方式已逐步主导云南各族的生活。因此，该时期云南各族人民交融、合流的规模都甚于以往，南中"大姓"本身就是汉族与当地夷族融合的新产物，它的出现标志云南多元一体民族关系格局的形成。

第一节 南中"大姓"称霸及爨氏政权在云南民族关系史上的重要地位

"大姓"在南中的统治形态中可分为"大姓"称霸和爨氏政权两个时期。在"大姓"称霸时期，南中"大姓"林立，彼此因争权夺利而不断发生叛乱乃至兼并战争，直至东晋时期南中"大姓"仅剩爨氏一家独大，南中自此进入爨氏统治时期。为更好地叙述南中"大姓"在云南民族关系史上的重要地位，我们将其分为这两个阶段来探讨。

一 南中"大姓"崛起对云南民族关系的影响

1. 南中"大姓"是南中地区体现夷汉融合的新群体

关于南中"大姓"的先祖究竟是汉族还是少数民族历来争论不休。方国瑜先生认为"所谓大姓就是汉族移民"[1]，这自然就把南中"大姓"的先祖认定为汉族。也有人认为南中"大姓"的先祖既有汉族也有少数民族，"'大姓'中也有从'夷族'中转变而来的，如孟获、高定远之类的'大姓'，他们原来是当地'夷族'中汉化较深的奴隶主，也可以说是'夷帅'"[2]。我们认为后者观点更符合历史事实。首先，南中"大姓"一

---

[1] 方国瑜：《方国瑜文集》第 1 集，云南教育出版社，2001，第 354 页。

[2] 何斯强：《三国、两晋、南北朝时期的南中"大姓"与"夷帅"》，《思想战线》1987 年第 5 期，第 70 页。

部分来自因种种原因落籍南中的汉族是毋庸置疑的。如益州郡的雍闿其祖是被汉高祖封为什邡县侯的雍齿,汉武帝时,其家族入益州郡屯垦,再至雍闿便成为"恩信著于南土"①的"大姓"望族。再如爨氏家族,其祖曾为"魏尚书仆射、河南尹",后"流薄南入,树安九世,千柯繁茂,万叶云兴"②。至于少数民族出身的"大姓"确实没有直接的史料证据,但以毗邻南中的巴蜀之地情况来看,许多少数民族酋长在汉文化的影响下转为大姓,如"如蜀郡樊氏,出自巴子五姓之一,范氏也可能是土著蛮族汉化者。安汉的龚氏,出自巴郡賨民七姓之龚"③。以此类推,这种情况在南中地区应该也有。因此,南中"大姓"自其起源就是夷汉融合体了。表现在称谓上,"大姓"有时也被冠以"耆帅"之类少数民族首领的称谓,如雍闿在《华阳国志·南中志》中被称为"大姓",而在《三国志·蜀书·张裔传》中则被称为"耆帅"。称谓上的兼容实质反映了南中"大姓"亦夷亦汉的特点。为了增强自身实力,更好地扎根于云南,南中"大姓"彼此相互通婚,如建宁郡"大姓"李恢的姑父是身为建宁令的另一"大姓"爨习,由此可见一斑。此外,南中"大姓"为获得当地少数民族贵族的支持亦与其长期通婚:"与夷为婚曰遑耶,诸姓为自有耶,世乱犯法,辄依之藏匿,或曰有为官所法,夷或为报仇,与夷至厚者谓之百世遑耶,恩若骨肉,为其逋逃之薮。故南人轻为祸变,恃此也"。④这样,南中"大姓"在血统上即夷即汉,是迁入云南的汉族豪民与当地少数民族在东汉末期至魏晋时期相互融合的新群体。

2. 南中"大姓"时期南中政治、文化关系的变化

南中"大姓"时期,南中政治变化主要体现在拥有部曲的"大姓"势力、以少数民族首领为代表的地方民族势力和以郡太守为代表的中原王朝势力三方面力量的博弈,而南中"大姓"势力始终是另外两股力量彼此纠

---

① 《三国志·蜀志·张裔传》。
② 《爨龙颜碑》,见方国瑜主编《云南史料丛刊》第1卷,云南大学出版社,1998,第236页。
③ 崔向东:《论汉代西南地域的豪族大姓》,《西南民族大学学报》2012年第12期,第202页。
④ 《华阳国志·南中志》。

缠的纽结。如方国瑜先生说：南中"大姓""没有强大的力量统治南中，而受到王朝重视，是由于他们是拥有部曲的豪门，而且他们与夷帅有联系，王朝的大民族主义统治，正好利用他们来统治夷人，他们也利用夷人要挟王朝"①。具体言之，在中原王朝实力强大时，"大姓"就会联合王朝势力压迫地方民族势力，反之则联合地方民族势力共同反抗王朝统治。而在南中"大姓"最活跃的三国、魏晋时期，也正是中原王朝统治势力日趋衰弱的时期，因此该时期南中地区的政治变化主要表现为从南中"大姓"联合王朝势力镇压当地少数民族转向联合当地少数民族势力对抗中原王朝。蜀汉时期，"大姓"雍闿和"耆帅"高定元曾联合起来反抗蜀汉的统治；西晋时期，建宁、朱提郡大姓毛诜、李睿、李猛等联合各自"遹耶"对抗西晋王朝；② 后来，南中"大姓"甚至联合由少数民族首领李雄在巴蜀地区建立起来的成汉政权共同抵抗西晋王朝。③ 这种转变虽然导致南中政治势力与中原王朝的分裂，但却促进了南中地区以"大姓"为代表的汉族移民与当地少数民族之间的融合。樊绰的《云南志》曾有这样的一段记载："裳人，本汉人。部落在铁桥北，不知迁徙年月。初袭汉服，后稍参诸戎风俗，迄今但朝霞缠头，其余无异。"④ 这些"裳人"大概是在三国时代流入铁桥地区（今丽江市境内）的，当时，"汉诸葛武侯用诸蛮渠帅为官，于是相沿有土官之制，其中有汉人而落入蛮者，日久亦化为蛮"⑤。这说明当时汉族被少数民族同化的现象较为突出。反之，少数民族同化于汉族的现象也很明显。隋梁睿曾在上隋文帝疏中称："南宁州，汉代牂牁之郡，其地沃壤，多是汉人，既饶宝物，又出名马。"在汉代，牂牁郡基本属于西南夷居住的地方，而到了隋代，梁睿所见却"多是汉人"，很明显这些所谓的汉人其实是被汉化的西南夷，结果被梁睿误为汉人。

在文化方面，以儒家文化为代表的中原文化早在汉代就已传入南中地区，随着汉族移民和周边少数民族的广泛接触，文化融合趋势在南中

---

① 方国瑜：《方国瑜文集》第 1 集，云南教育出版社，2001，第 388 页。
② 参见《华阳国志·南中志》。
③ 参见《华阳国志·李雄志》。
④ 《云南志校释》，赵吕甫校，中国社会科学出版社，1985，第 143 页。
⑤ 王崧：《道光云南志钞》，云南省社会科学院文献研究所（内部资料），第 299 页。

"大姓"时期已开始初现端倪。"夷中有桀能言议屈服种人者,谓之'耆老',便为主。论议好譬喻物,谓之'夷经'。今南人言论,虽学者亦半引'夷经'。"① "南人"既泛指先前迁入云南的汉族,也专指南中"大姓",虽学者的言论"亦引夷经",如《三国志·蜀志·张裔传》载:"先是,益州郡杀太守正昂,耆率雍闿,恩信著于南土,使命周旋,远通孙权。乃以裔为益州太守,径往至郡。闿遂趑趄不宾,假鬼教曰:'张府君如瓠壶,外虽泽而内实粗,不足杀。'令缚于吴,于是遂送裔于权。"② 雍闿所说的"张府君如瓠壶,外虽泽而内实粗"可能就是出自"好譬喻物"的"夷经",可见南中"大姓"夷化特征非常明显。同样,少数民族也开始接受汉族文化,《华阳国志·南中志》记载,诸葛亮平定南中叛乱后,"乃为夷作图谱,先画天地、日月、君长、城府;次画神龙,龙生夷,及牛、马、羊;后画部主吏乘马蟠盖,巡行安抚。又画夷牵牛负酒、贵金宝诣之之象,以赐夷,夷甚重之。……今皆存,每刺史、校尉至,资以呈诣,动亦如之"③。这幅图画反映的内容就体现了夷汉文化交融的特色。"天地、日月、君长、城府""主吏乘马蟠盖,巡行安抚"等代表了汉族礼教文化,而"龙生夷"则是南中少数民族普遍流传的始祖神话,关键这幅图画的思想内容被南中少数民族接受并依此奉行,从中看出少数民族对汉文化的认同。

3. 南中"大姓"时期南中地区经济的发展

魏晋以前,南中地区经济发展相对落后,当地许多少数民族过着刀耕火种、随畜迁徙的原始生活,如在朱提郡(今昭通地区)的少数民族依然"分布山谷间,食肉衣皮"。④ 而由汉代开始迁入南中地区的汉族,部分人因政治文化等方面的优势逐渐发展起来,占有大量土地、山林、矿藏、僮仆,如《华阳国志·南中志》载:"益州西部,金银宝货之地,居其官者,皆富及十世。"⑤ 其中所指的就是这些人的经济情况,他们完

---

① 《华阳国志·南中志》。

② 《三国志·蜀志·张裔传》。

③ 《华阳国志·南中志》。

④ 《永昌郡传》。

⑤ 《华阳国志·南中志》。

成了从移民向豪族大姓的身份转换。因此，"大姓"的存在不仅是南中政治演化的结果，也是其经济发展的必然产物——他们富可敌国、拥有强大的经济实力，自然就掌握了南中地区的政治特权，成为"大姓"。而"大姓"的生产方式基本保持了内地的封建庄园经济形式："庄园地主拥有大量的生产资料和部曲，实际上就是封建领主。部曲作为隶农，被牢固地束缚于土地之上，人身依附于庄园地主，不仅要向庄园地主交纳各种实物地租，如农产品、金银、畜产，而且还要承担各种军事徭役，组成部曲军队。尽管如此，这些部曲与庄园地主的关系已经是封建生产关系，他们的身份与奴隶是有天壤之别的。"① 因此，南中"大姓"时期南中地区最显著的经济变化在于封建地主庄园经济占据了突出地位。当然，魏晋时期南中地区社会经济比较复杂，仍然存在许多原始经济形态，依靠"大姓"而存在的封建地主庄园经济仅存在于封建王朝开发较好的地区，但是这种经济形态对促进南中地区经济快速发展依然起到了重要作用。"大姓"的封建庄园内就有许多少数民族部曲，如云南昭通后海子发现的东晋大姓霍承嗣墓的壁画上同时绘有夷汉部曲。这些少数民族在与汉族移民共同生产、生活中逐渐掌握了封建生产方式，进而推动本民族经济形态的转变。《滇考·诸葛武乡侯南征》载，诸葛亮在南中"劝彝筑城堡，务农桑，诸彝感慕德化，皆自山林徙居平壤"。② 诸葛亮在南中的时间前后只有数月，不可能让南中少数民族从原始的山林生活转化为在平地以种植农桑为生的人，这明显神化了诸葛亮的历史功绩，但折射出在诸葛亮生活的南中"大姓"时期，许多少数民族因受汉族生产方式的影响逐步从原始经济形态步入封建经济形态。总之，依托"大姓"存在的封建地主庄园经济既保证了与内地经济生活的一致性，又引领周边少数民族不断向封建经济生活方式跃进，促进了南中地区经济上的统一。

二　爨氏政权对云南民族关系的重要影响

魏晋之后，南中"大姓"在相互兼并斗争中不断消失，最后只剩下

① 《华阳国志·南中志》。
② 同上。

爨氏家族，成为南北朝时期云南的实际统治者。在这个时期，中原内陆分裂动荡，无力顾及南中，而南中却因爨氏政权的存在始终保持稳定。这一时期是云南地区内部关系得以 "自组织" 的千载良机，也是 "多元一体" 的民族关系的开端。

1. "爨人" 及 "白蛮" "乌蛮"

爨氏家族一直致力于夷汉民族的融合，以至后人将爨氏家族统治下的各族人民统称为 "爨人"："晋成帝以爨深为兴古太守，自后爨瓒、爨震相继不绝。唐开元初，以爨归王为南宁州都督，理石城郡，即今曲靖也，爨人之名原此"。① 可见，先有爨氏统治后有爨氏之名，即爨人之名衍变于爨氏之姓，"其称爨者，从其酋长之姓耳"。② 那么，"爨人" 是不是一个民族共同体？学界有两种截然相反的观点。马曜先生说："同一族称在不同历史时期不一定是一个民族。'爨' 在南北朝至唐初由一个姓演变为这个姓统治地区的地名，如隋唐时期的 '东爨' 和 '西爨'。"③ 可见，马曜先生认为 "爨人" 仅是个地理概念，不代表一个独立的民族实体，可指生活在这片区域上的各族人。方国瑜先生则认为："故东晋以后，在爨氏统治地区，其原住土著之主要者曰叟人，迁徙而来者曰汉人；分别户籍后，合而称曰爨人。所以有 '爨人' 之名。不仅以其统治家族，且有其社会基础而立新名。是时爨人为当地居民之称，实为叟人与汉人融合之共同体。"④ 这就把 "爨人" 视为一个独立的民族实体。这两位先生都是研究云南民族史的专家，但对他们的观点，我们认为各有片面的地方。不把 "爨人" 视为独立民族实体的观点是没有看到 "爨人" 间内在联系及统一性，反之则忽视其内部不可调和的差异性。因此，在我们看来，"爨人" 是统一性、差异性兼具的多族群融合体，是后来云南彝、白等民族形成的纽带及雏形。理由如下。

---

① 李京：《云南志略》，见方国瑜主编《云南史料丛刊》第 3 卷，云南大学出版社，1998，第 129 页。

② 刘文征：《天启滇志》，见方国瑜主编《云南史料丛刊》第 7 卷，云南大学出版社，1998，第 72 页。

③ 马曜：《 "滇" "叟" "爨" 族属与彝白源流》，《云南社会科学》1987 年第 5 期。

④ 方国瑜：《隋书梁睿传、梁睿请略定南宁疏概说》，见方国瑜主编《云南史料丛刊》第 1 卷，云南大学出版社，1998，第 328 页。

第一，"爨人"内部具有明显的差异性特征。"爨人"自产生起就被分为"西爨"和"东爨"两大支系。"西爨，白蛮也。东爨，乌蛮也。当天宝中，东北自曲靖州，西南至宣城，邑落相望，牛马被野。在石城、昆川、曲轭、晋宁、喻献、安宁至龙和城，谓之西爨。在曲靖州、弥鹿川、升麻川，南至步头，谓之东爨，风俗名爨也。"①可见，位于爨地西部的石城（今曲靖）、昆川（今昆明）、曲轭（今马龙）、晋宁、喻献（今澄江、江川、玉溪、通海一带）、安宁至龙和城（今禄丰）等地区生活着被称为"白蛮"的"爨人"；在东部的曲靖州（今昭通地区）、弥鹿川（今泸西）、升麻川（今寻甸）、步头（今建水南部一带）等地区生活着被称为"乌蛮"的"爨人"。"白蛮"与"乌蛮"的语言和文化有比较明显的差异。在语言上，"言语音白蛮最正，蒙舍蛮次之，诸部落不如也。但名物或与汉不同，及四声讹重。……东爨谓城为弄，谓竹为翦，谓盐为眴，谓地为渫，谓请为数，谓酸为制。言语并与白蛮不同"。②可见，"白蛮"的语言与汉族相差不大，而"乌蛮"可能更多地保留了当地传统的语言。在文化上，"西爨及白蛮死后，三日内埋殡，依汉法为墓。稍富室广栽杉松。蒙舍及诸蛮不墓葬。凡死后三日焚尸，其余灰烬，掩以土壤，唯收两耳"。③这说明"白蛮"文化汉化因素较重，"乌蛮"却因"言语不通，多散依林谷"④等局限而汉化倾向较轻。在民族构成上，"白蛮"与"乌蛮"也不相同。尤中先生说："'白蛮'是秦汉以来僰族与汉晋时期先后迁入'西南夷'中的汉族人口相互融合而形成的，'白'与'僰'是同音字，先后译写不同而已。"⑤可见，"白蛮"来源于僰人与汉人的融合，"乌蛮"则是"从过去的叟、昆明族中的一部分演化而来"。⑥因此彼此之间经济生活方式存有明显差异："'西爨白蛮'属'邑落相望'的定居农耕文化类型，'东爨乌蛮'则属'牛马被野'、'食肉衣皮'的游牧半游牧文化。"⑦近

---

① 《云南志校释》，赵吕甫校，中国社会科学出版社，1985，第127页。
② 《云南志校释》，赵吕甫校，第297～298页。
③ 《云南志校释》，赵吕甫校，第296～297页。
④ 《新唐书·南蛮传》。
⑤ 尤中：《云南民族史》，云南大学出版社，1994，第108页。
⑥ 尤中：《云南民族史》，第87页。
⑦ 鲁刚：《论爨文化时期南中地区的夷汉民族融合》，《云南民族大学学报》2008年第4期。

人袁嘉谷在总括"西爨白蛮"与"东爨乌蛮"差异时亦说:"两爨之分,一以地理,一以人种,一以言语,一以文化。"① 这充分证明了"爨人"内部具有不可调和的差异性,不具备成为民族实体所必备的共同地域、经济生活、语言、文化心理等条件。

第二,"爨人"已逐步形成自身内在的统一性,成为正在分化孕育的多族群融合体。从历史实际看,"白蛮"与"乌蛮"的东西划界是相对的,彼此往往交叉混居在一起,"勿邓地方千里,有邛部六姓,一姓白蛮也,五姓乌蛮也"。② 并相互通婚,"崇道杀日进及归王,归王妻阿妩,乌蛮女也,走父部,乞兵相仇,于是诸爨乱"。③ 连爨归王的妻子都是"乌蛮女",可想而知百姓间的通婚应该非常普遍。因此,"白蛮"与"乌蛮"这两个"爨人"支系处于不断融合的阶段,并逐渐产生了一些共性特质。

首先,形成了崇拜"鬼主"的共同信仰。"鬼主"信仰起源于以祭祀祖先神灵为核心的原始巫教。《华阳国志·南中志》说,南中夷人"其俗征巫鬼,好诅盟"④,所指的就是这种巫教。何谓"鬼主"呢?《宋史·蛮夷传》说:"夷俗尚鬼,谓主祭曰鬼主,故其酋长号都鬼主。"⑤ 可见,"鬼主"就是主持祭祀祖先仪式的人,在神权与政权为一体的原始部落里这样的人同时也是酋长。换言之,"鬼主"崇拜衍生于祖先崇拜,是把"鬼主"作为祖先现世代言人来加以崇拜的宗教信仰。据樊绰《云南志》载,东爨乌蛮"大部落则有大鬼主。百家二百家小部落,亦有小鬼主。一切信使鬼巫,用相制服"。⑥ 西爨白蛮亦崇拜"鬼主",如爨崇道"理曲轭川(今马龙),为两爨大鬼主"。⑦ 两爨即指东爨、西爨,既然爨崇道为"两爨大鬼主",说明西爨白蛮必然也崇拜"鬼主"。因此,崇拜

---

① 袁嘉谷:《滇绎·爨后之滇》,见方国瑜主编《云南史料丛刊》第1卷,云南大学出版社,1998,第346页。

② 《新唐书·南蛮传》。

③ 同上。

④ 《华阳国志·南中志》。

⑤ 《宋史·蛮夷传》。

⑥ 《云南志校释》,赵吕甫校,中国社会科学出版社,1985,第36页。

⑦ 《新唐书·南蛮传》。

"鬼主"，接受"鬼主"统治，是东西两爨乌、白蛮共有的宗教信仰。

其次，逐步形成共有的风俗习惯。一般来说，"爨人"乌蛮、白蛮两支系的风俗习惯起初差异较大，但后来随着彼此间通婚、经济交往等活动的增多，在风俗习惯上也日渐趋同。樊绰《云南志·名类》载："青岭蛮，亦白蛮苗裔也。……衣服言语与蒙舍（乌蛮）略同。"[1] "青岭蛮"是白蛮，但在服装、语言上已与身为乌蛮的蒙舍诏雷同。同书《蛮夷风俗》又说："蛮其丈夫一切披毡。"[2] 此中"蛮"包括白蛮和乌蛮。"披毡"原是乌蛮的生活习俗，但白蛮也逐渐形成了这一习俗。这些零星事实充分反映了"爨人"乌蛮、白蛮在风俗习惯上的日渐趋同。

再次，初步形成彼此依赖的经济关系。西爨白蛮农业经济与东爨乌蛮畜牧业经济原本就有互补性，需要相互交换商品才能满足各自的生存需要。樊绰《云南志》载："西爨，白蛮也。东爨，乌蛮也。当天宝中，东北自曲靖州，西南至宣城，邑落相望，牛马被野。"[3] "邑落相望"是农业经济生活场景，"牛马被野"则是畜牧业经济生活方式，但在樊绰描述中两者同时并存于东、西爨生活的各个区域，从侧面反映了当时东西爨乌蛮、白蛮有非常紧密的经济交往关系。除此之外，盐作为人畜必需的商品也成为东西爨乌蛮、白蛮彼此经济紧密联系的纽带。樊绰《云南志》载："安宁城中皆石盐井，深八十尺。城外又有四井……升麻、通海以来，诸爨蛮皆食安宁井盐。"[4]《南诏德化碑》又云："安宁雄镇，诸爨要冲，山对碧鸡，波环碣石，盐池鞅掌，负荷频繁，利及牂、欢。城邑绵延，势连戎僰。"[5] 安宁盐井在西爨白蛮地区（今昆明市安宁县），所产之盐东西爨乌蛮、白蛮皆赖以食之，甚至利及牂州（今贵州西部）、欢州（驻今越南荣市）的人。这生动说明食盐已成为维持东西爨乌蛮、白蛮正常生活的经济命脉，是不可或缺的商品，通过它东西爨乌蛮、白蛮在经济上结为相互依赖的整体。

---

① 樊绰：《云南志校释》，赵吕甫校，中国社会科学出版社，1985，第 140 页。
② 樊绰：《云南志校释》，赵吕甫校，第 140 页。
③ 樊绰：《云南志校释》，赵吕甫校，第 127 页。
④ 樊绰：《云南志校释》，赵吕甫校，第 262～263 页。
⑤ 《南诏德化碑》，见方国瑜主编《云南史料丛刊》第 2 卷，云南大学出版社，1998，第 380 页。

2. 爨氏统治——云南地区民族关系的中心开始显现

尤中先生说："如果说，南北朝时期，进入中原的'五胡'加入了汉族而在北方出现了民族大融合的进步现象，那么，在西南，也局部地出现了民族融合的进步现象。"① 可见，南北朝时期云南地区出现了非常明显的民族融合现象。而在我们看来，这一现象的出现离不开爨氏统治，其实际上充当了当时云南地区民族凝聚、融合的核心。

首先，爨氏建立了云南历史上的第一个真正统一的政权，为云南地区民族凝聚、融合提供了政治保障。在汉代以前，云南地区一直处于部族林立互不统属的社会状态。直到汉武帝时，中原王朝才在云南设立益州郡，将其纳入全国的行政体系中。但鉴于云南的社会状况，汉朝对云南的管理是非常松弛的，都"以其故俗治，无赋税"。② 尽管后来为了推进对云南的管理，汉朝开始在云南"移民屯垦"，但以汉族为基础的中央王朝势力始终比较薄弱，所以经常发生"初郡又时时小反，杀吏"③ 等事件。这说明当时云南的各部落群体基本掌控在当地部落首领手中，并与代表汉族利益的中央王朝势力相冲突。但到了爨氏时期，爨氏直接统治云南绝大部分地区，要么直接派遣家族成员，要么委任当地封建主或"大姓"充当爨氏的属官进行管理。因此，爨氏建立了云南历史上第一个真正独立统一的政权，"自南北纷争，宁州道绝，爨习、爨深之后，以方土大姓，自为君长"。④ 在爨氏政权抵御下，中央王朝势力很难进入云南，更不要说通过移民增强在该地区的控制力。这就割裂了云南与中原内地的联系，形成一个民族融合的封闭环境。在这样环境下，既定数量的民族群体或因婚姻或因生活交往必然在相互影响中逐步走向融合。如尤中先生说："南北朝时期，爨氏配合当时全中国的形式发展，造成了宁州地区的分裂割据，基本上断绝了宁州的'夷'、'汉'各族与内地汉族之间的联系。于是一部分土著民族与先后迁入的汉族，便最终地融合了。"⑤

---

① 尤中：《云南民族史》，云南大学出版社，2009，第83页。

② 《汉书·食货志》。

③ 同上。

④ 倪蜕：《滇云历年传》，云南大学出版社，1992，第82页。

⑤ 尤中：《云南民族史》，第83页。

其次，爨氏政权的夷汉平等民族政策，为云南地区民族融合、凝聚提供了政策支持。在爨氏政权以前，中原王朝为维护自身利益在民族政策上都推行大汉族主义，积极扶植汉族势力发展，歧视、排斥云南地区的各夷族，"专仗威刑，鞭挞殊俗"，① 甚至在户籍上也对夷汉区别对待。这种民族歧视政策必然造成夷汉隔阂乃至敌视。而作为"大姓"的爨氏原本就是夷汉相融体，这种身份特质导致爨氏政权更愿意实施夷汉平等的民族政策。具体言之：在户籍上，爨氏统治时期夷汉别称的现象逐渐消失，其统治下各族人统称为"爨人"。在人才选拔上，爨氏政权不仅重用爨氏族人，也很注重提拔任用夷族的杰出人物，乃至汉人。这可从大小爨碑阴面所刻的职官看出："有刺史属官、校尉属官等员，其中大多数为南中之人，以爨姓为最多，有几十人，多占要职；孟氏四人，也为显职。其次是晋宁、益宁、朱提、南广、牂牁诸大姓。"② 近人袁嘉谷也说："用人之方，土著为多，而武昌、巴郡、雁门、紫阳之人亦仕于此。"③ 这都反映出爨氏政权在用人制度上的夷汉平等民族政策。在风俗习惯上，爨氏政权既尊重汉俗也尊重夷俗。"以文字论，则既有高文妙书传至今日，复有夷经爨字行于民间。葬则依汉法，富则与蜀埒。其招徕，则俗多华人；其本俗，则刀耕火种，喜斗轻死。"④ 既学习汉文，又推广"夷经爨字"；既追求汉俗儒雅，又保留当地少数民族"刀耕火种，喜斗轻死"的生活习惯，甚至自己都从夷俗自称"鬼主"。这说明爨氏政权对夷汉习俗不分高低贵贱，都给予充分的尊重。在爨氏政权夷汉平等民族政策的引导下，云南地区各民族能更容易跨越鸿沟走向融合。

再次，爨氏政权兼容并存的文化理念，为云南地区民族融合、凝聚提供了良好的文化土壤。文化是民族之魂，民族融合、凝聚的根本即文化融合。而爨氏政权一直都表现出很强的文化融合精神。从现有史料看，爨氏立政精神主要有两个来源，一是以儒学为代表的汉文化，一是云南

---

① 《晋书·王逊传》。

② 张福：《彝族古代文化史》，云南教育出版社，1999，第 472 页。

③ 袁嘉谷：《滇绎·爨后之滇》，见方国瑜主编《云南史料丛刊》第 1 卷，云南大学出版社，1998，第 342 页。

④ 同上。

少数民族文化。据《爨龙颜碑》记载,爨氏祖先是"清源流而不滞,深根固而不倾。夏后之盛,敷陈五教"。① 这里所说的"五教"即指儒家提倡的"五伦"道德观念。意思是说,爨氏家族源远流长,从未断绝;当夏朝盛世,他的祖先就开始辅佐夏帝广泛施行"五伦"的教化,由此可以认为爨氏一直对儒学非常重视。在这种风气的引领下,爨氏统治下的云南少数民族对汉文化认同度相当高,"白蛮文化,渐摩中州,同化华族"。② 但云南少数民族文化亦为爨氏政权推崇,如上所引"夷经爨字行于民间","夷经爨字"即少数民族的文化经典与文字,甚至还信奉少数民族巫鬼之教,并称"两爨大鬼主"。这些历史事实都说明爨氏政权存有明显的兼容夷汉文化的特征。在这样的文化土壤上,爨地夷汉文化互融的现象非常普遍,如:"蛮其丈夫一切披毡。其余衣服略与汉同,唯头囊特异耳"③ "西爨及白蛮死后,三日内埋殡,依汉法为墓"④ "凡人家所居,皆依傍四山,上栋下宇,悉与汉同,惟东西南北,不取周正耳"⑤等。服装、殡葬、住所建筑等方面都有夷汉兼具风格,这说明夷汉文化互融已成为爨地民族主流的生活方式。

第二节 爨氏统治时期云南地区民族关系的基本格局

在爨氏统治时期,民族融合现象比较深入,所以与两汉时期相比,云南地区的民族分布格局发生了非常明显的变化。

一 以滇池、洱海为中心地区的民族分布格局

爨氏统治的中心在建宁(今曲靖地区)、晋宁(滇中地区)二郡地带,而汉以前该地区一直是古滇国所在之地。据司马迁《史记》载,"滇王者,其众数万人,其旁东北有劳浸、靡莫,皆同姓相扶"。⑥ 可见,当

---

① 《爨龙颜碑》,见方国瑜主编《云南史料丛刊》第 1 卷,第 232 页。
② 袁嘉谷:《滇绎·爨后之滇》,见方国瑜主编《云南史料丛刊》第 1 卷,第 346 页。
③ 《云南志校释》,赵吕甫校,中国社会科学出版社,1985,第 288 页。
④ 《云南志校释》,赵吕甫校,第 296 页。
⑤ 《云南志校释》,赵吕甫校,第 296 页。
⑥ 《史记·西南夷列传》。

时该地区主要分布着楚庄跻从楚国带来的已"变服，从其俗"士兵的后裔，及被称为"劳浸""靡莫"的部落族群。后来这些族群相互融合，在汉代出现了被称为"僰人"的民族："汉武帝开僰道，通西南夷，今叙州（宜宾）属县是也。故中庆（今滇中地区）、威楚（今楚雄一带）、大理（今大理白族自治州）、永昌（今保山）皆僰人，今转为白人矣。"① 而"僰人"进一步与迁入云南的汉族融合，在爨氏统治时期又转变为"白蛮"。

同时，该地区还存在被称为"松外蛮"的部落群体："松外蛮尚数十百部，大者五六百户，小者二三百。凡数十姓，赵、杨、李、董为贵族，皆擅山川，不能相君长。有城郭、文字，颇知阴阳历数。自夜郎、滇池以西，皆庄跻之裔。"② 可见，"松外蛮"文明程度较高，因是滇人的后裔，所以在一些风俗方面与"白蛮"差异较大，如"白蛮死后，三日内埋殡，依汉法为墓"③，而"松外蛮""死则坎地，殡舍左，屋之，三年乃葬，以蠡蚌封棺"④，整体数量应该不是很多的。在今楚雄、大姚、牟定、禄丰、易门一带，还有被称为"徙莫祗蛮""俭望蛮""青蛉蛮""弄栋蛮"的一些部落族群。"爨蛮之西，有徙莫祗蛮、俭望蛮，贞观二十三年内属，以其地为傍、望、览、丘五州，隶郎州都督府。"⑤ 经尤中先生考证，他们是"南北朝以后逐步从当地僰、叟、昆明中分化出来的，至唐朝初年便形成一个介乎'乌蛮'与'白蛮'之间的集体"。⑥ "弄栋蛮，则白蛮苗裔也。本姚州弄栋县部落。"⑦ "青蛉蛮，亦白蛮苗裔也。本青蛉县部落。"⑧ 据李元阳考证，"姚州汉为弄栋县。大姚，汉为青蛉县"。⑨ 因此，"弄栋蛮""青蛉蛮"所处地区相毗连，同属"白蛮苗裔"，但可能由于长期与该地区的昆明、叟族部落相处、生活，"衣服言语与蒙

---

① 李京：《云南志略》。
② 《新唐书·南蛮传》。
③ 《云南志校释》，赵吕甫校，中国社会科学出版社，1985，第296页。
④ 《新唐书·南蛮传》。
⑤ 同上。
⑥ 尤中：《云南民族史》，云南大学出版社，2009，第92页。
⑦ 《云南志校释》，赵吕甫校，第138页。
⑧ 《云南志校释》，赵吕甫校，第140页。
⑨ 转引自《云南志校释》，赵吕甫校，第141页。

舍略同"。"蒙舍"即"蒙舍诏",属于"乌蛮"系,所以"弄栋蛮"
"青蛉蛮"应该与"徙莫祗蛮""俭望蛮"一样,是介于"白蛮"与"乌
蛮"之间的集体。

在以洱海为中心的地区,汉代以前一直居住着被称为"嶲""昆明"
的部落族群:"西自同师(今保山)以东,北至楪榆(今大理),名为
嶲、昆明。"① 后逐步分化融合成众多的"乌蛮"部落,经过互相兼并,
至唐代便只剩下六至八个较大部落,称为"六诏"或"八诏":"六诏并
乌蛮,又称八诏,盖白崖城时傍及剑川矣罗识二诏之后。"② 其中最著名
的则是"六诏",分别是"蒙嶲诏""越析诏""浪穹诏""邆睒诏""施
浪诏""蒙舍诏"。其间,还分布有被称为"河蛮"和"和蛮"的两个部
落族群。"河蛮,本西洱河人,故地当六诏皆在,而河蛮自固洱河城邑。"
可见,"河蛮"在爨氏统治时期应该势力较大,不仅广布在"六诏"地
区,而且在西洱河旁自筑城邑。后被"蒙舍诏"战败,向北迁徙到"云
南东北拓东以居"。③《新唐书·南蛮传》又载:"显庆元年(656),西洱
河大首领杨栋附显、和蛮大首领王罗祁……率部落归附,入朝贡方物。"④
既然能一起"入朝贡方物",彼此居住区域就应该很近,所以可以推断出
"和蛮"也生活在洱海地区。

因此,在爨氏统治时期,以滇池、洱海为中心地区基本上是以"白
蛮"和"乌蛮"为主导的多民族共存的民族格局。

二 滇西北的民族分布格局

滇西北地区主要指今丽江、中甸一带。在汉代,滇西北地区隶属于
越嶲郡,治所在邛都(今西昌市),因此生活在该地区的部落族群在汉时
被统称为"邛都夷"或"越嶲夷":"自滇以北君长以什数,邛都最大:
此皆魋结,耕田,有邑聚。"⑤ 这说明当时所属"邛都夷"的部落族群很

---

① 《史记·西南夷列传》。
② 《云南志校释》,赵吕甫校,第93页。
③ 《云南志校释》,赵吕甫校,第145页。
④ 《新唐书·南蛮传》。
⑤ 《史记·西南夷列传》。

多，但基本上都过着以农业生产方式为主的生活，并有自己的城邑。而在两爨时期，滇西北地区属于"乌蛮""勿邓"部落管辖："勿邓地方千里，有邛部六姓，一姓白蛮也，五姓乌蛮也。又有初裹五姓，皆乌蛮也，居邛部、台邓之间。妇人衣黑缯，其长曳地。又有东钦蛮二姓，皆白蛮也，居北谷。妇人衣白缯，长不过膝。又有栗蛮二姓、雷蛮三姓、梦蛮三姓，散处黎、巂、戎数州之鄙，皆隶勿邓。"[①] 可见，两爨时期滇西北地区主要存有"乌蛮""白蛮""栗蛮""雷蛮""梦蛮"等族群。但《新唐书·南蛮传》没有进一步描述这些族群所在的地方及生活习惯，而在樊绰所撰的《云南志》中，则更详细地给出了描述。据其载，滇西北地区族群主要有"管浪加萌、于浪、传兖、长裈、磨些、朴子、河人、弄栋等十余种"。[②] "管浪加萌""于浪""传兖"部族皆不见史传记载，故不可考。"河人"即"河蛮"，因其散布在"六诏"地区，所以在滇西北存有部分族群应属正常，同样其间的"白蛮""弄栋蛮"族群情况也是如此，但都不可能是代表性的主体族群。而所记载的"裳人""长裈蛮""朴子蛮""施蛮""顺蛮""磨些蛮""栗粟蛮""雷蛮""梦蛮""寻传蛮""裸形蛮"则应是代表性的族群。

1. "裳人"

他们是汉人与当地土著民族相混合的集体："裳人，本汉人也。部落在铁桥北。不知迁徙年月。初袭汉服，后稍参诸戎风俗，迄今但朝霞缠头，其余无异。"[③] 铁桥即在今丽江塔城一带。《岭外代答》卷六云："南诏所织尤精好，白色者，朝霞也。"[④] 可见，"朝霞"即指白色锦布，"裳人"服装依然以汉服为主，但开始以白色锦布缠头，明显地吸收了少数民族的一些风俗习惯，后被南诏"移于云南东北诸川"。[⑤]

2. "长裈蛮"

他们"本乌蛮之后，部落在剑川，属浪诏。其俗皆衣长裈曳地，更

---

① 《新唐书·南蛮传》。
② 《云南志校释》，赵吕甫校，第232页。
③ 《云南志校释》，赵吕甫校，第143页。
④ 转引自《云南志校释》，赵吕甫校，第145页。
⑤ 《云南志校释》，赵吕甫校，第143页。

无衣服，惟披牛羊皮"。① 可见，"长裈蛮"处于今毗连丽江的剑川县一带，可能以畜牧狩猎为主要生活方式，所以"无衣服，惟披牛羊皮"。

3. "施蛮"与"顺蛮"

"施蛮，本乌蛮种族也。铁桥西北大施赕、小施赕，剑寻赕，皆其所居之地。男以缯布为缦裆袴。妇人从顶横分其发，当额并顶后各为一髻。男女终身并跣足，披牛羊皮。"② 而"顺蛮，本乌蛮种类，初与施蛮部落参居剑、共诸川。……男女风俗与施蛮略同"。③ 因此，"施蛮"与"顺蛮"共同杂居在今丽江塔城西北方，并且彼此风俗习惯比较接近。

4. "磨些蛮"

他们"亦乌蛮种类也。铁桥上下及大婆、小婆、三探览、昆明等川，皆其所居之地也。土多牛羊，一家即有羊群。终身不洗手面，男女皆披羊皮，俗好饮酒歌舞。"④"铁桥""大婆""小婆""三探览""昆明"等地均在今丽江地区，可见"磨些蛮"广泛分布在丽江，过着畜牧狩猎的生活，数量应该比较多。

5. "朴子蛮"

他们"勇悍矫捷。以青娑罗段为通身袴。善用白箕竹弓，入深林间射飞鼠，发无不中。部落首领谓之酋。其土无食器，以芭蕉叶籍之。开南、银生、永昌、寻传四处皆有。铁桥西北边近兰沧江亦有部落"。⑤"开南""银生""永昌""寻传"即今保山、德宏傣族景颇族自治州和腾冲一带，属于滇西南地区，但在"铁桥"西北边也有"朴子蛮"，可见分布很广。当时的"朴子蛮"应该过着非常原始的狩猎采集生活，还没有学会农业生产技术。

6. "栗粟蛮""雷蛮""梦蛮"

他们"皆在邛部台登城东西散居，皆乌蛮之种族。丈夫妇人以黑缯

---

① 《云南志校释》，赵吕甫校，第144页。
② 《云南志校释》，赵吕甫校，第150页。
③ 《云南志校释》，赵吕甫校，第151页。
④ 《云南志校释》，赵吕甫校，第153~154页。
⑤ 《云南志校释》，赵吕甫校，第156~157页。

为衣，其长曳地。"① "台登城"在今凉山彝族自治州冕宁县境内，距离丽江地区还有一段距离，因此只可能是少数部落族群分布在滇西北地区。

7. "寻传蛮"与"裸形蛮"

"寻传蛮，阁罗凤所讨定也。俗无丝绵布帛，披波罗皮，跣足可以践履榛棘，持弓挟矢，射豪猪，生食其肉，取其两牙，双插髻傍为饰，又条其皮以系腰。"② 他们主要分布在"今澜沧江上游以西至缅甸克钦邦东北地带"，③ 今怒江傈僳族自治州泸水县一带。从其生活习惯来看，"寻传蛮"应该没有步入农业社会，还处于原始的畜牧和狩猎生活状态。而"裸形蛮，在寻传蛮西三百里为巢穴，谓之为野蛮……其男女遍满山野。亦无君长。作攓栏舍屋。多女少男。无农田，无衣服，惟取木皮以蔽形。"④ 他们是"寻传蛮"的近亲部落族群，但较"寻传蛮"更为落后，可能还处于原始的采集经济生活状态，没有农业和纺织业，所以因无衣服可穿被鄙称为"裸形蛮"。他们是今阿昌族和景颇族的先民。

可见，在爨氏统治时期，滇西北部落族群众多，但明显以"乌蛮"种族为主导民族，其他族群无论在人数和分布区域上都无法与之相比。

三 滇东南的民族分布格局

滇东南主要指今文山壮族苗族自治州、红河哈尼族彝族自治州一带，汉属牂牁郡。《后汉书·南蛮西南夷列传》云："武帝元鼎六年，平南夷，为牂牁郡，夜郎侯迎降，天子赐其王印绶。后遂杀之。夷僚咸以竹王非血气所生，甚重之，求为立后。"⑤ 可见，牂牁郡主要依夜郎地而设，而夜郎统治区以"夷僚"即僚族为主。但"僚人"的分布绝不局限在牂牁郡，如晋人郭义恭《广记》云："僚在牂牁、兴古（今云南文山壮族苗族自治州和红河哈尼族彝族自治州一带）、郁林（今广西柳州、河池、南宁

---

① 《云南志校释》，赵吕甫校，第173～174页。
② 《云南志校释》，赵吕甫校，第159页。
③ 尤中：《云南民族史》，云南大学出版社，2009，第137页。
④ 《云南志校释》，赵吕甫校，第161～162页。
⑤ 《后汉书·南蛮西南夷列传》。

一带)、苍梧(今广东肇庆以西与广西梧州地区)、交趾(今越南北方),皆以朱漆为兜鍪。"① 因此,"僚人"是广布在贵州、两广、云南乃至越南北部比较大的一个族群部落,并且部落支系繁多,在《北史·獠人传》中曾出现过"木笼獠""铁山獠""恒棱獠""生獠"及"诸獠"等称谓,"獠"即"僚",音同字异。"其俗畏鬼神,尤尚淫祀。所杀之人美鬓髯者,乃剥其面皮,笼之于竹,及燥,号之曰鬼,鼓舞祀之,以求福利。"② "能卧水底持刀刺鱼,其口嚼食并鼻饮。死者,竖棺而埋之。性同禽兽,至于忿怒,父子不相避,唯手有兵刃者先杀之。若杀其父,走避外,求得一狗以谢,不复嫌恨。"③ 可见,"僚人"具有"猎头""嗜狗""鼻饮"等生活习俗,与今之佤、仡佬、壮等族存有联系。三国时期,文山、红河一带改属于兴古郡,据《华阳国志》载,兴古郡此时"多鸠僚、濮"。④ "鸠僚"明显是"僚人"的分支。"濮"则是与"僚"关系紧密的另外一种族群。《后汉书·南蛮西南夷列传》载汉武帝杀夜郎王立牂牁郡时说:"夷僚咸以竹王非血气所生,甚重之,求为立后。"而在《华阳国志·南中志》载的同样一件事中却把"夷僚"说成"夷濮":"长养,有才武,遂雄夷濮。"这说明"僚"与"濮"应该源于同一族群,在当时还没有彻底分化,以至面对同一族群既称"僚"也称"濮"。《华阳国志·南中志》还有一条关于"濮"族的记载:"故句町王国名也。其置自濮王,姓毋,汉时受封迄今。"⑤ 句町国主要位于今云南广南、富宁,及广西西林、隆林、田林一带。"置自濮王"说明当地居住着大量的"濮"人;由于其地毗连今文山壮族苗族自治州、红河哈尼族彝族自治州地区,所以完全有理由相信"濮"族在滇东南的数量应该也很多,如尤中先生说:"濮族的分布,更自句町县往西,延伸至'仆水'(濮水)中下游地带。'仆水'即今红河。红河当时之所以被称为'仆水',是因其在将入交趾(今越南北方)的中下游地段多有濮族居住的缘故。"⑥ "濮"族是

---

① 郭义恭:《广记》。
② 《北史·獠人传》。
③ 同上。
④ 《华阳国志·南中志》。
⑤ 同上。
⑥ 尤中:《云南民族史》,云南大学出版社,2009,第27页。

今布依族和壮族的先民。在此地区，还存在一些"和蛮"部落族群：开元二十二年（734）前后，唐朝宰相张九龄在写给云南各少数民族首领的《敕安南首领爨州刺史爨仁哲书》中，提到了"安南首领爨州刺史爨仁哲、潘州刺史潘明威、獠子首领阿迪和蛮大鬼主孟谷悮"等一些人物，他们共同杂居在接近当时安南都护府（驻今越南河内）的地方，即今文山壮族苗族自治州、红河哈尼族彝族自治州一带，所以"和蛮"当时与"僚人"一起居住在滇东南地区。

总之，在爨氏统治时期，滇东南应以"僚"与"濮"人为主，其他族群则处于点缀其间的地位。

四　滇西南的民族分布格局

滇西南主要指今保山、德宏、临沧、普洱、西双版纳等地区。在汉代，这一地区曾出现两个较有影响的王国，一是"哀牢国"，一是"掸国"。"哀牢国"所辖区域主要在今保山、云龙、永平一带，哀牢人在汉代被统称为"哀牢夷"，"皆穿鼻儋耳，其渠帅自谓王者"，[1] 但都尊"九隆"为始祖。从族源上看，"哀牢夷"应与散布在滇西地区的"昆明"族群部落同根同源，故"南中昆明祖之"[2]，即"哀牢夷"被"昆明"族群部落视为始祖。这可能是"哀牢夷"居住在滇西地区的时间很早，人口繁衍之后，"乃分置小王，往往邑居，散在溪谷"[3]，从而形成滇西众多的"昆明"族群部落。东汉永平十二年（69），哀牢国内附，以其地置永昌郡。但据《华阳国志》载，永昌郡除去"哀牢夷"之外，还有"闽濮、鸠僚、儌越、裸濮、身毒之民"。[4] "闽濮""裸濮"应该是"濮"人的两个支系，"儌越"是缅甸人的先民，"鸠僚"是"僚人"的支系，"身毒之民"应该是古印度人。但这些族群应该只是少数群体，在永昌郡始终是以"哀牢夷"为主。而在永昌郡的西南方还有一个被称为"掸"的国家。《后汉书·南蛮西南夷列传》说："永元六年，徼外蛮

---

[1] 《后汉书·南蛮西南夷列传》。
[2] 同上。
[3] 同上。
[4] 《华阳国志·南中志》。

夷及掸国王雍由调遣重译奉国珍宝,和帝赐金印紫绶,小君长皆加印绶、钱帛。"① "永宁元年,掸国王雍由调复遣使者诣阙朝贺,献乐及幻人。"② 可见,汉代时期"掸国"就已臣服汉王朝,并保持比较频繁的联系。其民众则被称为"掸人",而"掸即 siam 或 sayam,即掸亚姆,是一个梵文名词,最初当是印缅北部居民对永昌徼外掸人的称呼,其后由四周各族长期沿用",③ 是今傣族的先民,分布地区在"永昌徼外",即永昌郡的西南方,涵盖了今德宏、临沧、普洱、西双版纳及缅甸等地。但汉代以后,"掸人"活动就很少见于我国史籍,而在该地区出现了被称为"朴子蛮""望苴子蛮""黑齿蛮、金齿蛮、银齿蛮、绣脚蛮、绣面蛮""茫蛮"等部落族群。其中"朴子蛮"前文已有介绍,不再赘述。

1. "望苴子蛮"

他们"在兰沧江以西,是盛罗皮所讨定也。其人勇捷,善于马上用枪铲。骑马不用鞍。跣足,衣短甲,才蔽胸腹而已。股膝皆露"。④ 可见,"望苴子蛮"居住在澜沧江以西,即今普洱和临沧地区西南部的阿佤山区,是今佤族的先民。他们的生活方式樊绰没有描述,但足见"望苴子蛮"非常善战勇敢。

2. "黑齿蛮、金齿蛮、银齿蛮、绣脚蛮、绣面蛮"

他们"并在永昌、开南,杂类种也。黑齿蛮以漆漆其齿,金齿蛮以金镂片裹其齿,银齿蛮以银。有事出见人,则以此为饰,寝食则去之。皆当顶上为一髻,以青布为通身袴,又斜披青布条。绣脚蛮则于踝上腓下周匝刻其肤为文彩,衣以绯布,以青色为饰。绣面蛮初生后出月,以针刺面上,以青黛傅之如绣状"。⑤ 樊绰将他们放置在一起来论述,说明他们原本属于同一族群,只是生活习俗略有不同。"永昌、开南"即今保山、德宏、普洱、临沧等地。"并在永昌、开南,杂类种也"说明他们彼此交叉混居在一起,进一步说明这些族类同根同源。从生活习俗看,他

---

① 《后汉书·南蛮西南夷列传》。
② 同上。
③ 《傣族简史》,云南人民出版社,1985,第 9 页。
④ 《云南志校释》,赵吕甫校,第 163 页。
⑤ 《云南志校释》,赵吕甫校,第 167~168 页。

们已经进入农业社会，生活水平较高，且有文身美齿的习惯，是今傣族的先民。

3. "茫蛮"

他们"并是开南杂种也。'茫'是其君之号，蛮呼茫诏。从永昌城南，先过唐封，以至凤兰苴，以次茫天连，以次茫吐薅。又有大赕，茫昌，茫盛恐，茫鲊，茫施，皆其类也。楼居，无城郭。或漆齿，或金齿，皆衣青布短袴露骭，藤篾缠腰。红缯布缠髻，出其余垂后为饰。妇人披五色娑罗笼，孔雀巢人家树上。象大如水牛。土俗养象以耕田，仍烧其粪。"① 可见，"茫蛮"分布区域非常广，从"永昌城南"（今保山地区）至"茫吐薅"（今孟连、澜沧一带）再至"茫施"（今芒市）都有分布，基本上涵盖了滇西南整个区域。生活习俗上与"黑齿蛮、金齿蛮、银齿蛮"相似，都有美齿的习惯，并明显步入了较发达的农业社会。据尤中先生考证，"茫蛮"也是傣族的先民，"'金齿'、'银齿'、'绣脚'、'绣面'、'茫蛮'、'白衣'等等，都是他称，是汉族就傣族文化生活中的某些表面现象作出的对傣族的称呼"。②

因此，在爨氏统治时期，滇西南地区以"哀牢夷"和以"金齿""银齿"等为代表的傣族先民为主。

五 滇东北的民族分布格局

滇东北主要指寻甸、东川、会泽、宣威、昭通及曲靖西北部等地区。在汉代，这些地区属于犍为郡。犍为郡下辖 12 个县，分别是"僰道，江阳，武阳，南安，资中，符，牛鞞，南广，汉阳，郁邬，朱提，堂琅"。③其中在今云南境内的主要是"郁邬"（今宣威市）、"朱提"（今昭通地区）、"堂琅"（今东川、会泽一带）这三个县。但民族分布总是突破行政区域界限的，"僰道"即今四川宜宾市，之所以称为"僰道"就是因为该地区一直是僰族的聚居区："【僰道】县，本僰人居之"。④ 它与"郁

---

① 《云南志校释》，赵吕甫校，第 170～171 页。
② 尤中：《云南民族史》，云南大学出版社，2009，第 140 页。
③ 《汉书·地理志》。
④ 《水经·江水注》。

邪”“朱提”“堂琅”不仅同属一郡，而且地理位置紧密相连，所以可以推断在当时云南东北部应该存有不少“僰人”。又据樊绰《云南志》载："东爨，乌蛮也。当天宝中，东北自曲靖州（今昭通地区），西南至宣城（今元江），邑落相望，牛马被野。"①“乌蛮”是在南北朝时期从“昆明”“叟”族转化来的，而在滇东北大量存在，恰好说明以前该地区是“昆明”“叟”族的活动区域。因此，在汉代以前，滇东北主要是“僰”“昆明”“叟”族生活的区域。自汉武帝开发“西南夷”来，汉族移民就从“僰道县（今宜宾）南下，经朱提（今云南昭通）、味县（今云南曲靖）、滇池（今云南晋宁）、云南（今云南祥云）而抵达于不韦（今云南保山县东部）"②进入云南，可见滇东北地区亦是汉王朝开发云南的突破口，所以必然有大量汉人进入该地区。随后，汉人与当地的“僰”“昆明”“叟”族不断融合，进而形成了“白蛮”和“乌蛮”两大部落族群。在爨氏统治时期，其统治区域又被分为“东爨”和“西爨”两块，“西爨”地区以“白蛮”为主，而“东爨”则以“乌蛮”为主，这说明滇东北地区的民族格局在爨氏统治时期应以“乌蛮”为主导，他们是今彝族的先民。

第三节　南中“大姓”及爨氏时期云南
民族与内地的关系

南中“大姓”及爨氏时期云南民族与内地保持政治、经济及文化的联系：在政治上始终以内地王朝为宗主，表现出强烈的内属倾向；在经济文化方面，与内地的联系也得到加强，汉文化在云南开始广泛传播。这为云南更进一步融入祖国奠定了重要基础。

一　蜀汉与云南地区的关系及影响

公元 221 年，刘备在成都称帝，建立蜀汉政权，云南因毗邻巴蜀自然

---

① 《云南志校释》，赵吕甫校，第 127 页。
② 尤中：《中国西南民族史》，云南大学出版社，2009，第 57 页。

成为蜀汉领地。当时天下三国鼎立，战乱频繁，刘备建立的蜀汉政权北面和东面始终雄踞着曹魏、东吴两大势力，战争压力非常大，所以以云南为代表的南中地区成为蜀汉政权非常重要的战略大后方。诸葛亮早在《隆中对》中就已认识到这一点："若跨有荆、益，保岩阻，西和诸戎，南抚夷越，如是则霸业可成，王室可兴矣。"① "西和诸戎，南抚夷越"指的就是稳定南中地区。在该方针的指导下，蜀汉政权早期主要采取安抚方式经营云南。刘备设庲降都督总管南中事务，但主要任务不在于加强对南中地区的军事控制，而"在于招徕益州南部四郡少数民族地区归降"，②"庲降"本意就是招徕降服的意思。这也说明了当时南中地区实际被当地"大姓"势力控制，蜀汉势力很难直接进入南中地区。以云南为例，益州"大姓"雍闿先杀了蜀汉委派的益州郡太守正昂，后又把接任的另一太守张裔绑缚起来送给了东吴。③ 可见，云南"大姓"势力并不打算听命于蜀，反而利用蜀与别国的矛盾企图割据称雄。如在东吴支持下，雍闿、孟获等"大姓"纷纷反蜀投吴："燮又诱导益州豪姓雍闿等，率郡人民，使遥东附。"④ 这就动摇了蜀汉政权后方，所以诸葛亮不得不用兵进行南征。但那时云南"大姓"势力已根深蒂固，难以彻底摧毁，为长久相安之计，必须倚重"大姓"势力，诸葛亮对此看得很清楚。《三国志·马谡传》注引《襄阳记》说：

　　建兴三年，亮征南中，谡送之数十里。亮曰："虽共谋之历年，今可更惠良规。"谡对曰："南中恃其险远，不服久矣，虽今日破之，明日复反耳，今公方倾国北伐以事强贼，彼知官势内虚，其叛亦速。若殄尽遗类以除后患，既非仁者之情，且又不可仓卒也。夫用兵之道，攻心为上，攻城为下，心战为上，兵战为下，愿公服其心而已。"亮纳其策，赦孟获以服南方。故终亮之世，南方不敢复反。⑤

---

① 《三国志·诸葛亮传》。

② 尤中：《云南地方沿革史》，见《尤中文集》第1卷，云南大学出版社，2009，第464页。

③ 《华阳国志·南中志》。

④ 《三国志·士燮传》。

⑤ 《三国志·马谡传》。

《三国志·诸葛亮传》注引《汉晋春秋》又云：

> 南中平，皆即其渠帅而用之。或以谏亮，亮曰："若留外人，则当留兵，兵留则无所食，一不易也；加夷新伤破，父兄死丧，留外人而无兵者，必成祸患，二不易也；又夷累有废杀之罪，自嫌衅重，若留外人，终不相信，三不易也；今吾欲使不留兵，不运粮，而纲纪粗定，夷、汉粗安故耳。"

可见，云南"大姓"势力无法彻底铲除，所以诸葛亮只能确定"攻心为上"的策略，以恩威兼施的手段降服云南"大姓"势力，使其服从蜀汉政权的统治。为此，诸葛亮不仅不削弱云南"大姓"的实力，反而利用政权力量支持他们。南征结束后，诸葛亮特意提拔一批有才干的云南"大姓"进入蜀汉中央政权任职："亮收其俊杰建宁爨习、朱提孟琰及获为官属，习官至领军，琰辅汉将军，获御史中丞。"① 又重新设置云南行政区划："改益州郡为建宁郡，分建宁、永昌郡为云南郡，又分建宁、牂柯为兴古郡。"② 分别任用"大姓"为各郡太守，代理蜀汉在云南的统治，如以建宁"大姓"李恢为益州郡太守、以永昌"大姓"吕凯为云南郡太守。对其他"大姓"则鼓励笼络云南少数民族首领，进而把云南少数民族转化成他们的部曲（相当于农奴），扩大其剥削对象："以夷多刚狠，不宾大姓富豪，乃劝令出金帛，聘策恶夷为家部曲，得多者奕世袭官。于是夷人贪货物，以渐服属于汉，成夷、汉部曲。"③ 这自然得到了云南"大姓"对蜀汉政权的支持，使其从联合当地民族共同反抗蜀汉政权，转而团结蜀汉政权共同经营云南，进而增强了云南"大姓"对内地王朝的认同。如曾任蜀汉庲降都督的云南"大姓"霍弋得知蜀汉为魏所灭后，诸将劝其赶快投降时说："今道路隔塞，未详主之安危，大故去就，不可苟也。若主上与魏和，见遇以礼，则保境而降，不晚也。若万一危辱，吾将以死拒之，何论迟速邪！"④

---

① 《华阳国志·南中志》。
② 《三国志·后主志》。
③ 《华阳国志·南中志》。
④ 《三国志·霍弋传》。

这充分代表了云南"大姓"对蜀汉政权的忠贞，而后期云南"大姓"对中原内地王朝的认同感就是从这开始培养起来的。

在经济上，巴蜀与云南自古就有紧密联系。早在汉代，巴蜀之民就到云南经商，"取其筰马、僰僮、髦牛，以此巴蜀殷富"①；相应地，云南也从巴蜀之地获得先进的工具和其他生活用品，如在昭通"梁堆"汉墓中，就出土"铸'蜀郡''千万'或'蜀郡''成都'字样的铁口锄"，② 这明显是从巴蜀交易过来的。蜀汉时期，因积极准备北伐，一统中原，就更需要来自云南的人力、物力的支持。诸葛亮平定南中叛乱后，"移南中劲卒青羌万余家于蜀，为五部，所当无前，号为飞军"，③ 又"出其金、银、丹、漆、耕牛、战马给军国之用"，④ 以至于蜀汉"军资所出，国以富饶，乃治戎讲武，以俟大举"。⑤ 战争原本需要消耗大量经济财富，而诸葛亮南征的结果却使蜀汉更加富裕起来，能有足够经济力量组织北伐中原的战争，这足见当时云南在经济上对蜀汉政权的支持。当然，这种支持建立在对云南各族人民残酷剥削之上，甚至蜀汉统治者都有感于此："自丞相亮南征，兵势逼之，穷乃幸从，是后供出官赋，取以给兵，以为愁怨。"⑥ 但不管怎么说，云南已不再是以往可有可无的蛮荒之地，而是对蜀汉政权兴衰有直接影响的财富之地，其重要性由此可见一斑。

二 爨氏政权与内地王朝之间的政治关系

南北朝是中国分裂的一个朝代，北朝先后经历了五胡十六国的战乱时期，南朝则有宋、齐、梁、陈政权的频繁更迭。每次朝代改换都造成了生产、生活的极大破坏，给广大人民带来深重灾难。而在这个时期，云南却在爨氏统治下偏安一隅，三百余年间基本没有出现较大的战争，不得不说这是个历史奇迹。正是有了这段稳定的社会环境，云南内部民

---

① 《史记·西南夷列传》。
② 汪宁生：《云南考古》，云南人民出版社，1980，第92页。
③ 《华阳国志·南中志》。
④ 同上。
⑤ 《三国志·诸葛亮传》。
⑥ 《三国志·谯周传》。

族关系得到了"自组织"的千载良机,"爨人""乌蛮""白蛮"等一系列新族称都起源于该时期。而这种政治局面不是自然形成的,在之前,云南也是战乱频繁,如东汉末年王莽镇压句町王叛乱,蜀汉时期诸葛亮的南征,晋初爆发的交趾之战等。因此,南北朝时期云南的安定离不开爨氏政权的存在。究其原因有以下几点。

首先,爨氏政权始终拥有相对独立性,有自己的政治军事力量,这使得中原王朝势力难以进入云南。西晋末年巴人李雄据蜀称王,随即夺取了对南中地区的统治权,并将其划分为宁、交二州,分别任命当地"大姓"霍彪、爨琛为刺史。后因李氏政权发生内乱,云南另一"大姓"孟彦执霍彪投奔东晋,霍氏势力就此摧毁。东晋咸康六年(340),李氏又派兵灭孟彦,孟氏势力也被消灭,自此爨氏就成为云南最有实力的"大姓"。《新唐书·南蛮传》载,爨氏"七世祖,晋南宁太守。中国乱,遂王蛮中"。① 据方国瑜先生考证,此处爨氏七世祖即指爨琛②。因此,爨氏称霸云南的时间应该始于东晋初年。从东汉末年始见爨氏记载至此,经历百余年艰苦卓绝的奋斗,爨氏终于从一般"大姓"发展成为云南实际掌权者,其间既有历史给予的机遇,又有爨氏百年力量的积淀。从统治区域看,爨氏控制区域可分东西两爨之地。隋梁睿说:"南宁州……分置兴古、云南、建宁、朱提四郡。"③ 又说:"其宁州、朱提、云南、西爨。"④ 可见,西爨之地包括建宁、兴古两郡,而"朱提郡即东爨地"。⑤因此,除去永昌郡包含的滇西地区,今云南其他地区均在爨氏统治下。又据《爨龙颜碑》载,爨龙颜曾"收合精锐五千之众,身伉矢石,扑碎千计,肃清边峤"⑥,这说明爨氏在当时拥有很强的军事力量。既有稳定的势力范围又有强大的军事力量,爨氏政权自然就不是偏安一隅的南朝小朝廷所能驾驭的:"南朝自永和三年以后,历东晋、刘宋、萧齐、萧梁,三百年间,其疆域虽设宁州,未能切实统治,郡县名号载在档册,

---

① 《新唐书·南蛮传》。
② 方国瑜:《方国瑜文集》第1集,云南教育出版社,2001,第463页。
③ 《隋书·梁睿传》。
④ 同上。
⑤ 方国瑜:《方国瑜文集》第1集,第506页。
⑥ 《爨龙颜碑》,见方国瑜主编《云南史料丛刊》第1卷,第232页。

而无所设施也。"① 可见，爨氏政权抵制了中原王朝势力的进入，使得云南偏安一隅成为可能。

其次，爨氏政权始终以内地王朝为宗主，这使正处于南北对峙的内地王朝暂无用兵云南的必要。爨氏割据称雄，但始终没有逐鹿中原之心，两百余年一直奉中原王朝为正朔，在发现的爨氏家族墓碑上均署内地王朝国号，如《爨宝子碑》落款为"晋故振威将军建宁太守爨府君之碑"②、《爨龙颜碑》落款为"宋故龙骧将军护镇蛮校尉宁州刺史邛都县侯爨使君之碑"③。同时，爨氏政权一直向内地王朝缴纳贡赋。《宋书·武帝纪》载"宁州尝献虎魄枕"④，《南史·梁武帝诸子传》载"开建宁、越巂，贡献方物，十倍前人"⑤，《周书·武帝纪》又载"南宁州遣使献滇马及蜀铠"⑥，隋梁睿又说："土民爨瓒遂窃据一方，国家遥授刺史。……每年奉献，不过数十匹马"。⑦ 在此情况下，爨氏政权与中原内地王朝并存的矛盾就不会公开激化。只要中原内地没有出现统一王朝，就不会急着用兵来统一偏远的云南，如隋梁睿多次请求隋高祖杨坚征伐爨氏，但均被其"以天下初定，恐民心不安"⑧为由拒绝，后来的历史也证明了此点。

总之，爨氏政权与内地王朝始终保持既独立又内属的政治关系。其独立性为云南内部统一提供了稳定的政治环境，而对内地表现出的强烈归属倾向又为云南进一步融入祖国提供了机会。

三 爨氏统治时期云南与内地的经济、文化联系的加强

爨氏时期，云南与内地的经济文化联系并未因政治上的隔离而断裂，相反，战乱导致更多汉人从内地移民至云南，如《晋书·李特载记》说：

---

① 方国瑜：《方国瑜文集》第 1 集，云南教育出版社，2001，第 504 页。
② 《爨宝子碑》，见方国瑜主编《云南史料丛刊》第 1 卷，第 243 页。
③ 《爨龙颜碑》，见方国瑜主编《云南史料丛刊》第 1 卷，第 236 页。
④ 《宋书·武帝纪》。
⑤ 《南史·梁武帝诸子传》。
⑥ 《周书·武帝纪》。
⑦ 《隋书·梁睿传》。
⑧ 同上。

"蜀人流散,东下江阳,南入七郡。"① 这种情况在南北朝时期应该更为频繁,而人口的流动势必促进云南与内地经济、文化联系。南朝萧梁时曾任益州刺史的萧纪"在蜀十七年,南开宁州、越嶲,西通资陵、吐谷浑。内修耕桑盐铁之功,外通商贾远方之利,故能殖其财用,器甲殷积"。② 这说明,内地王朝与爨氏都不反对彼此互惠通商,其规模应该不小,否则不可能短短十几年就能"器甲殷积"。一般与内地的贸易都要使用内地通用的货币,在对该时期梁堆墓的考古发掘中发现内地铜钱出土,③ 这从侧面也反映了当时云南与内地存有较为普遍的商贸活动。在文化上,爨氏时期是中原文化在云南繁荣发展的一个时期,儒学思想因得到爨氏推崇进一步在云南传播,同时道教思想也得到了上层统治者的认可,开始在云南流传起来,如《爨龙颜碑》上就刻有"阳九""蝉蜕"④ 之类的道教术语。在艺术方面,爨氏时期的云南书法艺术达到登峰造极的高度。现出土的《爨龙颜碑》就是一件不可多得的书法艺术瑰宝,其字笔力遒劲,气势雄放,受到广泛推崇,如康有为视其为"古今楷法第一"。⑤

---

① 《晋书·李特载记》。
② 《南史·梁武帝诸子传》。
③ 参见何耀华主编《云南通史》第 2 卷,中国社会科学出版社,2011,第 321 页。
④ 参见《爨龙颜碑》,见方国瑜主编《云南史料丛刊》第 1 卷,第 232 页。
⑤ 转引自何耀华主编《云南通史》第 2 卷,中国社会科学出版社,2011,第 333 页。

| 第 | 三 | 章 |

南诏与大理国时期

——云南"多元一体"格局初步形成

在南诏至大理国这五百余年时间内，云南在政治关系上与中原王朝割裂，建立地方割据政权。在五百余年中，这两个统一的多民族的地方政权对云南民族关系的发展产生了巨大影响，并使云南民族"多元一体"的格局初步形成。

第一节　民族多样性的发展与五个局部
地区格局的形成

一　滇池、洱海地区民族的迁徙、变动和发展

"南诏"原本只是"六诏"之一，乌蛮种系，主要生活在今云南省大理白族自治州的巍山彝族回族自治县内。后在唐王朝的支持下，"南诏"统一了云南全境，成为范围超出云南全境的强大政权。伴随这样一个政权的建立，滇池、洱海地区的民族结构发生了变化。在洱海地区，原本生活着"蒙嶲诏""越析诏""邆赕诏""浪穹诏""施浪诏""河蛮"等众多的部落族群，但最终都被南诏吞并或迁移他处。

"蒙嶲诏"最大，离南诏也最近，因而较早被"南诏"用"推恩昭利"[①]

---

① 《云南志校释》，赵吕甫校，中国社会科学出版社，1985，第97页。

的方法吞并。"越析诏"又谓"磨些诏","部落在宾居,旧越析州也",① 即今云南宾川县地。因当地豪酋张寻求与越析诏王波冲之妻通奸,暗杀了波冲。唐剑南节度使召寻求至姚州,杀了寻求。部落无人领导,于是连同土地归附南诏。波冲兄子于赠不同意,与一些部众渡泸水,走到龙佉河建邑。后来南诏进侵,于赠战败后投泸水死,政权灭亡。

"邆赕诏"位于今云南洱源县邓川,被南诏用武力征服,其王颠之托被俘,徙置永昌(今保山)。

"浪穹诏"位于今云南洱源县西北,曾与南诏发生战争,不胜,率部退守剑川(今鹤庆),改称剑浪。后来南诏又击破剑川,虏其君,将其徙置永昌。

"施浪诏"位于今云南洱源县东北,被南诏战败,其王施望欠带领族人被迫迁徙至永昌;但也有一部分族人在其王弟施望千带领下逃到吐蕃,在剑川建立根据地,有众数万人。

"河蛮"也被"南诏"战败,被迫向北迁徙到"云南东北拓东以居"。②

可见,洱海地区的乌蛮各部皆先后并入了南诏。

原本也生活在洱海地区的"松外蛮""徙莫祗蛮""俭望蛮""青蛉蛮""弄栋蛮"的分布状况亦发生了变化。"弄栋蛮则白蛮苗裔也",③ 因其部落首领"误殴杀司户者,遂率家众北走,后分散在磨些江侧,并剑、共诸川悉有之,余部落不去"。④ 因此,有很多"弄栋蛮"在南诏时期迁徙到了滇西北金沙江沿岸地区,但仍有部分"弄栋蛮"继续居住在原地。"青蛉蛮,亦白蛮苗裔也",⑤ 后因其首领尹氏主动投靠了南诏,并成为南诏统治集团的重要组成部分,"南诏清平官尹辅酋、尹求宽,皆其人也",⑥ 所以"青蛉蛮"依然生活在原地区。"松外蛮"与"青蛉蛮"的

① 《云南志校释》,赵吕甫校,第98页。
② 《云南志校释》,赵吕甫校,第145页。
③ 《云南志校释》,赵吕甫校,第138页。
④ 《云南志校释》,赵吕甫校,第139页。
⑤ 《云南志校释》,赵吕甫校,第140页。
⑥ 《云南志校释》,赵吕甫校,第140页。

情况差不多，其贵族赵、杨、李、董都充当了南诏大臣，居住地区因作为这些贵族的封地就没有发生改变。但自南诏以后，"松外蛮"就不再见于史籍，其贵族赵、杨、李、董则成为白蛮，由此可知他们最终融入了白蛮。"徙莫祗蛮"和"俭望蛮"主要生活在"傍、望、览、丘、求五州"，① 即今楚雄、牟定、广通、禄丰、易门一带。可能由于长期生活在一起并最终融合，南诏以后的典籍就只记载"徙莫祗蛮"，而不提"俭望蛮"。而"徙莫祗蛮"被南诏征服后"仍居住在原地未动，即仍然分布在今楚雄往东至澂江、玉溪一带"。②

在滇池地区，原本主要生活着东爨"乌蛮"和西爨"白蛮"两大部落族群。南诏征服爨区后，其王阁罗凤"遣昆川城使杨牟利以兵威胁西爨，徙二十余万户于永昌地。乌蛮以言语不通，多散林谷，故得不徙"。③可见，南诏将大部分西爨"白蛮"迁徙到了永昌郡，东爨"乌蛮"则因散居在山林沟壑间而留置原地，进而"徙居西爨故地"，④ 所以，南诏时期的滇池地区主要居住着东爨"乌蛮"。

时至大理国，滇池、洱海地区的民族分布基本未曾发生变动，只不过王室由南诏"乌蛮"集团变成了"白蛮"集团段氏，由此导致"白蛮"生活的区域及数量较南诏时期略大一些。

二 滇西北民族迁徙、变动及最终格局的形成

在爨氏统治时期，滇西北民族结构复杂，分布着"乌蛮""白蛮""裳人""长裈蛮""朴子蛮""施蛮""顺蛮""磨些蛮""栗粟蛮""雷蛮""梦蛮""寻传蛮""裸形蛮"等部落族群。但到了南诏时期，滇西北民族的分布结构发生了较大变化。"裳人"被南诏征服后"即移于云南东北诸川"。⑤ "长裈蛮"则被"迁其部落与施、顺诸蛮居"；而据《元史·地理志》载，"北胜府，在丽江之东。唐南诏时，铁桥西北有施蛮

---

① 《云南志校释》，赵吕甫校，第140页。
② 尤中：《云南民族史》，云南大学出版社，2009，第132页。
③ 《云南志校释》，赵吕甫校，第129页。
④ 《云南志校释》，赵吕甫校，第130页。
⑤ 《云南志校释》，赵吕甫校，第143页。

者，贞元中为异牟寻所破，迁其种居之，号剑羌，名其地曰成偈睒，又改名善巨郡"。①又说："顺州，在丽江之东，俗名牛睒。昔顺蛮种居剑、川共。唐贞元间，南诏异牟寻破之，徙居铁桥、大婆、小婆、三探览等川。其酋成斗族渐盛，自为一部，迁于牛睒。"②"善巨郡"即今云南省永胜、华坪县一带，"牛睒"也在永胜县一带。因此，"长裈蛮""施蛮""顺蛮"曾被南诏从原居住地迁移到现丽江市东边的永胜、华坪县一带，唯有部分"顺蛮"迁移到"铁桥、大婆、小婆、三探览"（均在今云南省丽江市内）等地。但可以肯定的是，必然还有部分"顺蛮""施蛮"继续生活在原来的地方，到了唐代，他们融合为"卢鹿蛮"族群："兰州，在澜沧水之东。汉永平中始通博南山道，渡澜沧水，置博南县。唐为卢鹿蛮。至段氏时，置兰溪郡，隶大理。"③大理国时期的"兰溪郡"辖地主要包括今云南省兰坪、维西县至怒江州一带，而这些地方以前均是"施蛮""顺蛮"活动的区域。④"磨些蛮"在南诏时期分布范围明显扩大，不仅继续居住在"铁桥上下及大婆、小婆、三探览（均在今丽江市境内）、昆明（今四川盐源县）等川"，⑤而且在今四川省西昌市境内也有分布："永宁州，昔名楼头睒，接吐蕃东徼，地名答蓝，磨些蛮祖泥月乌逐出吐蕃，遂居此睒。""永宁州"即在今四川西昌市境内。"磨些蛮"赶走了吐蕃人后遂迁居于此。同时由于滇西北地区与当时的吐蕃王国接壤，贞元十年（794），南诏在唐王朝支持下夺取了吐蕃神川都督府地，从而使吐蕃居民（藏族）成为滇西北的民族构成，他们大体分布在今迪庆藏族自治州境内："其地时为吐蕃所侵残，故二蛮浑处。"⑥此处"二蛮"即指"磨些蛮"和吐蕃人。"乌蛮""白蛮""栗粟蛮""雷蛮""梦蛮""寻传蛮""裸形蛮"等部落族群依然居住在原来的生活地区，未发生较大变化。

---

① 《元史·地理志》。

② 同上。

③ 同上。

④ 尤中先生也认为部分"施蛮""顺蛮"在南诏时期融合成"卢蛮"（即"卢鹿蛮"），参见尤中《云南民族史》，云南大学出版社，2009，第135页。

⑤ 《云南志校释》，赵吕甫校，第153页。

⑥ 《元一统志·丽江路军民宣抚司》。

时至大理国，滇西北民族结构基本没有变化，唯有"西番（普米族）在大理国中期前后，已经从北方游牧到贺头甸（今四川省盐源县境内）一带"。① 政治关系在南诏至大理国时期发生了较大变化。南诏时期，滇西北地区因是对抗吐蕃王朝的门户，所以是南诏政权紧密控制的地区，先设铁桥节度，继而归宁北节度管辖，后因迁治所于剑川城，又改为剑川节度。但从南诏末期始，"磨些蛮"政治势力得到很大发展，以致"南诏亦不能制，羁縻而已"，② "后大理亦莫能有其地，乃磨些蛮蒙醋醋为酋长，世袭据之"。③ 因此，在南诏至大理国这段时期，滇西北地区逐渐形成了一个以"磨些蛮"为主导、多民族共存的民族结构。

三　滇东北民族迁徙、变动及最终格局的形成

两汉以来，滇东北地区因毗邻巴蜀曾是中原王朝开发较早的云南地区，如《华阳国志·南中志》说："先有梓潼文齐，初为属国，穿龙池，溉稻田，为民兴利……其民好学，滨键为，号多人士，为宁州冠冕。"④ 由此可知当时经济文化应该非常发达。但"自汉灵帝中平二年（185）中原黄巾起义以后，汉王朝统治势力陡落，加剧南中大姓纷扰，致使地方残破，朱提地区居民死亡逃窜，社会经济文化顿时衰落"。⑤ 至爨氏时期，滇东北主要居住着被称为东爨"乌蛮"的部落族群，他们都"散居林间"，生产水平极为低下，所以南诏仍由他们以分散的部落形式居住在原地。其分布情况，樊绰《云南志》卷一记石门关路程说："石门外第三程至牛头山，山有诸葛古城，馆临水，名马鞍渡。上源从阿等部落，绕蒙夔山，又东折与朱提江合。第五程至生蛮阿夔部落，第七程至蒙夔岭，岭当大漏天，直上二十里，积阴凝闭，昼夜不分。从此岭头南下八九里，青松白草，川路渐平。第九程至鲁望，即蛮、汉两界，旧曲、靖之地也。

① 尤中：《云南地方沿革史》，见《尤中文集》第 1 卷，云南大学出版社，2009，第 563页。
② 《木氏宦谱》。
③ 《元一统志·丽江路军民宣抚司》。
④ 《华阳国志·南中志》。
⑤ 方国瑜主编《云南史料丛刊》第 1 卷，云南大学出版社，1998，第 99 页。

曲州、靖州废城及邱墓碑阙皆在。依山有阿竽路部落……第八程至生蛮磨弥殿部落，此等部落，皆东爨乌蛮也。"① 从"石门"（今四川宜宾县境内）至"鲁望"（今昭通地区境内）大体涵盖了今滇东北地区，所以南诏时期滇东北地区大概有"阿等蛮""阿夔蛮""阿竽蛮""暴蛮""卢鹿蛮""磨弥殿蛮"等部落族群，都属于东爨乌蛮。由于社会经济落后，部落组织分散，还没有强大的势力来统治。可能到了南诏晚期，才在今会泽县一带置东川郡进行管理："古东川甸，乌蛮仲牟由之裔骂弹得之，改曰那扎那夷，属南诏，蒙世隆置东川郡。"② 到了大理国时期，上述诸部又演变为乌撒部、乌蒙部、芒部、阿头部、易溪部、易娘部、阿晟部、闷畔部："乌撒者蛮名也，其部在中庆东北七百五十里，旧名巴凡兀姑，今曰巴的甸。自昔乌杂蛮居之。今所辖部六，曰乌撒部、阿头部、易溪部、易娘部、乌蒙部、闷畔部。其东西又有芒部、阿晟二部。后乌蛮之裔析怒始强大，尽得其地，因取远祖乌撒为部名。宪宗征大理，累招不降。"③ 从引文可以看出，这些部落已逐渐受制于"乌撒部"，从而形成一股较强的政治势力，甚至发展到与其他乌蛮部落联合起来对抗大理国的统治："三十七部攻平国公于鄯阐，叔高明清战死。"④ 可见，南诏和大理国对滇东北地区一直控制得比较松弛，这一带的乌蛮部落在这段时期内实际上处于割据称雄的状态。

四 滇西南民族迁徙、变动及最终格局的形成

南诏以前，滇西南地区分布着大小数十种部落族群，族群关系异常复杂。《新唐书·南蛮传》说："群蛮种类，多不可记。有黑齿、金齿、银齿三种。"⑤ 这里先指出滇西南族类繁多的事实，后即以"黑齿、金齿、银齿"三种为代表，说明它们在当时应该人数最多、分布区域最广。此外，"望苴子蛮""朴子蛮""茫蛮""寻传蛮"等族类依然生活于此。南

---

① 《云南志校释》，赵吕甫校，第35页。
② 《明一统志·东川军民府》。
③ 《元史·地理志》。
④ 《南诏野史》。
⑤ 《新唐书·南蛮传》。

诏征服该地区便对其布局进行了调整:"唐南诏蒙氏兴,异牟寻破群蛮,尽虏其人以实其南东北,取其地,南至青石山缅界,悉属大理。"① 因此,南诏时期滇西南很多部落族群被迁徙到了他处,如"望苴子蛮"被迁徙到今昆明地区,② 最后还剩下大约八种部落族群:"土蛮凡八种:曰金齿,曰白夷,曰僰,曰峨昌,曰骠,曰缅,曰渠罗,曰比苏。"③ "金齿""白夷"即今傣族的先民;"僰"即"《通典》所谓黑爨也",④ 是今白族先民;"峨昌"是今阿昌族和景颇族的先民;"缅"指缅族,是今缅甸人的先民;其他几种部落族群则于史无考。但随着时间发展,"金齿""白夷"的势力明显发展较快,逐渐侵占了滇西南大部分地方:"及段氏时,白夷诸蛮渐复故地,是后,金齿诸蛮浸盛。"⑤ 到了晚期,在今瑞丽地区的"金齿""白夷"建立起乔赏弥国,"在大盈江、瑞丽江、萨尔温江和伊洛瓦底江上游一带,产生了一些由酋长世袭统治的百夷部落,互相兼并。到十世纪前后,出现了四个由百夷奴隶主统治的强大部落,名叫孟卯、孟养、孟乃、孟生威,四大部落有时组成强大的部落联盟,称为'乔赏弥'"。⑥ 可见,该地区"金齿""白夷"分裂割据现象非常明显。而在今西双版纳地区,"金齿""白夷"又建立了景龙金殿国。据《泐史》载:"叭真于祖腊历五四二年庚子(宋淳熙七年,1180)入主勐泐,其父给予仪仗武器服饰等多件,诏陇法名菩提衍者,则制发一虎头金印,命为一方之主,遂登大宝,称景龙金殿至尊佛主。"⑦ 景龙金殿国统治的范围非常广泛,不仅涵盖滇西南绝大部分地区,也支配了泰国、缅甸、老挝等一些地方,以至大理国主不得不承认其势力,并"制发一虎头金印",命其"为一方之主"。这正是承认了由"金齿""白夷"组成的政权对滇西南地区统治的合法性。

---

① 《元史·地理志》。
② 樊绰:《云南志·云南城镇卷六》,见方国瑜主编《云南史料丛刊》第2卷,云南大学出版社,1998,第51页。
③ 《元史·地理志》。
④ 同上。
⑤ 同上。
⑥ 钱古训撰《百夷传校注》,江应樑校注,云南人民出版社,1980,第81页。
⑦ 《泐史》,见方国瑜主编《云南史料丛刊》第5卷,云南大学出版社,1998,第99页。

五 滇东南民族迁徙、变动及最终格局的形成

南诏以前，滇东南地区主要分布着"僚""濮""和蛮"等部落族群，经过不断的分化和重新组合，到了南诏时期，一部分被称为"崇魔蛮"："崇魔蛮，去安南管内林西原十二日程。溪洞而居，俗养牛马。比年与汉博易，自大中八年经略苛暴，令人将盐往林西原博牛马，每一头匹只许盐一斗，因此隔绝，不将牛马来。"①"林西原"即今越南老街省境，唐朝属于安南都护府（驻今越南河内）管辖，离其"十二日程"的位置大概在今文山、红河南部一带，是今傣族的先民。而在《旧唐书·懿宗纪》却以这样的方式记载该件事："初，大中末，安南都护李琢贪暴，侵刻獠民。群獠引林邑蛮攻安南府。"在这里，"崇魔蛮"变成了"獠民"，由此可见，"崇魔蛮"应该源自"僚人"，并且在南诏时期刚刚分化出来。另一部分则仍然保持过去"僚"的称谓。据《新唐书·南蛮传》载："有宁氏者，相承为豪。又有黄氏，居黄橙洞，其隶也。其地西接南诏。天宝初，黄氏强，与韦氏、周氏、侬氏相唇齿，为寇害，据十余州。"②又说："黄贼皆洞僚，无城郭，依山险各治生业，急则屯聚畏死。"③可见，宁氏、黄氏、韦氏、周氏、侬氏等部落族群仍然被称为"僚"，且达到"据十余州"的政治势力。从"其地西接南诏"位置来判断，这些部落应该在今红河、文山一带，当然也涉及今越南北部的一些地方。樊绰《云南志》又载："自大中八年，安南都护擅罢林西原防冬戌卒，洞主李由独等七绾首领被蛮引诱，复为亲情。日往月来，渐遭侵轶。"④此处"蛮"即指南诏。"七绾"在今云南省红河哈尼族彝族自治州河口至马关一带，其首领李由独在大中时投靠南诏，以共同对付唐王朝。而南诏收管该地区后即在此设"僚子部"⑤，隶属通海都督府，可见李由独洞主统治的民众应该都属于"僚"，否则没

---

① 《云南志校释》，赵吕甫校，第 175~176 页。

② 《新唐书·南蛮传》。

③ 同上。

④ 《云南志校释》，赵吕甫校，第 345~346 页。

⑤ 参见尤中《云南地方沿革史》，见《尤中文集》第 1 卷，云南大学出版社，2009，第551 页。

有必要称为"僚子部"。因此，"僚"在南诏时期广泛分布在滇东南地区，并有很强的势力，以至成为南诏与在滇东南对抗唐王朝的一支重要力量。

"和蛮"仍然散居在原来居住的地方，"大约是在南诏末期，这一带的'和蛮'逐渐组成教合山（在今文山县）、铁容甸（在今红河县东北部下亏容）、思陀（在今红河县西南部）、伴溪（在今红河县西南部的落恐一带）、七溪（在今红河县东南部的溪处一带）等部"，① 可见分布比较广。与此同时，苗族也从贵州等地迁入滇东南地区："黔、涪、巴、夔四邑苗众，咸通三年，春，三月八日，因入贼（按：指南诏）朱道古营栅，竟日与蛮贼将大羌杨阿触、杨酋盛、拓东判官杨忠义话，得姓名、立边城、自为一国之由"。② 尤中先生经过对这段话的考证，认为"他们已经定居在南诏东南边境与安南都护府，即今云南文山壮族苗族自治州境内。当时南诏这部分苗族被调动参加了，因对南诏将领们提出'立边城自为一国'，即要求在南诏边境实行本民族的区域自治"。③

时至大理国，滇东南依然主要分布着"僚""苗族""和蛮""崇魔蛮"等部落族群。但从政治势力来看，"僚"的影响越来越大。与滇东南毗邻的广西壮族自治区一直是"僚"的主要聚居地，此时他们已普遍被外界称为"撞"或"僮"，即今壮族；因不堪封建王朝的残酷压迫，他们在该时期举行过多次反抗北宋王朝的起义，而居住在滇东南的"僚"则全程参加了这些斗争。"广南府，古蛮夷地，宋时名特磨道，侬智高之裔居之。"④ 广南府辖地主要在今文山壮族苗族自治州广南、富宁县一带，在宋朝时隶属特磨道，但一直被广西壮族首领侬智高家族的人占据，所以在他们领导的壮族起义失败后，侬智高的母亲、兄弟都来此避难，由此可见当时云南"僚"人的政治军事力量非常强大。同时，在侬智高兵败后，还有大量参与起义的壮族部队也退逃到了大理国："宋皇祐初，侬

① 尤中：《云南民族史》，见《尤中文集》第1卷，云南大学出版社，2009，第133页。
② 《云南志校释》，赵吕甫校，中国社会科学出版社，1985，第355页。
③ 尤中：《云南民族史》，见《尤中文集》第1卷，云南大学出版社，2009，第145页。
④ 顾祖禹：《读史方舆纪要·云南纪要·广南府》，见方国瑜主编《云南史料丛刊》第5卷，云南大学出版社，1998，第753页。

智高败遁谋入大理，狄青遣将杨文广追之，至阿迷州合江口，不及而返是也。"① 阿迷州即今云南开远市。后来，他们也就居住在这一带了，甚至还抢占了"和泥蛮"的居住地："元江军民府……后和泥蛮侵据其地。宋时，侬智高之党窜于此，和泥开罗槃甸居之，后为些么徒蛮阿僰诸部所有。""和泥蛮"即"和蛮"。因此，从南诏到大理国时期，滇东南地区虽然是"僚""苗""和蛮""崇魔蛮"等部落族群共同杂居，但始终以"僚"为主。

第二节 滇池、洱海地区中心地位的形成

滇池、洱海地区能成为云南地区政治、经济、文化中心，是由自然条件、历史因素等多方面原因决定的。在自然条件方面，滇池、洱海地区自古水资源丰富，土地肥沃，经济发达，并一直是沟通中原与东南亚各国的交通要道，这就有利于同国内外进行经济文化交流；在历史因素方面，滇池、洱海地区作为云南核心区域具有重要的政治军事地位，一直是云南首府治所的所在地，这是云南其他地区无法相比的。

一 滇池、洱海地区作为云南地区政治中心的形成

先秦以前，云南境内错杂散居着众多互不统属的部落，受制于落后的历史条件彼此之间缺少稳定恒久的联系，所以无所谓政治中心。直到公元前109年，汉武帝发巴、蜀军队征服了古滇国，以其地设为益州郡，云南地区才有了相对统一的政治体系。益州郡下辖24个县，治所设在滇池县（今晋宁县），但益州郡管辖的范围仅涵盖云南部分地区，如今西双版纳、临沧地区、保山地区大部分均不在其内。东汉时期，为更好地控制滇西南地区，于永平十二年（69）"割益州郡西部都尉所领六县，合为永昌郡"。② 永昌郡治所起初在嶲唐县（今保山），后迁至不韦县（今保山）。至此，汉王朝才基本实现对云南全境的统治。但无论是作为益州郡

---

① 顾祖禹：《读史方舆纪要·云南纪要·广南府》，见方国瑜主编《云南史料丛刊》第5卷，云南大学出版社，1998，第742页。

② 《后汉书·南蛮西南夷列传》。

治所的滇池县还是永昌郡的不韦县，严格来说都不能算作云南地区的政治中心，因为汉中央王朝始终未在云南地区建立统辖各郡的统治机构，当时云南各郡都属治所在今四川成都的益州管辖，在某种意义上它们仅是益州在云南地区执行行政管理权的派出机构。三国时期，诸葛亮为进一步加强对云南地区的控制，便在两汉的基础上对云南郡县的设置进行了调整：改益州郡为建宁郡，治所由滇池县迁往味县（今曲靖市）；分原益州、牂牁二郡的部分县合设兴古郡；分益州、永昌二郡部分县合设云南郡；调整了永昌郡，缩小其管理区域。更重要的是，他将原本设在平夷县（今贵州毕节县）的庲降都督府迁至味县（今曲靖市），屯兵驻守以总管云南各郡务。云南地区至此才有直接隶属于内地王朝的地方一级政区。晋朝时期，晋武帝司马炎在此基础上将云南地区的建宁、兴古、云南、永昌四郡划出来，单独设置为宁州，治所亦在味县，因此云南地区第一个政治中心应该在味县，即今曲靖地区。南北朝时期，爨氏家族掌控云南地区，而其根据地集中在东爨和西爨两个区域，东爨的中心即今曲靖市，西爨的中心则在今晋宁县。可见，南诏以前，云南地区的政治中心一直在滇池地区。南诏的兴盛具有独特性。它原本只是洱海地区一个由"乌蛮"组成的部落王国，后在唐王朝的大力支持下，吞并了洱海地区的其他部落，建立了南诏国，定都在太和城（今大理市），至此，洱海地区开始成为云南的另一个政治中心。但由于滇池地区独特的政治经济地位，南诏并没有削弱滇池地区政治中心地位的意图。南诏王阁罗凤在吞并爨区以后，即"命长男凤伽异，于昆川（今昆明市）置拓东城，居二诏，佐镇抚。于是威慑步头（今建水县），恩收曲、靖（今昭通地区）"。① "二诏"即为"副国王"，可见当时的拓东城实为南诏的陪都。因此，滇池、洱海地区均为南诏的政治中心，前者源于历史传统的延续，后者因是新兴王国的创业根据地而成。南诏灭亡后，云南地区出现短时间的政治动乱，三十余年间先后建立了长和国、天兴国、义宁国三个国家政权，但由于它们存在的时间均短，所以未能影响由于历史形成的滇池、洱海地区政治中心的地位。公元 937 年，段思平在云南地区建立了以

---

① 《南诏德化碑》。

白族为主体的大理国，并定都在羊苴咩城（今大理市），从而使洱海地区的政治中心地位得以进一步加强。与南诏一样，大理国依然把管辖滇池地区的鄯阐府称为"东京"，与西部大理都城相对："大理国仍以鄯阐为东京，在鄯阐设有东府。北宋仁宗宝元三年（即康定元年，1040），在段素明任命布燮段子琼与 37 部会盟石城，平定求州首领代连弄之后，时和年丰，段素兴雅好游侠，广营宫室于东京……"① 倪蜕称："东京，即今省城，蒙段时，城亦甚小。"② "省城"即指今昆明市。所以滇池地区在大理国时期仍然为云南地区的一个政治中心。因此，滇池、洱海地区在南诏、大理时期始终作为政治中心通过政治力量强有力地控制着云南各个民族地区。

二 滇池、洱海地区作为云南地区经济中心的形成

由于优越的地理位置，"地方三百里，旁平地肥饶数千里"，③ 滇池地区应该是云南最早进入农耕经济的地方，在古滇国文化遗址中出土的一件青铜器上就刻绘着"妇女们列队把收获的粮食送进统治者的高大粮仓"④ 的图景，所以司马迁用"耕田、有邑聚"⑤ 词汇来描述古滇人的生活习性。通过考古发掘，在古滇人墓葬中曾出土了大量用于充当一般等价物的贝币，总计 26 万多枚，重达 700 余千克⑥；另据专家考证，这些用作货币的贝壳不产于云南，"其产地是印度西太平洋暖水区域，包括印度、菲律宾以及我国台湾、海南岛、西沙群岛等南海诸岛附近"。⑦ 可见，古滇国有非常发达的对内、对外的商品贸易，否则不可能出土这么多的贝币。汉代开始在滇池地区设置郡县。但考虑到多民族地区的特殊性，汉王朝对这些郡县实行"以其故俗治，无赋税"⑧ 的政策，在此的朝廷官

---

① 陆复初：《昆明简史》（上）。
② 倪蜕：《滇云历年传》卷五。
③ 《史记·西南夷列传》。
④ 汪宁生：《云南考古》，云南人民出版社，1980，第 70 页。
⑤ 《史记·西南夷列传》。
⑥ 参见杨寿川《云南经济史研究》，云南民族出版社，1999，第 12 页。
⑦ 杨寿川：《云南经济史研究》，云南民族出版社，1999，第 14 页。
⑧ 《汉书·食货志》。

吏俸禄及用具都由邻近内地的郡县供给，这种调内地财物支持边疆地区发展的政策，进一步推动了滇池地区的经济繁荣。与此同时，汉王朝还在云南实施移民垦殖政策，即从内地迁移一些汉族人口到云南进行屯田，如"募豪民田南夷"① 充实益州郡等。这些汉族移民既为滇池地区增添了新的人口，也带来了中原内陆先进的生产技术。因此，《后汉书·南蛮西南夷列传》这样评价当时滇池地区的经济发展情况："有盐池田渔之饶，金银畜产之富。人俗豪忕。居官者皆富及累世。"② 足见当时滇池地区富裕的程度。南北朝时期，随着爨氏独霸云南，并以滇池地区为其统治中心始，滇池地区的经济较前更有发展。樊绰《云南志》说："东北自曲靖州，西南至宣城，邑落相望，牛马被野。"③ 隋大臣梁睿上书隋文帝时也说，云南滇池地区"户口殷实，金宝富饶"，④ 所以有必要消灭爨氏，一统云南。但到了南诏时期，由于战争的破坏，加之南诏王阁罗凤强制从爨地"徙二十万户于永昌地"，从而严重破坏了滇池地区的经济发展，导致"由曲靖州（今昭通地区）、石城（今曲靖）、升麻川（今寻甸）、昆川（今昆明）南至龙和（今禄丰）以来荡然兵荒矣"。⑤ 相应地在一段时期中云南地区的经济中心就从滇池地区转到洱海地区。

南诏以前，洱海地区经济发展虽滞后于滇池地区，但由于是"西南丝路"⑥ 的交通要道，所以商品贸易也比较发达。南诏建都于此后，洱海地区经济在这个基础上达到空前繁荣，"邑居人户尤众"。⑦ 农业是南诏经济的主要构成部分。当时洱海地区的人民已经普遍使用铁犁、牛耕："每耕田用三尺犁，格长丈余，两牛相去七八尺，一佃人前牵牛，一佃人持按犁辕，一佃人秉耒。蛮治山田，殊为精好。"⑧ 可见，农业生产水平已

---

① 《汉书·食货志》。
② 《后汉书·南蛮西南夷列传》。
③ 《云南志校释》，赵吕甫校，第 127 页。
④ 《隋书·梁睿传》。
⑤ 《云南志校释》，赵吕甫校，第 129 页。
⑥ "西南丝路"是古代从内地经云南地区对外交通的一条商道，从盛产丝绸的四川成都起，经云南大理，通往缅甸、印度等国。
⑦ 《云南志校释》，赵吕甫校，第 192 页。
⑧ 《云南志校释》，赵吕甫校，第 256 页。

经相当高。其手工业也异常发达。远在秦汉以前，纺织手工已普遍成为洱海地区的家庭副业。尤其到了公元 829 年，南诏从四川成都掳来很多"巧儿及女工"① 以后，"自是工文织与中国埒"。② 其他如漆器、金银器、制毡等手工业都有很高的水平。农业、手工业的繁荣必然带动商品经济的发展，洱海地区的商人不仅和内地有密切的贸易往来，而且和东南亚各国乃至印度、波斯都有频繁的交易活动，③ 以至在南诏统治机构组织中专设了"主商贾"的"禾爽"之职来管理当时的商品贸易活动。

大理国时期，洱海地区农业进一步发展。宋王朝成都府曾派进士杨佐到大理国买马，当路经姚州一带时，他看到"土田生苗稼，其山川、风物略如东蜀之资、荣"，④ 即认为当地农业生产情况已基本与当时农业发展水平较高的四川资中、荣县一带相当。商业贸易活动则更为发达。当时经由黎州（今汉源）、播州（今遵义）、邕州（今南宁）等路线与内地贸易非常频繁，尤以马匹交易为代表。据《岭外代答》载："岁额一千五百匹，分为三十纲，赴行在所。绍兴二十七年，令马纲分往江上诸军。后乞添纲令元额之外，凡添买三十一纲，盖买三千五百匹矣。"⑤ 初以每年一千五百匹为额，后逐渐增加到三千五百匹，可见当时大理国与宋王朝的马匹交易量之大。除市马外，随马匹而至的货物也不少："蛮马之来，他货亦至。蛮之所赍麝香、胡羊、长鸣鸡、披毡、云南刀及诸药物。吾商所赍锦缯、豹皮文书及诸奇巧之物。"⑥ 这些大宗且又种类繁杂的贸易活动必然带动洱海地区的经济繁荣。

与此同时，滇池地区的农业也从兵燹中重新发展起来。为建设好东京鄯阐（今昆明市），大理段氏在此大规模兴修水利，使"鄯阐一带沃野

---

① 《云南志校释》，赵吕甫校，中国社会科学出版社，1985，第 259 页。

② 《新唐书·南诏传》。

③ 《云南志校释》，赵吕甫校，第 239 页。

④ 杨佐：《云南买马记》，见方国瑜主编《云南史料丛刊》第 2 卷，云南大学出版社，1998，第 246 页。

⑤ 周去非：《岭外代答》，见方国瑜主编《云南史料丛刊》第 2 卷，云南大学出版社，1998，第 250 页。

⑥ 周去非：《岭外代答》，见方国瑜主编《云南史料丛刊》第 2 卷，云南大学出版社，1998，第 251 页。

千里皆蒙其惠。至于大理晚期，东起鄯阐，西起苍洱，北迄姚府，南达通海，水利工程星罗棋布，灌溉沟渠密如蛛网。与此相应，这一带便成为大理农业最为发达地区"。① 同时滇池地区开始出现新兴的商业城市，所以马可波罗在元初到达滇池地区押赤城（今昆明市）时感慨道："城大而名贵，商工甚众"。② 因此，滇池、洱海地区一直是云南地区的经济中心。

三 滇池、洱海地区作为云南地区文化中心的形成

文化是人类在社会历史实践中所创造出来的物质财富和精神财富的总和，因此，政治和经济因素对文化有巨大影响。滇池、洱海地区既然作为云南地区政治中心和经济中心，也必然使其成为云南地区的文化中心。滇池、洱海地区的文化是在土著文化基础上，不断吸收汉族文化，从而形成富有活力的、具有地域特色的文化。

自20世纪50年代开始，文物部门对晋宁石寨山墓葬、呈贡天子庙墓葬、江川李家山墓葬等古滇国文化遗址进行了发掘、清理，从中出土了大量的青铜器。这些青铜器"有着对称和端整的外形，花纹精致繁缛。……有相当一部分可以称为艺术品而无愧，可以与世界上最优美的青铜器相媲美"。③ 这说明古滇人早在战国时期甚至更早就已拥有了高度发达的青铜文化。

自汉武帝在云南设置郡县始，汉族文化就开始在滇东地区传播，并带动整个地区文化向前发展。如东汉章帝元和年间，王追为益州郡太守，就专注于"兴起学校，渐迁其俗"的文化教育事业。1901年，云南昭通市发现东汉时期的《孟孝琚碑》，碑中记载了孟孝琚十二岁时，便入内地"受《韩诗》，兼通《孝经》二卷"。东汉桓帝时，牂牁郡人尹珍入内地学习"经书图谶"，学成之后"还乡教授"。

爨氏时期，汉族文化进一步在滇池地区传播，这从《爨龙颜碑》《爨

---

① 何耀华主编《云南通史》第3卷，中国社会科学出版社，2011，第269页。
② 马可波罗：《马可波罗行纪》，见方国瑜主编《云南史料丛刊》第3卷，云南大学出版社，1998，第142页。
③ 汪宁生：《云南考古》，云南人民出版社，1980，第59~60页。

宝子碑》可以看出。到了南诏时期，云南地区的文化中心逐渐转移到洱海地区。由于受唐王朝的影响，南诏对儒家文化也一直非常推崇，甚至聘请汉族举人来担任清平官（相当中原王朝的宰相之职）及皇室教师："有郑回者，本相州人，天宝中举明经，授嶲州西泸县令，嶲州陷，为所虏。阁逻凤以回有儒学，更名曰蛮利，甚爱重之，命教凤迦异。及异牟寻立，又命教其子寻梦凑。回久为蛮师，凡授学，虽牟寻、梦凑，回得箠挞，故牟寻以下皆严惮之。蛮谓相为清平官，凡置六人。牟寻以回为清平官，事皆咨之，秉政用事。"① 因此，南诏国王基本都具有深厚的儒学修养。《南诏德化碑》中记载阁逻凤"不读非圣之书"；《旧唐书·南诏传》也说"异牟寻颇知书，有才智"；劝丰佑更是"慕中国，不肯连父名"（要求放弃本民族父子连名的习俗）；乾符五年（878），唐朝使臣至南诏，其王隆舜更"遣使者问客《春秋》大义"。在羁縻政策的指导下，唐朝统治者也积极向南诏输出儒家文化："选群蛮子弟聚之成都，教以书数，欲以慰悦羁縻之，学成则去，复以他子弟继之。如是五十年，群蛮子弟学成于成都者殆以千数。"② 与此同时，佛教文化也开始在洱海地区广泛传播。据李京《云南志略》载：南诏王于"开元二年（714），遣其相张建成入朝，玄宗厚礼之，赐浮屠像，云南始有佛书"③。这是汉族文献记载佛教传入洱海地区的最早时间。又据《南诏野史》载："开元元年（713），建大理崇圣寺，基方七里。圣僧李贤者定立三塔，高三十丈，佛一万一千四百，屋八百九十，铜四万五百五十斤。"④ 开元元年，南诏王就已开始大兴土木建寺塔，证明佛教在开元以前早就传入大理地区。当时能有如此规模的寺塔足见佛教文化已经十分兴盛。尤其到了南诏后期，陷入内外危机的南诏统治者更是视佛教为立国之本："主以四方八表夷民臣服，皆感佛维持，于是建大寺八百，谓之蓝若，小寺三千，谓之伽蓝，遍于云南境中，家知户到，皆以敬佛为首务"。⑤

---

① 《旧唐书·南诏蛮》。
② 《资治通鉴》卷 249《唐纪》。
③ 李京：《云南志略》，见方国瑜主编《云南史料丛刊》第 3 卷，云南大学出版社，1998，第 125 页。
④ 倪辂：《南诏野史》，见方国瑜主编《云南史料丛刊》第 4 卷，第 780 页。
⑤ 转引自杨应新主编《白族文化大观》，云南民族出版社，1999，第 116 页。

时至宋代，云南隶属于段氏建立的大理国。儒家文化则在该时期进一步在云南得以传播。如同南诏，大理国上层统治者也非常推崇儒学。《大理护法明公德运碑赞》称大理国相高量成"以礼义为衣服，以忠信为甲胄，以智勇为心肝"，① 甚至以周公喻之。《宋史·大理国传》又载，政和六年（1116），大理国派使者李紫琮向宋进贡，途经湖南时，"闻学校文物之盛，请于押伴，求诣学瞻拜宣圣像，邵守张察许之，遂往，遍谒见诸生"。② 李紫琮虽负王命，却忙里偷闲主动请求瞻仰宣圣孔子的圣像，考察内地儒学教育情况，足见大理国对儒学的重视。为推行儒学，大理国还开风气之先，仿效中原科举制度创建了"开科取士"的人才选拔制度："段氏有国，亦开科取士，所取悉僧道读儒书者。"③ 同时，佛教文化也继续在洱海地区兴盛："有家室者名师僧，教童子多读佛书，少知六经；段氏而上，选官置吏皆出此。民俗家无贫富，皆有佛堂，且夕击鼓恭礼，少长手不释念珠，一岁之中，斋戒几半。"④ 大理国王室成员和官僚大姓俱皈依佛教，在大理国三百余年间，段氏"国王共传 22 主，其中七人禅位为僧，一主被废为僧"，⑤ 甚至大理国的官吏都从佛教徒中选拔。

第三节　彝族、白族在云南民族关系中主导地位的形成

一　从"乌蛮""白蛮"到彝族、白族的发展

"乌蛮""白蛮"的称谓始见于唐代樊绰的《云南志》。但樊绰究竟根据什么标准来区分"乌蛮""白蛮"，至今学界依然众说纷纭。我们主要采纳方国瑜先生的观点："樊志的'乌''白'二字，所要说明

---

① 《大理护法明公德运碑赞》，见方国瑜主编《云南史料丛刊》第 2 卷，云南大学出版社，1998，第 441 页。
② 《宋史·大理国传》。
③ 倪辂：《南诏野史》，见方国瑜主编《云南史料丛刊》第 4 卷，第 788 页。
④ 李京：《云南志略》，见方国瑜主编《云南史料丛刊》第 3 卷，第 128 页。
⑤ 转引自杨应新主编《白族文化大观》，云南民族出版社，1999，第 116 页。

的是：社会经济文化在程度上稍有不同，'白蛮'要进步些，'乌蛮'要落后些。同在一个地区的不同部落，可以有进步与落后的存在，于是用'乌''白'来区别，为此，洱海区和滇东区都有'乌蛮'的记载。以汉文化来衡量，接近于汉的称'白蛮'，较远于汉的称'乌蛮'，这从樊志的记载中可以看得清楚。"①即认为，"乌蛮""白蛮"不是一种族别称谓，而是对当时滇池、洱海地区各部落经济文化差异的一种表征。但我们不赞同方国瑜先生据此认为"乌蛮""白蛮"与历史上的彝族、白族没有直接关系的看法，②而认为随着时代发展，"乌蛮""白蛮"的经济文化的差异在经历了"人口集中""政权建立""风俗统一"等过程的强化后，"乌蛮和白蛮逐步形成今白族和彝族支的彝、纳西、哈尼等族"③。

（一）从"白蛮"到白族的发展

"白蛮"原本散居在滇池、洱海地区。但在南诏时期，滇池地区的"白蛮"都被南诏王阁罗凤强迫迁徙到了洱海地区，④所以洱海地区自此成为"白蛮"主要集中地，人口数量也就比其他部落族群都要多。这种集中的数量优势，再加上较高的经济文化水平，必然使"白蛮"成为洱海地区不容小觑的政治力量，尤中先生甚至认为南诏主体民族即是"白蛮"。⑤"白蛮"尽管是被征服的部落族群，但在南诏政权中却始终占据着重要地位，这一点可从南诏高级官员的组成看出。"《南诏德化碑》碑阴所载立碑官吏题名尚可见姓或名者的有 64 人，属于白蛮族系的有段、杨、赵、王、张等姓的 37 人，占总数一半以上；其中如段忠国、王综罗铎、尹瑳迁、杨龙栋等均位居清平官、大军将、六曹长等要职。"⑥ 因此，南诏王室虽属"乌蛮"族群，但究其政权性质实乃"乌蛮"和"白蛮"的联合政权。尤其到了南诏后期，南诏王室由于长期和"白蛮"大臣及

---

① 方国瑜：《彝族史稿》，四川民族出版社，1984，第 196 页。

② 参见方国瑜《彝族史稿》，四川民族出版社，1984，第 197 页。

③ 马耀：《云南二十几个少数民族源和流》，《云南社会科学》1981 年第 1 期。

④ 《新唐书·南蛮传》。

⑤ 尤中：《云南民族史》，见《尤中文集》第 1 卷，云南大学出版社，2009，第 148 页。

⑥ 方铁：《论南诏的民族政策》，《思想战线》2003 年第 3 期，第 36 页。

民众生活在一起，自身也逐渐"白蛮"化，直至自称"大封人"，称南诏为"大封民国"："酋龙毙，发疽死，伪谥景庄皇帝。子法嗣，改元贞明、承智、大同，自号大封人"；① "建极十九年春二月，景庄卒，子隆舜立，称为宣武帝。即位之初，改国号大封民国。"② 方国瑜先生认为："封字古音读如帮，读双唇音，与白的辅音相同，封人国就是白人国，白人即洱海区域民族集团的名称。"③ 可见，随着时间迁移，以南诏王室为代表的一部分"乌蛮"也逐渐融入"白蛮"，从而使南诏政权的"白蛮"性质更加凸显。继南诏而兴的段氏大理国则完全是"白蛮"组建的政权："段氏之先，为武威郡白人。有名俭魏者，佐阁罗凤有功。六传至思平而有国，改号大理。"④ 因此，南诏、大理国时期的"白蛮"一直处于统治地位并掌握政权。这对"白蛮"融合其他部落族群，进而形成白族有着关键作用，如英国民族学家休·希顿－沃森说："民族的同质性不是种族的、语言的，而是封建的、政府的。最准确的表述应该是养成对强有力的君主共同忠诚的习惯，遵守大量的公认的法律与习惯。"⑤ 从历史看，"白蛮"文化也正是在南诏、大理国时期成为云南主流文化的，最集中表现在"白蛮"语成为南诏、大理国的官方语言。南诏前，洱海地区不同部落族群都有自己的语言。但随着发展，白蛮语逐渐成为各部落之间交际使用的共同语，也就是成为官方语言。如樊绰在《云南志》中说："大事不与面言，必使人往来达其意，以此取定，谓之行诺。"⑥ 就是说"重大事件各部落用自己的语言去分析论证。有了一致的意见后，再派人用白蛮语表达"。⑦ 同时，"白蛮"的风俗习惯也逐渐统一。南诏前，滇池地区与洱海地区的"白蛮"在风俗习惯上还是有差别的。如樊绰在《云

① 《新唐书·南诏传》。
② 张道宗：《记古滇说集》，见方国瑜主编《云南史料丛刊》第2卷，云南大学出版社，1998，第661页。
③ 方国瑜：《滇史论丛》，上海人民出版社，1982。
④ 《绎年运志》，见方国瑜主编《云南史料丛刊》第4卷，云南大学出版社，1998，第743～744页。
⑤ 〔英〕休·希顿－沃森：《民族与国家》，吴洪英、黄群译，中央民族大学出版社，2009，第35页。
⑥ 《云南志校释》，赵吕甫校，中国社会科学出版社，1985，第297页。
⑦ 云南民族事务委员会编《白族文化大观》，云南民族出版社，1999，第44页。

南志》中，虽称"青蛉蛮，亦白蛮苗裔也"，但其"衣服言语与蒙舍略同"①，就是说与"乌蛮"族群的蒙舍诏风俗相同，而与滇池地区的"白蛮"不同。但在元人李京所撰的《云南志略·诸夷风俗》中，"白蛮"之间的风俗习惯已完全统一，不再有内部差异。尽管李京描述的是元朝早期洱海地区"白蛮"的情况，但这种事实应该在之前的时期就已经形成。因此，在南诏、大理国时期住在洱海地区的"白蛮""逐渐形成一个比较稳定的共同体，白族共同体至此始形成"。②

（二）从"乌蛮"到彝族的发展

唐代云南的"乌蛮"主要集中在滇西、东、北三个区域。滇西"乌蛮"以洱海地区的"六诏"诸部落为主；滇东"乌蛮"基本上就是南诏统一之前的"东爨乌蛮"，后逐渐形成"三十七部"部落联盟；滇西"乌蛮"则以《新唐书·南蛮传》记载的乌蛮"七部落"为主。后来，滇西"乌蛮"种系的"蒙舍诏"统一了云南，建立了南诏国，"乌蛮"自此拥有对云南的统治地位。为凝聚云南各区域的"乌蛮"集团势力，身为"乌蛮"种系的南诏王室与他们始终保持一定的姻亲关系，如，滇西"乌蛮与南诏世婚姻"，③滇东"乌蛮"也"与南诏世为婚姻之家"，④至于滇西"乌蛮"内部之间的通婚更是普遍。大理国时期，"白蛮"虽然取代了"乌蛮"在云南的统治地位，但在滇东、北地区的"乌蛮"依然保留着自己的封地并"世官世禄"，拥有相对独立的政治地位。他们经常联合起来抵抗大理国的统治，如，1109 年，滇东"乌蛮三十七部"举兵起义；1147 年，他们又举兵反抗大理国鄯阐领主高明清，并将其杀死。⑤这些史实充分反映了"乌蛮"之间有了明显的族属意识。随着彼此之间联系的日益紧密，不同地区"乌蛮"的生活习俗也开始逐渐统一，如樊绰在《云南志》中说："蒙舍及诸乌蛮不墓葬。凡死后三日焚尸，其余灰

① 《云南志校释》，赵吕甫校，中国社会科学出版社，1985，第140页。
② 《白族简史》编写组：《白族简史》，云南人民出版社，1988，第28页。
③ 《新唐书·南蛮传》。
④ 《云南志校释》，赵吕甫校，第130页。
⑤ 《南诏野史》。

烬，掩以土壤，唯收两耳"。① 到了宋代，这种统一趋势就更为明显。范成大在《桂海虞衡志》中有一段生动而详细的描述："诸蛮之至邕管卖马者，风声习气大抵略同。其人多深目、长身、黑面、白牙，以锦缠椎髻，短褐，徒跣，戴笠，荷毡，珥耳，刷牙，金环约臂，背长刀，腰弩箭箙，腋下佩皮篓，胸至腰骈束麻索，以便乘马……"② 宋代至广西邕州市马的"乌蛮"来自各个地区，而范成大却看到他们"风声习气大抵略同"，这充分说明时至宋代"乌蛮"之间的风俗已基本统一。因此，到了元代，云南彝族先民"尽管仍然保存这样或那样的不同自称和他称，但大部分都被冠以'罗罗'这个通称"。③ 而"罗罗"族称最早见载于李京《云南志略》："罗罗即乌蛮也。"④ 在《云南志略·自序》中，李京称自己"大德五年"（1301）来到云南为官，这离南宋灭亡时间（1279）仅22年，所以可以确信"罗罗"族称在宋代就应该存在了。"罗罗"族称的出现标志着彝族作为一个民族共同体已形成。

二　彝族、白族在云南民族关系中主导地位的形成

如上所言，滇池、洱海地区自古以来都是云南地区政治、经济、文化中心所在，而这又是彝族、白族活动的主要区域，从中即可体现彝族、白族在云南民族关系格局中的主导地位。具体言之，还可从以下几个方面来论证说明。

（一）彝族、白族在这段时间内一直是云南人口最多的民族

汉王朝先后在云南地区设置了益州郡和永昌郡。据文献资料载，益州郡"户八万一千九百四十六，口五十八万零四百六十三"，⑤ 永昌郡"户二十三万一千八百九十七，口八十九万七千三百四十四"，⑥ 两郡总计人户有313843，人口有1477807。由于当时郡县设置较为松散，益州、永

---

① 《云南志校释》，赵吕甫校，第296~297页。
② 转引自《彝族简史》，云南人民出版社，1987，第101页。
③ 《彝族简史》编写组：《彝族简史》，云南人民出版社，1987，第29页。
④ 李京：《云南志略》，见方国瑜主编《云南史料丛刊》第3卷，云南大学出版社，1998，第128页。
⑤ 《汉书·地理志》。
⑥ 《后汉书·地理志》。

昌两郡管辖范围基本涵盖了现今云南的全境，所以上述的人口数实际是全云南的人口总数。三国时期，滇池、洱海地区主要隶属晋宁、建宁郡、云南等郡。晋宁郡"户万"，建宁郡"户万"，云南郡"户万"，总计人户为三万。位于滇东北地区的朱提郡"户八千"，位于滇东南地区的兴古郡"户四万"，位于滇西南的永昌郡"户六万"，[①] 比较来看滇池、洱海地区人口数量在此时还没有占据优势。晋朝时期，由于晋武帝将晋宁郡划归到建宁郡，所以滇池、洱海地区只隶属云南、建宁二郡。云南郡"户九千二百"，建宁郡"户二万九千"，总计三万八千二百户，而兴古郡"户六千二百"，永昌郡"户三万八千"，[②] 可见此时滇池、洱海地区的人口数开始占据上风。唐时期，由于中央王朝对云南控制力减弱，仅在云南设置了许多羁縻州县，且"贡赋版籍，多不上户部"，[③] 所以人口数的记载不见于史料，但从一些历史事件仍然可以分析和推导。南诏在征服滇池地区时，曾"徙二十万户于永昌地"，[④] 足见当时滇池地区人口非常多，而洱海地区则成为南诏的统治中心，人口数量只可能比以前大为增加，大理国时期的情况与南诏基本相同，所以完全有理由相信滇池、洱海地区的人口数在这段时间内与云南其他地区相比占据绝对优势。这就说明了彝族、白族在南诏、大理时期是云南人口最多的民族，主导了当时云南民族关系的走向。

（二）彝族、白族在这段时间内一直是云南地方政权的统治民族

在南中"大姓"和爨氏统治约四百年的时间里，云南地区的主干民族是所谓乌蛮、白蛮，或者说东爨、西爨，他们主要就是彝族和白族的先民。此时汉族已进入云南地区，但是，此时汉族人口数量相对较少，势力不够强大，多要依靠土著的彝族、白族先民，并与他们结为"遑耶"。在以后的南诏、大理国时期，大体都保持这种情况。南诏王室为彝族。自建国后，南诏就开始在云南各地设置管理机构，并根据自己的利

---

① 《华阳国志·南中志》。
② 《晋书·地理志》。
③ 《新唐书·地理志》。
④ 《云南志校释》，赵吕甫校，中国社会科学出版社，1985，第256页。

益需要重组了当时的云南民族关系格局，如，在征服"西爨"后，一次就武装强迫移民 20 万户"白蛮"至"永昌城"，致使滇池地区主体民族变为"乌蛮"。贞元十年（794）又迁弄栋"白蛮"于"永昌城"，同年，又将原居住在洱海地区的"和蛮"迁往滇东北地区，此外，还将原居住在滇西北的"裳人""施蛮""顺蛮""朴子蛮"先后迁到了滇池地区。这足以证明南诏统治民族在云南民族关系中处于主导地位。大理国是白族建立的政权。在国家政权的支持下，大理王段氏不仅拥有广大的直辖地，还将其余地区分封给其臣仆和亲族。到了高氏专大理国政后，封其子孙分牧"八府四镇"，① 分封领地更加普遍。而土地资源的重新配置必然改变了原有的民族关系格局，如鄯阐（今昆明市）领主高智升夺取了易门"乌蛮"的土地；而称为"高护军"的大理官员逐去交水（在今曲靖市）磨弥部落的人民，将该处土地变为自己的私邑。② 可见，南诏、大理时期彝、白两族利用统治民族的政治优势主导着当时云南民族关系的走向。

（三） 彝、白两族在这段时期内一直是相容互补的民族

彝、白两族之所以成为云南的主导民族，不仅是因为他们人数多、长期是地方政权的统治民族，而且因为他们能够相容共处、相互渗透、协同互补。唯有如此，主导地位才能保持连贯和稳定性。人们常认为，同一地区的两个强大民族总要为夺取统治地位而斗争，而这种斗争总是"你死我活"、对抗性的。但是这种看法不适合彝族、白族。南诏王室为彝族，而其权贵、大臣多为白族，是彝、白两族联合建立的政权。在两百来年的时间内，彝、白两族没有发生以民族为分界的内部斗争。而南诏灭亡，也不是亡于民族斗争，郑买嗣推翻南诏，建长和国政权，杀害南诏蒙氏王族八百余人，这是权臣叛逆夺权的屠杀，而非民族间的屠杀，何况此后郑买嗣不仅没有将屠杀扩及整个彝族，而且铸铜佛一万尊以表示对被害者的忏悔。其后天兴国取代长和国，义宁国又取代天兴国，最后大理国取代义宁国，这都是白族统治集团内部的斗争，不涉及白族与彝族的关系。大理国是白族建立的政权，但是它没有"清洗"前

---

① 田节：《大中大夫云南鹤庆军民府世袭土官知府高侯墓碑志》。
② 《元史·地理志》。

政权南诏的统治民族（彝族），相反，它是在滇东彝族三十七部的有力支持下建立的。大理政权三百余年较为稳定的统治，与它对彝族等其他民族采取较宽和的统治方式有关，如对滇东彝族以及滇南傣族，都采取类似"自治"的态度。总之，在南诏、大理国时期，彝、白两族关系是相容共处、协同互补的，这就为整个云南民族关系的凝聚和融合奠定了基础。

第四节　云南"多元一体"民族关系格局的初步形成

"多元一体"是费孝通先生对中华民族内部关系高屋建瓴式的概括，而我们认为，云南民族关系是中华民族"多元一体"关系的典型，其发端于远古，至南诏、大理国时期，云南地区已基本形成以彝、白两族为主导民族，以滇池、洱海地区为中心的"多元一体"民族关系格局。

一　政治上"多元一体"民族关系格局的初步形成

南诏建国后，为保证对各地区进行有效统治，分别在高层和基层设置各级行政机构。在高层主要有清平官、大军将、六曹等职官负责政务："六曹长六人，兵曹、户曹、客曹、刑曹、工曹、仓曹，一如内州府六司所掌之事。……大军将一十二人，与清平官同列。每日见南诏议事。出则领要害城镇，称节度。……清平官六人，每日与南诏参议境内大事。"①在基层则设有"睑"（类似"州"）、节度和都督等行政机构，并派有专人管理。大理国在行政机构上基本沿袭南诏。因此，通过这套行政体制，南诏和大理国都可以有效控制各地区。但这不代表云南其他民族地区就丧失了自身政治发展的空间，在政治一统的前提下，南诏、大理国都根据实际情况尊重乃至保留了其他民族的政权组织结构。这种"多元"的政治结构在云南地区源远流长。汉武帝进军云南，攻克反抗的滇国，但却赐滇王金印，令其复长其民。唐王朝先后在滇池周围的爨区及西部洱

---

① 《云南志校释》，赵吕甫校，中国社会科学出版社，1985，第304~306页。

海地区设置了许多羁縻州县，仍以原地的各族上层为刺史、县令。南诏政治组织形式依然如此，据樊绰《云南志》卷九载："南俗：务田农菜圃；战斗不分文武；无杂色役；每有征发，但下文书与村邑理人处，赳往来月日而已；其兵杖人各自赍，更无官给。百家已上有总佐一；千人已上有理人官一；人约万家以来，即制都督，递相管辖。"① "村邑理人"就是原来部落公社的头人或酋长。在这里，部落村社组织被保留了下来，成为南诏的基层政治组织。至于比较偏远落后的民族地区，南诏基本也采取羁縻制度来统治，在这些地方建立起"部"或"甸"这样的组织，都是单独的地方民族集体，南诏统治者保留了它原有的组织形式，以其内部的贵族分子充当统治者但隶属于所在地的府或郡，如南诏通海都督府就下辖了"步雄""沙资""僚子""棠魔"等部。② 而大理国在云南的统治形式基本延续南诏。从云南五大区域看，滇池、洱海地区一直是南诏、大理的直辖区，依托其经济、文化实力，南诏、大理实现了对云南其他区域的控制，所以是云南的政治中心所在。滇西北地区生活着磨些蛮、乌蛮、白蛮、吐蕃等多种民族，但随着磨些蛮实力的不断壮大，最终控制了滇西北地区，南诏、大理实际上通过磨些蛮建立起来的部落政权来完成对该地区的控制。滇东北地区自南诏始已成为乌蛮的生活区域，由于生产、生活方式落后，滇东北乌蛮在南诏、大理时期一直以部落形态存在，根本无法直接管辖，南诏时期采取联姻方式来加以控制："乌蛮与南诏世婚姻"③，大理国时期滇东北乌蛮部落实际上处于割据称雄的状态。滇西南地区生活着"金齿"、"白夷"、"峨昌"、骠等民族，但因"金齿""白夷"（傣族先民）人数最多，分布亦广，南诏时期虽"设置了永昌、镇西（丽水）、开南、银生等节度来对各地的傣族分别进行军事管制，而这种军事管制，往往又是通过傣族内部原有的政治组织来进行的"。④ 大理国时期，滇西南的傣族还建立了景龙金殿国，成为该地区的

---

① 《云南志校释》，赵吕甫校，中国社会科学出版社，1985，第301页。
② 参见尤中《云南地方沿革史》，见《尤中文集》第1卷，云南大学出版社，2009，第551页。
③ 《新唐书·南蛮传》。
④ 尤中：《云南民族史》，见《尤中文集》第1卷，云南大学出版社，2009，第143页。

实际统治者。滇东南地区生活着"僚""濮""和蛮"等民族，他们也都以部落组织形式与南诏、大理形成统属关系。可见，南诏、大理国既实行专制集权，又主张实施羁縻政策来尊重、顾及其他民族的政治利益，从而在政治上表现出"多元一体"的特点。

二　经济上"多元一体"民族关系格局的初步形成

20 世纪以前，云南各族人民的生产方式主要是农业生产，这种农业生产在很大程度上受制于地理环境，由此，在复杂多样的地理环境中，形成了云南各族多种多样的生产类型。在生产类型和地理环境差异较大的前提下，手工业产品在不同地区的差异也较大，如，滇西北地区善于制作与畜牧业有关的手工产品（主要是皮制品），而滇西南地区则产茶和制作珠宝玉器产品，滇中地区受汉族影响丝织品及金银器加工比较发达先进。这充分说明云南各地区经济生产方式千差万别，是多元的。而这正好形成彼此间的互补关系，滇西北、东北民族盛产畜牧业产品，但缺少诸如稻谷、茶业等农业产品，滇东南、西南民族盛产农业产品，而缺少畜牧业提供的肉类食品及畜力，滇中地区则因其地理优势及发达的商品经济成为连接这些地区经济发展的纽带，所以云南不同地区的人民自古以来就存在广泛的经济联系。尤其南诏、大理国时期，伴随政治、经济、文化中心的出现，云南各族之间的商品交换得以空前发展。在这一时期，洱海地区一直是云南的经济文化中心，是云南各地区经济文化商品的重要交易地。如居住在滇西北纳西族蓄养的羊群，三千两千被赶到南诏市场去进行交换；① 傣族地区出产的茶也广泛在此交易，以至南诏人创造出"以椒姜桂和烹而饮之"② 的独特饮茶方法。大理时期，由于和宋王朝关系融洽，所以经济文化贸易异常发达，用来交易的商品数量和种类也非常繁多，可以肯定这些商品来自云南各地区，但从现存史料记载来看，与中原汉族交易的人主要就是彝族或白族。这说明这些商品是云南其他民族与彝族、白族交易后，再由他们与汉族交易的。因此，云南

① 《云南志校释》，赵吕甫校，第 284 页。
② 《云南志校释》，赵吕甫校，第 266 页。

民族关系在经济上也开始出现"多元一体"的特征，这里的"多元"是指生产类型的多样性，而"一元"则指通过商品贸易彼此间建立起不可或缺的经济上的互补关系。

三 文化上"多元一体"民族关系格局的初步形成

云南自古就是一个多元文化并存的地区。首先，从社会形态看云南民族文化的多元性。云南各民族处于社会发展阶梯的不同层次，具有多种不同的文化形态。在南诏、大理国以前，生活在滇池、洱海地区的彝、白两族及居于滇西南的傣族基本已进入封建领主制社会，具有相应的文化形态。迁入云南的汉族，则处于封建地主社会形态，其文化也就属于封建社会文化；而其他地区的民族还处于原始社会末期，从属于原始社会的文化状态。其次，从民族迁徙与汇聚看云南民族文化的多元性。除去在云南土生土长的孟高棉语各族外，其他民族都是外来民族与当地民族融合形成的，如从北方迁入的古代氐羌民族与当地土著融合，形成了后来的彝、哈尼、纳西等族；从南方迁入的百越民族与当地土著融合，形成后来的壮、傣等族。这种外来民族的迁入必然带来不同的文化，而且这一过程一直未曾中断，如南诏时期，吐蕃人的迁入带来了藏传佛教，汉族人的不断迁入带来了汉族文化，等等。因此，不同文化类型的民族经过迁徙汇聚到了云南地区，从而形成了云南民族文化的多元性。再次，从宗教看云南民族文化的多元性。一般来说，宗教是民族文化的核心，所以宗教多元性与民族文化多元性是一致的。居于滇西北的纳西族一直崇信本土宗教——东巴教，但于南诏时期开始接受藏传佛教。主要居于滇西南的傣族大约在魏晋至唐代之间开始信奉小乘佛教。彝族既信奉本民族原始的"巫教"，也逐渐接受佛教信仰，同样，白族既有"本祖崇拜"，也有佛教和儒教的信仰。原始宗教应该普遍存在于各个民族的文化中，这也就从侧面反映了云南民族文化的多元性。

随着经济文化的交流，尤其彝、白两个主导民族的确立，云南民族文化逐渐熔炼出彼此共有的"一体"性特征，即自觉的汉文化认同已成为云南民族文化的主轴。南诏时期，南诏王室主动任用"醇儒"郑回为清平官（相当于宰相），请他向南诏王室主要成员传授儒学，最终连南诏王异牟寻都称南诏"人知礼乐，本唐风化"，① 甚至南诏的各种制度皆请"中国降人为之经划"。② 同时，以南诏王室为代表的彝族也开始信仰汉传佛教："细奴罗之世，掌权享大爵，立庙九十九，塑佛一百二。"③ 大理国时期，以大理王室为代表的白族更是自觉把汉文化当作官方文化加以推广，甚至实行科举制度，按照汉文化标准征选人才加以任用。于是，大理国民纷纷读汉书，应科举，以求得官职和俸禄。甚至发生来内地经商的大理国人主动索求汉族经典文献的事情："乾道癸巳（1173）冬，有大理国人李观音得、董六斤黑、张般若师等，凡二十三人，至横山议市马，出一文书，字画略有法。大略所需《文选五臣注》、《五经广注》、《春秋后语》、《三史加注》……"④ 这说明汉文化已普遍渗透到大理国民众生活当中，成为妇孺皆知的常识。以至元人郭松年在考察大理国故地时不由地说："其宫室楼观，言语书数，以至冠婚丧祭之礼，干戈战阵之法，虽不能尽善尽美，其规模服色、动作云为略本于汉。"⑤ 无论是在日常起居方面还是在政治军事制度方面，大理国与中原汉族基本上差不多。

四 云南地区与全国的联系日益紧密，初步融入全国"多元一体"格局

南诏、大理国虽然都是独立的地方政权，但并不意味着云南与全国的联系也随之疏松。相反，在这段时间内，云南与内地之间的政治、经济、文化联系较以往更为紧密。因此，南诏、大理国在云南地区实现的区域统一既为更高层次的全国统一奠定了良好基础，也为云南各民族融入全国"多元一体"的民族格局铺平了道路。

（一）南诏与唐朝的政治、经济、文化关系

自始，南诏就与唐朝有千丝万缕的联系。它原本仅是洱海地区一个

---

① 《新唐书·南蛮传》。

② 《南诏野史》。

③ 《西南彝志选》，贵州人民出版社，1982，第447页。

④ 范成大：《桂海虞衡志·志蛮》，见方国瑜主编《云南史料丛刊》第2卷，第232页。

⑤ 郭松年：《大理行记》，见方国瑜主编《云南史料丛刊》第3卷，云南大学出版社，1998，第136页。

部落王国，后在唐王朝的支持下兼并了同一地区的其他部落而逐渐强大起来。当时，唐朝面对咄咄逼人的吐蕃势力在洱海地区的发展，也迫切需要扶植一个强大统一的地方政权作为其西南屏藩以抗御吐蕃的进攻。因此，在两者共同的努力下，南诏很快统一了洱海地区，建立起以彝、白两族为主的联合政权。后又因一直统治滇池地区的爨氏家族发生内乱，南诏王皮罗阁乘机出兵，结束了爨氏在滇池地区的统治，进而统一了整个云南地区。但由于受制于大汉族主义的影响，唐朝官吏在对南诏关系上的处置屡屡失当，不仅对南诏横征暴敛、索求无度，而且还侮辱了南诏王阁罗凤的妻子，甚至派人辱骂阁罗凤本人。这直接激化了唐朝与南诏之间的矛盾，最终引发了"天宝之战"。南诏至此与唐朝关系开始交恶，转而与吐蕃结盟，并经常联合起来侵犯唐朝边境。然而，南诏与唐朝关系恶化到如此地步，也非南诏本意。南诏纵然有割据称雄的政治意图，但却深知离开了唐朝的支持是很难抵御吐蕃威胁的。因此，阁罗凤虽然在"天宝之战"中取得了胜利，却"揭碑国门，明不得已而叛，尝曰：'我上世世奉中国，累封赏，后嗣容归之。若唐使者至，可指碑澡祓吾罪也'"。[1] 即在南诏都城里，通过刻字立碑的方式把这场战争的前因后果表述出来，在碑中，南诏君主一再强调他们与唐朝之间的战争纯属被迫的，南诏"自古及今，为汉不侵不叛之臣"。[2] 这充分表明了南诏始终愿意一统于唐王朝的决心。四十余年后，在清平官郑回"自昔南诏款附中国，中国尚礼义，以惠养为务，无所求取"[3] 认识的建议下，南诏王异牟寻克服重重困难终于重新回归大唐怀抱。总之，南诏与唐朝虽有一段时间在政治上彼此对峙，但总体上还是保持着良好的政治关系。正是有了这个前提，南诏与唐朝的经济文化交流非常发达。自建国始，南诏就非常热衷学习唐朝文化，前有介绍，兹不赘述。而唐朝为达到"用夏变夷"的目的，也主动向南诏输出自己的文化："我大唐德宗皇帝……闵其倾城向化，亲率来王，遂总诸蛮，令归君长，仍名诏国，永顺唐仪，赐

---

① 《新唐书·南诏上》。

② 《南诏德化碑》，见方国瑜主编《云南史料丛刊》第 2 卷，云南大学出版社，1998，第 379 页。

③ 《旧唐书·南诏蛮》。

孔子之诗书，颁周公之礼乐，数年之后，霭有华风，变腥膻蛮貊之邦为馨香礼乐之域。"① 唐西川节度使韦皋甚至在成都办了一所专门培养南诏子弟的学校向其传授汉文化："选群蛮子弟聚之成都，教以书数，欲以慰悦羁縻之，学成则去，复以他子弟继之。如是五十年，群蛮子弟学成于成都者殆以千数。"② 正是在如此频繁的文化交流中，南诏最终得以"人知礼乐，本唐风化"。③ 在经济方面，南诏也积极向唐朝学习，"二牛三夫这种在中原较为先进的耕作方法，在南诏时期的云南得到了普遍的使用和推广；产生于唐高宗武则天时期长江流域农业发达地区的稻麦复种制，在南诏统治地区亦得到了推广，其技术水平已接近内地"。④ 尤其纺织手工业，因寇掠西川后掳掠了大量汉族能工巧匠，致使其技艺和水平与中原无异。

（二）大理国与宋朝的政治、经济、文化关系

在总结唐朝灭亡的历史经验时，宋人得出"唐亡于黄巢，而祸基于桂林"⑤ 的结论，即把唐朝灭亡的祸端归咎于其对南诏战略处置不当。而大理国就是唐之南诏，所以宋朝统治者认为必须谨慎提防与之隔离，以免重蹈唐朝灭亡的覆辙。这直接导致宋朝改变了以往中原王朝积极治理云南的一贯政策，进而放弃对云南地区的统治："艺祖（宋太祖）取蜀舆地图观之，划大渡河为境，历百五十年，无西南边患。"⑥ 但大理国统治者却始终要求归顺宋朝。从有史料记载的宋太宗端拱二年（989）算起，直至宋徽宗政和五年（1115），宋朝才答应大理国的请求，授大理国王段和誉"金紫光禄大夫检校司空云南节度使上柱国大理国王"，⑦ 大理国与宋朝的藩属关系才得以确立，前后历时竟达126年之久。但这种藩属关系

① 牛丛：《报坦绰书》，见方国瑜主编《云南史料丛刊》第2卷，云南大学出版社，1998，第163页。
② 《资治通鉴》卷249《唐纪》。
③ 《新唐书·南诏上》。
④ 郭家骥：《云南民族关系调查研究》，中国社会科学出版社，2010，第151页。
⑤ 《新唐书·南蛮传》。《新唐书》作者认为唐朝是黄巢起义推翻的，但祸根却在于调徐州兵至桂林防守南诏，因六年未得换防而激起士兵哗变起义，导致黄巢、王仙芝等继之而起，最后推翻了唐朝的统治。
⑥ 《宋史·宇文长传》。
⑦ 《宋史·大理国传》。

的建立纯粹是形式意义上的，宋朝对大理国的戒心不仅没有减少，反而随着国力削弱与日俱增。如1136年，大理国向南宋贡象及马五百匹，南宋高宗赵构却"诏偿其马直，却象勿受，而赐书劳遣之"，① 即用钱购买了大理国的贡品，并把象退还给了大理国。由此可见，在宋朝统治者疏离冷遇的情况下，大理国始终趋向内地、内附中原。在经济方面，宋朝与大理国之间的经济贸易还是比较紧密的。宋太祖曾诏令黎州（今四川汉源）官吏"造大船于大渡河上，以济西南蛮之朝贡者"，这等于将黎州边境上的大渡河岸边指定为双方互市的法定地点。自此，大理国各族人民与汉族在此进行互通有无的贸易，一些人甚至"以贩马入西川而'仰此为食'"，② 足见当时贸易之盛。南宋时，双方贸易的地点移至广西邕州横山寨（今广西田东县）。据《岭外代答》载，仅南宋政府每年在此购买的马匹数量就有数千之多，其他生活用品的交易量则不计其数，③ 所以"大理国与南宋在邕州横山寨的交易，较之北宋时期在黎州边境更为频繁"。④ 然而，南宋对大理国的政治态度，极大地限制了彼此间的经济贸易。南宋统治者为戒备大理国借通商之际"审我之利害，伺我之虚实"⑤ 政治不轨事情的发生，始终不愿意增设新的交易地点，如大理国商人曾要求除邕州横山寨之外，增开西川边境互市，而南宋西川宣抚使孟珙却以"大理自通邕州，不宜取道川蜀，却之"。⑥ 在文化方面，大理国继承了南诏积极吸收汉文化的传统，故汉文化进一步在大理国境内传播，具体情况前文已有详细介绍，在此不再赘述。

---

① 《宋史·食货志》。
② 尤中：《云南民族史》，见《尤中文集》第1卷，云南大学出版社，2009，第190页。
③ 参见周去非《岭外代答》，见方国瑜主编《云南史料丛刊》第2卷，云南大学出版社，1998，第251页。
④ 尤中：《云南民族史》，见《尤中文集》第1卷，云南大学出版社，2009，第193页。
⑤ 朱震：《为大理国买马事陈方略奏》，见方国瑜主编《云南史料丛刊》第2卷，云南大学出版社，1998，第214页。
⑥ 《宋史·孟珙传》。

第|四|章

元明清时期

——云南"多元一体"格局的调整、发展

云南地区的"多元一体"民族关系、云南地区与全国（中华民族）的"多元一体"民族关系，在元明清时期进一步调整、巩固与完善，并最终迎来近代时期的伟大转折。这是终结古代和开启近现代的转折时期。

第一节　元明清时期云南各族政治关系的调整与发展

一　云南各民族进一步纳入全国政治体系

1. 蒙元对云南的平定及其治理方针

元宪宗二年（1252），蒙古大汗蒙哥为了达到迂回进攻南宋的战略目的，开始将征服矛头指向存在于云南数百年的大理国。1244年蒙古军首攻云南，他们从金沙江上游的川南进入丽江地区向大理进攻，遭到大理国与南宋的联合抵抗，蒙古军败绩。此前，蒙古军进攻之中凡遇抵抗，待破城、胜利之后都要残暴地"屠城"、滥杀，以示惩罚，即所谓"国家为制，城拔必屠"[①] 的血腥政策。因此，宪宗三年（1253），蒙哥大汗之

---

① 姚燧：《湖广行省左丞相神道碑》，见苏天爵《元文类》卷59，上海古籍出版社，1993，第774页。

弟忽必烈受命率师远征大理。忽必烈亲率中路 10 万大军，从甘肃经川西渡金沙江迂回攻入云南时，云南就面临大毁灭、大屠杀的危险。但是，忽必烈接受刘秉忠、姚枢诸人的建议，下"止杀之令"，宽待云南。可是，当忽必烈派人去招降大理时，大理国相高泰祥却杀了使者，再次抗击元军。蒙古军破大理城，大理国君段兴智逃往押赤城（昆明），蒙古军再东向攻破押赤城，俘获段兴智。于是云南再次面临屠城和滥杀的危险，但是，蒙古军再次宽容云南，城破之时大理和昆明没有遭受屠城之灾，而段兴智不仅没有被杀，而且被蒙哥大汗封为"摩珂罗嵯"（梵语"大王"），协助入滇蒙古军统帅兀良合台平定和治理云南，并且其后人连续 11 世世袭"大理总管"衔。元在统一全国的过程中，对云南可谓特别的宽容了！忽必烈在云南的"恩抚"方针，与此前蒙古军的方针大相径庭。其实，忽必烈大军刚渡过金沙江进入云南丽江境内时，即受到纳西族首领麦良迎降。忽必烈授其"茶罕章宣慰司"之职。以后改置为"丽江军民宣抚司"，并由麦良之后代承袭。正是由于这一方针的实行，元朝灭大理国、征服云南，较为顺利、平和，没有对民族关系造成大的伤害。蒙古军能做到这样是很特别的，对以后的云南关系有很好的影响。

元朝在云南确立统治以后，在政治体制上做了一项重要的改革，就是在云南建立行省制，把云南纳入全国 11 个行省的行政总体制度之中。这就结束了从滇国、爨氏、南诏、大理以来延续千余年的地方政权割据局面。云南省和其余各省一样，是中央统一管辖下的一级行政组织，政治一体化更为加强。元代云南行省设置以大理国区划为基础。据《元史·地理志》载：

> 云南诸路行中书省，为路三十七、府二，属府三，属州五十四，属县四十七。其余甸寨军民等府不在此数。
>
> ……
>
> 其地东至普安路之横山，西至缅地之江头城。凡三千九百里而远；南至临安路之鹿沧江，北至罗罗斯之大渡河，凡四千里而近。

由此，元代所设之云南行省，不仅包括今云南省全境，且包括今贵州省西部、今重庆市南部以及缅甸的部分地区。

忽必烈即位后于至元十一年（1274）设云南行省，特意任命历来具有宽容风范的回族人赛典赤为云南行省平章政事，并对他说："云南朕尝亲临，比因委任失宜，使远人不安，欲选谨厚者抚治之，无如卿者。"这说明忽必烈非常清醒地认识到只有"德治"才能彻底改变云南混乱的政局，所以叮嘱赛典赤以"谨厚"方针治理云南。赛典赤果不负君命，一到云南就"立州县，均赋役；兴水利，置屯田"①，大力发展经济给民以实惠，"云南之人由是益富庶，罗罗诸山蛮慕之，相率来降，收其地，悉为郡县"②。可见，元朝这套"怀柔"政策在云南多民族地区实行起来还是比较有效的。更难能可贵的是，赛典赤认为云南少数民族"俗无礼仪""子弟不知读书"，所以"资性悍戾，瞽不畏义"③，颇为难治；要使云南长治久安，就必须大力推行儒学教育，使民知"孝于家，忠于国"④的道理。因此，赛典赤及其后继者极力把儒学教育推行到云南各路、府、州、县，建立专门负责儒学教育的学校，如在"大理、永昌、丽江、鹤庆、楚雄、建水等地设立学庠，建盖孔庙，各地庙宇圣像一新"⑤。当然，元朝统治者积极推广儒学的目的不仅在于提升云南当地民众的文化修养，还在于执行儒家"用夏变夷"的民族政策："九州之外不能济众，尧舜犹病兹，学之兴于徼外，荒服之人乐从用夏变夷之道而知礼义，岂非为生民立命，为万世开太平者耶！"⑥ 即想通过儒学改变千差万别的少数民族文化及其难以驯服的习性，"夷俗愚悍好争，必有圣人者出，则有以一乎天下之不一"⑦，实现华夷一体的目标，最终彻底消除边疆少数民族对中

---

① 李京：《云南志略》，见方国瑜主编《云南史料丛刊》第3卷，云南大学出版社，1998，第127页。

② 《元史·张立道传》。

③ 郭松年：《创建中庆路大成庙碑记》，见方国瑜主编《云南史料丛刊》第3卷，云南大学出版社，1998，第275页。

④ 《中庆路增置学田记》，见方国瑜主编《云南史料丛刊》第3卷，云南大学出版社，1998，第277页。

⑤ 马曜：《云南简史》，云南人民出版社，1991，第134页。

⑥ 《中庆路重修泮宫记》，见方国瑜主编《云南史料丛刊》第3卷，云南大学出版社，1998，第276页。

⑦ 同上。

原王朝的威胁。

当蒙古兵征服大理国前夕，大理国境内的各民族封建主和部落头领都分别把持一片地方割据称雄。为了尽量减少当地民族对元朝统治的抵抗并使云南局势尽快稳定下来，元朝统治者极力拉拢这些部落头领，在他们原有的各自统治地域上，设立万户府、千户所、百户所，让他们以万户长、千户长、百户长身份继续管理各自的区域，其内部组织结构保持不变。如原来的大理国国王段兴智被蒙古军队活擒后，忽必烈不仅没有对他进行处置，反而"赦以为摩珂罗嵯领诸蛮"①。《滇云历年传》卷5引《滇考》又说："元既灭段氏而有其地，仍资其兵力以制服诸蛮。兴智死，仍以其弟段实为总管守大理。二年，入觐，赐玺书，令为中庆总管，辖大理、鄯阐、威楚、统矢、会川、建昌、腾越八府。仍令各处万户以下，并听节制。"② 可见，大理国虽然被元朝消灭了，但其国王段氏依然保留了原先的大部分统治权力。类似的情况在当时具有普遍性："自公元1253～1273年间，蒙古贵族们先后在云南腹心的白族和彝族地区设置了十九个万户府，各万户府之下又分设数量不等的千户、百户所。充当万户或千户、百户长的白族和彝族头领们，则仍然利用他们原来的统治方式，将本民族的人民统治了起来，听从蒙古贵族们的驱使和调遣。"③ 由此，这些土著头领们对元朝迅速稳定云南复杂的政局起到了积极作用，如纳降后的段兴智"遂委国任其弟信苴日，自与信苴福率爨、僰军二万为前锋，导大将兀良合台讨平诸郡之未附者，攻降交趾"④；再如纳降后的纳西族首领阿良，不仅引导和辅助蒙古兵进攻大理城，而且在进攻其他民族地区的时候都积极充当先锋，以至在蒙古平定云南的过程中被誉为"功在兀良合台右"⑤。因此，万户、千户、百户的设置，对元朝来说，起到了安邦定国的作用。

长期以来，内地王朝统治者多持"内诸夏，外夷狄"的治边方针，

---

① 《滇云历年传》卷5。

② 同上。

③ 尤中：《云南民族史》，见《尤中文集》第1卷，云南大学出版社，2009，第202页。

④ 《元史·信苴日传》。

⑤ 《木氏宦谱》，见方国瑜主编《云南史料丛刊》第5卷，云南大学出版社，1998，第536页。

对云南的经营治理总是不够积极，至宋则唯求羁縻，以不生事了之。蒙古族作为第一个执掌中原王朝政权的少数民族，则无"华夷有别""内诸夏，外夷狄"之类的思想。为巩固在云南的统治，元朝统治者始终积极治理云南。首先建立云南行省，使云南直接纳入全国统一的行政体系。《元史·百官志七》载："云南等处行中书省，即古南诏之地。初，世祖征取以为郡县，尝封建宗王镇抚其军民。至元十一年，始置行省，治中庆路。"①从此云南成为中国版图上不可分割的一部分。其次在云南各地广开屯田。在元朝统治者看来，云南并"非屯田之所"②，但因为是"蛮夷腹心之地，则又因制兵屯旅以控扼之"③。可见，元朝在云南屯田的目的不在于经济，而在于政治，即通过屯田置兵的办法牢固控制云南局势，这从侧面反映了元朝治理云南的决心。最后广设驿站，使云南与内地联系的交通通畅。在唐宋时期，云南建立南诏、大理割据政权，对云南与内地的交通造成阻碍，这既不利于元朝统治者对云南的控制，也不利于云南与内地的统一。因此，元朝非常注重对云南驿站交通网络的建设："云南诸路行中书省所辖站赤（即：驿站）七十八处，马站七十四处，马二千三百四十五匹，牛三十支。水战四处，船二十四支"。④ 这些驿站把云南省境内的一些重要城镇连接了起来，又通过它们与周围附近广大的少数民族建立了联系，从而便于元朝控制云南各个区域。

2. 明朝对云南的平定及治理方针

明朝一开始对云南就采取审慎的态度和方针。

朱元璋称帝后暂不动兵，先安定中原而后云南，同时，力求以和平、招抚的办法来平定云南。当时，元朝在云南的首领为蒙古族梁王和白族总管段氏。梁王还希冀与北元呼应，抵抗明军，洪武二年至十四年（1369～1381），朱元璋共七次遣使传谕梁王和段氏，曰：

> 如上顺天命，下契人心，即奉贡来庭，则改授印章，尔仍旧封，

---

① 《元史·百官志》。
② 《元史·兵志三》。
③ 同上。
④ 《元史·兵志四》。

群下皆仍旧官，享福于彼；不然，朕当别遣使者直抵大理，依唐、宋故事赐以王号，合兵加讨，悔将无及。

但是，梁王和段氏不仅拒绝，而且杀害使臣。于是，洪武十四年（1381），朱元璋命傅友德、蓝玉、沐英统兵 30 万进军云南。行前朱元璋晓谕三人，主要用于梁王，余则以招抚为主。明军进入云南，在滇东（今曲靖地区）取得白石江战役胜利后，即接受东川、乌蒙、芒部等彝族诸部的降附。随后，大军进击昆明全歼元军，梁王自杀。这时除大理段氏仍顽抗外，其余各地，如威楚、中庆、澄江、武定、曲靖等路，嵩明、晋宁、昆阳、安宁、建水、路南等州，富民、宜良、阳宗等县，元朝的各级官吏皆"诣征南左副将军永昌侯蓝玉、右副将军西平侯沐英降，献金、银、铜印七十四，金符七，马一万二千五百六十匹"。最后，大理段氏仍不投降，于是明军集中进攻大理并克之，生擒段氏，最终结束元朝在云南的统治。

明朝在体制上仍沿用元朝行省制，但为防止行省的权力过于集中，改"行中书省"为三司：承宣布政使司（管行政）、提刑按察使司（管司法）、都指挥使司（管军事）。三司地位相当，但各有分工，一省事务皆由三司会同处置。后又为了统辖、协调三司，设巡抚一职。巡抚本来不是常设，后改为常设，于是成为三司之上、代表朝廷总决地方事务的最高长官。又改元代的路政为府，并在云南等边疆省遍设卫、所，作为军事和行政统一的行政机构；在边远地区或少数民族聚居区则与元代相同，即设宣慰司、宣抚司、招讨司、安抚司等，并任命当地民族首领为土官。由此，明取代元后，云南下层及当地民族未遭到大的冲击和破坏，民族关系很快趋于稳定。

3. 清朝平定云南及治理方针

清朝取代明朝而统治云南的过程较为复杂、曲折。先是明末张献忠农民军的后续：大西军进入云南，以他为主联合南明王朝残余力量，统治云南一段时间，然后作为清军统帅的吴三桂领军进入云南，消灭大西军及南明残余而统治云南，但是吴三桂在云南大搞分裂、割据，最后公开反叛，出兵贵州、四川，进入湖南，势欲夺取全国政权，但在湖南为清朝歼灭。随后清军进入云南消灭吴三桂残部，废除其分裂、割据的各种制度，云南完全纳入全国统一体制之中。

以孙可望、李定国为统帅的大西军，本为农民起义军，其斗争矛头指向以明朝统治者为代表的地主阶级，但是，从清顺治三年（1646）进入云南以后，就与南明政权合作，支持南明政权。首先，支持明朝敕命的世袭黔国公沐天波，击败其政敌、滇南土司沙定洲；然后在云南建立政权，争取南明王朝封赐其为秦王、晋王等，打起"扶明抗清"的旗号。由此，大西军及其政权，从阶级性来说已不能完全代表农民劳动阶层，而从国家统一和民族关系来说，又与南明残余相联合抵抗新兴的清朝，与国家统一的大势相背。故而，从1647年大西军进入昆明，到1659年清军进入昆明，12年中这一政权虽然实行了一些有利于人民的政策，对云南的统一和稳定发挥了一定的作用，但是，对于云南民族关系的调整、发展没有明显的积极作用。

而吴三桂的分裂、割据政权，则更是逆时代潮流和人心所向，阻碍国家统一和云南地区的发展，对云南民族关系的发展亦无积极意义，故康熙十七年（1678）吴三桂兵败暴病而卒后，康熙二十年（1681）清军攻占昆明，吴三桂集团覆没。从吴三桂进入云南到其叛乱而亡，整个过程中他基本没有得到云南各族人民的支持，于云南民族关系更无积极意义。

清军平定云南后，康熙帝吸取"三藩"作乱的教训，不再对云南等地封王赐爵，仅委派巡抚、总督为行政长官，进一步加强国家的统一和集权，同时，继续明代的土官制以稳定边疆。至此，云南在动乱三十余年后，得以稳定下来，经济、社会逐步恢复发展。

二　元明清土司制的建立及"改土归流"对民族关系的影响

元明清土司制，其建立及取消（改土归流）对于民族关系有巨大影响。

"土司"之名与"流官"相对应。其初称之为"土官"，在汉晋之时，乃指世长其民、世领其地、世袭其职之土著者；与之相应而称之为

"流官"者，乃朝廷委任的外来官员，其任期有限。其时，土官并非制度，乃辅助羁縻之权宜。至元代以后始成制度，渐次有"土司"之名，并取代"土官"一词。

（一）土司制的建立

土司制与汉唐之羁縻一脉相承，乃中国古代治理边疆民族地区的特有制度和措施。《明史·土司传》概说之：

> 西南诸蛮，有虞氏之苗，商之鬼方，西汉之夜郎、靡莫、邛、（筰）、（僰）、爨之属皆是也。……及楚庄（蹻）王滇，而秦开五尺道，置吏，沿及汉武，置都尉县属，仍令自保，此即土官、土吏之所始与。迨有明踵元故事，大为恢拓，分别司郡州县，额以赋役，听我驱调，而法始备矣。然其道在于羁縻。彼大姓相擅，世积威约，而必假我爵禄，宠之名号，乃易为统摄，故奔走惟命。

"土司"渊源久远，而作为制度始于元，成于明，续于清。元代设宣慰司、宣抚司、安抚司、长官司等，虽然只有长官司是专设于民族地区的，其余各司在全国各地均设有，但是"土司"之名由此引出。

始初，忽必烈封纳西族首领麦良为"茶罕章宣慰司"（后改置为丽江军民宣抚司），蒙哥大汗册封白族段兴智为"摩珂罗嵯"、大理世袭总管，这已有土司之职权、待遇。至赛典赤建行省，撤万户、千户等军事机构，设路、府、州、县，任命一些土著民族首领为各司土官。终元一代所任命的土司，虽然没有遍布全省，数量也不多，但是，从省一级到各司都有。如在龚荫先生所列举的18人中，为行省参政知事的有信苴日、高阿康、举守、禄余，为行省左、右丞的有高寿、实卜，为各路宣慰司土官的有阿庆（大理路）、招南通（蒙庆路）、禄余（乌撒路）、举宗（曲靖路），其余者有为宣抚司土官的，有为总管府土官的，等等。[①] 这些土司的职责如下。

一是维护当地统治秩序，配合元朝对反抗作乱者进行镇压。二是负

---

① 龚荫编著《明清云南土司通纂》，云南民族出版社，1985，第11页。

责在当地征收租赋。三是按时赴京朝觐和进贡。四是听从中央调遣，派兵从征。五是修筑道路，设立驿站，屯田垦殖。①

与流官相比，土司有如下特点：一者，只能领有朝廷册封的地域，一切权力、威势止于此"土"；二者，宽泛的世袭制，《元史·仁宗本纪》称："云南土官病故，子侄兄弟继之，无则妻承夫职。远方蛮夷顽犷难制，必任土人可以集事，今或阙员，宜从本俗权职以行。"即使犯罪也能照样承袭职位，《元史·刑法》载："诸内郡官仕云南省，有罪依常律，土官有罪，罚而不废。"

从社会制度与民族关系的角度看，土司制最重要的特点在于，只要臣属于中央政权并履行其职责，土司在其世袭管辖的地域内，可按其"本俗"治理。于是在统一的中央政权的体制内，云南地区各种制度、规则五花八门，各显其民族"本俗"。

元代只能说是土司制的发端，明代才是形成期。明代土司制的形成，首先就表现在量上，郭家骥先生据《明史·职官志》统计共有332家之多。其次是形成了一整套较严密的管理制度。郭家骥先生认为这制度的主要内容是："第一，分类设置。"将云南分为三类地区，分设不同的土司。"第二，明确规定土官的职责、授职、领地范围和承袭办法。""第三，健全土官管理系统。"由此，朝廷对土司的控制更严密，监督更切实，土司反叛必诛，犯法必究，而承袭先职时须经朝廷检验后任命，等等。而分类设置的办法，则使明代土司制更贴近各地区不同的特殊性。

清代则是明代土司制的继续，各种制度、办法大体相似。本来，从明英宗正统年间开始"改土归流"以后，土司数量有所减少，但清初为稳定云南局势，恢复部分已撤销的土司，并有新增，于是土司总数与明代相当。但清康熙以后，很快就开始了大规模的"改土归流"，土司制走向衰落。

（二）"改土归流"

1. 明代"改土归流"

明英宗正统八年（1443）首开"改土归流"（"改土设流""改土易

---

① 参见郭家骥《云南民族关系调查研究》，中国社会科学出版社，2010，第164页。

流”)。是年，明朝查处鹤庆白族土知府高氏，夺其官职，“户下人口收籍当差，只令流官管事”[①]。接着，废寻甸土府、广西土府、武定土府、顺宁土府，改设流官。据明《土官底簿》载，以上各土府改流的缘由分别如下。

鹤庆府在任土知府高伦“为久仇陷害谋官等事……依斩罪决了”，而朝廷三司议决认为，其族人中“虽有各支子孙，俱系为恶不良之人，别无堪举亲族，若令本族为官，不惟夷民受害。合将本府知府，员缺销除，户下人口，收籍当差，止令流官管事”[②]。

寻甸府土知府安氏改流。“成化十二年，巡按御史奏称：知府安晟病故，长（男）宣被伊叔倘并安晟妾沙适等谋杀，本舍并无应袭儿男，止有安倘男安勒，亦系极刑难以承袭。”故此改设流官。[③]

广西府土知府昂氏改流，乃因无嗣。成化九年（1473）昂贵袭任土知府，十七年昂贵故，改设流官。[④]

武定府土知府凤氏改流。据《明史·云南土司二·武定》载，嘉靖九年（1530），凤诏袭任即病故，十一年（1532），由其母瞿氏“母袭子官”，四十二年（1563），瞿氏举凤诏妻索林代己。后婆媳反目，瞿氏欲以异姓男继祖袭任，而继祖有侄儿阿克。“万历三十五年，继祖侄阿克久徙金沙江外，贼党郑举等诱阿克作乱，阴结江外会川诸蛮，直陷武定，大肆劫掠……立阿克为知府。镇抚调集土兵，分五路进剿，克复武定……擒阿克及其党至京师，磔于市。武定平，遂悉置流官。”[⑤]

顺宁府土知府猛氏改流，据《明史》载，万历中，参将吴显忠向土知府猛廷瑞索金未逞，“遂谗于巡按张应扬，转告巡抚陈用宾。……抚按会奏，得旨大剿。……显忠帅兵入其寨，尽取猛氏十八代蓄赀数百万，诱廷瑞至会城执之，献于朝。因请改顺宁为流官”[⑥]。

以上，鹤庆、寻甸、广西三府的情况，若依元代制度则不应改流。

---

① 《明史·云南土司传》。
② 转引自龚荫《明清云南土司通纂》，云南民族出版社，1985，第156页。
③ 转引自龚荫《明清云南土司通纂》，云南民族出版社，1985，第140页。
④ 转引自龚荫《明清云南土司通纂》，云南民族出版社，1985，第295页。
⑤ 转引自龚荫《明清云南土司通纂》，云南民族出版社，1985，第301页。
⑥ 转引自龚荫《明清云南土司通纂》，云南民族出版社，1985，第128页。

元代制度强调"从本俗权职以行""任土人"。若依此，鹤庆、寻甸、广西三府可以不改流。而武定府，以阿克作乱为由，顺宁府据吴显忠之谗言、诬告而发兵，更是"欲加之罪，况无辞"，因此，在明朝废土改流成为已定的自上而下的方针。

几大土府改土设流前后，一些州及州以下的土司也都改土设流，但是，土司制在云南的大体局势并未改变。即便如此，在明代后期，随着王朝的式微，先是因改流失去权势的滇东芒部土司，于嘉靖七年（1528）发动叛乱，攻陷镇雄府城，一时乌撒、乌蒙、东川、水西、永宁等土司也都配合发动骚乱。至明末（天启元年），滇、川、黔彝族土司大叛乱：以永宁土司为首的叛乱，攻占了成都、重庆；水西、乌撒土司叛乱则攻陷了贵阳；东川、沾益土司则向昆明进攻。局势混乱，明王朝为争取其余土司的支持，以调集力量镇压叛乱，于是重新恢复一些已革除的土司，如阿迷州土司、元谋县土司等。

2. 清代"改土归流"

清军进入云南之初，虽借机把一些反抗的土司革除，其地改为流官治之，但是，为了稳定局势，未有"改土归流"的动作，对归附、投降的土司准其袭任旧职。但从康熙帝平定"三藩之乱"后，即开始"改土归流"。在滇南，先后废除教化三部长官司和王弄山长官司，改设开化府，以流官治之；废除宁州、（峨山）、蒙自、阿迷州等地土官，改设流官。在滇西，废除剑川、鹤庆土千户，改设流官。但是，大规模的"改土归流"则在雍正年展开。

雍正初年，丽江、姚安土府，威远土州先后改流。但是，真正的风暴来自鄂尔泰任云贵总督之后。雍正四年（1726）鄂尔泰受命巡抚云南兼总督事，随即向雍正帝上《改土归流疏》（以下简称《疏》），陈述土司制的危害、"改土归流"的必要性以及强力展开"改土归流"的政策主张。其《疏》曰：

> 云、贵大患，无如苗、蛮，欲安民，必先制夷；欲制夷，必改土归流。而苗疆多与邻省犬牙错，又必归并事权，始可一劳永逸。即如东川、乌蒙、镇雄，皆四川土府。东川与滇一岭之隔，至滇省

城四百余里，而距四川成都千有八百里。去冬，乌蒙土府攻掠东川，滇兵击退，而川省令箭方至。乌蒙至滇省城亦仅六百余里。自康熙五十三年，土官禄鼎乾不法，钦差、督、抚会审毕节，以流官交质始出，益无忌惮。其钱粮不过三百余两，而取于下者百倍。一年四小派，三年一大派；小派计钱，大派计两。土司一子取妇，则土民三载不敢昏。土民有罪被杀，其亲族尚出垫刀数十金，终身无见天日之期。东川虽已改流三十载，仍为土目盘踞，文武长寓省城，膏腴四百里无人敢垦。若东川、乌蒙、镇雄改隶云南，俾臣得相机改流，可设三府一镇，永靖边氛。……滇边西南界以澜沧江，江外为车里、缅甸、老挝诸土司。其江内之滇（应为"镇"——引者注）沅、威远、元江、普洱、茶山诸夷，巢穴深邃，出没鲁魁、哀牢间，无事近患腹心，有事远通外国，自元迄明，代为边害。论者谓江外宜土不宜流，江内宜流不宜土，此云南宜治之边夷也。……臣思前明流、土之分，原因烟瘴新疆，未习风土，故因地制宜，使之乡导弹压。今数百载，相沿以夷治夷，遂至以盗治盗，苗、猓无追赃抵命之忧，土司无革职削地之罚。直至事大上闻，行贿详结，上司亦不深求，以为镇静，边民无所控诉。若不铲蔓塞源，纵兵刑财赋事事整饬，皆治标而非治本。其改流之法，计擒为上，兵剿次之；令其自首为上，勒献次之……

　　土司制的危害及"改土归流"的必要性：以乌蒙地区来说，"乌蒙至滇省城亦仅六百余里。自康熙五十三年，土官禄鼎乾不法，钦差、督、抚会审毕节，以流官交质始出，益无忌惮。其钱粮不过三百余两，而取于下者百倍。一年四小派，三年一大派；小派计钱，大派计两。土司一子取妇，则土民三载不敢昏。土民有罪被杀，其亲族尚出垫刀数十金，终身无见天日之期"。以东川地区来说（就整个土司制来说），边境地区的土司，"无事近患腹心，有事远通外国，自元迄明，代为边害"。因此，"江外宜土不宜流，江内宜流不宜土，此云南宜治之边夷也……若不铲蔓塞源，纵兵刑财赋事事整饬，皆治标而非治本"。

　　"改土归流"的政策和策略、方法："翦除夷官，清查田土，以增赋税，以靖地方"；"计擒为上，兵剿次之；令其自首为上，勒献次之"。调整行政区划，将东川、乌蒙、镇雄三地从四川划归云南。苗（夷）疆多与邻省交错，即如东川、乌蒙、镇雄，皆四川土府，东川距云南四百余里。

雍正读《疏》后，"即以手加额曰，天以鄂尔泰赐朕也"，立即批准此《疏》，随之任命鄂尔泰为滇、黔、桂三省总督，并将乌蒙、东川、镇雄三土府从四川划归云南，全力支持鄂尔泰展开空前规模的、残暴惨烈的"改土归流"。

雍正四年（1726）鄂尔泰逮捕滇东沾益州土知州彝族安于藩、滇南镇沅府傣族土知府刀瀚，没收其庄园和部分财产，并将两家迁往省外，两地改为流官管辖。接着出兵东川，将控制当地的六营土目，全部革除。大军再进击乌蒙和镇雄，击败两地土知府的军队，逮捕两地土知府禄万钟和陇庆侯，捕杀上百名支持他俩的小土目，在当地另设流官治理。

鄂尔泰"改土归流"最为暴烈的镇压，发生在雍正六年和八年的滇东北。雍正六年（1728），鄂尔泰派副将郭寿域率兵500人进入滇东北乌蒙府米贴地区，欲抓捕米贴彝族土目禄永孝之妻禄氏。此前，禄永孝已被捕入狱，但官府担心其家族群起反抗，故欲斩尽杀绝，因彝族有姻亲相助的传统，遂要抓捕其妻禄氏。但是，清军未料到，进入米贴后即被当地彝族群起围攻，全部杀死。鄂尔泰迅即派总兵张耀祖率大军进击米贴。张耀祖入米贴即下达残忍的屠杀命令。据清代倪蜕《滇云历年传》载："（张）耀祖至，立沉命法：在者杀，去（逃）者杀，妇孺杀。（但）小有姿首（色）之女不杀，苟稍持志节亦杀矣。汉人妻而有儿者，则其夫又必以汉奸杀。"清军在米贴，不仅据其命令屠杀，而且其残杀手段又极为残忍，倪蜕称："极千古未有之惨酷，凡三万余人。其有先匿深箐今拟投出者，闻而知不免，奋身崖壑以死，又数千余。"①米贴（后改为永善县）一地，不论彝族、汉族几乎全被杀绝。

雍正八年（1730）乌蒙土官之子禄万福发动叛乱，反抗"改土归

① 转引自魏源《雍正西南夷改流记》，载方国瑜主编《云南史料丛刊》第8卷，云南大学出版社，2001，第460页。

流"，得到当地彝族群众的支持。事本缘于雍正四年（1726）乌蒙改土归流后，入乌蒙主事的清军总兵刘起元及流官（知府）肆意欺压、盘剥人民。据清代倪蜕《云南事略》载：当地彝族百姓，所有之马匹"上者官索之，中者兵需之"；妻女之稍有姿色者，无不受官兵奸污；负柴出售，须出"过税"；彝族不论头目或百姓，凡遇清军官兵或工匠，皆须下马行礼，迟则"棰楚加之"。于是"远近夷民皆无生之气，有死之心"。由此，禄万福发动叛乱后，迅速得到广泛支持，攻占乌蒙城，杀刘起元等残害彝民的官吏。东川所属各地土目和百姓群起响应，围攻东川城。于是鄂尔泰借此调集滇、黔大军 3 万人，分三路进击乌蒙、东川。其中一路仍由张耀祖等率领。清军进入乌蒙、东川地区后，无情地烧、杀、抢、掠。当地彝族除少数冒险渡过金沙江逃入大凉山得以全命外，其余几乎都惨遭杀害。《云南民族史》说："清军到处攻破村寨，任意杀掳，甚至改流初期迁入的汉族，也难免遭受杀掳之祸。很多彝族在清军的追剿中逃入四川大凉山，清朝这才最后完成了对乌蒙、东川、镇雄等地的改土归流。"[1]《昭通彝族史探》一书说："鄂尔泰为首的清朝统治阶级，在乌蒙等地的血腥屠杀，不见得比米贴屠杀更差，只有更进一步。……这是继米贴大屠杀之后的再一次更大规模的空前大血洗。"而鄂尔泰在向雍正递交的奏疏中也明确指出，这种屠杀行为是事先谋划的政策、方针，而非战争中领导者无法控制的行为。其奏疏中指出："伏查云贵川广，汉少民稀，在川为蛮，在云贵为苗，为倮，在广为侬僮，为伶狼，虽种类甚繁，强弱不一，而暴虐凶顽，若生天性。至乌蒙一隅，则尽系倮属，犷悍横恣，已历千百年，流毒最久。臣前经理改流，原以计取，并未大加惩创。今日反复，故所应有……兹既明肆背叛，屠灭有名，若复少事故息，贻害何底！臣意禄酋族姓，务应尽戮，逆目恶党，务应尽除，所有家口，自应赏给兵丁，或内有贼眷，系各土司亲属，不便分赏，以启衅端者，则照例发遣，其胁从附和之人，中不可胜诛，但有证据，则不可宽纵，或还其家口，使之完聚，俱迁徙宁古塔（黑龙江），或剁去右手，割去脚筋，仍复其故居，应按其情罪，审其顽懦，再酌量发落。"

---

① 尤中：《云南民族史》，云南大学出版社，1994，第 521 页。

与此同时，在滇南也展开"改土归流"。雍正四年，废镇沅傣族土司改派流官、知府刘洪度。刘洪度鱼肉、欺压傣族百姓，如没收傣族土司的全部庄田，并借清丈土地而勒索百姓，致使傣族土司亲属刀如珍汇聚傣族、拉祜族民众，起而攻入镇沅，处死刘洪度。与此同时，车里（今西双版纳）橄榄坝傣族土司刀正彦联合茶山哈尼族群众，为反抗流官的压榨勒索而起兵。鄂尔泰乘此即派副将张应宗领军前往镇压。清军至，原土知府刀瀚的母亲就亲率其孙，持土知府印，至清军投降。刀如珍则直言"仇愤已泄，情愿受缚就诛"，主动就擒。但清军并不就此止步，而是焚烧村寨，杀戮群众，并乘势经威远（今景谷），向车里橄榄坝进攻。大军所到"焚栅湮沟"，杀戮无数，甚至对逃亡深山僻箐之民众也"发炮击杀之，无虑数千人"。清军直抵勐腊，乘势将车里土司所辖澜沧江下游以东地区全部改流，新置普洱府，驻军橄榄坝和攸乐山。于是，滇南土司震惊，"广南府土同知、富州土知州，各愿岁增岁粮二三千石，并捐建府州城垣。孟连土司献银厂"。

至此，按《清史稿·土司传一》所言，云南土司仅存 22 家，所谓："今之土司之未改流者……云南宣慰使一：曰车里。宣抚使五：曰耿马，曰陇川，曰干崖，曰南甸，曰孟连。副宣抚使二：曰遮放，曰盏达。安抚使三：曰潞江，曰芒市，曰猛卯。副长官司三：曰纳楼，曰亏容甸，曰十二关。土府四：曰蒙化，曰景东，曰孟定，曰永宁。土州四：曰富州，曰湾甸，曰镇康，曰北胜。"但郭家骥先生指出，实际不止此数，因为，"江外"地区土司基本保留，再加"宜流的江内地区如红河沿岸的土司制度也完整地保留下来。该地大小'二十八土司'无一被废除"①，故雍正"改土归流"后云南土司之数不止 22 家。如此，虽乾隆、嘉庆年间对个别土司有所废革，但多数都保留至民国时期。

（三）"改土归流"对云南民族关系的影响

元明清土司制的建立，承续汉唐羁縻之基本精神，对中华民族"多元一体"民族关系的完善、发展，是有其积极作用的。亦如《中国民族史研究六十年》一书总结六十年研究所做的概述：

---

① 郭家骥：《云南民族关系调查研究》，中国社会科学出版社，2010，第 173 页。

> 土司制度是元明清王朝在中国南方和西北等少数民族地区分封少数民族首领世袭官职，统治当地人民的一种政治制度。土司制度的特点是任命原民族首领为土司管理当地民族，不变动地方原有的经济体系，不改变原有的政治制度，并且土司归附中央王朝后履行保卫边疆的职责。近现代以来的边疆政治、民族政策与土司制度都有着渊源关系……①

云南地区自古文化多样、民族多样、社会发展极不平衡，土司制能在保持国家统一、民族协和的前提下，具有较大的包容性、适应性，体现了中华民族"和而不同"的精神与思维方式，因此，对中华民族"多元一体"格局的构建是有积极作用的，以至"近现代以来的边疆政治、民族政策与土司制度都有着渊源关系"。

但对"改土归流"，应作何评价则有不同看法。"大多数学者对于改土归流的作用给予了肯定的评价。"这些肯定的评价主要是从社会经济、政治制度的进步来说的。即认为，在经济方面，土司制所维护的是封建领主制或奴隶制经济，而"改土归流"摧毁了这些经济制度，促进地主经济在原土司统辖地区的发展；在政治方面，土司制是不利于国家政令的统一、政治制度的统一，是一种"割据"的政治制度。而对于清王朝及鄂尔泰等以暴力、屠杀来强制推行"改土归流"，只认为是方法、手段的缺陷，或者是历史进步难免的代价。

笔者这里仅从民族关系角度分析"改土归流"在清代云南民族关系史中的作用。

其一，清代"改土归流"彻底改变了滇东北的民族格局。原本彝族占主要地位，一下子变成了汉族占主要地位，后来又有了苗族和瑶族。

其二，米贴、乌蒙、东川彝族，即滇东北大多数彝族，被残忍地"斩尽杀绝"，这在民族的历史记忆中是永远难于消除的，而且滇东北是彝族"六祖"兴起并逐渐分支的圣地，这就更增加了这种历史记忆的伤痛。我们可以尽力淡化这种历史记忆，或者用"进步的代价"来改换它

---

① 达力扎布主编《中国民族史研究六十年》，中央民族大学出版社，2010，第431页。

在记忆中的色调，但是，它对民族关系的伤害是永远抹杀不了的。彝汉之间的隔阂、凉山彝族的自我封闭，都是这种伤害的表现。

其三，"改土归流"使汉族平民能够顺利地、大量地进入少数民族地区，从而加强了汉族与少数民族的交往，促进民族间的联系。

其四，以暴力推行"改土归流"的主要是清朝，最突出的是鄂尔泰，并且在镇压过程中一些汉族也受到牵连被害。这样，各少数民族并不是把仇恨的矛头指向汉族，而是指向清政府，从而形成统一意识，这就为清末云南各民族联合起来参与反清革命奠定了思想基础。

三 元明清军屯、民屯、商屯的发展对云南民族政治格局的影响

（一）元明清军屯、民屯、商屯的发展

屯田制就是政府利用军队或普通民众于规定地点垦种土地，征取收成并以之为军队或地方政府的食粮，有军屯、民屯、商屯三种形式。云南屯田制首创于汉代，历经三国、隋唐，迄于元明清，不断发展变化，一直是中原王朝治理云南的一项重要经济政策。但在元代以前，云南大部分地区与中原王朝始终处于割据的状态，所以屯田制在云南实施的范围有限。而到了元明清时期，中原王朝已能彻底控制云南，使其成为我国的一个行省。为巩固这种统治，元明清三代在云南都大力推广屯田制。

元朝统治者一直重视推行屯田制："内则枢密院各卫皆随营地立屯，军食悉仰足焉。外则行省州郡亦以便利置屯。"①据《元史·兵志·屯田》载，元朝在云南屯田的地方共有 14 处，分别是"威楚提举司（驻今楚雄）屯田""大理金齿等处宣慰司都元帅府（驻今保山）军民屯""鹤庆路（驻今鹤庆）军民屯田""武定路总管府（驻今武定）军屯""威楚路（驻今楚雄）军民屯田""中庆路（驻今昆明）军民屯田""曲靖等处宣慰司兼管军万户府军（驻今曲靖）民屯田""澂江路（驻今澄江）军民屯田""仁德府（驻今寻甸）军民屯田""乌撒宣慰司（驻今贵州威宁）军民屯田""临安

---

① 《经世大典·屯田篇》，见方国瑜主编《云南史料丛刊》第 2 卷，云南大学出版社，1998，第 642 页。

宣慰司兼管军民万户府（驻今建水）军民屯田""梁千户翼（其址先在昭通，后迁至玉溪）军屯""罗罗斯宣慰司兼管军民万户府（驻今四川西昌）军民屯田""乌蒙等处屯田总管府（驻今昭通）军屯"。在元世祖至元年间，云南屯户大约有 28733 户，其中民屯 16673 户，军屯 12060 户。民屯户主要来自原本没有编籍在册后被清查出来的"漏籍户"及从当地封建领主征调来的一些"编民"；军屯户则主要由白族军人组成的"爨僰军"及少部分汉族军人构成。① 从以上屯田分布及屯户构成情况可以看出：元朝屯田地点主要集中在滇北、滇中、滇东地区，而滇西（保山以西地区）、滇南地区几乎没有，这说明元朝在当时对这些地方的统治还很薄弱。同时，元朝安置在云南的屯户不以汉族为主，而以白族及云南其他少数民族为主。这"促成了当时云南省境内部分地方封建地主经济的产生。云南行省的官吏们，从郡、民屯户中直接汲取经济力量，以对云南境内各民族中的封建领主、奴隶主乃至原始部落地区进行控制"②。

明朝在元朝基础上进一步在云南屯田，并建立起一套卫所军屯田制度。"明在云南总共设置 36 个卫、所，每卫 5600 人，每所 1120 人，军屯总计为 143360 人。明政府规定，屯军属固定军籍，世代承袭。每个官兵必须携带眷属（无妻的配妻）随营屯居。所以，143360 人就是 143360 户，以每户 4 口计，军屯人数达到 573440 口。这 50 多万的军屯队伍，分布在从滇东的曲靖、富源至滇东南的蒙自、建水；从滇西的永胜、鹤庆到滇西南的保山、腾冲，纵横数千里。"③ 可见，无论军屯分布区域还是参与人数，明朝军屯都有进一步发展。与此同时，由于中原内地人口稠密，明朝积极推行"移民就宽乡"④ 的移民政策，从而进一步带动了民屯在云南的发展。明洪武十九年（1386），镇守云南的沐英就曾对朱元璋说："云南土地甚广，而荒芜居多，宜置屯。"⑤ 因此，"高皇帝既定滇中，尽迁江左良家闾左以实之，乃有罪窜戍者，咸尽室以行"⑥。又据

---

① 《元史·兵志·屯田》。

② 尤中：《云南民族史》，云南大学出版社，2009，第 217 页。

③ 李金池：《明代云南屯田》，《中国民族》1984 年第 8 期。

④ 《明史·食货志一》。

⑤ 《明太祖实录》卷 179。

⑥ 《滇略》。

《滇粹·云南世守黔宁王沐英传附后嗣略》载："（沐）英还镇，携江南江西人民二百五十余万入滇，给予籽种、资金，区别地亩，分布于临安、曲靖……各郡县。（沐）春镇滇七年，再移南京人民三十余万（入云南）。"① 从这些资料看，明代民屯人口总量达数百万，而且都是来自内地的汉族。这彻底改变了"明以前，云南是少数民族人口居多，即'多夷少汉'"② 的人口结构，汉族人口逐渐由少数变成多数。在此基础上，明朝又开展"商屯"来弥补军屯、民屯的不足。所谓商屯就是"政府招募盐商于各地开垦种植，盐商再出钱招募农民到规定地点'屯田'。所收粮食交当地卫、所食用，由布政司或都司发给凭证，再于产盐处照价支给食盐交盐商贩卖"③。据《明史·食货志一》载："明初，募盐商于各边开中，谓之商屯。"④ 可见，商屯产生的时间与军屯、民屯相同。据文献载，明朝"先后在云南的昭通、曲靖、昆明、建水、沾益、普安、玉溪、红河、楚雄、大理、保山、德宏等地区实行过商屯"⑤，所以规模应该不小。后期明政府欲独占盐业专营利润，就在全国大部分地区废除了"商屯"，但云南因特殊的地理位置始终没有废除"商屯"，"成祖即位，以北京诸卫粮乏，悉停天下中盐，专于京卫开中。惟云南金齿卫、楚雄府，四川盐井卫，陕西甘州卫，开中如故"⑥。这说明云南"商屯"持续时间比较长，其间必然有大量汉族商人及其招募来的民众进入云南屯垦，甚至最后落籍云南。总之，明朝屯田主体不再是当地土著民族，而是从内地迁徙来的汉族。屯田区域也逐渐向滇西、滇南扩展，"往西南延伸至腾冲卫，往南抵临安卫，沿交通线上，星罗棋布，占驻要隘"⑦。

清朝在云南的屯田比较特殊，具有典型的两重性：一方面需要处理明朝卫所屯田被破坏所遗留的问题，另一方面又积极实施屯田。由于吏治腐败，明晚期的屯田制基本被破坏，大量的卫所军户"因不堪屯粮与兵役之

---

① 《滇粹·云南世守黔宁王沐英传附后嗣略》。

② 李金池：《明代云南屯田》，《中国民族》1984 年第 8 期。

③ 周廷贤：《云南"屯田制"的起源、发展及其影响》，《思想战线》1989 年第 3 期。

④ 《明史·食货志一》。

⑤ 何耀华主编《云南通史》第 4 卷，中国社会科学出版社，2011，第 137 页。

⑥ 《明史·食货志四》。

⑦ 尤中：《云南民族史》，云南大学出版社，2009，第 266 页。

重，逃离卫所的现象在全国很普遍"①。因此，明朝遗留下来的卫所屯田到了清朝实际上都已大部分撂荒，已不再能为政府提供屯粮了。为了解决这个问题，清政府接受了当时云南巡抚石文晟的建议，废除了明朝卫所军屯制，将"军屯田地并入所在府、州、县的民田之中，无论军户还是民户，凡耕种军屯田亩者，按照河阳县（今澄江）上则民田的税额向国家交纳田赋"②。这样就把原本属于官田的屯田私有化，推动了封建地主经济在云南的发展。同时，为解决驻扎军队资粮及大量荒地无人垦种等问题，清朝在云南又积极实施屯田。首任云贵都督蔡毓荣曾向康熙皇帝建议："亟请屯垦者，非必如故明之分列卫所聚屯而居，有事则荷戈，无事则秉耒也。查兵丁之有父兄、子弟余丁者十常五六，请将附近各镇、协、营无主荒田，按实有父、兄、子弟余丁之兵，每名酌给十亩或二十亩，臣会同抚、提臣，督率镇将、营弁，设法借给牛种，听其父子、兄弟余丁，及时开垦，渐图收获，以赡其家，俾在伍者无俯仰之忧，有田园之恋，斯兵心固而边备无虞矣。"③ 他的建议很快被康熙皇帝采纳了，云南各地驻军全部屯田自给。据统计，清军在"云南省驻守的汛、塘、关、哨，总计 3000 余处，遍布全省，密如蛛网"④，说明当时军屯规模及分布区域应该非常巨大和广泛。同时由于清朝在云南强力实行"改土归流"政策，很多地方的土著民族在此过程中被残杀或被迫迁徙别处，导致大量田地因无人耕种而撂荒。为此，清政府积极鼓励内地汉族移民到这些地方进行民屯，如云南巡抚张允随曾向雍正皇帝要求："外省携眷入川之人，尚未得安业者，于存公银内量给垦费，将男妇人口造册咨送来滇，安插乌蒙垦种，量人口多寡拨给田地，并借给工本，给照升科。"⑤ 因此，陈曦博士认为："改土归流后在云南丽江、中甸、东川及昭通府的屯田无一不是招募外地或外省的垦户进入云南后开展的。"⑥ 这说明清朝时期因大量汉族移民的

① 陈曦：《清朝对明代云南卫所屯田的处置》，《云南民族大学学报》2006 年第 4 期。
② 尤中：《云南民族史》，云南大学出版社，2009，第 377 页。
③ 蔡毓荣：《筹滇十疏·议理财》，见方国瑜主编《云南史料丛刊》第 8 卷，云南大学出版社，1998，第 431 页。
④ 何耀华主编《云南通史》第 4 卷，中国社会科学出版社，2011，第 236 页。
⑤ 转引自陈曦《论清代云南屯田》，《学术探索》2006 年第 5 期。
⑥ 陈曦：《论清代云南屯田》，《学术探索》2006 年第 5 期。

进入，云南民屯有了比较快的发展。至于"商屯"，则因云南各地的交通逐渐便利而退出了历史舞台。

（二）元明清军屯、民屯、商屯的发展对民族关系的影响

元明清在云南积极推行的屯田制经济政策对云南的民族关系影响颇为深远。一方面，它改变了云南民族关系的结构，使汉族在云南少数民族中的主导地位逐渐确立；另一方面，又加深了云南与内地经济生活方式的统一，促进了云南各民族经济生活水平的提高。具体如下。

第一，大量汉族的迁入，改变了云南民族人口构成，使其逐渐在云南民族关系中占据主导地位。从秦汉开始，汉族就因屯垦、戍边、战争等原因不断地进入云南与当地少数民族共同生活，但由于规模有限，在"元代以前，进入云南的汉族与当地民族迅速融合，处于长时期的'夷化'过程"①，所以，"元代以前在云南社会中'无长期保持汉族特征的人们共同体'"②。但元明清时期的大规模屯田"使得进入云南的汉族移民有了共同的居住区域，规模化的农业开发奠定了汉族移民坚实的经济基础，使得他们有了共同的经济生活，这就保证汉族移民能够保持自己的民族性而不被融合于其他民族"③。可见，因为屯田，汉族才得以在元明清时期以独立的民族形式存在于云南民族关系中。汉族人口也在这个时期从"夷多汉少"转变为"汉多夷少"，成为云南人口数量最多的民族群体。据研究，云南汉族人口"在元代的基础上，通过各种形式大规模迁移和长期自发的零散移民，历经二百七十余年的发展，到了明末已经成为数百万人口的群体……到清朝中期的乾隆时，汉族已远远超过少数民族人口总和而成为云南主体民族"④。汉族的迁移形式自然有很多种，但无可置疑的是：屯田是其中最主要的方式。通过屯田，大量汉族人口进入云南并永久地生活在这个地方，加之拥有内地先进的生产、生活方式，自然而然就确立了在云南民族关系中的主导地位。

---

① 陆韧：《唐宋至元代云南汉族的曲折发展》，《民族研究》1997年第5期。
② 同上。
③ 黄彩文：《试论明代云南民族关系的特点》，《中南民族大学学报》2003年第2期。
④ 杨明辉：《浅析明清时期云南的人口迁入》，《保山学院学报》2010年第4期。

第二，通过屯田，汉族与云南少数民族交错居住，相互融合又共同发展。从历史情况来看，云南屯田地点遍布全省各地，导致从内地迁徙来屯田的汉族散布于云南各地，从而打破了原已形成的民族分布区域，逐渐形成了少数民族与汉族广泛杂居的趋势。如明中期澂江府"郡多僰人，而汉人杂处其间"，新兴州"夷汉杂处"，曲靖军民府"郡中亦夷汉杂处"，陆凉州"亦夷汉杂处"①；又如明谢肇淛说："寻甸、武定、景东、元江、蒙化、顺宁诸郡，皆夷汉杂处。"② 这些仅是见于典籍的，实际情况要比这更为普遍。这样汉族与少数民族就能长期生活在一起，相互学习、相互融合：一方面，汉族先进的科学文化广泛传播于少数民族地区，如清人檀萃《滇海虞衡志·志兽》云："自前明开屯设卫以来，江湖之民云集而耕作于滇，即夷人亦渐习于牛耕，故牛为重。"③即说明牛耕技术是通过汉族屯民传给了当地少数民族，从而提高了他们的生产技术，改善了生活质量。另一方面，加速了少数民族汉化的进程。如原居住在云南府昆明县的彝族因"归化久，服食皆同华人"④。这种情况普遍存在于云南各地，"各种人被声教久，渐改夷风，可谓善变矣"⑤。

四 "三征麓川"战争对民族关系的影响

（一）滇西思氏麓川政权的兴起及其周边关系

麓川地理区域大致位于今瑞丽市范围内，居民主要为"白夷"（今傣族先民）。"天历三年（1330），元朝政府在此设麓川路军民总管府，授勐卯王罕静法为总管，1340 年，思可法继任首领。"⑥ 自此，以"白夷"为

---

① 陈文修：《景泰云南图经志书》，见方国瑜主编《云南史料丛刊》第 6 卷，云南大学出版社，1998，第 32～39 页。

② 谢肇淛：《滇系·俗略》，见方国瑜主编《云南史料丛刊》第 6 卷，云南大学出版社，1998，第 700 页。

③ 檀萃：《滇海虞衡志·志兽》，见方国瑜主编《云南史料丛刊》第 6 卷，云南大学出版社，1998，第 200 页。

④ 刘慰三：《滇南志略》，见方国瑜主编《云南史料丛刊》第 13 卷，云南大学出版社，1998，第 46 页。

⑤ 同上。

⑥ 何耀华主编《云南通史》第 4 卷，中国社会科学出版社，2011，第 125 页。

主的麓川部落进入一个势力迅速扩大的时期，陆续吞并了周围其他部落，并开始不服从元政府的统治。元朝曾先后两次进行征讨，但均以失败告终，最后不得已以"降诏招谕"①的方法加以羁縻。因此，元末时思可法统治的麓川实际上已成为"虽奉正朔，纳职贡，而服用制度，拟于王者"②的独立王国。

明代朱元璋派军队征服云南时，麓川思氏政权迫于当时明朝大军压境的事实，不得已归附于明朝。据《明史·土司传》载："洪武十五年，大兵下云南，进取大理，下金齿。平缅与金齿壤地相接，土蛮思伦发闻之惧，遂降。因置平缅宣慰使司，以伦发为宣慰使。十七年八月，伦发遣刀令勐献方物，并上元所授宣慰使司印。诏改平缅宣慰使为平缅军民宣慰使司，并赐伦发朝服冠带及织金文绮、钞锭。寻改平缅军民宣慰使司为麓川平缅军民宣慰使司。麓川与平缅连境，元时分置两路以统其部，至是以伦发遣使贡，命兼统麓川之地。"③思伦发即思可法的孙子，归附后被明朝授予麓川平缅军民宣慰使司，掌管麓川（今瑞丽）和平缅（今陇川）两大地区。但实际上麓川思氏政权控制的区域要远远超出这些地方。据钱古训《百夷传》载："百夷在云南西南数千里，其地方万里。景东在其东，西天古剌在其西，八百媳妇在其南，吐番在其北；东南则车里，西南则缅国，东北则哀牢，西北则西番、回纥。"④"百夷"即指麓川思氏控制的区域。钱古训曾作为明朝特使亲自去过麓川，所以他对麓川地理情况的了解应该可信。这足见当时麓川思氏政权的强大。因此，麓川思氏已不甘心臣服明朝，早有割据称王的意图。在接受明朝封号的第二年，即明洪武十八年（1385），麓川思氏便公开反叛，"率众寇景东，都督冯诚征之，失利，千户王升战死"。⑤洪武二十一年（1388），思伦发又率众寇马龙他郎甸之摩沙勒寨（今新平县莫沙）。明朝镇守云南的将领沐英"遣都

① 《元史·本纪》。

② 钱古训：《百夷传》，见方国瑜主编《云南史料丛刊》第 5 卷，云南大学出版社，1998，第 358 页。

③ 《明史·土司传》。

④ 钱古训：《百夷传》，见方国瑜主编《云南史料丛刊》第 5 卷，云南大学出版社，1998，第 358 页。

⑤ 王崧：《道光云南志钞》，云南省社会科学院文献研究所印制，第 428 页。

督宁正击破之，斩首千五百余级"①。为报复，思伦发"悉举其众，号三十万，象百余，寇定边（今南涧县）"。② 沐英率兵三万前去进攻，"斩首三万余级，降卒万余人，象死者半，生获三十有七，伦发遁"。③ 同时，朱元璋"遣使谕（沐）英移师逼景东屯田，固垒以待大军集，勿轻受其降"④，准备直接进攻麓川。思伦发感到形势发展对麓川极为不利，于洪武二十二年（1389）"遣把事招纲等来言：'往者逆谋，皆由把事刀厮郎、刀厮养所为。乞贷死，愿输贡赋'"⑤。明王朝居然答应了思伦发的请求，仍以之为麓川平缅宣慰使。

但思伦发并没有放弃割据称王的意图，在缓和了与明王朝的关系后，又开始向位于麓川西南的缅甸进攻，企图吞并之。缅甸土官将此事诉于朱元璋，朱元璋即派行人李思聪等出使麓川加以劝谕，"思伦发闻诏，俯伏谢罪，愿罢兵"⑥。而就在这时候，麓川思氏政权发生内乱，其部属刀干孟等"与其属叛，攻腾冲。伦发率其家走云南，西平侯沐春遣送至京师"⑦。于是朱元璋派西平侯沐春"为征南将军，何福、徐凯为副将军，率云南、四川诸卫兵往讨刀干孟"⑧。在平息麓川刀干孟等人叛乱后，明朝仍以思伦发为麓川、平缅宣慰使，但为了便于控制，"分其地，设孟养（今缅甸克钦邦）、木邦（今缅甸北掸邦）、孟定（今耿马、沧源县）三府，隶云南；设潞江（今保山市西部）、干崖（今盈江）、大侯（今云县）、弯甸（今昌宁县西部）四长官司，隶金齿（驻今保山市）"⑨，因此此时麓川思氏控制的区域只有麓川和平缅两个地方，以前兼并而来的地方都被明朝设置府州，不再受麓川思氏控制。

但明朝这种分化牵制的治理政策不但没有收到预期效果，还导致各

---

① 王崧：《道光云南志钞》，第 428 页。
② 王崧：《道光云南志钞》，第 429 页。
③ 同上。
④ 《明史·土司传》。
⑤ 同上。
⑥ 同上。
⑦ 同上。
⑧ 同上。
⑨ 王崧：《道光云南志钞》，第 430 页。

土司之间征战连连:"永乐元年,升孟养、木邦为宣慰司,孟养宣慰刀木旦与邻境仇杀而死,缅甸乘机并其地。未几,缅甸宣慰新加斯又为木邦宣慰所杀"①。这就为麓川思氏政权东山再起提供了机会。此时,思伦发已死,由其次子思任发继任。据《道光云南志钞·土司志》载:"正统初,任发乘缅甸之危,侵有其地,遂欲尽复其祖父之地,称兵扰边,略孟养地,侵及孟定、湾甸、南甸、潞江,并攻陷腾冲。"② 明英宗遣黔国公沐晟率兵讨伐,结果失利。思任发气势益加骄横,进而"犯景东,剽孟定,杀大侯知州刀奉汉等千余人,破孟赖诸寨,孟琏长官司诸处皆降之"③,直接威胁明朝在云南的整个统治权威。于是乃有王骥"三征麓川"之事的发生。

(二)"三征麓川"战争的过程

正统六年(1441),明朝以定西伯蒋贵为平蛮将军,都督李安、刘聚为副将军,以兵部尚书王骥总督云南军务,率兵十五万进讨麓川。时,思任发正派部将刀令道等率兵攻打大侯州(今云县),欲夺取景东、威远(今景谷)之地。而王骥率军至金齿卫(驻今保山),思任发见势不妙便遣人至王骥处乞降。王骥识破其缓兵之谋,佯装接受求降,暗地却兵分三路准备向其发起进攻:"右参将冉保从东路攻细甸、湾甸水寨,入镇康;趋孟定。骥与贵由中路至上江,会腾冲。左参将宫聚自下江据夹象石(在腾冲县东部龙川江东岸)。至期,合攻之"④。而此时思任发驻扎在上江(今保山市北部),因此王骥军就形成了对其合围包抄之势。一番激战,思任发不敌,退至杉木笼山(今德宏州梁河县、陇川县的交界处)据险自守。王骥率军追至,命宫聚、刘聚从左右两翼进攻,而自己则亲自率军从正面进攻。思任发不敌,又逃至马鞍山(今陇江川与瑞丽江合流处),据山寨坚守,其寨"周回三十里皆立栅开堑"⑤,王骥军不可进。而此时思任发派军从小道出欲从背后袭击王骥军,王骥将计就计乘其寨虚,"命指挥方瑛率精骑六千

---

① 王崧:《道光云南志钞》,云南省社会科学院文献研究所印制,第430页。
② 同上。
③ 《明史·土司传》。
④ 同上。
⑤ 同上。

突入贼寨，斩首数百级，复诱败其象阵"①。思任发退至麓川。此时，右参将冉保率领的东路军顺利抵达孟定，并会合了木邦、车里等土司兵，正直逼麓川。王骥率部与东路军配合四面合围麓川，"百道环攻，复纵火焚其营，贼死不可胜算。任发父子三人并挈其妻孥数人，从间道渡江，奔孟养"②。为捉住思任发，明英宗命令：木邦、缅甸土司谁能捉住思任发交给朝廷，即以麓川之地与之。"未几，任发为缅人擒，缅人挟之求地。"③而明朝又不真正愿意把麓川交给缅甸，思任发终究不为明朝所得。这样，明朝第一次征讨麓川的战役便结束了。

由于明朝在麓川没有任何政治、军事设施作为凭依，战胜麓川后只能大军撤回，而麓川之地仍由当地土司治理。此时，逃至孟养的思任发儿子思机发看到明朝军队已经撤回，便从孟养回到麓川，重新恢复了其统治，并又出兵侵扰明朝边境："机发窥大兵归，图恢复，据麓川出兵侵扰。"④于是明王朝再命王骥等人复征麓川。正统八年（1443），王骥率师至金齿（今保山市）。思机发"遣头目刀笼肘偕其子诣军门求降"⑤，王骥不允。同时，王骥派人至缅甸索要思任发，缅甸土司坚持以地换人。王骥进而用兵威胁，但"见其众盛，未易拔，又恐多一麓川敌"⑥，最终未果。于是，王骥把军事活动重点转向麓川，率兵直捣思机发所在的者蓝，俘获其妻儿，而思机发逃往孟养。明朝以原麓川平缅地设陇川宣抚司，以当地土目恭项为宣抚使。而思机发依然在孟养"负固不服，自如也"⑦。这就是明朝的二征麓川战役。

经过明朝的两次征讨，麓川思氏政权的势力已经大为削弱。正统十年（1445），缅甸鉴于明朝的军事压力，便将思任发及其妻子、属下32人交给了明朝廷，思任发则于道中绝食而死。这进一步打击了麓川思氏的气焰。为自保，思机发多次向明朝廷求降，朝廷已同意其

① 《明史·土司传》。
② 同上。
③ 同上。
④ 同上。
⑤ 同上。
⑥ 同上。
⑦ 同上。

请求。但云南总兵沐斌仍欲擒获思机发，乃力主继续征伐麓川。正统十二年（1447），在得到明英宗许可后，沐斌率军攻伐思机发，但思机发始终潜匿不出，结果只能无功而返。正统十三年（1448），明英宗以沐斌师出无功为理由，第三次派王骥"率南京、云南、湖广、四川、贵州官军、土军十三万人"① 往讨思机发。次年，王骥军至腾冲，在缅甸的帮助下渡过伊洛瓦底江，在进入鬼哭山（今缅甸克钦邦境内）时遭遇思机发的顽强抵抗，伤亡惨重，而思机发再次逃走。就在王骥准备班师回朝时，思机发的部众"复拥任发少子思禄据孟养地为乱"②。王骥感到麓川思氏终不可以武力剿灭，"乃与思禄约，许土目得部勒诸蛮，居孟养如故，立石金沙江为界，誓曰'石烂江枯，尔乃得渡'"。这样就完成了明朝对麓川的第三次征伐。

（三）"三征麓川"在民族关系史中的地位和影响

"三征麓川"是明朝在西南地区发动的最大一次战争，对整个明王朝兴衰都有巨大影响，甚至被喻为明代的"天宝之战"，是导致明朝覆灭的直接诱因。因此，自古学者对"三征麓川"战争就有诸多评价，褒贬不一。明人田汝成说："思仁抗王师，奸大将，释而不诛，辱国益盛。"③ 这就充分肯定"三征麓川"战争的必要性。但也有坚决反对的，如明人刘侁说："麓川连年用兵，死者十七八，军资爵赏不可胜计……是灭一麓川生二麓川也。"④ 就是说，麓川之战不仅没有取得平息西南边疆战事的目的，反而激化木邦、孟养、缅甸之间的争夺，西南从此更加多事。今人也有各种评价。如尤中先生说：

> 明朝"三征麓川"的结果，导致麓川思氏后裔据孟养攻灭缅甸土司。缅甸土司地方为麓川思氏后裔破灭，又导致缅甸洞吾王朝的兴起。缅甸洞吾王朝侵占了明朝西南边疆各土司的领地，造成了明

---

① 《明史·土司传》。
② 同上。
③ 田汝成：《行边纪闻》，见方国瑜主编《云南史料丛刊》第4卷，云南大学出版社，1998，第606页。
④ 《明史·刘侁传》。

朝西南边疆大片国土的分裂。①

又如刘祥学先生所说:

> 明英宗时期的三征麓川之役,虽然在一定程度上巩固了明朝对
> 云南的统治,起到了维护祖国边疆统一的作用,但这次战争是王振
> 为巩固自己权势,向少数民族示威而发动的,没有从当时的主要矛
> 盾出发,没有从国防战略去全盘考虑,虽然倾尽全力,最后把麓川
> 镇压下去,但明朝自身也遭到削弱,成了强弩之末。②

这些评价都有一定的合理性,但均是从政治角度出发,而从民族关
系来说,还可以有另外一些结论。

首先,"三征麓川"巩固和强化了云南民族关系的"多元一体"格
局。云南民族关系的特点就是整体与局部的"多元一体"。滇西南地区是
全省"多元一体"的局部,同时它也是"多元一体"的,而麓川思氏政
权试图改变之,以武力求得在滇西的"一统天下",进而求得在云南的
"一统天下",这种图谋是不符合云南的历史实际的,是不可能的。"三征
麓川"战争的结局,不仅击碎了思氏的图谋,而且使得滇西傣族思氏政
权被分散为各个较小的土司政权,傣族与其他各兄弟民族更加交错而居,
加强了各局部地区的"多元一体"关系。

其次,"三征麓川"战争维护了西南边疆统一,稳定了云南民族关系
结构。从元代开始,麓川思氏政权的分裂割据意图非常明显,"大有脱离
明朝而单独建立麓川傣王国之势"③,并不断向云南傣族聚集区发动侵略
战争。在这种情况下,明朝如果不发动"三征麓川"之战,势必导致大
片国土被麓川思氏政权分裂出去,而居住在这片区域上的傣族及其他一
些民族也就要随之被分割出去,历经千年逐渐形成的云南民族关系结构
必定发生改变,如大部分傣族可能就要从中华民族内部关系中分离出去。

---

① 尤中:《明朝"三征麓川"叙论》,《思想战线》1987年第4期。
② 刘祥学:《试论明英宗时期的三征麓川之役》,《广西师范大学学报》1997年第4期。
③ 尤中:《明朝"三征麓川"叙论》,《思想战线》1987年第4期。

再次,"三征麓川"使大批内地汉族进入西南边疆地区,促进了以傣族为代表的当地各民族经济文化的发展,加深了他们对中华民族及其文化的认同。明朝"三征麓川"战役前后动用了数百万人参与其中,这些人中既有参战的军人,也有负责后勤供给的一般人员,甚至还有很多跟随军队做生意的内地商人。这必然促进汉族与当地民族的经济文化交流,毕竟"三征麓川"征伐的对象是以思氏家族为代表的"百夷"贵族集团,而不是一般普通民众,所以日常的经济文化交流基本不受战争影响,如朱孟震《西南夷风土记》载:"江头城(今缅甸实皆省东部伊洛瓦底江西岸的杰沙)外有大明街,闽、广、江、蜀居货游艺者数万,而三宣六慰被携者亦数万。"①"自古江船不可数,高者四五尺,长至二十丈,大桅巨缆,周围走廊常载铜铁瓷器,往来亦闽、广海船也欤!"②尽管现在无具体数据证明当时究竟有多少人最终留下成为当地居民,但可以肯定的是经济文化的交流对当地"百夷"的生活影响比较大,并使他们加深了对中华民族及其文化的认同,如朱孟震《西南夷风土记》又载:百夷"婚姻不用财,举以与之,先嫁由父母,后嫁听其自便。唯三宣稍有别,近华故也"③。

五 元明清各族民族起义对民族关系的影响

(一) 元明及清前期云南民族起义

元明清时期云南民族起义大小数百起,为便于叙述,我们主要介绍具有代表性的一些民族起义,这些亦可说明元明清时期云南民族起义对民族关系的影响。

1. 元朝时期的云南民族起义

由于元朝廷对云南的政治、经济、军事压迫加深了阶级与民族之间的矛盾,因此云南各民族的反抗斗争不断发生。至元元年(1264),白族

---

① 朱孟震:《西南夷风土记》,见方国瑜主编《云南史料丛刊》第5卷,云南大学出版社,1998,第491页。

② 朱孟震:《西南夷风土记》,见方国瑜主编《云南史料丛刊》第5卷,云南大学出版社,1998,第492页。

③ 朱孟震:《西南夷风土记》,见方国瑜主编《云南史料丛刊》第5卷,云南大学出版社,1998,第491页。

僧人舍利畏因不满蒙古贵族对云南各族人民的迫害，便领导鄯阐（昆明）、威楚（楚雄）、统矢（姚安）等地区各族人民进行武装起义："舍利畏结威楚、统矢、善阐及三十七部诸爨各杀守将以叛，善阐屯守官不能御，遣使告急"。① 起义军先后攻占了鄯（善）阐、威楚、统矢等城镇，杀了这些地区的蒙古守将。尽管后来被大理总管信苴日镇压下去了，但给蒙古贵族的统治以沉重打击。

元大德四年（1300），云南行省左丞刘深，想向皇帝争宠邀功，便通过丞相完泽向元成宗建议："世祖以神武一天下，功盖万世。今陛下嗣大历服，未有武功，以彰休烈。西南夷有八百媳妇未奉正朔，请往征之！"② 于是，元成宗便调集了两万军队交付刘深，让其率军征服八百媳妇国。大德五年（1301）夏，刘深率领的军队到达顺元（驻今贵阳），便向当地各民族派征非常重的粮饷差役："驱民转饷溪谷之间，一夫负米八斗，率数人佐之，数十日乃达。死者亦数十万，中外骚然。"③ 更向水西（今黔西、大方、织金一带）彝族女土司蛇节勒索"金三千两、马三千匹"④。顺元各民族不胜蒙古军队的盘剥，便以土官宋隆济为首起而反抗；水西女土官蛇节也在当地彝族的支持下，起而配合宋隆济进行反抗。在他们的引领下，云南境内的其他民族也纷纷加入反抗队列："乌撒、乌蒙、东川、芒部及武定、威楚、普安诸蛮因蛇节之乱，皆以供输烦劳为辞，乘衅起兵，攻掠州县，焚烧堡寨"⑤。甚至远在西南边境的"金齿百夷"亦起而响应："金齿地连八百媳妇，诸蛮相效，不输税赋，戕杀官吏。"⑥ 结果，刘深率领的军队还没到达八百媳妇国，便被宋隆济和蛇节的反抗部队困于山谷中，"辎重遗弃，士卒死伤殆尽"⑦。为平定云南各族的反抗，元朝廷派遣刘国杰及杨赛因不花等率领四川、云南、湖广各省的兵，分道进讨云南各族反抗部队；后又命陕西行省平章政事也速解答

① 《元史·信苴日传》。
② 倪蜕：《滇云历年传》，云南大学出版社，1992，第214页。
③ 倪蜕：《滇云历年传》，第215页。
④ 同上。
⑤ 倪蜕：《滇云历年传》，第218页。
⑥ 倪蜕：《滇云历年传》，第215~216页。
⑦ 倪蜕：《滇云历年传》，第217页。

儿率领陕西军会师刘国杰共同进讨。经过大约三年多的时间，这次因征八百媳妇国而引起的云南各民族的反抗终于被镇压了下去。《滇云历年传》卷5说："春三月，刘国杰命杨赛因不花分兵先进，大军继之。贼众战败，大兵乘胜逐北千里，破之于墨特川，阵阵蛇节。宋隆济遁去，寻为其兄子宋阿重执献，余悉平。"① 反抗虽然被镇压下去了，但最终迫使元朝放弃了远征八百媳妇国的打算。

随着阶级与民族矛盾的激化，云南统治者集团内部也出现了分化对抗，其中以"段梁之争"为典型代表。大理段氏世守云南，元朝时亦被任为世袭大理总管。为巩固统治，大理段氏为元朝东征西讨，立下了赫赫战功，如平定1264年的舍利畏起义，成功反击了1274年缅甸国对云南边境的入侵等。其势力不断扩大，成为云南西部的实际统治者，这就更加引起以分封到云南的梁王为代表的元朝廷的猜忌，如《滇云历年传》卷五说："段光继守大理，时，中原板荡。梁王以元宗室镇善阐，段氏世守大理，彼此嫌妨，始欲分域自固，遂成仇雠"。② 1336年，段光遣张希矫等率兵侵鄯（善）阐，梁王击败之。次年，梁王派兵偷袭大理，段光又败之。可见，代表元朝廷势力的梁王与大理段氏之间因权力之争关系已非常紧张。及至1357年，红巾军明玉珍部进入云南，打败梁王，占领昆明。梁王和云南行省的官员们逃至楚雄，红巾军又追击至楚雄。在这种情况下，梁王不得不向大理段氏求救。考虑到红巾军西进必将侵犯自己的势力范围，时任大理总管的段功立即出兵，"败寇于关滩，追至回磴关，大破之，复中庆路"③，直接把明玉珍率领的红巾军赶出了云南。梁王因此升段功为云南省平章政事，并将自己的女儿许配给段功。但这并没有消释段、梁之间的嫌隙，随后梁王设计将段功杀死于昆明。自此，段氏与梁王之间连年构兵，后在鹤庆府知事杨升的调停下才得以息兵，"于洱河金鸡庙分界，南属梁，北属段"④。可见，"段梁之争"直接导致云南分裂割据局面的产生，而这为明朝平定云南提供了最好的契机。

① 倪蜕：《滇云历年传》，第219页。
② 倪蜕：《滇云历年传》，第230页。
③ 倪蜕：《滇云历年传》，第235页。
④ 倪蜕：《滇云历年传》，第239页。

2. 明朝时期的云南民族起义

自明朝始，中央朝廷在云南大规模地改土归流，这必将损害原本世袭的当地各民族土司权益，加之吏治腐败，苛捐杂税繁多，所以明代云南民族起义也是此起彼伏。

嘉靖六年（1527），寻甸知府马性鲁在征粮的过程中，以当地土目安铨催征不力，"挞安铨妻妾，仍系于狱"①。于是，安铨便公开谋反，自称寻甸知府，率众进攻嵩明、马龙、木密、寻甸等处，"杀指挥、千百户王升、赵俸、马聪等，执知府马性鲁"②。寻甸动乱发生后，云南巡抚欧阳重采纳了左布政使徐瓒"以夷攻夷"的策略，派遣其他未曾叛变的土司兵前往镇压。不巧的是，安铨岳父武定土司凤朝文即在其中，于是凤朝文乘机响应安铨，攻陷武定城，"杀同知袁俸、知州秦健等十三人"③，后与安铨连兵进犯省城昆明，"挟讨知府官职，云南大震"④。后来，明朝廷调动了四川、贵州、湖广军队及云南当地的土司兵才把寻甸和武定的叛乱镇压下去。万历三十五年（1607），类似的事件再次发生。武定知府陈典多次勒索当地彝族地主郑举，非把其财产敲诈精光不可。于是，郑举推出一个叫阿克的人，称其为武定土知府凤氏的后裔，纠集当地彝族起来反抗。他们攻破武定府城，"杀指挥金守仁、千户王应爵、魏守恭、张斗、梅应时等，并男妇四百五十余人"⑤，随后直逼省城昆明。同时寻甸彝族土目大理保、杨礼等因平时"屡被官司责辱"⑥，便起而响应武定叛乱，攻破嵩明城，杀死不少当地官吏。阿克、郑举围昆明索取武定府印，云南巡抚陈用宾不得已"以印绶与之"⑦，他们才解昆明之围，高兴地回到武定当土知府去了。万历三十六年（1608），朝廷调集云南各路人马及土司兵将这次叛乱镇压了下去。

崇祯十七年（1644），李自成攻陷北京，其部张献忠则占领了四川。

---

① 倪蜕：《滇云历年传》，第 375 页。
② 倪蜕：《滇云历年传》，第 235 页。
③ 倪蜕：《滇云历年传》，第 375 页。
④ 同上。
⑤ 倪蜕：《滇云历年传》，第 463 页。
⑥ 倪蜕：《滇云历年传》，第 464 页。
⑦ 倪蜕：《滇云历年传》，第 463 页。

云南的官僚以沐英的后裔沐天波为首，担心张献忠自四川进入云南，乃于次年，派遣李大赞领兵至会川（今会理）防守。但李大赞"数侵扰诸夷"①，元谋县土官吾必奎"不能堪，遂据元谋反"②。沐天波迅速调集云南各地土司兵进行镇压，其中阿迷州土司沙定洲即在其中。吾必奎叛乱很快就被平息了，可没想到的是，沙定洲调至昆明后，便赖在昆明不走，准备发动另一起叛乱。1645 年，沙定洲率兵攻入沐府，最终完全占领昆明。沐天波逃至楚雄，后又至永昌。沙定洲率兵围攻久不能下，便纵兵到处焚掠，云南顿时大乱。石屏土司龙在田厌恨沙定洲发动叛乱，搞得云南民不聊生，便主动派人前往贵阳请求张献忠部将孙可望、李定国率领部队进入云南平定沙定洲。于是，孙可望、李定国部迅速进入云南，很快就平定了沙定洲武装叛乱。而这时候，吴三桂率领清军进入四川，将张献忠领导的农民起义镇压下去了，张献忠本人亦战死。在这种情况下，孙可望、李定国部转而拥护南明永历帝，并联合云南各民族一起反清复明，与吴三桂率领的清军展开艰苦卓绝的战斗。

3. 清朝时期的云南民族起义

随着封建制度的没落，清朝对云南各族人民的剥削越来越严重。就连曾任云南巡抚的清朝官员张允随都说："以百姓之穷，莫穷于滇；土地之瘠，莫瘠于滇；徭役之重，莫重于滇。"③ 在这种情况下，云南各族人民的反抗更是接连不断。

雍正四年（1726），镇沅府知府刘洪度为增加赋税，派人重新丈量民田，规定"三月为期，照亩上价，逾期不上，入官变卖"④。知府手下平时也"暴虐夷庶"⑤。刘洪度贪渎残暴的行为，激起各族人民的反抗，人们"宰羊歃血，饮酒订盟"⑥，联合起来攻打知府衙门，最后活捉并处死

---

① 倪蜕：《滇云历年传》，第 497 页。
② 同上。
③ 倪蜕：《滇云历年传》，第 588 页。
④ 倪蜕：《滇云历年传》，第 592 页。
⑤ 同上。
⑥ 同上。

了知府刘洪度。云贵总督鄂尔泰遣副将张应宗率军镇压，及至镇沅，反抗的群众首领刀如珍等为不牵涉无辜，"皆说仇愤已泄，情愿受缚就诛"①。但统治者的剥削本性，并不会因民众的侠肝义胆而有所收敛。雍正十年（1732），普洱镇总兵李宗膺先到茶山搜刮，满载而归。接着，知府佟世萌又来搜刮，当地土千户刀兴国据实禀告："民力已竭，似未能连奉后车，请待之明年。"② 佟世萌不仅不体恤，反而命手下当众羞辱刀兴国。于是，刀兴国脱掉官服扔到地上，愤怒地说："死耳，乌用此为。"③随即赶回村寨，发动当地傣族人民起来反抗，并围攻普洱府，与清军相持数月不下。新平土目杨昌奉"闻普、思变，亦纠众起事"④，攻打新平县城。元江土人白倭泥亦乘势响应普洱的反抗，"至是乘衅作乱，杀田主、汛兵，无一免者"⑤。随后，三路起义部队合攻元江。战争前后延续了三年多，最后虽然被镇压下去了，但清朝"官兵死伤最多"⑥。

嘉庆二年（1797），蒙化（今巍山）、太和（今大理）、邓川、赵州（今大理凤仪和弥渡县）、云县（今祥云）、永北（今永胜）、鹤庆、浪穹（今洱源）、楚雄、大姚、元谋、定远（今牟定）、禄丰等处民众，因"压盐致变"起而反抗。当时，盐业归官府经营，不仅高价强制卖给当地民众，而且为赚取高额利润还往里面掺和灰土，甚至发展至不给盐还要收取盐费的地步，"始则计口授食，继则按户分摊；始则先课后盐，继则无盐有课"⑦。因此，引起上述各地民众的自发性反抗，他们纷纷到处捕捉这些祸害一方的官员及其爪牙，"历数其害民实迹，取具亲供"⑧，然后以"挖眼拆足，或竟焚之积薪中"⑨ 等方法宣泄、报复。为平息民怨，清朝廷只能惩办一些腐败官员，并附带以"贩私仇杀"名义逮捕一些参与此次事件的民众而草草结案收场。同

---

① 倪蜕：《滇云历年传》，第 593 页。
② 倪蜕：《滇云历年传》，第 621 页。
③ 同上。
④ 倪蜕：《滇云历年传》，第 622 页。
⑤ 倪蜕：《滇云历年传》，第 623 页。
⑥ 倪蜕：《滇云历年传》，第 624 页。
⑦ 杨琼：《滇中琐记》，见方国瑜主编《云南史料丛刊》第 11 卷，云南大学出版社，1998，第 263 页。
⑧ 同上。
⑨ 同上。

年，因为猛猛（今双江）土司罕朝鼎残酷压榨当地拉祜族民众，他们便在李文明的率领下起义，并攻下猛猛城。云贵总督富纲立即调兵前往镇压。但拉祜族另一个首领李小老又发动了阿瓦大山一带的拉祜族起义，李文明主动与之联合，共同与清兵作战。这次起义前后持续的时间达四五年之久，最终迫使清朝廷将云贵总督富纲撤职。清朝廷只好另委派书麟为云贵总督，通过杀光、烧光等残暴手段才勉强将这次起义镇压下去。① 嘉庆八年（1803），维西傈僳族藤酢蟑纠众起义："藤酢蟑知医药，所治病既愈，只博酒食却钱币，诸夷咸相亲爱。驻防某千总吓以邪教，得赂方止，已非一次。继之者大有所欲，诱而系之空室，于是夷众愤怒，持械劫之去。驻防以作乱报，维西协副将即令千总以兵五十往，拒捕反斗，伤兵十余人，并杀千总，事遂不可已。"② 驻防的清军如此不公平地对待藤酢蟑，所以引起当地受其恩惠的民众的强烈反抗是很自然的事情。起义一经爆发，周围所有民众都参与进来了，以致云贵总督觉罗瑯玕亲自驻扎在剑川，"集兵剿之，逾年始授首"③，可见这次起义规模之大。

清朝自嘉庆、道光以来吏治腐败，社会矛盾激化，危机四伏。这时，云南地方回、汉民族经常因日常琐事发生冲突。道光元年（1821），云龙州白羊厂回民与湖广及临安汉人因争矿发生械斗，双方死伤多人。道光十九年（1839），"缅宁回匪，因争厂利，与湖广客民构怨甚深。是年夏，突纠缅、川、陕回众千人，劫杀猪市，卖猪汉民几尽。遂扬言尽逐湖广人，啸聚焚掠，官弗能禁"④。道光二十一年（1841），云州（今云南祥云）"回匪挟官据城，逐杀湖广客民，以泄前愤"⑤。道光二十五年（1845）三月，保山城东板桥地方回汉青年因唱秧歌发生口角，进而斗殴，互有杀伤。四月十五日夜，板桥回民房舍被人悄悄纵火焚烧，其间"回民财物之被抢劫，子女之被奸淫者，不可胜数"⑥。于是，回民张世

---

① 《平定倮黑事》，见方国瑜主编《云南史料丛刊》第9卷，云南大学出版社，1998，第5页。

② 师范：《滇系事略》，见方国瑜主编《云南史料丛刊》第13卷，云南大学出版社，1998，第32页。

③ 同上。

④ 李玉振：《滇事述闻》，见方国瑜主编《云南史料丛刊》第9卷，云南大学出版社，1998，第66页。

⑤ 同上。

⑥ 盛毓华：《永昌汉回互斗案节略》，见方国瑜主编《云南史料丛刊》第9卷，云南大学出版社，1998，第17页。

贤、丁永年前往顺、云等处求援。五月二十五日，顺、云、陕、甘回族三百余人来为板桥被杀回民复仇，被当地官兵及汉人打败。官兵及汉民乘胜追击，"回众情急，放火自焚，纷纷窜，乡民恣意烧杀，凡妇女之不能行者，群被害"①。七月，回民张世贤等人又纠集回民千余人，由顺、云经右甸而来，一路打败官军，直抵丙麻（在永昌城东）。城中官绅及汉民闻知"悉无人色"，而城中回民却欢呼雀跃。为防止回民里应外合，城中官兵、团练大肆捕杀回民，近八千人被杀，酿成震惊世人的"永昌惨案"。事后，死里逃生的永昌回民杜文秀联络受害家属，向云贵总督贺长龄控诉，但得不到申冤，道光二十七年（1847），杜文秀上京控告。清朝廷派陕西巡抚林则徐为云贵总督，赴滇查办。林则徐虽然声称办案"只分良莠，不分汉回"，处置了一批涉案的回汉双方人员，但永昌回族却被强制迁徙到官乃山，而他们的土地则被汉族地主侵占。自此，以杜文秀为代表的回民对清朝廷彻底失去信心，转而走向武装起义的道路。此时，内地正爆发风起云涌的太平天国运动，受之影响，杜文秀于咸丰六年（1856）借大理城官兵与回民冲突之际率领回民起义，占领了大理城。起义部队迅速占领周围郡县，并直逼省城昆明，"时全滇之地，未陷于贼者仅省城、曲靖、东川、昭通四处矣"②。但由于起义队伍中部分将领的叛变，杜文秀领导的这次起义持续10余年后最终失败。与杜文秀起义同始同终的还有哀牢山夷李文学起义。咸丰六年（1856）四月，李文学聚彝汉农民5000余人，在弥渡县瓦卢村后山天生营起义。他们与杜文秀起义军互为支援，共同抗清。同治十一年（1872），清军调集重兵围攻大理，李文学率部将李学东、李明学等带领3600余人救援杜文秀大理政权，不料南涧失守，被清军围困，李学东战死，李明学"叛而擒文学献满"③。1874年3月，被捕的李文学被清朝廷凌迟处死，起义随之失败。

---

① 盛毓华：《永昌汉回互斗案节略》，见方国瑜主编《云南史料丛刊》第9卷，云南大学出版社，1998，第18页。
② 王树森：《滇西回乱纪略》，见方国瑜主编《云南史料丛刊》第9卷，云南大学出版社，1998，第56页。
③ 夏正寅：《哀牢夷雄列传》，见方国瑜主编《云南史料丛刊》第9卷，云南大学出版社，1998，第116页。

（二）云南各族起义的性质、地位及对民族关系的影响

与发生在其他地区的民族起义相比，诱发云南各民族起义的根本原因不在于云南不同民族之间的压迫、排斥，而在于以封建中央王朝为代表的统治阶级对云南各民族的残酷剥削，即"官民冲突"。即便开始带着明显民族压迫特征的一些民族起义，随着发展也逐渐把斗争矛头指向封建统治者，如杜文秀起义就是典型案例。这次起义最初起源于回汉两民族之间的仇视和斗争，但经过一段时间便从"'民与民相仇'转变为'纠众抗官'了"①。因此，从整体上说，云南民族起义对云南民族关系的发展具有积极的意义：

其一，起义增进了云南不同民族之间的了解，促进了彼此的认同与团结。由于引发云南各民族苦难生活的根源相同，在元明清时期云南发生的民族起义从来不是一个民族参与的，而是几个甚至更多民族共同掀起的反抗运动。在共同战斗中，不同民族逐渐认识到以封建中央王朝为代表的统治集团才是彼此的共同敌人，要想打开身上沉重的压迫枷锁就必须团结起来共同抗敌，如清代李文学领导的彝族大起义就明确提出"不别夷汉，汉夷同利"②的口号。

其二，起义促进了云南各民族与内地的联系。随着历史的发展，云南各民族与中原内地民族的联系越来越紧密；中原内地民族发生的事情，总要波及云南各民族，反之，云南各民族的活动，也会影响中原内地。因此，元明清时期内地爆发的大规模反抗运动都波及了云南，元代的红巾起义、明代李自成领导的农民运动、清代的太平天国运动，都与云南民族起义交织在一起。云南的民族起义对中原王朝的影响也是巨大的，如明代"三征麓川"战役就是导致明王朝覆灭的直接诱因。这说明云南各族人民与全国的联系日益紧密，彼此之间同呼吸、共命运，展现出亲如一家的民族关系态势。如明代云南著名思想家高奣映说："天下谓甲申之变极已，滇仅一区，远土也，亦咸相曰甲申之变极已。……今滇远于

① 尤中：《云南民族史》，云南大学出版社，2009，第425页。
② 夏正寅：《哀牢夷雄列传》，见方国瑜主编《云南史料丛刊》第9卷，云南大学出版社，1998，第111页。

神都，而亦曰甲申之变，同是鼎烹而釜泣，一与天下分甘共苦者，夫恃远也，岂独能免也哉！"①"甲申之变"指公元 1644 年，李自成领导的农民起义军攻克北京，统治中原 276 年的大明王朝宣告灭亡的事件。但就是这件发生在遥远北京的中原王朝兴衰更替的政治事件，却使远在西南边疆的云南各族人民痛心疾首，甚至有"鼎烹釜泣"的感觉。

其三，起义对各民族生存环境有所改善，从而为其政治、经济、文化的独立发展提供了必要条件。在元明清七百余年的时间内，云南各族起义的地域分布、参与民族、发生次数都非常广泛和频繁，它们代表了云南各民族追求自身生存、发展机会的决心和行动，对维护各民族生存空间、推进社会进步都有重要意义。由于各民族起义的冲击迫使统治集团不得不暂时缓和压迫政策，如清朝"压盐致变"事件的冲击导致清廷不得不惩治平时鱼肉乡里的贪官污吏，并将官办盐业转为民营；在起义胜利的地区，起义军总是能推出轻徭薄赋的利民政策，如：明末孙可望、李定国部队进入云南后，便昭告当地民众"凡政有不便于民者，许地方头人赴诉，立即除之"②，因而使云南各族人民的生产生活能迅速恢复正常状态，这无疑给长期身处水火之中的云南各族人民以喘息之机。

第二节 元明清各族经济关系的调整与发展

一 元明清云南矿业的发展对各民族经济关系的影响

（一）元明清云南铜、银等矿冶业的迅速发展

云南在远古时就发现了丰富的铜、银、金、铁矿藏。今人曾对出土在中原的商代青铜器进行铅同位素测试，发现其矿料不是产自中原，而是来自云南某地。③ 这说明早在商代，云南就有开发并利用矿藏的历史。从地下文物考古来看，云南有自己繁荣发达的青铜文明。精致秀美的青

---

① 高奣映：《滇鉴》，云南大学出版社，2011，第 1 页。
② 《明末滇南纪略》，见方国瑜主编《云南史料丛刊》第 4 卷，云南大学出版社，1998，第 706 页。
③ 见云南省博物馆编《云南青铜文化论集》，云南人民出版社，1991。

铜器揭示了当时的云南存有高度发达的冶铜业。时至汉代，中原王朝就开始有意识地开采云南丰富的矿藏。如《汉书》曾详细记载云南矿藏分布情况："滇池出铁，有池泽，北有黑水祠。胜休俞元，装山出铜。律高，石室山出锡，螳町山出银、铅。贲古，采山出铜、锡，羊山出银、铅。"① 内地入滇采矿的活动不仅给云南带来了中原先进的冶炼技术，也推进了云南矿冶业的发展。在南诏时期，铜、铁等矿冶业进一步发展。如南诏王劝丰佑曾用铜四万五百五十斤铸佛像一万一千四百座。② 又据樊绰《云南志》记载，南诏人"不问贵贱，剑不离身"，③ 说明当时南诏铜、铁消费量是很大的，没有一定规模的矿冶业是无法满足这些需要的。

元代在云南建立行省后，元政府对云南的矿业非常重视。至元四年（1267）便在云南设立了专门管理矿业的政府机构，用以垄断云南矿业。据《元史·食货志》载，1328 年云南向朝廷上缴矿冶业岁课数量是：金184 锭，银 735 锭，铜 2380 斤，铁 124701 斤。其中，云南金银铜课均为全国第一，铁课名列全国第四；总量上，金占全国岁课约占 1/3，银约占 1/2，铁约占 1/7，铜唯云南独有。这足见元代时云南矿冶业规模之大，在全国地位之重要。由于明代矿课负担沉重，且有增无减，以致矿工"鬻子市妻"也不能足额缴纳矿课，所以云南采矿之地经常发生纠众反抗的事件，如王元翰《滇民不堪苛政疏》说："自兴矿税以来，民间膏血，无日不输之内帑；民间怨气，亦无日不积之内帑，乱败纷至，杨荣焚，高淮逃，陈增死，梁永几不免。"④ 封建王朝的残酷剥削，激起开矿的各族人民强烈不满，甚至经常杀死前来云南办矿的官员。为维护政治稳定，正德七年（1512），明政府不得不下令关闭官办矿厂。因此，明代矿冶业总体规模还不及元代。其中，金课每年约 8895.5 两，银课 1 万两，铜课1080 斤，铁课 17394 斤。⑤ 清代云南矿冶业取得巨大发展。首先，清朝积

---

① 《汉书·地理志》。

② 《南诏野史》，见方国瑜主编《云南史料丛刊》第 4 卷，云南大学出版社，1998，第 780页。

③ 《云南志校释》，赵吕甫校，中国社会科学出版社，1985，第 287 页。

④ 王元翰：《滇民不堪苛政疏》，见方国瑜主编《云南史料丛刊》第 4 卷，云南大学出版社，1998，第 667 页。

⑤ 陈政平：《云南工业史》，云南大学出版社，2007，第 248 页。

极推行鼓励矿冶业发展的政策。康熙二十一年（1682），云贵总督蔡毓荣向清廷上《筹滇理财疏》奏章时，就提出"开矿藏"的主张。为进一步鼓励商人投资矿业，清廷还推行"放本还铜"的政策，即先由政府垫付开矿成本，事后商人再用所开铜矿偿还。因此，清朝铜矿开采规模要比前朝大得多。据阮元《道光云南通志·食货志》载，从康熙四十四年至嘉庆十一年（1705～1806）的100年间，云南省共开铜矿144个，巅峰时期"每年办铜一千二三百万斤"①。银矿开采规模也比较大，共开银矿39个，著名的大银矿有鲁甸乐马银矿、阿瓦山茂隆银厂、南安白羊银厂、个旧银厂等。这个时期"云南银的产量位居全国第二。乾隆中期云南的银课税额每年在7万两左右，税额为产量的20%，以此推算，银的年产量为35万两左右"②。

（二）元明清云南铜、银等矿冶业对区域经济及民族关系的影响

云南铜、银等矿冶业发展主要用来满足政府铸造钱币之需。明嘉靖三十四年（1555）因需大量铸币铜料，兵部给事中殷正茂给嘉靖皇帝上书道："两京所铸，以铜价太高，得不偿费，可采云南铜，自四川运至岳州城陵矶开铸"③。后来户部决定在云南就近买料铸币，然后转运至两京流通。清朝铸币业更是依赖云南铜，"除运京铜六百万斤外，还供应各省数百万斤鼓铸铜钱"，④ 可见云南每年需要提供1000多万斤铜用作清朝廷铸币原料。为了方便，清朝廷也直接把铸币地点放在云南，"雍正年间（1723）设宝云局于云南、大理、临安、沾益，建炉四十七座鼓铸铜钱"⑤。因此，云南矿业发展带动了本省乃至全国铸币业的发展，提高了云南在全国的政治经济地位。同时，铜、银等矿冶业的发展带动了云南商贸经济的繁荣。开矿需要大量人力，少则几万、多则十多万人才能维持一个矿厂生产经营之需，而矿厂又都建在野外深山之中，因此每个矿

---

① 戴瑞徵：《云南铜志》，见方国瑜主编《云南史料丛刊》第12卷，云南大学出版社，1998，第717页。

② 何耀华：《云南通史》第4卷，中国社会科学出版社，2009，第260页。

③ 《续文献通考·钱币》。

④ 杨毓才：《云南各民族经济发展史》，云南民族出版社，1989，第269页。

⑤ 杨毓才：《云南各民族经济发展史》，第268页。

厂实际上就等同于新兴的小型城市，矿厂人员的吃、穿、住、用皆依赖商贸活动："厂之所需，自米、粟、薪、碳、油、盐而外，凡身之所被服，口之所啖，室宇之所陈设，攻采、煎炼之器械，祭祀、宴飨之仪品，引重、致远之畜产，均当毕具。于是商贾负贩，百工众技，不远数千里，蜂屯蚁聚，以备厂民之用"①。试想，云南大小矿厂多达数百个，当时围绕矿厂而兴的商贸活动何其繁荣发达。而商贸经济的繁荣则带动云南各民族之间的认同与团结。如滇南临沧与缅甸交界的班洪、班老地区（即"上葫芦王地"），乾隆八年（1743），滇南石屏人吴尚贤在该地开发银厂，拥有各民族矿工数万人，年产白银十多万两。而茂隆银厂矿工有汉、佤、傣、彝、哈尼等各族人民，并且与当地佤族一直有良好的互惠关系："夷人不谙架罩煎炼，唯能烧碳及种植菜蔬、豢养牲畜，乐与厂民交易，以享其利。"②甚至在吴尚贤引领下当地酋长蜂筑主动向清朝廷请求归顺："内地民吴尚贤赴石开采，议给山水租银，不敢收受，情愿纳课作贡。"③这些行为对团结边疆民族、巩固边境都有重要作用。20 世纪，英国侵略者欲霸占茂隆银厂所在的矿区时，受到当地民族强烈抵抗，而抵抗的理由就是"世代为中国看守银山，绝不违背祖宗教训，要誓死保卫银矿"④。这充分说明以茂隆银厂为代表的矿业开发确实有力地增进了云南各民族之间的认同与团结。

二 元明清云南各族农牧业发展中的相互关系

（一）元明清云南各族农牧业的发展与布局

由于地理环境差异，云南农牧业发展形成了地区差异和地理格局。这种格局对民族关系产生了重要影响。

1. 滇池、洱海地区

滇池地区自汉唐以来就有发达的农业，并因此成为云南地区经济

---

① 王崧：《道光云南志钞》，云南省社会科学院内部印发，第 122 页。
② 张允随：《奏复茂隆银厂情形疏》，见方国瑜主编《云南史料丛刊》第 8 卷，云南大学出版社，1998，第 774 页。
③ 同上。
④ 李景煜：《云南各族人民爱国主义的一曲凯歌——班洪事件简述》，《云南社会科学》1985 年第 3 期。

中心。元代更加积极地开展滇池地区的农业建设，如赛典赤主政云南时，做了两件有成效的事情，一是屯田，二是治理滇池。这两项措施既使大量滨湖沃土辟为良田，又使滇池周边的良田免受洪涝灾害，有效推进了滇池地区农业的发展。明清时期政府在滇池地区继续开展各项水利建设工程，如疏浚滇池及海河口工程、宜良坝子的汤池渠水利工程、昆明南坝闸工程等，①使整个滇池地区沟渠纵横，大片荒田得到灌溉成为良田，因而进一步推动了滇池地区农业的发展。清人王崧曾这样评价滇池地区的农业情况："原野膏腴，带海襟山，兼擅陂池之利，甲于三迤诸郡，足与楚、蜀比肩。"②这足以证明滇池地区具有非常繁荣的农业经济。

洱海地区的农牧业自古也很发达。唐人梁建方在《西洱河风土记》中说："其土有稻、麦、粟、豆。种获亦与中夏同"③。这说明至少在唐代洱海地区就已能种植中原五谷类作物，且种植方式及水平与中原内地基本相同。元朝又开始在洱海地区屯田。据《元史·兵志·屯田》篇载，元世祖至元二十六年"立大理军屯，于爨僰军内拨二百户。二十七年，复签爨僰军人二百八十一户增入。二十八年，续增一百一十九户"④。可见，元代屯田规模不大，但毕竟把汉族的先进制度及先进生产技术带入洱海地区，进一步推动了农业生产力的发展。

在畜牧业方面，尤其养马业自古就非常发达，唐宋时期大理马就是大理地区与中原内地互市的重要商品。元代大理白族地区的养马业也是非常发达的，如马可波罗描述道："此州亦产良马，躯大而美，贩售印度。"⑤洪武十五年（1382），明朝军队攻入大理，废除元朝世袭大理总管段氏土职，改设流官治理，从此大理白族地区封建领主制的土地关系逐渐就消失了。据《万历云南通志》载，改流后大理府有官

① 参见何耀华主编《云南通史》第 4 卷，中国社会科学出版社，2012，第 140 页。
② 王崧：《道光云南志钞》，云南省社会科学院内部印发，第 11 页。
③ 梁建方：《西洱河风土记》，见方国瑜主编《云南史料丛刊》第 2 卷，云南大学出版社，1998，第 218 页。
④ 《元史·兵志·屯田》。
⑤ 马可波罗：《马可波罗行纪》，见方国瑜主编《云南史料丛刊》第 3 卷，云南大学出版社，1998，第 145 页。

民田"三千一百六十顷十九亩三分"①，其中职田"一万二千二百一十一亩"②，屯田"九万五千八百八十亩六分"③。当然，除去职田、屯田之类官田外，占据比较大比例的官田还有被封建官僚窃占的"庄田"，如沐氏家族在云南各地都有自己的"庄田"。但从这些数据看，民田所占比例也应该不少，反映出当时封建地主经济发达的景象。到了清朝康熙年间，清皇朝变卖了明代大部分"庄田"和"屯田"，所以"民田"比例进一步提升，扩大了地主和自耕农土地所有制，有利于农业生产的发展。

2. 滇西南地区的农牧业发展

滇西南地区以傣族为主的农牧业自古就非常发达，史载"其土宜稻，有牛、马、山羊、鸡、豚、鹅、鸭之属"④。元人李京曾这样描述该地区："妇女……尽力农事，勤劳不辍。"⑤ 又说："地多桑拓，四时皆蚕。"⑥ 这些说明元代傣族地区农牧业比较发达。明朝时期傣族地区人口和农业规模进一步发展。明人钱古训所著的《百夷传》记载了当时傣族地区农牧业生产情况："地多平川沃土，民一甸率有数十千户众，置贸易所，谓之街子。妇人用镈锄地，事稼穑，地利不能尽，然多产牛、羊、鱼、果。"⑦ 明人朱孟震在《西南夷风土记》又载："惟树稻，余皆少种。自蛮莫之外，一岁两获，冬种春收，夏作秋成。孟密以上犹用犁耕栽插，以下为耙泥撒种，其耕犹易，盖土地肥腴故也"⑧，"土地肥饶，米谷、木绵皆贱，故夷中无饥寒告乏者"⑨。可见，当时傣族地区人口繁庶，农业生产

---

① 邹应龙等：《万历云南通志·赋役志》，见方国瑜主编《云南史料丛刊》第6卷，云南大学出版社，1998，第563页。

② 邹应龙等：《万历云南通志·兵食志》，见方国瑜主编《云南史料丛刊》第6卷，云南大学出版社，1998，第587页。

③ 同上。

④ 转引自《傣族简史》，云南人民出版社，1986，第87页。

⑤ 李京：《云南志略》，见方国瑜主编《云南史料丛刊》第3卷，云南大学出版社，1998，第129页。

⑥ 同上。

⑦ 钱古训：《百夷传》，见方国瑜主编《云南史料丛刊》第5卷，云南大学出版社，1998，第365页。

⑧ 朱孟震：《西南夷风土记》，见方国瑜主编《云南史料丛刊》第5卷，云南大学出版社，1998，第490页。

⑨ 朱孟震：《西南夷风土记》，见方国瑜主编《云南史料丛刊》第5卷，云南大学出版社，1998，第491页。

异常发达，以至于出现"夷中无饥寒告乏者"的现象。清朝时期情况大致如此。而就生产方式看，傣族居住区由于地处西南边境，元明清时期一直都实行土司制，所以封建领主经济保持得较为完整。但明代亦开始在这些地方屯田。据《万历云南通志·兵食志》载，其时设在傣族地区永昌卫屯田 72141 亩，腾冲卫 5867.26 亩，永平卫 16167.33 亩，景东卫47115.65 亩，澜沧卫 41762.66 亩。[①] 可见屯田规模比较大，至清初内地移民开始超过土著居民，他们将内地先进的农业技术带入边疆，因而进一步推动了滇西南以傣族为主地区的农业发展。

3. 滇西北地区的农牧业发展

在元代以前，丽江纳西族还处于部落奴隶制阶段。公元 1253 年，元世祖忽必烈征服大理国，纳西族首领因有功于元，而受封为"茶罕章官民官"，后改为丽江军民总管府总管，从此，纳西族开始走向封建领主经济。元人李京在描述滇西北地区农牧业生产情况时说："地凉，多羊、马及麝香、名铁。"[②] 可见当时畜牧业应占据社会经济生活的主要地位，农业没有充分发展起来。但之后，滇西北地区的农业开始缓慢发展起来。据《元一统志》载，丽江通安、巨津两州土产除马、羊之类畜牧业产品外，还包括粳糯、麦、粟等农产品，甚至出现专门用来灌溉农田的水利设施："些苏江、姑霓溪、箇霓溪、块麦溪等四溪水源，悉出神外龙山，周流州境，灌溉民田，南流出鹤庆路境。"[③] 明代滇西北农牧业取得了巨大发展。据《正德云南志》载，明代丽江军民府共有"官民田地三百一十八顷一十六亩八分"[④]，而每年向明王朝要"岁输每饷白银数千两，岁纳稻谷万石"[⑤]，后来又把银两贡赋折算成马匹进贡，如果当时没有发达

---

① 参见邹应龙等《万历云南通志·兵食志》，见方国瑜主编《云南史料丛刊》第 6 卷，云南大学出版社，1998，第 589～590 页。

② 李京：《云南志略》，见方国瑜主编《云南史料丛刊》第 3 卷，云南大学出版社，1998，第 130 页。

③ 《元一统志·丽江路两州》，见方国瑜主编《云南史料丛刊》第 3 卷，云南大学出版社，1998，第 97 页。

④ 周季凤：《正德云南志》，见方国瑜主编《云南史料丛刊》第 6 卷，云南大学出版社，1998，第 207 页。

⑤ 杨毓才：《云南各民族经济发展史》，云南民族出版社，1989，第 233 页。

的农牧业经济，这是不可能实现的。水利事业也有所发展："清溪有两处，一出吴烈山麓，过于州治之前；一出雪山之下，至东员里，二溪合流。民引之灌溉田亩，其利甚博。"① 明代亦开始在丽江地区屯田，关哨分布在各处，如其治下的顺宁州设有"杷边寨关、浦关、腊门哨、乐阿梭哨、史不录哨、睹涠落村哨、阿宁哨、蛮腊哨"②。根据明代惯例，关哨之所都要屯田自给，所以当时屯田规模应该不小。而屯田不仅使汉族迁移到丽江地区，也使内地先进的制度、文化和生产技术传入，这对丽江地区生产发展变化起了很大作用，其间封建地主经济关系开始悄然发展。清雍正五年（1723），丽江实行改土归流，经过改流后"领主土司的二千三百四十四名农奴（庄奴、院奴）约五百余户除了奴籍，成为个体自由农民（编民）；领主土司控制着的荒地得到开垦，使丽江的耕地较之明代正德、万历时的耕地增加一千余顷（十万亩）"③。这说明滇西北已形成农牧业并行发展的经济区域，而丽江在地区的中心地位日益显著。

4. 滇东北地区的农牧业发展

自唐以来，滇东北地区农业发展一直缓慢。"贵者锦缘，贱者披羊皮……男女贵贱皆披毡跣足，手面经年不洗。"④ 这是元人李京对当时滇东北彝族生活情况的描述，从中可看出他们主要还是以畜牧业为生活来源。为巩固对该地区的统治，元朝开始在滇东北地区屯田："世祖至元二十七年，立乌撒路军屯，以爨僰军一百一十四户屯田。又立东川路民屯，屯户亦系爨僰军人八十六户，皆自备己业。"，⑤"仁宗延祐三年，立乌蒙军屯。……为户军五千人，为田一千二百五十顷"。⑥ 可见，元代在滇东

---

① 陈文：《景泰云南图经志书》，见方国瑜主编《云南史料丛刊》第6卷，云南大学出版社，1998，第90页。

② 邹应龙等：《万历云南通志·兵食志》，见方国瑜主编《云南史料丛刊》第6卷，云南大学出版社，1998，第557页。

③ 《纳西族简史》，云南人民出版社，1984，第63～64页。

④ 李京：《云南志略》，见方国瑜主编《云南史料丛刊》第3卷，云南大学出版社，1998，第128页。

⑤ 《元史·兵志·屯田》。

⑥ 同上。

北地区屯田规模比较大，促进了当地农业生产的长足发展。时至明代，滇东北地区的屯田规模进一步扩大，大量汉族人口的进入改变了以往"夷多汉少"的人口结构，"从明初到万历初年，约两百年的时期，根据记录，全省户口，汉族已占多数……全省如此，滇东彝族地区亦然"①。汉夷之间和睦相处，经济文化交流密切，从而共同发展了滇东北地区的农牧业。由于清代在滇东北彝族地区实行"改土归流"及取消屯田制的政策，一时导致大量的庄田、屯田抛荒，无人耕种。为鼓励人耕种，清政府将东川、乌蒙、镇雄等地的无主之地"每兵赏给三十亩，或有余丁，准其倍给，并量与牛种银两劝令开垦"，② 昭通府"将所有地亩，定为水、旱、生、熟四项，分给兵民、倮户及土人垦种"③。这种鼓励政策导致滇东北彝族地区出现了"野无旷土，商贾辐辏，汉土夷民，比屋而居，卢舍稠密"④ 的繁荣景象。

（二）元明清云南各族农牧业发展对民族关系的影响

元明清时期以白族、傣族、纳西族、彝族为代表的云南各民族农牧业均取得长足发展。一方面农牧业生产方式从封建领主制转变为地主经济形态，另一方面内地汉族农牧业生产技术在云南各族中得以广泛传播。这些变化对云南民族关系的发展起到了积极意义。农牧业一直是云南各民族最主要的经济生活方式，其发展程度直接决定云南各族人民生活水平的高低。而就生产方式而言，封建地主经济要比封建领主经济更能促进生产发展，更能满足云南各族人民提升物质生活水平的需要。因此，元明清时期，由中原朝廷主导的这次生产方式大变革还是受到云南各族人民的欢迎。首先，元明清时期云南农业得到前所未有的发展，生产水平迅速提高。许多边疆地区原以游牧、狩猎、采集经济为主，逐步发展为农耕生产方式，能供养更多人口；生活水平的提高、人口的增加导致原始经济向封建经济、封建领主经济向地主经济的转变，而封建地主经济的发展，打破了氏族、领主的束缚隔绝，加强了各族人民的联系与交往。就

① 方国瑜：《彝族史稿》，四川人民出版社，1984，第310页。
② 《清世宗雍正实录·卷九十六》。
③ 同上。
④ 转引自胡庆均《明清彝族社会历史论丛》，上海人民出版社，1981，第166页。

云南整体来说，农耕经济成为主体，进而农耕文化成为主体，在此基础上，汉文化作为先进的农耕文化才能在云南各族中发展起来。其次，农牧业的发展致使民族分布格局进一步稳定。许多迁徙民族因稻作农耕而稳定下来，如滇东南的哈尼、苗、瑶等民族，在坝区从事农业的彝族、白族、汉族也稳定了下来。在此基础上，经济的互补与合作进一步加强，如滇西南茶业与滇西北畜牧业的互补。全省以滇池、洱海地区农业最发达，据此两地成为全省中心，而丽江、昭通等地又因农业发达而成为本地区的中心，民族关系的"多元一体"格局在不同层次上得以稳定。

三 元明清云南商业发展对云南民族关系的影响

（一）元明清云南商业的迅速发展

元代云南商业经济开始活跃。马可波罗到达云南押赤城（今昆明市）时称"城大而名贵，商工甚众"①。这说明元代云南中心城市的商业经济已经很繁荣。民间商业活动亦如此："元时，以'街子'为特点的民间贸易大量兴盛起来。一般以十二属相命名，如'龙街''牛街''马街''鸡街''狗街'等。大多数名称一直沿用至今，甚至成了地名。"②但由于金、银、铜、铁、茶等大宗商品始终严密控制在政府手中，由政府专卖、民间商人不得参与，由此使商业经济发展的能力与空间受到限制。明代这些方面的限制逐渐放松，民间商人可以部分参与矿、盐、茶等大宗商品的经营，这使明代商业经济得到一定程度的发展。如盐业，尽管大部分盐产依然控制在政府手里，但部分盐产已属民间自办。隆庆二年（1568）户部奏言："云南额办盐四万九千二百三十四引四十五斤，共银三万七千六百四十四两，地远人玩，恐尚有遗利，当行彼中酌处，或听民自市，或商中官给，务求便安。"③从这段奏言看出，明朝确实存在民办盐业的情况，而且政府也采取"务求便安"的宽容政策。同样，茶业在明代也有非常大的发展，"女儿茶亦芽茶之类，取于谷雨之后，以一斤

---

① 马可波罗：《马可波罗行纪》，见方国瑜主编《云南史料丛刊》第3卷，云南大学出版社，1998，第142页。
② 何耀华：《云南通史》第4卷，中国社会科学出版社，2011，第75页。
③ 《明实录·穆宗实录·卷二十七》。

至十斤成一团，皆夷女采治，货银以积为食资，故名"①，这说明茶已不再是贵族的专用品，部分也可以用来自行交易。至于矿业发展前文已有叙述，无须赘言。正是由于可用来自由贸易的商品增多，云南各地形成众多有名的集市，最有名的当属大理"三月街"。徐霞客《滇游日记》中对"三月街"进行了较为详细而生动的记载："十五日是三月大市街子之始。盖榆城有三月街市之，聚设于西演武场中，其来甚久。自此日开始抵十九日始散，十三省物无不至，滇中诸彝物亦无不至。""俱结棚为市，环错纷纭。其北为马场，千骑交集，数人骑而驰，于中更队，以觇高下蔫。时男女杂沓，交臂不辨。"② 成千上万的人定时、定点集中在大理城，交易来自云南各族乃至全国各地的商品，繁荣的商业景象规模空前。清代是云南商业最发达的时期。金、银、铜、铁、盐、茶等大宗商品的生产都有飞跃发展，且官办产业因不断受到冲击而日趋没落。如盐业：官办盐业的苛刻盘剥致使盐价居高不下，甚至出现民无盐可食的局面，从而引发"压盐致变"的事件，最终迫使清政府放弃官办盐业、听民自采。金、银、铜、铁等矿业发展规模也是空前的，以至在云南形成很多因矿业而兴起的商业城镇，如路南县的象羊厂就是一个典型例子："路（南）民犁城西象羊山地，得矿苗，呈请开之，远近来者数千人，得矿者十之八九，不数月而荒巅成市，即名之曰象羊厂。"③ 茶业亦进入一个鼎盛时期，"仅清代乾隆、嘉庆年间，云南的普洱茶、勐库茶、凤庆茶的年产量就达 10 万至 12 万担。云南的茶叶除少数供当地居民饮用外，其余的均作为商品，由马帮运销到省内各县和四川、西藏"④。民间农副产品及手工业产品的交易也很发达，以当时昆明郊区为例："有大板桥、小板桥、官渡、小街子、龙头街、马街子、恢湾、普吉等街，多以逢子、午、辰、戌日为街期，交易为农产品及砖瓦窑器、纱帕、斗笠、竹器等。"⑤ 与此同

---

① 张泓：《滇南新语》，见方国瑜主编《云南史料丛刊》第 11 卷，云南大学出版社，1998，第 401 页。
② 朱慧荣：《徐霞客游记校注》，云南人民出版社，1985，第 756 页。
③ 张泓：《滇南新语》，见方国瑜主编《云南史料丛刊》第 11 卷，云南大学出版社，1998，第 387 页。
④ 廖乐焕：《论云南马帮运输货物的历史变迁》，《黑龙江民族丛刊》2010 年第 5 期。
⑤ 转引自何耀华《云南通史》第 4 卷，中国社会科学出版社，2011，第 271 页。

时，元明清时期云南与周边地区的商贸活动也异常发达，早在汉代就已形成的茶马古道成为云南各族人民与其他地区人民贸易往来的大动脉。茶马古道从云南勐海起，穿越西双版纳，入大理，经丽江，过中甸（今香格里拉），到达西藏，并延伸到印度。每年都有大量马帮商团来回穿梭在这条商贸通道上，把云南产的茶、盐等商品运往西藏乃至国外交易，"据载，仅清顺治十八年（1666）滇茶销西藏就达三万担"①，可见规模之大。

（二）元明清商业发展对云南民族关系的影响

商业活动建立在互通有无的交换关系上，它往往能突破地域限制，以互利方式把不同地区的人群紧密联系起来。这对突破古代农业社会的封闭性有巨大的作用，进而对元明清云南民族关系带来以下积极影响。

首先，加强云南各民族之间互利共存的关系，促进不同地区民族分工合作关系的发展。云南各族历来居住环境、生产方式差异明显，由此导致各民族剩余产品种类差异较大，这就为彼此之间互利交换留有空间。如云南剑川县双河村，生活着纳西族、白族、彝族、傈僳族等多个民族，长期以来一直都能和睦相处，其中一个重要原因就是形成了商业间的互利关系："由于山区和半山区气候条件不同，种植的农作物略有差异，相互间还形成了经济上的互补。彝族、傈僳族生产的土豆、芸豆、土特产与纳西族、白族生产的大米、蔬菜水果在集市上买卖交换，由此经济上形成了互通有无、相互依存的关系。"② 此非特例，而是在云南各地普遍存在的现象，由此促进了不同地区民族之间的分工合作关系的发展，如滇西北与滇南茶业与畜牧的生产与交易。坝区稻米生产与山区牲畜的交易等。

其次，推动了云南与全国经济一体化的进程，加强了云南与中原内地的经济联系。随着商业发展，云南与中原内地建立起互补的经济关系：一方面云南需要中原内地的商品弥补自身不足，另一方面中原内地也需

---

① 杨增适：《茶马古道上的云南马帮》，《西藏民俗》2000 年第 1 期。
② 苍铭：《"分而不离"与"和而不同"——云南双河、户撒民族关系考察》，《中央民族大学学报》2011 年第 1 期。

要云南的商品来满足自身需要。清乾隆年间，云南人口迅速增加，"食盐岁需三千六百余万"斤，而当时云南年产盐仅有三千五百余万斤，大约缺口一百万斤，导致"沿边诸处每有淡食之苦"。为此，云南巡抚张允随奏请从四川买盐一百万斤"以济昭通、东川两府"，后又买粤盐二百万斤"以济广西广南两府"，这才满足了云南各族人民食盐的需要。① 相应地，云南也不断向内地输入商品，其中以金、银、铜、铁等矿产品最为重要，尤其在清代，每年仅输入京城及其他省份的滇铜就高达一千余万斤，用以支持内地铸造钱币和器皿之需，甚至赢得"滇铜甲天下"的美誉。这些事实充分说明元明清商业发展加强了云南与内地的经济联系。在元明清时期，既有云南商人赴内地经商贸易，如腾冲回族商人明清宠、马如麟等合股于道光年间开设的三盛号，从缅甸运进棉花、纱、布、玉石等内销，分号扩至保山、下关、昆明、四川、广州等地，② 也有大量内地商人来滇经营，长期的经济交往必然加深云南各族与内地之间的相互了解与认同。

第三节　元明清各族文化关系的调整与发展

一　儒学的进一步传播、发展及其对民族关系的影响

（一）元明清政权推动云南儒学传播与发展

至元代，儒家思想进一步影响云南多民族地区的稳定与发展。与蒙古在其他地区实行"国家为制，城拔必屠"③ 的血腥征服政策相比较，元世祖忽必烈征服云南时更强调"恩抚"政策，而转变的原因就在于他接受了儒家思想。元代大儒姚枢"从世祖征大理，至曲先脑儿之地。夜宴，枢陈宋太祖遣曹彬取南唐不杀一人、市不易肆事。明日，世祖据鞍呼曰：'汝昨夕言曹彬不杀者，吾能为之，吾能为之！'枢马上贺

---

① 张泓：《滇南新语》，见方国瑜主编《云南史料丛刊》第 11 卷，云南大学出版社，1998，第 395 页。

② 刘云明：《试析清代云南商人的群体整合》，《思想战线》1996 年第 2 期。

③ 姚燧：《湖广行省左丞相神道碑》，见苏天爵《元文类》卷 59，上海古籍出版社，1993，第 774 页。

曰：'圣人之心，仁明如此，生民之幸，有国之福也。'明年，师及大
理城，饬枢裂帛为旗，书止杀之令，分号街陌，由是民得相完保。"①
《元史·张文谦传》又载："世祖征大理，国主高祥拒命，杀信史遁去。
世祖怒，将屠其城。文谦与秉忠、姚枢谏曰：'杀使拒命者高祥尔，非民
之罪，请宥之。'由是大理之民赖以全活。"② 因此，如果忽必烈不接受儒
家仁爱止杀的思想，云南现在的民族分布格局可能就要改变了。忽必烈即
位后于至元十一年（1274）设云南行省，特意任命精通儒学的赛典赤为云
南行省平章政事，并对他说："云南朕尝亲临，比因委任失宜，使远人不
安，欲选谨厚者抚治之，无如卿者。"这说明忽必烈非常清醒地认识到只有
"德治"才能彻底改变云南混乱的政局，所以叮嘱赛典赤以"谨厚"方针
治理云南。赛典赤果不负君命，一到云南就"立州县，均赋役；兴水利，
置屯田"，③ 大力发展经济，给民以实惠，"云南之人由是益富庶，罗罗诸
山蛮慕之，相率来降，收其地，悉为郡县"。④ 更难能可贵的是，赛典赤
认为云南少数民族"俗无礼仪""子弟不知读书"，所以"资性悍戾，瞽
不畏义"，⑤ 颇为难治，要使云南长治久安，就必须大力推行儒学教育，
使民知"孝于家，忠于国"⑥ 的道理。因此，赛典赤及其后继者极力把儒
学教育推行到云南各路、府、州、县，建立从事儒学教育的学校，如在
"大理、永昌、丽江、鹤庆、楚雄、建水等地设立学庠，建盖孔庙，各地
庙宇圣像一新"。⑦ 此外，元朝统治者还在云南开科取士，考试的内容也是
儒家经典思想。据蔡寿福先生统计，元代云南省先后有六人成为进士，他
们是王楫、李敬仁、李郁、段天祥、李天佑、苏隆。⑧ 这说明儒学在当时

---

① 《元史·姚枢传》。
② 《元史·张文谦传》。
③ 李京：《云南志略》，见方国瑜主编《云南史料丛刊》第 3 卷，云南大学出版社，1998，
第 127 页。
④ 《元史·张立道传》。
⑤ 郭松年：《创建中庆路大成庙碑记》，见方国瑜主编《云南史料丛刊》第 3 卷，云南大
学出版社，1998，第 275 页。
⑥ 《中庆路增置学田记》，见方国瑜主编《云南史料丛刊》第 3 卷，云南大学出版社，
1998，第 277 页。
⑦ 马曜：《云南简史》，云南人民出版社，1991，第 134 页。
⑧ 蔡寿福：《云南教育史》，云南教育出版社，2001，第 242 页。

云南已有相当的基础。当然，元朝统治者积极推广儒学的目的不仅仅是提升云南当地民众的文化修养，而在于执行儒家"用夏变夷"的民族政策："九州之外不能济众，尧舜犹病兹，学之兴于徼外，荒服之人乐从用夏变夷之道而知礼义，岂非为生民立命，为万世开太平者耶！"①

朱元璋通过武力征服云南之后，就开始大力推广儒学，甚至标榜"以儒治国"。洪武二年（1369）他诏令天下府州县尽建学校："今天下郡县并建学校，延师儒，招生徒，讲道论德，以复先王之旧。"又于洪武三年（1370）起就开科取士，并于洪武二十二年（1389）命云南"选贡"参加应天府的乡试，整个明朝时期"云南共有255人考中进士"②。尤其对边疆的少数民族，朱元璋视儒学为根本的"安边之道"："边境土官皆世袭其职，鲜知礼义，治之则激，纵之则玩，不预教之，何由能化？云南、四川边疆土官，皆设儒学，选其子弟孙侄之俊秀者以教之，使其知君臣父子之义，而无悖理争斗之事，亦安边之道也。"③ 在朱元璋看来，只有加强儒学教育，才能使边疆土官知忠孝节义，才能增加边疆少数民族与中原王朝的凝聚力。为更好地在边疆推广儒学教育，朱元璋还制定出针对少数民族的特殊教育政策，如吸收少数民族贵族子弟入国子监读书和在少数民族地区就地开办免费学校。这极大地刺激了边疆少数民族学习儒学的热情：洪武十七年（1384），普定军民府知府者额遣其子吉隆及其营长之子阿黑子等十六人入太学，命"赐国子监云南生吉隆等冬衣"④。洪武二十三年（1390），"云南乌撒军民府土官知府何能遣其弟忽山及啰啰生二人请入国子监读书，赐钞锭"⑤。同年，"云南乌蒙、芒部二军民府土官遣其子以作、捕驹等请入国子监读书，赐以衣钞"⑥。之后，云南地方土官陆续派子弟到国子监深造。洪武

---

① 《中庆路重修泮宫记》，见方国瑜主编《云南史料丛刊》第3卷，云南大学出版社，1998，第276页。

② 蔡寿福：《云南教育史》，云南教育出版社，2001，第248页。

③ 《明太祖实录》，见方国瑜主编《云南史料丛刊》第4卷，云南大学出版社，1998，第493页。

④ 《明太祖实录》，见方国瑜主编《云南史料丛刊》第4卷，云南大学出版社，1998，第492页。

⑤ 同上。

⑥ 同上。

二十五年（1392），"置云南沅江府儒学。时沅江府言：'土官子弟，编氓多愿读书，宜设学校以教之。'诏从之"①。在以朱元璋为首的中央王朝的倡导下，云南地方官员也开始认识到儒学在维护云南稳定中的特殊作用："云南古荒服之外，自汉始通中国。变椎卉而为衣裳，弃干盾而事诗书，未有若今日之盛者也。惟纲常之道，灿然明于世，而礼乐刑政所以管束人心，维持世道之具胥此焉。"② 因此，主政云南的明代官员都关注儒学教育，如沐英不仅修复了元代旧学，还新建府州县学几十所，"公遂留镇其地，传子及孙，世重儒雅，而藩宪良臣率多尚文治，风俗于是乎渐变，士有阶贤和而升者矣"③。于是，云南边疆民族地区出现了"家诗书，人礼乐，文物彬彬，直与内郡比"④ 的儒学兴盛局面。

清代虽是少数民族建立起来的全国政权，但依然非常重视儒学的教化功能，自"雍正元年，允云南土人、四川建昌番夷、湖南永绥等处建立义学，嗣是改土归流，塞外荒区渐次俱设儒学"⑤。因此，清代云南儒学还是取得了长足发展，修建书院276所之多，⑥ 至于民间的义学、私学更是不可计数。从历史看，清朝廷在云南重视儒学教育还是获得了瞩目的实际效果。陈鼎在《滇游记》中说：云南"楚雄、姚安、开化三郡……诸生皆恂恂儒雅，敬慕中国"。甚至感叹云南地区："甚矣，文教之重也，虽蛮貊之乡，诵读诗书之人，皆知敬其类，而文物之邦，其能若是邪？"⑦ 这充分反映了当时云南儒学教育的盛况。更可贵的是，清朝廷还将儒学教育与少数民族土官承袭制度结合起来，企图利用儒学强化少数民族土官对清王朝的向心力："其应袭者年十三以上令赴儒学习礼，起送承袭族人子弟，准就试州县。"⑧ 这就使少数民族中的贵族子弟把儒学学习作为

---

① 《明太祖实录》，见方国瑜主编《云南史料丛刊》第4卷，云南大学出版社，1998，第493页。

② 周季凤纂修《正德云南志》卷31《文章九》，见方国瑜主编《云南史料丛刊》第6卷，云南大学出版社，2001，第400页。

③ 同上。

④ 同上。

⑤ 《清史稿·职官三·儒学》。

⑥ 参见蔡寿福《云南教育史》，云南教育出版社，2001，第252页。

⑦ 陈鼎：《滇游记》，见方国瑜主编《云南史料丛刊》第11卷，云南大学出版社，2001，第380页。

⑧ 《清史稿·蔡毓荣传》。

一项政治任务来完成。《道光云南志钞·土司志》详细地描述了当时的情况:"土官土人戴尧天,宅禹甸,莫不倾慕。文章礼乐,衣冠鳟俎,而仿效之,百数十年间,涵育熏陶,土司子弟膺贡举,成进士者接踵而起,且有好学之士,通经术,擅著作,与海内儒流颉颃。"① 由于长期学习儒学,当时云南土官子弟已经积极投身于科举仕途,屡有考中进士的人,至于精通儒家文化并有著作留世的人就更多了。而这种深层次的文化认同,无疑缓解了当时的民族矛盾。

(二) 元明清文人对云南儒学的推动

元代在云南大兴儒学,广建学校,又设专管宗教的机构,于是宗教与教育分开,此前大理国时期教育与宗教、教师与僧侣结合的情况有了改变,"师僧""儒释"之说不复流行,以儒学教育和写作闻名的文人始形成气候。由于儒家"学而优则仕",这些人也为官,但是,其名声显于儒学的研习与教育,如王升、王惠等人。王升,先世居大理,后移居滇池,曾任儒学教授,云南大理、永昌、威楚、姚安诸路儒学提举,不仅保障学校经费、落实"学田"、修建校舍,而且写作诗文,于云南本土儒学水平的提高有所裨益。

明代是云南儒士、文人勃兴的时代,世居云南的本地人(包括汉族和少数民族)中出现了一批对儒学深有研究和认识的文人,如杨南金、李元阳、艾自新、艾自修诸人,与此同时,内地也有一些杰出的儒学大家,如杨慎、李贽、罗汝芳等来到云南,与云南学者研习、交流,从而大大提升了云南儒学的发展水平。

李元阳可为明代云南本土儒学的代表。他的儒学成就和影响,足可代表当时云南儒学发展的水平、成就;他与杨慎、李贽、罗汝芳等人的学术交往、讨论,足可代表当时云南与全国的学术关系。李元阳为大理人,白族,号中溪,明弘治十年(1497)出生于大理,29 岁中进士,此前皆耕读于大理,后授翰林院庶吉士,历任江阴县令、监察御史等职,不惑之年,毅然弃职还乡,在故乡大理四十余年,精研学问,参禅悟道,

---

① 王崧:《道光云南志钞·土司志上》,见方国瑜主编《云南史料丛刊》第 11 卷,云南大学出版社,2001,第 577 页。

教益后生，成就了明代大学问家。此间，他与贬谪来滇的杨慎、来滇做官的李贽、罗汝芳，以及未来滇的王畿、罗洪先等思想家面谈讨论、书信往来，切磋商量，既相互启发、促进，又使云南的学术与全国交流、融通，开创了云南学术（当然包括儒学）发展的新面貌。李元阳虽然主张儒释道三教融合，即认为"志于明道者，不主儒，不主释，但主理"，①但是，他在政治、伦理思想方面仍以儒学为主。如他认为，人民是国家的"元气"，应当关心和爱护，特别是对边疆民众要如内地人民一样平等爱护。他说："万里边氓，亦国家之赤子"，统治者不应为个人名利任意对边疆发动战争，"兴无名之师，杀无辜之民，费帑藏之金，破边氓之产"②。通过与省内外学者的讨论、交流，李元阳的这些思想在云南产生了巨大、深远的影响。

杨慎虽是外地入滇的学者，但他在云南三十余年，其为人、为学皆应属云南了。他本为四川新都人，明正德六年（1511）殿试第一（状元），授翰林院修撰。嘉靖三年（1524）因谏议大礼被贬谪云南永昌卫（今保山），羁留36年，卒于云南。《明史·杨慎传》中记载："明世记诵之博，著作之富，推慎第一。"李元阳也说："先生以文章魁天下，以文章教后学。"③ 他以广博深厚的学识，与云南本地学者李元阳、杨士云等，及与当时在云南的外地学者李贽、罗汝芳等，唱和诗赋，研讨学问，还参加了《云南通志》的修撰，由此推动云南学术和文学出现蓬勃兴旺、人才辈出的局面。杨慎虽博学多识、兼通儒释，但学术品格与基本观点仍属儒家。他推崇汉学而反对宋明理学之空疏，他说"实学不明于千载，而虚谈在误于后人"。由之开清初考据学之先声；他又因政治上受迫害，而对当权者持批判的态度，这些对明清云南学者都有很大的影响。

然而，作为儒学异端、批判者最为突出的当数李贽。李贽宗阳明心学和佛教禅学都有突破，是我国古代最有批判精神的思想家之一。他反

---

① 李元阳：《重刻楞严会解序》，载《李元阳集》（散文卷），云南大学出版社，2008，第204页。

② 李元阳：《与陈抚翁》，载《李元阳集》（散文卷），云南大学出版社，2008，第357页。

③ 李元阳：《寿升庵先生六十序》，载《李元阳集》（散文卷），云南大学出版社，2008，第332页。

对盲目崇拜，而主张人人平等，说："圣人不曾高，众人不曾低""人人皆可为圣"，而"孔夫子亦庸人类也"①。进而尖锐批判当时道学家（理学家）们的虚伪，说他们"口谈道德而心存高官，志在巨富"，都是一些"欺罔人者"②。李贽于万历六年（1578）到云南姚安（今姚安县）任知府，在任三年，但是，三年中他与杨慎、李元阳、罗汝芳诸人观点相近、过从密切，由此，他的上述观点和批判精神在云南学界有重要的影响，甚至"僚属、士民、胥隶、夷酋无不化先生者"③。

与李贽同时在云南为官的，还有一位富有批判精神的思想家罗汝芳。罗汝芳，明泰州学派的著名人物，万历三年（1575）至云南任屯田副使，后又任云南省参政。他首倡泰州学派"赤子之心"说，认为人人都有"赤子之心"，此心就是天理，就是"爱根"，就是仁，若能扩充之，则能成为圣人，故人人都可能成为圣人。显然，这种思想与李元阳、李贽诸人是合拍的，于是他们来往密切，相互研讨、发扬。罗汝芳为官之余用大量时间用于讲学，在官衙讲，在书院讲，对下属讲，对学生讲，甚至对罪犯都讲，一时产生广泛的影响。学生将听讲的笔记整理刊印为两本书：《五华会语》《双玉会语》。李元阳为之作序说："圣人之精蕴在是矣！"④

以杨慎、李元阳、李贽、罗汝芳诸人为首的这个学术群体推动了云南儒学的发展，带动和培养了一大批云南学者，对云南文化与内地文化的融通、汇合发挥了巨大的作用。

（三）云南少数民族儒学家的民族思想

自汉代开始，儒学就开始在云南传播，后经历代统治者的大力提倡及各民族知识分子的努力学习，云南儒学不断取得进步。尤其明清时期，云南知识分子中产生了一大批足以与中原相媲美的儒学大家，他们不仅有鸿篇巨制传世，更有与中原儒学迥异的独特思想，其中民族思想就是典型的代表。

---

① 见李贽《藏书》。
② 见李贽《焚书》。
③ 见《姚安县志》。
④ 李元阳：《〈会语〉序》，载《李元阳集》（散文卷），云南大学出版社，2008，第237页。

第一，"大一统"的国家认同意识。儒家"大一统"思想源远流长。早在春秋时期，孔子就一再强调"礼乐征伐自天子出"；《诗经·小雅·北山》中的"溥天之下，莫非王土；率土之滨，莫非王臣"也表达了类似的思想倾向。约产生于战国晚期的儒家经典《春秋公羊传》则更加明确地提出"大一统"思想："何言乎王正月？大一统也。"① 汉代儒学家大多继承了先秦儒家"大一统"的思想。如董仲舒说："《春秋》大一统者，天地之常经，古今之通谊也。"② 何休也说："夫王者始受命改制，布政施教于天下，自公侯至于庶人，自山川至于草木昆虫，莫不一系于正月，故云政教之始。"③ 这种"大一统"思想表现在民族问题上，即要求维护中原君主的至上尊严，反对少数民族政权对峙中原政权，最终实现"天子守在四夷"的政治目标。而云南少数民族儒学家基本都主张"大一统"思想。如白族儒学家李元阳在《云南通志》序言中说："云南在汉，文献之所渐被，声教之所周流，其来久矣。"④ 开宗明义地强调了云南自古就是中国的一部分，说明自从汉代在云南设立郡县以来，不仅政治上确立了中原王朝对云南的统治，而且中原文化已深入云南；不仅云南是汉王朝版图的一部分，而且汉代在云南"授经教学"，使云南的思想文化也成为中国文化的一部分。对中原王朝在云南的统治及云南与内地的密切关系，他详加记述，认为"今之云南，即汉唐之云南也；云南之郡县，即天下之郡县"⑤。对于南诏脱离唐朝建立独立政权的史事，他如实记载，但也指出"不观土壤分裂之乱，何以知大一统之治"⑥。这充分说明李元阳始终坚定地从"大一统"角度来理解审视云南与中原的关系。彝族（或为白族）儒学家高奣映则认为，这种紧密联系来自儒学在云南的广泛传播和认同。他说："云南未服中国以前，为徼外西南夷地，其种类

---

① 《春秋公羊传译注》，王维堤等译注，上海古籍出版社，1997，第 1 页。
② 《汉书·董仲舒传》。
③ 李学勤主编《春秋公羊传注疏》（十三经注疏本），北京大学出版社，1999，第 1 页。
④ 见《李元阳集》（散文卷），云南大学出版社，2008，第 232 页。
⑤ 李元阳：《云南通志·羁縻志》，见方国瑜主编《云南史料丛刊》第 6 卷，云南大学出版社，2001，第 657 页。
⑥ 李元阳：《云南通志·羁縻志》，见方国瑜主编《云南史料丛刊》第 6 卷，云南大学出版社，2001，第 656 页。

不一……大抵各据一方，不相统辖。至汉武帝时，始通圣教，于是设郡县，隶职方。其时，张叔、盛览辈受经于司马长卿，归教乡里，即已习诗书，明礼义。虽自唐以后，叛服不常，蒙、段两姓窃据数百年，然亦知延师儒，兴文学。迄于有明，熏陶培养，风气日开，礼俗、人文无异于中州矣。"①这段话被高奣映安置在《滇鉴》首页，其用意就是用来回答在《滇鉴》序言中自己所提出的问题。在其来看，云南这几千年最大的变化，就是从未开化的蛮夷之地成为可以与中原相媲美的礼仪之邦，正是这种深层次的文化认同导致云南与中原紧密地联系在一起。如同李元阳、高奣映一样，清代云南白族大儒王崧始终强调云南自古就是中国不可分割的一部分："云南于古梁州为边裔，三代盛时，要服者贡，荒服者王，固尝与朝会之数也。汉置益州，云南隶之。"②这就把云南与中原王朝的联系推至三代时期，借此佐证云南从属于中国的历史合法性。因此，王崧特别反对中原王朝与云南割据势力之间的妥协行为，认为违背了最基本的君臣隶属关系。如在评价南诏与唐王朝关系时，他说："南诏始受唐封，既而废，臣吐蕃，及韦皋镇蜀，复归于唐，其反覆无常，视边将得失以为向背也。世隆僭称大号，唐无如之何，至以公主妻隆舜而讲舅甥之礼，何其悖哉！"③由于在天宝之战中取得胜利，南诏脱离了唐王朝的统治，并僭越称王，欲以兄弟或舅甥关系来处理与唐王朝的政治关系，对此，王崧视之为悖乱礼法纲常的事情。

第二，"无间华夷"的民族平等意识。身为少数民族，云南少数民族儒学家都积极追求少数民族与汉族的平等关系，反对歧视误解少数民族的思想观念。如李元阳说："元儒李京景山传夷方风俗之陋，以今观之，绝不相类，乃知秉彝恒性，无间华夷。"④ 元儒李京曾在自己撰写的《云南志略》一书中，专门介绍过当时云南各少数民族的生活习性，认为

① 高奣映：《滇鉴》，云南大学出版社，2011，第 4 页。
② 王崧：《道光云南志钞》，云南省社会科学院文献研究所，1995，第 199 页。
③ 王崧：《道光云南志钞》，第 179 页。
④ 李元阳：《云南通志·羁縻志》，见方国瑜主编《云南史料丛刊》第 6 卷，云南大学出版社，2001，第 642 页。

"其人生多犷悍，不闲礼教"①。但经过几百年的发展，李元阳却看到云南各民族"道不拾遗，外户不闭，归敬其夫，妻妾不相妒，尊其长上，虽暗室闻传必跪，织者下机，业者停手，盖有古封建之遗风焉"②。根据云南各民族前后生活习俗的巨大变化，李元阳意识到不同民族在本性上是相同的，都具有仁义礼智信的禀赋，只要加强教化都可以成为谦谦君子。因此，他引《元御史郭松年记》中的话说："教无类也，孰谓异俗之不可化哉！今夫云南荒服之人，非有故家流风以资于闻见也，又非乡党师友之习也，一旦举中国之治以加之，皆反心革面，若其固有者，于以见王者之德大以遐，夫子之道尊而明，而异俗之果不难治也，他日化成俗定，人材辈出，彬彬乎齐鲁之风。"③ 李元阳通过亲身经历验证了少数民族在德性、才性上无异于汉族的结论，体现出其民族平等的观念。清代回族儒学家马注则从各民族同根同源的角度来谈这个问题。他说："阿丹首出之君，即《通鉴》所谓盘古。朱子云：'天地开辟而盘古生焉，神于天，圣于地。天数极高，地数极深，盘古极长。'西洋又名亚党，即天下古今共祖。故曰'人祖'。"④ "阿丹"是伊斯兰教认定的人类始祖。在马注看来，"阿丹"与汉族始祖"盘古"及西方人始祖"亚党"实乃同体异称，因此世界各民族"实同一体"⑤。更可贵的是，马注不仅强调"天地一物，人身一用，造化一理"⑥ 的世界各民族的一体性，也看重不同民族的多元性，他说："盖天有时令，四时之变幻不同；国有俗，万国之语音不一。如欲强合为一，是春夏同于秋冬，蛮夷同于中夏，岂足以见造化之全能？"⑦ 不同的民族特性如同天地四时的差异，是客观必然的，如果一味求同就如同把"春夏同于秋冬"，破坏了民族发展的自然规律。这可以

---

① 李京：《云南志略·序》，见方国瑜主编《云南史料丛刊》第 3 卷，云南大学出版社，2001，第 124 页。

② 李元阳：《云南通志·地理志》，见方国瑜主编《云南史料丛刊》第 6 卷，云南大学出版社，2001，第 590 页。

③ 李元阳：《云南通志·学校志》，见方国瑜主编《云南史料丛刊》第 6 卷，云南大学出版社，2001，第 596 页。

④ 马注：《清真指南》，云南民族出版社，1989，第 104 页。

⑤ 马注：《清真指南》，第 111 页。

⑥ 马注：《清真指南》，第 226 页。

⑦ 马注：《清真指南》，第 573 页。

说是在更高层面对民族平等内涵提出了诉求。在民族平等理念的引导下，云南少数民族儒学家坚定地宣扬"仁及夷狄"的大爱精神，要求中央朝廷给予云南各民族应有的尊重和关注。如李元阳从边疆少数民族思想家的角度，吸收儒家传统中重民、爱民的思想。认为统治者为了一己之功名、私利，"兴无名之师，杀无辜之民，费帑藏之金，破边氓之产……杀人盈野，草原为赤"① 的行为是绝对错误的。因此，他大声疾呼："万里边氓亦国家之赤子，何忍急一己之功名，而视民曾草菅之不若耶？"② 此外，他们还坚定地主张"夷狄可化"的思想。由于长期处于相对落后的生产、生活状态，云南各民族被中原汉族统治者经常藐称为"夷"或"狄"，由此动辄对云南边疆少数民族施以武力，视征讨杀戮为当然，从而给云南各民族带来惨祸。而云南少数民族儒学家大力宣传"夷狄可化"的思想，认为云南各民族尽管处于落后未开化的状态，但只要坚持教育就可以把云南变成和中原相媲美的礼仪之邦，所以不需要动辄施以武力。

第三，"用夏变夷"的文化认同意识。"用夏变夷"一直是儒家族群思想的核心，是儒家企图通过文化征服周边少数民族的重要手段。对儒家这样的思想观念，云南少数民族儒学家不仅没有立足于本民族文化大力排斥，反而给予了高度认同，这不能不说是件很奇怪的事情。如李元阳引《元御史郭松年记》中的话说："惟夫子之道，与天地并，语小则无内，语大则无外，固不可以古今夷夏为限阂。"③ 言下之意，以孔子为代表的儒学如同天地万物的自然规律，无论夷夏都是必须学习掌握的。甚至把儒家"用夏变夷"的主张视为神意的安排："帝之昭灵于兹山，所以警群欺而化南服、变遐荒以匹中原，此理之所必有，不待卜而知其然矣。于惟重臣硕僚，会其时亦莫不怀临汝之惕而操用夏之权者。"④ 万历三年（1575），云南马龙州中和山现祥瑞，李元阳则认为，这是上苍要求地方

① 李元阳：《李元阳集》（散文卷），云南大学出版社，2008，第357页。
② 同上。
③ 李元阳：《云南通志·羁縻志》，见方国瑜主编《云南史料丛刊》第6卷，云南大学出版社，2001，第596页。
④ 李元阳：《李元阳集》（散文卷），云南大学出版社，2008，第101页。

官员积极推行"用夏变夷"之道的征兆。更重要的是，他还把推行儒家文化当作凝聚各民族的精神纽带："云南古荒服之地，自汉始通中国，然未有若今日之盛者也。惟纲常之道粲然明于世，而礼乐刑政所以管束人心，维持世道之具胥此焉。"① 换言之，只有努力推行儒家文化，最终达到云南与内地"车同轨，书同文"才能保证边疆稳定与巩固。清代回族儒学家马注不仅强烈认同儒家文化，而且认为儒学与伊斯兰教教义本质上是相通的。他说："西域圣人之道，同于中国圣人之道。其立教本于正，知天地化生之理，通幽明死生之说，纲常伦理，食息起居，罔不有道，罔不畏天。"②从道的层面看，伊斯兰教与儒学根本没有差异，都敬畏天命、穷究天地生死之化，遵守人伦纲常。因此，彼此之间的差异完全是由偏执之见造成的："东方有圣人焉，西方亦有圣人，东方治东，西方治西，执东方以论西方，则道不同。"③由于伊斯兰教主要在西方传播，儒学则在东方传播，彼此一直缺乏必要的交流和了解，所以习惯性地从东方人的生活习性去观察伊斯兰教或从西方人的生活习性去观察儒学，最终都不免是己而非人，从而把两者视为完全不同的两种存在。清代白族儒学家王崧也说："夫儒者诵法周、孔，其道本于尧、舜、文、武，薄海内外，罔不遵循。"④因此，云南少数民族儒学家都非常自觉地认同儒学，视之为立身处世乃至治国安邦的根本之道。

综上所述，云南少数民族儒学家的民族思想具有以下两个特征。

其一，从排外的华夏文化中心主义走向文化包容。文化虽是儒家识别民族身份的根本标准，但在他们看来，以儒家为代表的华夏文化始终是天下最先进的文化，周边少数民族文化则是野蛮未开化的，所以只允许少数民族学习华夏文化而反对华夏学习少数民族文化。因此，儒家民族思想始终关切华夏文化延续与统一的问题，不允许任何外来文化威胁

---

① 李元阳：《云南通志·建设志》，见方国瑜主编《云南史料丛刊》第6卷，云南大学出版社，2001，第522页。

② 马注：《清真指南》，云南民族出版社，1989，第15页。

③ 马注：《清真指南》，第61页。

④ 王崧：《道光云南志钞》，云南省社会科学院内部印刷，1995，第299页。

其正统地位，这直接导致儒家民族理论在文化层面的排他性。如在南朝刘宋时期，顾欢就曾著《夷夏论》以明佛教与华夏的利害关系，认为佛教违背华夏礼俗，不适宜为华夏族所信仰，坚决要求"辟佛"乃至"灭佛"。这在民族文化方面明显具有妄自尊大、抵制文化交流的倾向。而云南少数民族儒学家虽然都非常认同儒家文化，但不代表他们也坚持华夏文化中心论。如马注就始终强调文化多元性存在的必要性。在儒、佛关系上，云南少数民族儒学家基本都持儒佛兼容的观点，如李元阳说："志于道者，不主儒、不主释，但主理。"① 又说："良知与良能，日月悬中天。老释方外儒，孔孟区中禅。"② 反过来说，云南少数民族儒学家身为少数民族却能够抛开传统习见，勇于接受儒家文化，这本身就体现出文化包容的精神。

其二，从民族立场的两重性走向坚定性。儒家民族理论具有明显的两重性特征：一方面积极提倡"用夏变夷"，用仁爱之道去融合边疆少数民族，要求实现"华夷一体"；另一方面又主张"内诸夏而外夷狄"，企图将华夏与少数民族、中原与边疆隔离开来。这两种相反的思想倾向一直交替出现在儒家民族理论的发展历程中，当中原王朝实力强大时，儒家就强调夷夏之间的融合，反之就要求严"夷夏之防"。而云南少数民族儒学家在民族思想立场上始终是坚定的，自始至终认为云南自古就是中国不可分割的一部分，为此他们分别从历史、地理、文化多个层面论证了云南与中原内在的紧密联系。

（四） 儒家思想对云南民族关系的影响

儒家思想的传播和影响，使云南各民族能够在政治、经济、文化等方面密切接触、互相依存，形成一体性特征。这体现在以下几个方面。

首先，儒家"大一统"思想的传播增强了云南各民族的国家认同意识，从而进一步促进云南各族与内地汉族、内地王朝以及整个中华民族的团结。从历史事实来看，明王朝在云南利用儒学实施文教的民族政策确实收到了意想不到的效果。那嵩系明末元江土知府，明永历帝败走缅

---

① 李元阳：《李元阳集》（散文卷），云南大学出版社，2008，第204页。
② 李元阳：《感寓二首》，载《李中溪全集》卷2。

甸，"过沅江，嵩与子焘迎谒，供奉甚谨……后李定国号召诸土司兵，嵩即起兵应之。已而城破，登楼自焚，阖家皆死，其士民亦多巷战死"。①那嵩作为少数民族的土官，在明王朝几近灭亡的时刻，不仅没有叛变求荣，反而高举义旗直至全家赴死。这充分表明他恪守儒家忠义信条及效忠明王朝的决心。明末石屏土官龙在田一生"以土舍勤王，大破流贼于楚、豫间，五载二十八捷"②，后遭谗毁被逼以病罢归，但依然毫无怨言地向崇祯皇帝上疏进定邦安国之策，称："愿整万众，力扫秦、楚、豫、皖诸寇，不灭不止。望速给行粮，沿途接济。臣誓捐躯报国，言而不效，甘伏斧锧。"③ 一个地处偏远的少数民族土官能这样忧国忧民，能这样不计回报地自愿为明王朝所驱使，不能不说儒家忠孝节义观念已经深入其骨髓。更典型的是丽江磨些土官木氏，在明王朝长达二百多年的历史中，始终能够忠贞不渝，以至《明史》都称"云南诸土官好礼守义，以丽江木氏为首"。这与木氏认同儒家文化有直接联系。据《木氏宦谱》载，木氏历代土官都热爱儒家文化，如木泰倡事诗书，明确提出要学习儒家文化；木公修宦谱，建木氏勋祠，仿照中原汉族建设家族伦理仪制；木东"招延邻境学生与研穷理性"；等等。正是由于长期受到儒家文化的熏陶，木氏历代土官都特别强调忠君报国的价值："功不著不足以成名，德不显不足以立身；盖功，忠于君也；德，孝于亲也。惟忠可以懋功，惟孝可以懋德。贵而能忠，保其世爵；富而能孝，守其世官。四海中外，忠孝大节，卓为天下轨，由于是，福祚光辉，荣华绳继，世不歇矣！"④这就把忠孝观念理解成立身做人乃至保存个人荣华富贵的根本准则，所以木氏愿意"世世代代为明国藩篱""世作大明坫"⑤。木氏这种忠君报国精神甚至把明王朝也感动了，为此曾多次给予特殊的嘉奖，如：朱元璋不仅给木氏赐姓，还赐予"精忠报国"金带；万历年间，木增向明王

---

① 《明史·那嵩传》。
② 王崧：《道光云南志钞·土司志下》，见方国瑜主编《云南史料丛刊》第11卷，云南大学出版社，2001，第625页。
③ 《明史·龙在田传》。
④ 木高：《大功大胜克捷记》，见方国瑜主编《云南史料丛刊》第7卷，云南大学出版社，2001，第289页。
⑤ 同上。

朝进贡白银万两，派精兵参与平叛，神宗皇帝亲笔御书"忠义"表示嘉奖。

在少数民族一般民众中，儒家忠君爱国思想依然有很大影响。如明末傣族妇女磡飘，嫁勐养宣慰使奉罕之侄思义，万历年间缅甸洞吾王朝侵扰边境，思义起兵抗击，不幸战败身亡，磡飘也誓死不叛国，竟"舍死从夫"自缢，磡飘"其母思氏坚守以待中国"，"既知归顺中国，又能复其故土"。再如清代傣族女爱国者囊占。18 世纪中叶，在英法殖民者扶持下，木疏瓮藉牙王朝侵入我国西双版纳地区，大肆焚掠。囊占的丈夫宫里雁曾随南明永历帝反清，被清军杀害。但在这次反侵略战争中，当清普洱总兵刘德成兵败被追之际，囊占率所部武装突然出击，将侵略军击退。后挥泪斥清廷杀害其夫，愤然而去。[①] 囊占不计杀夫之仇，毅然助清抗敌，体现出傣族人民崇高的爱国情怀。《清史稿·列女传》载："陇联嵩妻禄，镇雄人也。镇雄故土司，联嵩世领其地为土知府。卒，子庆侯嗣。雍正五年，坐事夺职，收其地，设流官。所部欲为变，禄喻之曰：'我家以忠著，今日宜安义命，毋妄动。'所部乃解。八年，乌蒙土民叛，禄亲至旧所部各寨，申喻利害，至欲自杀，所部金奢服。禄躬率众卫官廨，佐军食，城恃以全。"[②] 土官陇联嵩家在被清朝廷改土归流时，他的部下要造反抗争，他的妻子禄却以忠义之道告慰大家。后来乌蒙地区土官叛乱，他的妻子禄不仅不趁机参与鼓动，反而主动劝说旧部勿妄动，并积极帮助清朝廷平息乌蒙地区的土官叛乱。由此事例可见，儒学对云南边疆少数民族与中原王朝的关系确实产生了重要影响。

其次，儒家"依文化辨华夷"思想的传播为云南各民族之间的团结提供了一种思想基础。在"夷夏之辨"问题上，儒家历来主张以"礼"分辨华夷，即在民族区分问题上以文化为标准。儒家认为，华夏与夷狄在本性上是同一、平等的，只是由于文化的不同，而有华夷之分；但文化是可以学习的，也可以变异的，因此，夷可变而为华，华可变而为夷。总之，不同血统的种族，可以通过文化融合而为一个民族，而血缘相近

---

① 《傣族简史》，云南人民出版社，1985，第 103 页。

② 《清史稿·列女传》。

的同一种族却会因文化的衍化而分化成不同的民族，民族认同的决定性因素是文化。因此，儒家的这种思想加强了云南各族人民在文化认同的基础上的团结、凝聚与融合。如在明朝时期云南境内的各民族被分为军、民、夷三种。"军户""民户"都是汉族，"夷户"则泛指所有的少数民族。而"白族在与迁入的汉族民户共同杂居的情况下，经济文化都逐渐与汉族的民户相一致。又是为了抛弃'夷人'的帽子，到明朝后期，白族自称'民家'。'民家'也就是民户，与'夷户'不同"①。由"夷户"自觉认同为"民户"，这种转变说明，在与汉族长期交往的学习过程中，云南少数民族逐渐认同并接受了儒家民族思想，且按照儒家"依文化辨华夷"的民族识别标准来识别自身的民族身份。

再次，儒家政治上主张"王道""以德服人"，方法上主张"和而不同"，有利于云南各民族和睦相处。在这种思想的影响下，元明清时期云南虽然已纳入全国统一的行政管理体制，但中央朝廷延续唐宋羁縻制之后仍实行土司制度，包容少数民族不同的社会制度和管理方式、生活习俗，同时也推动各民族之间以德相待、相互宽容，因此，云南各少数民族能多样化共存，和谐稳定。

最后，儒家宽容精神有效维护了云南各族文化多样性发展。在政治方面，儒学在边疆民族问题一向表现出宽容的立场。早在先秦时期《尚书》《周礼》等书中，儒家就提出了内外服制度，即主张以王畿为国家中心对远近不同地区采取不同的管理形式。相应地，不同地区对国家承担的义务也由近及远地减弱。明人桂彦良亦说："天子有道，守在四夷，言以德怀之，以威服之，使四夷之臣，各守其地，此为最上者也。若汉武之穷兵黩武，徒耗中国而无益。隋炀之伐高丽，而中国蜂起。以唐太宗之明智，后亦悔伐高丽之非。是皆可以为鉴，非守在四夷之道也"。② 通过对历代王朝用兵边疆失败经验的总结，桂彦良认为，治理边疆最好的方式是：以武力威慑为基础，以道德怀柔为手段，既不要完全放任，也不能过度干预，而应"使四夷之臣，各守其地"。这就是我们通常所说

① 尤中：《云南民族史》，载《尤中文集》第 1 卷，云南大学出版社，2009，第 276 页。
② 桂彦良：《上太平治要十二条》，陈子龙等选辑：《明经世文编》卷 7，中华书局，1962 年影印本。

的"羁縻制"。正是在这种理念的指导下，历代中原王朝对云南民族地区都采取了与内地不同的、较为宽容的政治方针。元明清时期，云南虽然已划入全国统一的行政管理体制，但中原王朝在云南普遍推行土司制度，即充分利用当地少数民族政权势力来协助对云南的统治。这种政治的宽容对保护云南民族关系的多元性具有极为重要的意义，如果政治关系过于狭隘，以为双方是一种"不是你死，就是我活"的关系，那么保持云南民族关系的多元性特征是不可能的。在文化方面，儒学也展现出宽容的一面。儒家思想虽然一直强调用儒家文化改造周边少数民族的文化，但始终主张这种文化改造只能建立在自觉自愿的德化基础上，而不是暴力式的奴化教育。早在孔子时期，儒家就主张："远人不服，则修文德以来之，既来之，则安之。"① 孟子从德治思想出发认为，统一天下有两种方法，一种是"王道"，另一种是"霸道"。他说："以力假仁者霸，霸必有大国；以德行仁者王，王不待大……以力服人者，非心服也，力不赡也；以德服人者，中心悦而诚服也，如七十子之服孔子也。"② 儒家自然追求"王道"，而"王道"统治的方式就在于"以德服人"，用诚心打动别人，使其自愿来归附，如同孔子感化其弟子的方式。明太祖朱元璋也说："蛮夷之人，性习虽殊，然其好生恶死之心，未尝不同，若抚之以安静，待之以诚意，谕之以道理，彼岂有不从化者哉。"③ 人同此心，心同此理，只要诚心感化未有不可化的人。可见，儒家思想只主张通过教育，通过潜移默化的方式进行传播。这就为身居边陲地区的少数民族的文化选择提供了更大空间，他们既可以认同，也可以继续保持自己的文化传统。

二 佛教的传播对民族关系的影响

佛教在云南不仅宗派众多，情况复杂，而且历史悠久，传播广泛、深入，因此对云南各民族及其文化皆产生重要影响。

---

① 《论语·季氏》。
② 《孟子·公孙丑上》。
③ 《明实录·太祖实录》。

（一）南传佛教以傣族为中心对滇南各族的影响

南传上座部佛教，为佛教之一支，或称小乘佛教。云南信仰南传上座部佛教（以下简称"南传佛教"）的，有傣、布朗、德昂、阿昌、佤等滇南民族。其中傣、布朗、德昂为全民信仰，阿昌族比较普遍，而傣族是云南南传佛教的中心和基地。

在上述各民族中，傣族因南传佛教而成为文化中心，同时也反过来说，傣族因其人口较多，经济、政治、文化皆较为发达，故为南传佛教的发展奠定了基础。傣族因南传佛教而对布朗、德昂、阿昌、佤等滇南民族产生巨大的影响力和控制力，同样，南传佛教也因傣族才能广泛传播于上述各民族。

南传佛教首先传入傣族。其时间上限有多种说法。如先秦说（王懿之先生）、两汉说（王崧先生）、隋唐说（黄惠焜先生、刀永明先生）以及元代说（侯冲先生）。对诸说我们可存而不论，因为，在此我们只论元明清时期，而诸位先生都肯定，元明以后南传佛教才在傣族地区发达、兴盛起来。元明以来直至近代，南传佛教与傣族的封建领主制政权关系密切。在西双版纳地区可谓"政教结合"，即佛教的僧侣制度与封建领主制度相匹配、结合，受到封建领主的支持。西双版纳最高领主"召片领"，同时就是全地区最高层次的佛寺"瓦诰"（总佛寺），以及全区僧侣的最高领袖"祜巴松列阿戛木里"。由此，南传佛教在西双版纳地区的兴盛，应与景龙金殿国封建领主政权的兴起相关联；而在今德宏地区的兴盛，应与麓川思氏政权的兴起相关联。元明以后，正是在这两大政权的支持下，南传佛教才在傣族地区发达起来，同时也可以说，这两大政权之所以兴起，南传佛教对之有意识形态的支持作用。

南传佛教在傣族兴盛起来后，即向其周边民族传播，形成以傣族为中心的佛教文化区。

布朗族，现今已是全民信仰小乘佛教的民族。但其信仰的小乘佛教是从傣族传入的。许多学者都认为："小乘佛教成为傣族的全民性宗教以后，由于布朗族受傣族土司统治，所以，傣族封建领主出僧侣进入布朗山区传播佛教，最初曾遭到抑制，后经几次反复，小乘佛教终于在布朗族社会中扎下了根。到本世纪（20世纪——引者注）初叶前后，小乘佛教在布朗族地区得到了长足的发展，现已成为布朗族全民信仰的宗教。"①
布朗族佛教的制度、规仪等方面，大体袭用傣族的，其宗教节日、民俗
活动均与傣族相似。甚至，布朗族的男童也和傣族的一样，到十三四岁
时皆须进佛寺做小和尚，接受佛教教育，读书（经书）识字（傣文），否
则被认为是不成熟的男子，难于娶妻成家，没有社会地位。

德昂族，现今也是全民信仰南传佛教的民族。德昂族信奉南传佛教
大体在明代以后，因为这时开始沦为傣族封建领主的属民，受傣族土司
的统治。在傣族封建主的积极推行下，南传佛教逐渐成为德昂族中占统
治地位的宗教。傣族中所有的南传佛教教派在德昂族中皆有传播。德昂
族的宗教节日、民俗活动受南传佛教影响而与傣族相似。如有开门节、
关门节，"做摆""烧白柴"等。男童也要入佛寺学习，但没有傣族、布
朗族那样严格。

阿昌族，虽然被认为源于川藏，或属氐羌族群，但是，自明代以后
居于今德宏地区，与德宏傣族紧邻，因受傣族土司统治而普遍信奉南传
佛教。佤族属孟高棉语族，其族源与傣族先民（百越）互不相涉。但是，
明清以后与傣族相邻而交往甚多，有的亦在傣族土司的统治之下，于是
也就有一部分佤族开始信奉南传佛教，其文化也就受其影响。如一部分
佤族在其信奉南传佛教之后，率先放弃"猎头祭谷"习俗。

（二）藏传佛教在云南的传播及对纳西等滇西北民族的影响

云南信仰藏传佛教的民族都居住在滇西北接近西藏的地区，这说明
云南的藏传佛教是从西藏传入的。最早传入的时间可能在元明以前，即
所谓藏传佛教的"前弘期"，但是大规模的传入则在元明以后，即所谓
"后弘期"。

"后弘期"的西藏佛教，宗派繁荣，其中，噶举派（白教）和宁
玛派（红教）最先传入云南，在云南的德钦、中甸、维西、丽江、宁
蒗等地区的藏族、普米族以及纳西族的摩梭人中传播。噶举派大约在
公元 12 世纪（南宋宁宗时）传入云南，经过元、明两朝而得到发展。
虽然此后在西藏，由于格鲁派（黄教）兴起，噶举派迅速衰落，云南

---

① 郭净等主编《云南民族概览》，第 598 页。

藏区的噶举派也随之衰落，但是，在云南的纳西族地区噶举派仍不断发展。直到今天云南丽江纳西族地区的福国寺、指云寺、文峰寺、普济寺、玉峰寺五大寺仍属噶举派。宁玛派大约也在 12 世纪时传入云南藏族和纳西族地区，它也曾兴盛过，但也随着格鲁派的兴起而逐渐衰落，不过今天云南藏族和纳西族地区仍有承恩寺、英珠寺、托拉寺、白塔寺、云顶寺等 19 座寺庙属宁玛派。16 世纪格鲁派（黄教）传入云南，由于它戒律严明、义理精深，很快就传播开来，又由于它有结合世俗政权的特点，因此得到世俗政权的支持而实力增强，很快就兴盛起来，成为云南藏族、普米族以及纳西族中最大的藏传佛教教派。它拥有云南藏传佛教最为宏大的寺院，如噶丹松赞林寺（归化寺），始建于清康熙十八年（1679），由五世达赖喇嘛赐名，雍正二年（1724）清廷又赐名"归化寺"。此寺僧最多时达到 1329 人。此外，还有噶丹羊八景寺、噶丹德钦林寺、噶丹东竹林寺等，也都有相当的规模和僧众。

由于对藏传佛教及其各派的兼收并蓄，纳西族丰富了自己的文化内涵，增强了在滇西北各族中的文化影响力。因对藏传佛教的共同信仰，滇西北的纳西、藏、普米等民族在元明以后形成了以纳西族为中心的，较为和平、稳定的民族关系。

（三）禅宗及净土、华严等宗的传播及对民族关系的影响

元明以后，佛教在云南传播的一大变化就是汉传大乘禅宗及净土等风起云涌地传播，成为云南佛教的主流。

南诏、大理之时，已有不少内地僧人出入云南，其中有个别禅宗和尚至今难于考辨。而以元代为汉传大乘各宗入滇之始，则为目前学界之共识。而"元代把汉传佛教传入云南的第一人，当推雄辩法师"①。雄辩，俗姓李，昆明人。1253 年忽必烈灭大理国，雄辩就离开故土远赴内地求学佛法。他先后拜多位高僧为师，苦学 25 个春秋，成为"研究方等，妙解玄理"的高僧，于是南归云南。先建玉案山寺院，讲经说法。《新续高僧传元云南玉案山寺沙门释雄辩传》说："其摄斋升讲，口如泉泻，滔滔

---

① 杨学政主编《云南宗教史》，云南人民出版社，1999，第 79 页。

不竭，人称雄辩法师，足副其名云。"于是声名远播，信徒众多，元朝在
云南的统治者王都师事之，遂使汉传大乘显宗在滇中发展起来。雄辩有
多个杰出的弟子，如玄坚、玄通、定林等。玄坚曾为大德寺住持，此寺
为云南省当时主政的平章政事所建。元成宗大德四年（1300）雄辩将玉
案寺住持之任传于玄坚。玄坚与定林于武宗至大三年（1310）赴京城请
求朝廷颁赐大藏经。武宗首肯，颁赐大藏经三部，并谕圣旨，命其分供
于筇竹、圆通、报恩三寺；玄坚为筇竹寺"头和尚"；军民各色人等不得
侵犯寺产和僧人。在雄辩、玄坚等师徒的推动下，汉传显宗在云南蓬勃
兴起。

　　但是，元代由雄辩大法师兴起的显宗是何种派别？今之学者有不同
看法。以方国瑜先生为代表的学者认为，是禅宗。方先生根据明代郭文
的《重建玉案山筇竹禅寺记》而说："郭文以为滇南禅宗启自雄辩，非
虚语也。"而《云南宗教史》则指出："方国瑜先生认为'滇南禅宗启
自雄辩'，并不如实。雄辩有云南佛教史上的地位，应从传义理而不是
纯传禅宗这一点上去认识。"[1]对这两种对立的看法，我们在此暂不论其
不同点，而从他们的共同点看，即不论传禅学也好，传义理也好，都是
汉传佛学显宗，故《云南宗教史》也说："元代云南汉传佛教以雄辩传
法较早，规模也较大，故在汉传佛教元代再次传入云南的活动中，他是
第一人"。

　　为各家学者明确肯定为禅宗大师、在云南弘扬禅宗的，是玄鉴。玄
鉴生于元世祖（忽必烈）至元十三年（1276），滇东曲靖人，自幼出家。
他听说中原禅宗最为精妙，于是不远万里到内地求法。其时内地禅宗以
临济宗最盛，于是他到浙江天目山临济宗法嗣明本禅师处求法。由于他
"一言而悟法源"，深为明本器重。元成宗大德七年（1303）玄鉴学成返
滇，途中不幸病故。其徒普福等受玄鉴教诲，深得临济宗要旨，于是奉
临济宗法嗣明本禅师的画像继续南进云南，明示继承玄鉴遗志的决心。
他们到云南后传扬临济佛法，大力推进禅宗一脉在云南的发展。稍晚于
玄鉴，元代还有临济宗禅师大休入滇传扬禅法，其弟子云峰再传崇照。

---

[1]　杨学政主编《云南宗教史》，云南人民出版社，1999，第83页。

元惠帝至正元年（1341），崇照亦到内地求学，先拜空庵为师，后参谒众多内地大德名师，多有领悟。于是空庵作别时告之曰："汝将吾宗流播云南，随处结庵，引进学者。"① 回到云南，崇照得到云南统治者梁王及大理总管的高度礼遇，他遵师嘱"随处结庵"，在滇中各地广建寺庵，四处宣教，使禅宗在云南的传播又大进一步。因其首建晋宁盘龙寺，并作宣教之禅坛，故后人尊之为"盘龙祖师"。

明代，善坚、彻庸等禅师继续前贤事业，在云南发展临济宗。善坚，昆明人，俗姓丁，约生于明成祖永乐初年。幼年出家，青年时就到内地谒师求学。"十六，走金陵，谒无际……年十九，复礼柏岩，更名善坚。逾年，受具足于古杭戒坛，明正统十六年始造金台……寻复参无际，证明大事，一见喜曰：'吾法自子大行于世！'赐号古庭，付之法服，为临济二十三世，且命之曰：'先师慧命，勿令断绝。'"② 善坚以临济宗二十三世法嗣之名返滇，得到当时云南统治者、明黔国公沐氏的礼遇与支持，建归化寺，信徒如云。《新纂云南通志》中有："明平滇后，渐介宗风而振起禅门者，以古庭为著。"彻庸，俗姓杜，生于明万历十九年（1591），滇西云南县人，11岁就出家鸡足山大觉寺。后亦云游内地，《滇释记》载："崇祯甲戌（1634）偕徒洪如参叩诸方，并于南都请藏。时密云和尚说法天童，师往参。"③ 为天童大师所器重，欲留之，但彻庸一意返滇，如《滇释记》所言："滇南自古庭后二百余年，祖灯再续者，实赖师焉。"彻庸之后，门徒无住等在天目山、鸡足山、大理等地弘扬临济禅法，使临济宗在云南再次兴盛。

综上所述，云南禅宗兴起的重要特点，就是到内地拜谒大师，寻求指教，学成后返回云南宣教、弘扬。因此，禅宗在云南传播、发展的过程，就是云南与内地加强文化联系的过程；禅宗各位大师对禅学的宣教、弘扬，加强了云南各族与内地的文化认同与凝聚力。这种情况最为突出的体现，就是白族。

---

① 见《大盘龙庵大觉禅师宝云塔铭》，转引自杨学政主编《云南宗教史》，云南人民出版社，1999，第91页。

② 转引自杨学政主编《云南宗教史》，云南人民出版社，1999，第93页。

③ 转引自杨学政主编《云南宗教史》，云南人民出版社，1999，第95页。

三 道教的传播对民族关系的影响

(一) 道教在云南的传播

一般来说，道教始自张道陵开创的"五斗米道"，时间大约在东汉顺帝年间（126～144），传道地点主要在今川西北和陕南一带，当时信徒颇众。张道陵为便于统率教民，创教时便设立了"二十四治"，即二十四个分布各地的传道布教中心。其中两个设在当时的犍为郡、越巂郡，①而这两个郡的管辖区域涉及云南的很多地方，从这个角度看，道教应该从其创始期就已经在云南传播了。南北朝时期，云南一些"大姓""夷帅"思想明显受道教的影响，如为当时"大姓"爨龙颜歌功颂德所作的《爨龙颜碑》出现了"阳九""蝉蜕"②之类道教术语即是明证。南诏、大理国时期，道教在云南取得进一步发展。一方面统治集团越来越重视道教。唐天宝十载至十三载（751～754），唐朝与南诏发生了历史上著名的"天宝之战"。这场战争最终以唐朝完败，南诏彻底胜利而告终。但作为胜利者的南诏，却通过刻字立碑的方式把这场战争的前因后果表述出来，以明示自己的苦衷及求得唐朝的谅解，这就是后世有名的《南诏德化碑》。在如此重要的碑文中，却处处体现出了道教思想，如其云："恭闻清浊初分，运阴阳而生万物，川岳既列，树元首而定八方。道治则中外宁，政乖必风雅变。""我王气受中和，德含复育，才出人右，辨称世雄"。③这些思想明显是从《道德经》"万物负阴而抱阳""冲气以为和"等思想演化出来的。另据康熙《蒙化府志》载："相传唐之中叶，蒙氏盛强，蜀人有以黄白之术售于蒙诏者，蒙人俾即其地设蒙化观，以为修炼之所。"④"黄白之术"即是道教为求长生不老而制作的炼丹术。这说明南诏国已有道观，并有人开始炼制丹药。

① 参见卿希泰、唐大潮《道教史》，江苏人民出版社，2006，第35页。
② 参见《爨龙颜碑》，见方国瑜主编《云南史料丛刊》第1卷，云南大学出版社，1998，第232页。
③ 《南诏德化碑》，见方国瑜主编《云南史料丛刊》第2卷，云南大学出版社，1998，第377页。
④ 转引自萧霁虹、董允《云南道教史》，云南大学出版社，2007，第53页。

大理国统治者甚至还面向道教徒开科取士："（宋）真宗景德元年（1004），（大理国王）段素英敕：述传灯录，开科取仕，定制以僧道读儒书者应举。"① 此外，开始有内地著名道士进入云南传播道教。其中最有名的是杜光庭。"杜光庭，青城人，以学士谪蜀，非唐御史也。光庭得因安南经略使王式愿请赎使滇，许之。迨光庭至滇，因事未果，光庭遂决志南中，曰：'得以文学变化蛮俗，俾知王教，吾愿足矣！'遂闻于南诏王。……按：咸通中与郑云叟赋万言，落第遁入天台，常隐蜀青城山称东瀛子者，亦杜光庭也。"② 杜光庭为唐末内地著名道士，曾先后得到唐僖宗、前蜀王建的赏识，像这样的道士能来云南无疑增进了道教在云南的影响力。元代是云南道教史上的重要时期，见载于典籍的道教宫观明显增多。元人郭松年在其《大理行记》中就明确说当时云南大理存有很多"宫室楼观"，规模及特色与内地相差无几。云南各地方志也多有记载："今安宁东北八里许有月林庵，'元时建，相传白鹤仙人飞升处'。晋宁西黄硐山'山巅旧有神祠，创于元，倾圮明'。新兴州（今玉溪）永丰寺'在州西里白塔山，祀先农八蜡之神，元时建，俗名虫蝗寺'。"③ 这说明元代道教宫观已遍布云南各地，道教成为民众重要的宗教信仰之一。明清是云南道教发展的巅峰时期。这时候不仅兴建了许多规模庞大的道教宫观，如昆明市的龙泉观、昭灵观、长春观等，而且产生一批颇具影响力的道士。曾被明仁宗钦封为"冲虚至道玄妙无为光范演教长春真人"，并主"领天下道教事"的刘渊然便是代表，《明史》赞其"有道术，为人清静自守，故为累朝所礼"。④ 他的徒弟云南道士邵以正主持编修了道经丛书《道藏》，即后来的《正统道藏》，这是唯一完整流传至今的官修道经丛书，是在整个中国道教发展史上都堪称里程碑的事件。在民间，道教也被民众广泛信仰，过道教节日甚至成为当地的民风、民俗，如"明清时昆明人三月'三日，谒真武庙，或于西山罗汉寺，或东之鸣凤山金殿，或先期赴易隆

① 倪蜕：《滇云历年传》，云南大学出版社，1992，第165页。
② 高奣映：《鸡足山志》，中国古籍出版社，2005，第240页。
③ 萧霁虹、董允：《云南道教史》，云南大学出版社，2007，第64页。
④ 《明史·方伎传》。

中和山，行两日程，或负香之襄阳谒武当山，往返数月"①。为给玄武真君庆生，云南道教信徒甚至远赴千里之外的武当山进香，往返需要花费几个月时间，可见他们对道教的信仰多么虔诚笃实。

（二）道教在白族、纳西族、彝族中的影响

随着道教在云南的传播，云南白族、纳西族、彝族不同程度地都受到影响，其中一些人完全尊奉道教信仰而成为虔诚的道士，还有一些人将道教与本民族传统宗教有机融合起来形成特殊的信仰，他们最终都使道教成为云南少数民族文化的一个重要组成部分。

1. 白族与道教

白族自古以来都非常尊崇汉文化。因此，白族道教信仰的历史非常悠久。据咸丰《邓川州志·风俗》载："六月朔日至六日礼南斗……九月朔至九日拜北斗，皆自唐来。"② 祭拜南北斗星以祈福禳灾是道教非常具有特色的宗教仪式。而这种仪式从唐代开始就在邓川白族地区成为流行风俗，这说明至少在唐代白族人就开始信仰道教。因此，明清时期出现了白族道士，如："张道裕，明代道士。云南剑川北乡永榜村人，白族。"③ 当然，这仅是见于典籍的，实际中的白族道士应该很多。道教对白族影响还表现在与白族"本主"崇拜的融合。所谓"本主"就是白族村社的保护神，是掌管村寨生死祸福之神。白族人认为祈求"本主"就能保国安家、风调雨顺、五谷丰登，所以在白族生活中"本主"一直占据重要地位，基本上每个村寨都有自己的本主庙。后来道教传入，白族"本主"崇拜逐渐受其影响："白族复杂的本主神系与道教的庞大神团系统相似。道教在发展过程中不断把忠烈之士纳入道教神系，本主神系的发展也是这样。道教神通常冠以'帝''君'等封号，本主的封号也多称'皇帝''景帝'等，这显然是一种道教封号的变化。道教神像往往手执宝剑，胸佩明镜，神奇威猛，白族许多神像也与道教神像相同。"④ 甚至许多道教神灵直接成为白族人信奉的"本主"，如"观音老祖、大黑天

---

① 萧霁虹、董允：《云南道教史》，云南大学出版社，2007，第99~100页。
② 钮方图等修纂：咸丰《邓川州志》，清咸丰三年刻本。
③ 萧霁虹、董允：《云南道教史》，云南大学出版社，2007，第279页。
④ 云南省民族事务委员会编《白族文化大观》，云南民族出版社，1999，第106页。

神、文昌、关羽、李靖等"①。

2. 纳西族与道教

　　道教在纳西族中的影响主要集中在纳西族上层贵族分子身上，民间人士基本上都信奉本土的东巴教。丽江土司木氏可能是与道教渊源最深的纳西贵族。"海上闻有长生药，人间因构迎仙楼。王母驾鸾迥可降，吕翁骑鹤遥能游。缥缈日边玉盖拥，翩跃云外天衣浮。有时携我出尘去，羽翰一举乘苍穹。"② 这是木氏家族中第八代传人木公的诗句，诗中透露出强烈的追求长生成仙的道教思想。甚至出现壮年就隐退当起道士的木氏土司——木增。木增9岁袭任土司之职，36岁即退隐住进玉龙雪山的芝山别墅，"自号'滇西华马水月道人''丽江解脱道人'，沉醉于'志欲乘黄鹤，身伴白云闲'的超脱的境界中"③。正是在木氏家族支持下，道教在丽江纳西族居住区域发展起来，先后建立起多座道观，"据乾隆《丽江府志》载：木氏土司先后建过真武祠（在解脱林下崖脚院中）、迎仙楼（在白沙里）、大定阁（在白沙）、金刚殿（在白沙里）、太极庵（在芝山巅）、大觉宫（在束河里）、元（玄）天阁（在大觉宫后）等等道教宫观"④。但由于道教局限于贵族层面，因此对纳西族民间宗教东巴教的影响不大。

3. 彝族与道教

　　道教很早就与彝族传统宗教有千丝万缕的联系，如著名历史学家马曜教授说："中国西南地区向为道教之渊薮，与氐羌系各族鬼主崇尚巫术自易合流。"⑤ 彝族渊源于古氐羌，广泛分布在川南、黔西及云南大部分地区，而这些地方又都是道教的发源地，因此道教对彝族传统宗教影响非常大。一般来说，大部分彝族都信奉以崇拜祖先神、万物有灵为核心的毕摩教。但随着发展，毕摩教吸收了很多道教内涵。以昆明地区撒尼

① 云南省民族事务委员会编《白族文化大观》，云南民族出版社，1999，第103页。
② 木公：《雪山庚子稿》，转引自余海波《明代纳西族木氏土司与道教、佛教》，《云南师范大学学报》1995年第4期。
③ 萧霁虹、董允：《云南道教史》，云南大学出版社，2007，第117页。
④ 余海波：《明代纳西族木氏土司与道教、佛教》，《云南师范大学学报》1995年第4期。
⑤ 引自巍山彝族回族自治县县志编委会办公室《巍宝山志·序一》，云南人民出版社，1989。

支撒梅人信奉的西波教为例，就能看出其中深刻的影响。"西波"即主持宗教仪式的巫师（"毕摩"）。西波教崇奉的最高神就是太上老君，其下"是通天教主，他享承太上老君之命，主持天庭的日常事务，是天庭的中枢"。通天教主下面又有两部神灵：一部"以雷部总管为首的雷部诸神主管自然界变化，如打雷、下雨、气候冷暖等，并兼有惩罚恶人之职"，一部"以元始天尊为首，主管人间的生死疾苦和作祟人间的鬼怪"。① 从中不难发现许多道教神灵。在其创世说中亦出现大量道教人物："远古之际，乾坤混沌，混沌之中产生了上圣神龙首创天地，然而天地相连，无边无涯；随后出了盘古王划分了天地界线；三皇问世安了昼夜，创造了礼乐和五谷，原天干神将自己的左眼变成太阳，右眼变成月亮，并创造了天干地支；自此天地有了生气，人们开始耕耘播种。因人们的耕耘和收获没有定时，于是娄景仙、娄景地将三十天凑成一个月，李淳风定了大月和小月，张子房分出了四季节令。由于地上人类增多，诸神只得回到天上居住，为此女娲神又增辟了豆付天、刀令天、变宝天，使天成为三十六层，从此普天下阳光灿烂，大地上五谷丰登，人们的日子又兴旺起来了。"② 这里面既出现了"盘古""三皇"之类传说中的神仙，又有"娄景仙""李淳风""张子房"之类现实中的著名道士，充分证明了道教对彝族西波教的巨大影响。西波教有一些经文也表现出道教思想。如《阿好莫》经文"金生水，水生木，木生火，火生土，土生金，金克木，木克土，土克水，水克火，火克金，阿好莫，阿好莫，五行相生，五行相克"，这明显把道教五行相生相克的思想移植过来了。总之，西波教是彝族传统宗教与道教相融合的产物。

四　伊斯兰教在云南地区的传播与发展

（一）伊斯兰教在云南的传播与回族的形成

1. 伊斯兰教在云南的传播

伊斯兰教是随着回回③迁入而在云南逐步传播开来的。元世祖忽必烈

---

① 邓立木：《撒梅人的西波教》，《云南民族学院学报》1985 年第 3 期。
② 同上。
③ 宋元时期中国人把信奉伊斯兰教的西域各族人统称为"回回"。

亲率大军征服云南时，军队中有来自西域各地的回回在战后都留守在了云南。这些人可能就是最早把伊斯兰教带入云南的人。至元十一年（1274），元朝设立云南行中书省，并派赛典赤·赡思丁任平章政事。而赛典赤本人就是回回，他的到来有效地推动了云南伊斯兰教的发展。"据传赛典赤在世时昆明一共建盖了 12 所清真寺。现因文献缺乏，我们虽不能完全断定关于这 12 所清真寺的真实程度如何，但至少有两所是真实的，因为李元阳《云南通志》载：'清真寺有二：一在崇正门内，一在崇正门外，俗称礼拜寺，俱元平章赛典赤建。'"① 清真寺历来是伊斯兰教的象征，除供教徒参拜外，也是他们交流聚会、学习伊斯兰教教义的场所，因此，赛典赤建造了这么多清真寺从侧面反映了元代云南伊斯兰教发展的盛况。明代是云南伊斯兰教发展的另一个重要时期。这个时期又有大批回回迁入云南。明太祖朱元璋起兵的地方（安徽凤阳）原本就是元代回回居住的地区，故明代开国功臣中有许多回回将领，如胡大海、常遇春、沐英等。洪武十四年（1381），朱元璋命傅友德、沐英等将领统帅 30 万大军往征云南。平定后，沐英留守云南，总理一切军民政务，因此随其入滇的回回将士就落籍云南了。而在其主政云南这段时间，特别注重屯田，前后开垦的田亩有数百万之多。为此，他不断从省外调集军民来滇屯田，其中包括许多回回军民。后来明朝"三征麓川"时，又有许多内地回回士兵屯守并安家落户在滇西一带，如腾冲回回大姓明家"世系到腾之始祖都指挥讳明恭，原籍南京应天府七溪县人氏……于洪武三年奉调南征，攻平缅甸后，驻守边疆"②。因此，明代在滇的回回数量要比元代多得多，他们分布在云南各地，为满足宗教信仰需要而修建的清真寺也就遍布各处，"凡所居，皆聚族礼拜"③。这说明伊斯兰教在明代云南的传播区域及群落规模都要比元代大。清代是云南伊斯兰教中国化的重要时期。由于清朝始终对伊斯兰教采取打击、排斥的政策，认为伊斯兰教是"不敬天地，不祀神祇，另立宗主，自为岁年，党羽众盛，济恶害民"④ 的

---

① 马开能、李荣昆：《云南伊斯兰教》，宗教文化出版社，2004，第 19 页。
② 转引自马开能、李荣昆《云南伊斯兰教》，宗教文化出版社，2004，第 18 页。
③ 《蒙化府志·乡土》。
④ 《清实录》卷 8《世宗实录》。

邪道，所以地位低下、处境困难。这激发了云南回回学者卫道护教的决心。一方面，他们通过上书皇帝的方式向清朝廷解释伊斯兰教的教义精神，希望改变朝廷对其态度，如清云南回回学者马注就曾多次向康熙皇帝上书，指出伊斯兰教亦有整治人心、助理教化的作用；另一方面，他们使用汉文著书立说或翻译伊斯兰教著作，极力调和伊斯兰教与中国儒教的差异，如马注《清真指南》、马德新《四典会要》等。这些努力最终演化成伊斯兰教中国化的历程。

2. 伊斯兰教在云南回族形成中的作用

云南回族与整个中国回族形成的历程基本相同，在这个过程中伊斯兰教起着极其重要的作用，"回回的民族意识和民族情感与伊斯兰教有着密切的联系。在历史上，伊斯兰教是回回民族占主导地位的意识形态，回回民族的风俗习惯、社会经济制度、伦理道德观念、民族意识和民族情感，无一不受伊斯兰教的深刻影响"[①]。从根本上说，这是由于回族不是中国境内部落氏族演化而来的民族，而是来自西域的阿拉伯、波斯等外来人口在中国境内逐步融合当地民族而发展起来的民族，伊斯兰教一直是他们彼此融合的纽带。在元代，伊斯兰教虽已伴随蒙古从西域征调过来的军民进入云南，但这些人来自西域不同地区和民族，无论生活习惯和语言都不一样，因此不可能形成一个独立的民族。直到后来，这些人与当地汉人及其他民族长期相互通婚，子孙不断繁衍，生活习俗才逐渐统一。在这个过程中，伊斯兰教起到了极为重要的作用，因为以伊斯兰教文化为核心的民族群体，其婚姻上实行严格的族内婚，要求男女双方要有共同的伊斯兰教信仰，从而有效避免了被同化到其他民族的结局。到了明代，典籍上就已有关于云南回回生活习性的记载："色目人，头戴白布小帽，不裹巾，身穿白布短衣，不缘领……多娶同姓，诵经以杀生为斋，埋葬以剥衣为净，无棺以送亲，无祭以享亲。"[②] 色目人是元朝对中国西北各族、西域以至欧洲各族人的统称。从这个称谓可看出云南回回应该是元朝迁徙而来的西域人后裔。而他们婚丧嫁娶之类的生活习俗

---

① 杨兆钧：《云南回族史》，云南民族出版社，1994，第 5 页。
② 《寻甸府志·风俗》。

明显与伊斯兰教相吻合，或者说是伊斯兰教使这些原本来自不同国度、民族的人形成了统一的生活习俗。因此，专家认为"伊斯兰教信仰、民族风俗习惯与共同的心理状态交织在一起，伊斯兰教在回族及其共同心理素质的形成过程中发挥了十分重要的作用或关键作用"①。明代也就成为云南回族正式确立的时期。

（二）云南伊斯兰教"以儒诠经"思潮及对民族关系的影响

任何一种宗教在一个新国度的传播过程中，都要与这个国度的传统文化相融合，以求得生存发展的机会，伊斯兰教也概莫能外。因此，清代云南伊斯兰教学者，如马注、马德新等，曾在云南乃至全国掀起一场用儒家经典诠释伊斯兰教义的文化思潮，学界将这一现象称为"以儒诠经"活动。他们尽量调和儒教与伊斯兰教之间的差异，强调"回之与儒，教异而理同也"②。具体表现在以下几个方面。

1. 宇宙生成论的汇通

宇宙生成论一直是伊斯兰教和儒学共同探讨的最基本问题。伊斯兰教认为万物都是真主安拉（又称"真一"）创造的，而儒学则视"上帝""天""天理""无极""太极"之类存在为万物本源。这两种思想观点原本毫无联系，但马注却在两者之间建立联系："诸家不明造化根源，谓无极生太极，太极不得不化为阴阳，阴阳不得不化而生万物。推无极之前，则涣然无主。……可知无极非主，非无极不能显真主之首命；无极非主，非太极不能显真主之巨能。"③ 马注虽然视真主为宇宙第一本源，但把儒家本体观念也融入真主创世理论中，甚至认为彼此存在必然的体用关系。马德新则进一步说："清真所称之真主，即此无象之天也，以其主宰万有，故称主。五经谓之上帝。"④ 这就直接把伊斯兰教真主与儒家"天"观念等同起来。

2. 伦理观念的汇通

伊斯兰教是一种典型的神论宗教，所以伦理观念上特别强调"敬主"

① 杨兆钧：《云南回族史》，云南民族出版社，1994，第6页。
② 云南省少数民族古籍整理出版规划办公室编《清真指南译注》，云南民族出版社，1989，第212页。
③ 云南省少数民族古籍整理出版规划办公室编《清真指南译注》，第142～143页。
④ 马德新：《四典要会》，宁夏人民出版社，1988，第22页。

之类的神道，核心是对真主的顺从；而儒学是世俗化的人文宗教，伦理观念上历来注重忠孝节义之类的人道，把人作为伦理道德关注的核心。马注却认为伊斯兰教"敬主"观念与儒家忠孝节义观念本质上并不冲突："故明德之本，莫先于认主，君亲次之。天下知主命之当遵也，故臣不敢不忠，子不敢不孝，弟不敢不恭，友不敢不信。"① "认主"即"敬主"，要求伊斯兰教徒听从真主旨意安排行动，而在马注看来，忠孝节义就是真主安排的旨意，所以遵守儒家忠孝节义伦理观念就是顺从真主安排。

3. 心性论的汇通

儒学拥有非常丰富的心性论思想，是其道德修养理论的主要内容。云南伊斯兰教学者主动吸收了儒家心性理论，丰富发展了伊斯兰教义。"问：何谓以妈尼？曰：天命之明德是也。问：何谓天命？曰：承领是也。问：何谓承领？曰：修此德而全此命也。"② "以妈尼"意为信仰。马注认为，伊斯兰教信仰与儒教"天命之明德"的思想一致，人对真主的信仰根植在人来自天命的"善性"，是从属本性的存在。那么人为什么会出现差异？为了解决这个矛盾，云南伊斯兰教学者吸收了儒学"天命之性""气质之性"的理论。"惟有二等：一曰真性，二曰生性。真性与命同源，乃仁义礼智之性，所得先天。生性因形始具，乃火风水土之性，所得后天。"③ 即认为，人的"真性"（"天命之性"）得自天，全善无恶人人皆同，而"生性"（"气质之性"）来自人的身体，有善有恶，人与人之间相差较大。但只要真心修炼，"生性"是可以变化的，"真性如珠藏蚌，禀性如蚌含珠。虽同体共命，贵贱各殊，惟凭正道之开示，而后真光乃露。"④ 这与宋明理学家变化气质之道的思想如出一辙。

4. 格物致知思想的汇通

儒家格物致知思想对云南伊斯兰教产生了很大影响。朱熹说："所谓致知在格物者，言欲致吾之知，在即物而穷其理也。盖人心之灵莫不有

---

① 云南省少数民族古籍整理出版规划办公室编《清真指南译注》，云南民族出版社，1989，第211页。
② 云南省少数民族古籍整理出版规划办公室编《清真指南译注》，第178页。
③ 同上。
④ 云南省少数民族古籍整理出版规划办公室编《清真指南译注》，第245页。

知，而天下之物莫不有理，惟于理有未穷，故其知有不尽也。是以《大学》始教，必使学者即天下之物，莫不因其已知之理而益穷之，以求至乎其极。至于用力之久，而一旦豁然贯通焉，则众物之表里精粗无不到，而吾心之全体大用无不明矣。"① 这是儒家关于格物致知思想最经典的陈述。格物致知就是要了解蕴藏在事物之中的理，通过日积月累的方式最终唤醒自家本性已有之知。因此，儒家格物致知思想具有两个非常明显特点：一是认为人心具足一切知识；二是格物目的是唤醒已有的知识，而不是用来综合分析。这些特点从根本上说来自宋明理学家的"理本论"，即视"理"为世界绝对本体，且在创造世界万物时把自身亦蕴含在其中。云南伊斯兰教学者基本接受了这些思想。马德新说："未有世界之象，先有世界之理，而具于造物之觉照，是所谓世界未显即真一，乃世界之象未形，其理不离乎真一也。"② 这就是宋明理学家"理在气先"思想的另一种说法，只不过把儒家的"理"变成了伊斯兰教的"真一"。那么如何格物致知呢？马注说："以故造化之原，天地之秘，仙神之奥，性命之微，万物之理，莫不尽付于人。"③ 造化之理就在人心之中，人心蕴藏无穷的真知。所谓格物自然也就是用来启发这种先验之知了，"我不见一物则已，等见一物，便认得主"④。

当然，云南伊斯兰教学者不是全盘接受了儒家思想，而是有选择地吸收，为伊斯兰教的基本教义服务。因此，他们不仅不认为儒教就是完美无缺的，而且非常明确地意识到儒学的不足。如马注称"儒知而言浑"，对"天命""天道""生死"等终极问题缺乏必要思考，而伊斯兰教直接给出了回答："不二何物？不测何能？生从何来？死从何去？使天下万世知有造化性命之真主，归真复命之正道，若身出于亲，养于天地而成于真主。"⑤ 伊斯兰教、儒学的差异从本质上说是各具特质："我教圣人所任者天道，他教圣人所任者人道。"⑥ "人道者，处世之理，乃人与人

① 朱熹：《四书章句集注》，中华书局，1983，第6～7页。
② 马德新：《四典要会》，宁夏人民出版社，1988，第78页。
③ 云南省少数民族古籍整理出版规划办公室编《清真指南译注》，第223～224页。
④ 云南省少数民族古籍整理出版规划办公室编《清真指南译注》，第223页。
⑤ 云南省少数民族古籍整理出版规划办公室编《清真指南译注》，第207页。
⑥ 马德新：《大化总归》。

所当行之事也，是谓五伦。天道者，乃人与真宰所当尽之功，是谓五典也。"① 换言之，伊斯兰文化的核心是宗教信仰，儒家文化的重心则是伦理道德。这些思想充分证明云南伊斯兰教学者非常清醒地认识到伊斯兰教与儒学的差异，说明云南伊斯兰教"以儒诠经"思潮不能简单等同于伊斯兰教被儒学同化，而是伊斯兰教与儒学之间具有积极意义的对话。因此，云南伊斯兰教"以儒诠经"思潮对民族关系的影响是正面的，在回汉两个民族之间建立起沟通交流的文化纽带。

首先，云南伊斯兰教"以儒诠经"思潮促进了汉族对伊斯兰文明的理解。自古以来，伊斯兰教经典都是用阿拉伯文字书写，汉人很难理解其经义。马注、马德新等人主动用汉文并利用儒家思想注解伊斯兰教思想，无疑便于汉族更好理解伊斯兰文明，这是"以儒诠经"思潮掀起的一个重要目的："浅义易晓，深理难知，而未习天方之学者更难知。余恐众人误认其理，故以汉文译之。"② 他们这些努力也确实加深了汉族知识分子对伊斯兰教的认识，如咸丰年间曾任云南学政的吴存义这样评价马德新著作："习其学者，读《性理》《典礼》之书，并详《幽明释义》之旨，则不悖于西方圣人之教，即不悖于中国圣人之教。其谆谆劝人为善之心，亦可以令人深长思矣！"③ 向来秉持华夏文明至上论的汉族知识分子能对伊斯兰这样的认知态度，足见云南伊斯兰教"以儒诠经"思潮的影响力和感染力。

其次，云南伊斯兰教"以儒诠经"思潮改变了广大穆斯林对汉文化的偏见，进而增进了对中华文明的理解与认同。长期以来，伊斯兰教比较保守，尤其不学习汉文及其经典。但在"以儒诠经"思潮的影响下，云南伊斯兰教开始注重汉文及其经典的学习。马注一向强调"因教"："因教者，东土之良药也。东土之教，惟儒为最。儒之有文，若山之有木。故用文者，若匠之取材，可以为朝堂，可以为民屋，可以为梵宇，可以为清寺。玄得之而谈清虚，释得之而阐空无，阴阳得之而言祸福，筮卜得之而问吉凶，是有废人而无废字，有废学而无废文。"④ 可见，马

① 马德新：《会归要语》。
② 马德新：《四典要会》，宁夏人民出版社，1988，第 16 页。
③ 马德新：《四典要会》，第 7 页。
④ 云南省少数民族古籍整理出版规划办公室编《清真指南译注》,云南民族出版社,1989,第 375 页。

注是将汉字及儒学视为一种传递伊斯兰文化的媒介、沟通文化的工具。既然是一种媒介、一种工具，那么就无所谓差错、好坏的问题，只有应用是否得当的问题，当然既可以用来释儒、说佛、解道，也可以用以阐扬正教。因此，云南伊斯兰教克服了传统局限，"要求学习教典的人在掌握阿拉伯文、波斯文的同时，能应用汉文通畅地解释教典。……为了使学生更好地领会专业课程内容，云南经堂教育还采用了许多辅助性基础教材，有阿拉伯文经典和汉文经典。汉文经典如《清真指南》《四典要会》《天方典礼》《天方性理》等"①。通过这种教育改革，云南穆斯林能清楚看到伊斯兰教与汉文化之间的内在联系，从而加深对汉文化的了解与认同。

五 诸教交融对民族关系的影响

儒、释、道诸教在云南相互宽容与交融，而非排斥与冲突，这对民族关系有积极而重要的影响。

（一）元明清王朝在云南实行诸教并存、宽容、交融的方针

对宗教信仰采取宽和、交融的态度，乃中华民族历来的传统。两汉以来儒、道融会，东汉佛教传入，开始了儒道佛"三教合流"的历史，而元明清三朝更明确主张"三教合流"。其中元清两朝，作为少数民族建立的王朝，对"三教合流"、诸教交融大力支持，对民族关系有重大影响。

蒙古族在成吉思汗时就接触佛教并接受之。先是禅宗的海支和尚谒见成吉思汗。成吉思汗命其统辖汉地僧人，并免其差发。随后吐蕃佛教（藏传佛教）传入，又为蒙古族统治者所接受。1253 年八思巴谒见忽必烈，大受宠信，封为国师，后又晋封为帝师。因此，佛教特别是藏传佛教在蒙古族中传播开来。与此同时，道教也传入蒙古族中，统治者也采取兼收并蓄的态度。如全真派首领邱处机以 70 高龄西行见成吉思汗。成吉思汗大为高兴，奖谕倍加，于是道教在蒙古上层中发展起来，以后，邱处机的弟子尹志平等又受到窝阔台汗的重视和奖谕。整个元代，佛、

① 马开能、李荣昆：《云南伊斯兰教》，宗教文化出版社，2004，第93页。

道两家虽有竞争或冲突，但是没有你死我活的争斗，即使后来统治者支持佛教，道教受到一定的打击，但是，佛、道并行发展的局面并未根本改变。元统治者对于伊斯兰教同样采取宽和、容纳的态度。元初信仰伊斯兰教各族皆称为回回，按照元朝"诸色人户和依本俗行者"的原则，[①]都能够自行信仰，政府则在中央设回回哈的司，由哈的大师统领，并依法掌管本教门的宗教活动及回回人的相关事项。起初，伊斯兰教只为回回人信仰，后来在忽必烈的孙子安西王阿难答的提倡下，在蒙古族中也传播开来。

明代，开国皇帝朱元璋就力主"三教合一"论，确定"三教并用"的方针，他在《三教论》中说："于斯三教，除仲尼之道祖尧舜，率三王删诗制典，万世永赖。其仙佛之幽灵，暗助王纲，益世无穷，惟常是古。尝闻天下无二道，圣人无两心。三教之立，虽持身荣俭之不同，其所济给之理一。然于斯世愚人，于斯三教有不可缺者。"[②] 明确主张以儒学为主"三教合一""三教并用"。其后诸帝无不遵循其旨意而推行之。

满族在女真金时期，虽然推崇儒学，但对佛、道却也兼容并包。及至清初，康熙帝虽曾斥责佛、道虚妄，但却尊重西藏佛教及达赖和班禅大师，并且在全国范围内也不强行禁止佛、道的传播。至雍正帝则明确主张三教并立、三教并用，他说："域中有三教，曰儒、曰释、曰道，儒教本乎圣人，为生民立命，乃治世之大经大法，而释氏之明心见性，道家之炼气凝神，亦于我儒存心养气之旨不悖，且其教旨皆于劝人为善，戒人为恶，亦有补于治化。"[③]

由于三代中央王朝都采取这样的方针，全国形成诸教交融的基本态势，因此，云南地区在元明清时期也都实行"三教合流"诸教交融的方针。

元代赛典赤尊孔读经、广建孔庙、大办儒学学堂，开云南儒学传播

① 《元典章新集》，转引自韩儒林主编《元朝史》，人民出版社，1986，第 350 页。
② 《明太祖文集》卷 10，转引自唐大潮《明清之际道教"三教合一"思想论》，宗教文化出版社，2000，第 117 页。
③ 《龙虎山志》卷 1，转引自黄心川《"三教合一"在我国发展的过程、特点及其对周边国家的影响》，《哲学研究》1998 年第 8 期。

之新局面。而佛教在云南的传播也因统治者的支持，而有新的局面。如大理国时期佛教寺庙以洱海地区为盛，而至元初，因世祖忽必烈等皇帝尊佛，于是云南梁王等权贵，也就在行省所在的滇池地区大建寺庙。到元末中庆城（今昆明）著名的佛寺竟有 30 余所，如五华寺、圆通寺、大德寺、海源寺、曹溪寺等。元代对佛教的支持不仅在于建寺庙，元武宗至大三年（1310），筇竹寺（在今昆明玉案山）住持玄坚赴京，武宗皇帝颁赐给他《大藏经》三部，命其"分供筇竹、圆通、报恩三刹"。到仁宗延祐三年（1316），仁宗皇帝再传旨筇竹寺，任命玄坚为该寺"头和尚"，严令军民百姓，不论什么人都不得侵夺损害此经书和该寺一切财产。其旨以白话写成，玄坚将之刊刻石碑，今仍存于该寺，民众称为"白话圣旨碑"，其碑（圣旨）云："成吉思皇帝、月阔台皇帝、完庆笃皇帝、曲律皇帝圣旨里：和尚、也里要赐藏经与筇竹寺里，命玄坚和尚住持本山转阅，以祝圣寺，以祈民安。……云南鸭池城子玉案山筇竹寺住持玄坚长老为头和尚每根底，执把大藏经帙与了，圣旨宣玄坚，教修本寺里藏经楼，并寺院房舍完了者。差发、铺马、一应修当者，税粮休当。但系寺院的田园、地产、人口、头匹、铺面、典库、浴堂，不拣什么的，是谁休夺要者，休倚气力者。"① 元仁宗说："明心见性，佛教为深；修身治国，儒、道为切。"② 他积极主张"三教合一"，也正是在这种思想前提下，才颁发圣旨给筇竹寺的。

明代在全国各地府、州、县以至都司、卫所皆设学习儒学的学校，简称"儒学"。此类学校的学生（生员），有专门的教官（教授、训导、学正等）管理，其"禀膳生"由国家供给生活费用。云南也实行之，在各地设置"儒学"。与此同时，继承元代，明也设立专管佛教的机构，即在各府设僧纲司、州设僧正司、县设僧正司。这既是政府对佛教僧侣的管束，也表明政府对佛教的肯定和护持。明代又把这种机构扩展到道教，在府、州、县设立管理道教的机构：府设道纪司、州设道正司、县设道会司。云南从洪武年间也即设立这些机构，从而贯彻朝廷三教合流、三

---

① 转引自杨学政主编《云南宗教史》，云南人民出版社，1999，第 98 页。
② 《元史·本纪》。

教并用的方针。明代 19 个府、28 个州、31 个县都设有管理儒学的教官，也都设有管理佛教僧众的僧官，在各主要的府、州也都设有管理道教的道纪司、道正司，如云南府（昆明）、大理府、楚雄府、永昌府等。由此可见三教并行的盛况。

清初仍延续明代三教繁盛的状况和管理体制，而到清中后期则随着整个封建社会和国家的衰落，儒释道三家也都同时衰落下来，政府对它们的支持和管理也都废弛。

（二）各民族中的诸教交融

元明清时期，在中央王朝的政策导向和制度控制之下，云南中心地区，或者全省总体上儒释道三教是相容并存、交融合流的。元明清以后，在云南占人口多数且居住在中心地区的汉、彝、白三个主体民族，其诸教交融的情况与全省总体情况完全一致，故不另述。这样，我们把纳西族作为云南少数民族中诸教交融的历史典型进行详细论述。

纳西族独特的本土宗教是东巴教。但东巴教交融着多种宗教。它由本民族原始崇拜发展而来，但是，苯教和藏传佛教对其产生重要的影响，其祖师丁巴什罗原本就是苯教或藏传佛教的大师，其教义、经典、鬼神系统等，就与苯教和藏传佛有许多相同之处。

但是纳西族中不仅有东巴教，儒、释、道三教也都传入、兴盛、交融于纳西族中，从而形成多元融会的局面。首先是藏传佛教，它或许很早就为东巴教所吸收，但作为不同于东巴教的宗教而传入纳西族，独立建寺、广收信徒，则始于木氏土司兴起之后。明初，木氏与藏传佛教噶玛噶举派建立良好关系，先拜噶玛噶举红帽系活佛为木氏的"帝师"，后请噶玛噶举黑帽系活佛到丽江说法、传教。明末，格鲁派（黄教）取得西藏政教统治权之后，噶玛噶举派受压避入云南（丽江和中甸），木氏热情接待该派活佛，支持他们在丽江传教。由于木氏的支持以及带头信仰，藏传佛教噶玛噶举派在纳西族中传播开来。与此同时，木氏也与拉萨掌权的格鲁派建立友好关系，嘉靖年间就迎请格鲁派活佛到丽江，万历年间则出巨资迎请三世达赖到理塘讲经传法，并重建理塘大寺。于是藏传佛教（主要是噶玛噶举派）在木氏统治的藏族、纳西族地区传播开来。明清以来木氏家族有多人出家为喇嘛、活佛，著名者如东宝活佛。在他们的带动下藏传佛教有许多的纳西族信众，由此藏传佛教成为纳西族信仰之一。

汉传佛教之传入纳西族，亦自明代。明代木氏土司就倡导汉传佛教，如《明末滇南纪略》所载："丽江土官自明朝开国以来，俗多好佛。"① 为支持汉传佛教，木氏在丽江出巨资和大量人力建福国寺、法云阁、琉璃殿、大定阁等寺庙；又捐巨资，在云南佛教名山——鸡足山建该山最大的佛寺——悉檀寺，并求得明熹宗钦赐佛经入藏该寺。鸡足山为此塑土司木增像、藏木氏家谱《木氏宦谱》，以至后人认为"……悉檀寺是以丽江木氏土司为檀那主，等于他们的家庙"②。土司木增不是一般的信仰佛教，他对禅理深有体悟。如其《寄彻庸禅师二首》，其一云："月注曹溪溪外天，松风演义妙音玄。主人饱腹无他羡，半榻云庵了了眠。"由之可见汉传佛教亦深深融入纳西族上层之中。此后汉传佛教在丽江地区不断发展，据《纳西族文化史论》所述："在清代，汉传佛教在丽江地区得到进一步的发展，又增建了六十多个大小寺庙，分布在城乡各地。到20世纪50年代前，丽江县属的比较大的村寨几乎都有一个或几个寺庙，有的大寺有不少田产。寺庙中的和尚也多是纳西人。"③ 由此可见，汉传佛教在纳西族传播之广泛。

同样在明代，道教传入并交融于纳西族诸教之中。据乾隆《丽江府志》载，明武宗正德年间，就有道士来丽江。土司木氏对道教兼收并蓄，热心信奉。土司木公信佛同时又信奉道教，他与道士交往甚密，其诗云："艺客遥将访我楼，岭云湖鹤共悠悠。醉余说尽延生诀，袖拂苍髯不肯留。"④ 土司木增也是佛、老并修，自号"滇西华马水月道人""丽水解脱道人"，自云："独爱玄同契老庄"；追求老庄清净无为的境界，修炼丹药以求长生。清代"改土归流"、撤销木氏土司之后，道教在纳西族民间有巨大发展，其突出表现是群众性道教组织"洞经会"和"皇经会"的

---

① 转引自杨福泉《纳西族文化史论》，云南大学出版社，2006，第213页。
② 李霖灿：《玉龙大雪山——霖灿西南游记》，转引自杨福泉《纳西族文化史论》，云南大学出版社，2006，第217页。
③ 杨福泉：《纳西族文化史论》，第219~220页。
④ 见杨福泉《纳西族文化史论》，第227页。

出现和蓬勃发展。洞经会组织会众"谈演"洞经，即在一定的节日、仪式上，结合洞经音乐的演奏而诵读洞经。洞经即道教经典，主要是《玉清无极总真文昌大洞仙经》。[①] 洞经会发展迅速，虽然音乐的演奏日益成为其主要的内容，"经会"日渐成为群众性的音乐演奏会，但其"寓教于乐"、宣扬道家人文精神的宗旨未变。发展至清末，洞经会已遍及丽江各地，"到20世纪40年代，在经济、文化较发达的丽江坝、拉市坝及金沙江沿线地区，几乎每个乡镇、每条街道、每个大的村寨都组建了洞经会或洞经乐队"[②]。皇经会晚于洞经会，同样演奏音乐、诵读经典，其乐曲与洞经会大同小异，其经典为《洞玄灵宝高上玉皇本行集经》。皇经会也同样向群众性娱乐方向发展，但其宣扬道教文化的功能始终存在。在丽江，皇经会最后与洞经会合流。由此可见，明清以后纳西族多元文化中交融着道教这一潮流。

儒学非宗教，但与上述宗教相交融，构成纳西人信仰、价值观念、政治思想的重要部分，对纳西人的民族凝聚以及民族关系所发挥的作用，并不逊于上述宗教。儒学真正进入丽江应始于元代。元代云南省平章政事赛典赤·赡思丁，在各地兴办学堂、修建孔庙，大力推动儒学教育，其中包括丽江，因此丽江始有儒学教育，但是规模极小、影响不大。到明代，木氏土司非常热衷儒学，在其家族和社会上层中大力推崇儒学，产生了如木公、木增那样对儒家思想很有理解和领悟的精英人物，于是儒学迅速融入纳西族的思想观念之中，构成其核心的部分。儒学忠孝节义思想日益成为纳西族上层的基本价值观。木公袭任土司后作诗《述怀》云："胸中恒运平蛮策，阃外常开捍虏戈。忧国不忘弩马志，赤心千古壮山河。"又诗云："国丰惟我愿，民乐此心康。"[③]一派儒家忠君爱民思想。其后，土司木增亦儒释道兼修，他虽有强烈的道家出世思想，但社会政治思想仍属儒家，如向朝廷献银助饷后

① 张兴荣在《云南洞经文化——儒释道三教的复合性文化》一书中说，主要洞经为《玉清无极总真文昌大洞仙经》，清代在丽江流传的是雍正十三年刊印的《太上玉清无极总真文昌大洞真经定本》。

② 杨福泉：《纳西族文化史论》，第231页。

③ 转引自和钟华、杨世光主编《纳西族文学史》，四川民族出版社，1992，第502页。

写诗云："每爱潜夫沦（应为"论"——转引者注）。其如东事何！主忧臣与辱，师众饷尤多。愚贡点涓滴，天恩旷海波。狼烟看扫尽，木石葆天和"，[1] 表露出儒家思想。因此，《明史·土司传》中指出："云南诸土官，知诗书好礼守义，以丽江木氏为首"。但木氏之兴儒学只限于土司家族或社会上层，并无扩及一般平民百姓。诚如《纳西族文化史论》所言："在木氏土司最盛时的明代，儒学也未曾流行于纳西族民间。"[2] 至清"改土归流"，木氏土司对文化、教育的垄断被打破，儒学方才扩及民间。"康熙三十九年（1700），在丽江府设儒学署，置教授、训导各一名，掌管全府学务及学署教学事宜，开创了平民子弟入学之先河。""乾隆年间，丽江知府管学宣和万咸燕重修书院，资助学校，购置图书，还请内地名师到丽江教学。继雍正年间设立白沙、兰州、下井3个义学馆后，又在各个乡里设立忠义、束河、白马、喇沙、吴列、七河、九河、巨甸、通甸等18个义学馆，吸收平民子弟入学。"[3] 至此，以儒学为主要内容的教育在丽江地区迅速发展，儒家思想在纳西族的主要聚居区广泛传播。

由此可见，不论是藏传佛教、汉传佛教、道教还是儒学，木氏一概兼收并蓄；进而还可以看到，木氏不仅兼容，而且能够在传统东巴文化的基础上，交融、汇合诸教。木氏的这一特点，或者说是对民族精神的贡献，其集中地体现在土司木高所撰的丽江万德宫碑文中。这篇重要的碑文（据和在瑞先生的抄录校点）如下：

　　　佛即天矣，天即君矣。

　　　仁君（寿），天下安矣；天下安，世官永矣；世官永，边土宁矣；边土宁，人民乐矣；人民乐，五谷丰矣；五谷丰，仁义兴矣；仁义兴，礼乐作、人神和矣；人神和天地位焉，万物教（此教字应为衍文——转引者注）育焉，盛矣哉！且夫天地之视德（抄录错误，应为聽［听］字。《尚书》："天听自我民听"——转引者注）亦从于民，子子孙孙世官此土，恒于忠孝，笃于仁爱，忠君报本，育民

---

① 转引自和钟华、杨世光主编《纳西族文学史》，四川民族出版社，1992，第511页。

② 杨福泉：《纳西族文化史论》，第253页。

③ 杨福泉：《纳西族文化史论》，第254～255页。

乐道。夫如是，佛天保佑，鬼神默助，加官增禄，延寿康身，随心所愿，无有不应者，而四夷欣服，万民乐仰，绵绵相继，与天地同久矣。是岁也，建此万德宫，立金相有三：中位大孝释迦牟尼文佛，左位炽盛光王佛，右位药师光王佛。敬释迦体孝德也，敬紫微体忠心也，敬药师体仁义也。所谓："人能弘道，非道弘人。"是故我皈依，愿子孙长久之计（此两字或为衍文——转引者注）。若人禁心、索性（可能为"尽心、知性"之误。《孟子》："尽其心者，知其性也；知其性则知天矣。"——转引者注）、宝身，崇（此字或为衍文——转引者注）满腔春意充塞乎天地，君子道长小人道消矣。歌曰：北岳之崇，尊五岳中。雪莹古今，玉光凌空。来龙万里，血脉充隆。嵬峨峄崒，西来盛风。文笔之阳，万德之宫。无思无为，豁然遂通。水环仁义，山环忠孝。木氏之丰，天地随同，如月之初，如日之东，集善云仍，如斯阜鑫，木本水源，万代无穷。

　　大明嘉靖三十五年集丙辰六月九日吉时丽江军民中宪大夫世袭上（可能抄录错误，似应为土字）官知府木高紫金尊者诚心熏沐谨识。

　　画工　吉宗古昌　铸匠　云南舒风翼①

　　这篇碑文足可见纳西族在融会诸教方面的思想深度和创见。首先，"佛即天矣，天即君矣"概括了全文要义：佛教信佛，东巴教崇天，儒家忠君，三者一致。文中既赞扬和肯定对释迦牟尼的信仰，也赞扬和肯定东巴教对天和鬼神的信仰，即所谓"佛天保佑，鬼神默助"，同时，又把这种神佛信仰与儒家"敬德保民"、忠孝仁义的思想浑然一体地结合起来，形成不可分割的有机联系，即仁君寿、天下安、世官永、边土宁、人民乐、五谷丰、仁义兴、礼乐作、人神和、天地位、万物育的不可分割联系。文中"以儒解佛"，说："敬释迦体孝德也，敬紫微体忠心也，敬药师体仁义也。"这似乎有些牵强，但却表现了融合儒、佛的强烈倾

---

　　① 转引自和在瑞《万德宫——徐霞客传授文化的地方》，载《丽江文史资料》第3辑，第101~102页。

向。此文融合"佛、天、鬼神"诸教，而以儒家思想为基础，并以此贯穿全文，故作者引述最多的是儒家经典，如《论语》（"人能弘道，非道弘人"）《尚书》（"天听自我民听"）等。再者，如前所述，老庄思想向来为木氏所喜好，故碑文的赞辞言："无思无为，豁然遂通"，也就不足为奇了。总之，这篇短文是一个极好例证，它表明在融会儒、佛、道、东巴诸教思想上，明代纳西族已达到了很高的思想水平。

纳西族上层精英中诸教融会达到很高的思想水平，那么在民间，诸教融会则体现在文化生活的多元繁盛上。如明清以来，每逢甲子年，丽江都要举办盛大的"甲子会"，此会由诸教同时举办，道教（洞经会、皇经会、道师）在玉皇阁，藏传佛教在皈依堂，汉传佛教在大佛寺，东巴教则借用佛寺。"在整个活动中立东巴教的祭风柱，跳东巴舞，奏道教洞经音乐，参与的民众达四五千人。"[1] 对于当时人口仅数万人的丽江古城，这是全城参与的文化盛会。再如，丽江道教以农历三月十三日为玉皇大帝的生日，是日要至震青山玉皇宫朝山进香、祭祀，要庆祝三天。三天中，不仅道教洞经会、皇经会组织会众参加，各个佛寺的僧侣也带领他们的信徒进山朝拜玉皇，一般群众更是不分教派潮涌而至，见寺庙则拜佛，入宫观则拜玉皇，热闹非凡。[2] 而洞经会在整个丽江地区的兴盛，最好地体现出纳西族诸教融会的文化特点。正由于洞经会以纳西族传统文化为基础，融会儒道佛三教思想，它才得到最广泛的群众支持、参与。明清以后，不仅丽江城内，而且周边各个乡镇、村寨都有洞经会，年年月月都开展"谈演"活动，民众广泛参与。

纳西族是云南少数民族中诸教交融的一个代表，其他各族，如白族中诸教交融也非常突出和典型。从阿叱力教占主流的早期，到禅宗流行的元明清时期，白族就以佛、儒交融为传统，形成独特的"释儒""儒释""师僧"文化。白族故有的本主崇拜，更是融会儒释道诸教因素为一体，形成一个开放的、多元统一的民间信仰，其崇拜的"本主"，既有尽忠尽孝的人物，也有佛教的菩萨、天神，还有道教的天仙、龙王，等等。

---

① 杨福泉：《纳西族文化史论》，第 234 页。
② 参见杨福泉《纳西族文化史论》，第 235 页。

彝族也如此，其毕摩教同样融汇儒、释、道的思想因素。如忠君爱民、孝顺父母的思想以及阴阳、五行、八卦的思维方式等。彝族与白族不同的一个特点是，与道教交融较多、较深，而白族则以佛教为主。刘尧汉先生认为老子（李耳）是彝族先民，此说尚难服人，但是，如彝族支系撒梅人信奉的西波教，是浸透道教思想、观念、神灵系统的宗教，则是不争的事实。而作为道教组织的洞经会，不仅在纳西族中普遍存在，在彝族中也有发展。如《云南洞经文化——儒释道三教的复合性文化》一书中说："洞经会，主要流布于中国云南省广大汉族及大理白族、元江县白族、丽江县纳西族、巍山县彝族、丘北县壮族中。"①

（三）诸教交融对民族关系的影响

众所周知，宗教是民族文化的重要方面，宗教信仰对许多民族而言是民族精神的基本内容，因此宗教对民族的凝聚、民族关系有重要的作用或影响；不同宗教之间的关系常常制约和影响着民族关系。元明清以来，云南各民族信仰多种不同的宗教，这些宗教如因其差异而相互排斥和冲突，那么云南各民族将陷入巴尔干式的冲突和战乱之中，但是，云南各民族的多种宗教和多种信仰之间，基本是一种宽和、交融的关系，因此，促进了云南民族关系的和谐与稳定。

首先，云南各民族对于儒学（虽非宗教，但作为一种信仰和价值原则）都欣然认同；各民族信仰的各种宗教，对儒学不仅不排斥，而且融汇、吸收、相互融合。当然也可以反过来说，以汉族为主体的儒学，对云南各种不同的宗教都以宽和、交融的态度对待之，进而相互融合。这样，不仅为汉族与各少数民族的团结、凝聚构建了精神与文化的基础，而且使各民族之间也因为有共同的儒家理念（忠、孝、仁、义等）而和谐共处、相互凝聚。

其次，佛、道等教及其各宗派之间，在云南相互宽和、交融，而不排斥、冲突，因此，信奉这些宗教的民族之间，能够和谐共处，团结凝聚，云南历史上没有发生因宗教信仰而导致的民族冲突，各种战争与冲

---

① 张兴荣：《云南洞经文化——儒释道三教的复合性文化》，云南教育出版社，1998，第1页。

突皆由政治与经济而起。

最后，少数民族的各种故有的宗教、信仰，对外来的宗教，如佛教各宗派以及道教等，采取兼容并存的态度，并逐渐接纳和吸收，因此，元明清以来随着汉族的大量进入云南，佛、道等教也就广泛传入边疆少数民族之中，但没有引起这些少数民族的抵制与冲突。这对于民族关系有两方面的积极作用：其一，佛教（主要指汉传）和道教主要是汉族信仰，由汉族传入云南边疆各民族，因此佛、道两教为边疆各民族接纳，对汉族与少数民族的关系有积极意义；其二，一些民族共同信仰佛教或佛教的某一宗派（藏传、南传或汉传大乘），因此有了相互宽容、和谐共处的文化基础。

第四节　云南民族关系格局的调整与发展

南诏和大理国时期，云南民族"多元一体"的格局基本形成，但是，元代作为少数民族的蒙古族入主中原，对整个中华民族"多元一体"格局产生重大影响，而在云南，元代首建行省，削平地方割据政权，重建云南的政治体制，因此，云南民族关系"多元一体"格局又有所调整与发展。

一　地区格局的调整与发展

南诏、大理时期，云南按民族分布以及经济、政治、文化的特点，基本形成五个各有特点的地区。这也就是云南民族关系在空间、地域上的格局。这种格局，在元明清时期基本不变，但是有调整、发展。

（一）以滇池、洱海为中心的滇中地区

从云南进入文明时代开始，这一地区就是云南主干民族——彝族、白族先民的主要聚居区，是云南经济、文化发展的重心所在。从两汉（滇国）开始，经两爨、南诏、大理直到元明，这一地区始终是云南政治、经济、文化的重心所在，只是"重中之重"两爨时在滇池周围，而到南诏、大理时期，则转到洱海地区。自元代开始，滇池地区又发展起来，与洱海地区并行为云南的两个重心地区。

首先，元代在行政体制上改变了滇池地区的地位。在滇池周围设鄯

阐万户府（今昆明）、阳城堡万户府（今晋宁县晋城）、巨桥万户府（今晋宁县昆阳）、嵩明万户府（今嵩明县）、仁地万户府（今寻甸县）、落蒙万户府（今石林县）、罗伽万户府（今澄江县）、罗婺万户府（今武定县）。如此密集的府治设置，既表现了滇池周围人口和经济实力的增强，也表现了政治力量的聚集。同时，自赛典赤建云南行省即把行省的行政中心设在鄯阐（昆明），后来元朝又封皇孙为云南"梁王"，执云南最高权力，梁王坐镇鄯阐（昆明）。与此同时，在洱海周围，设大理上万户府和下万户府，其密度虽不如滇池地区，但一地两府仍显其地位之重要，同时，早在忽必烈灭大理国时，大汗蒙哥即封投降的大理国主段兴智为"摩珂罗嵯"，具有管理大理各部的权力，以后段氏子孙即为"大理总管"，共传十一世。大理总管仍坐镇大理。由此，洱海地区仍是整个云南地区又一权力中心，滇池与洱海连为一线的滇中地区在政治上的中心、主导地位得以加强。在经济方面，元代也着重加强滇池地区。元代有最大的水利工程——治理滇池的工程。自赛典赤主政云南开始就大力治理滇池及其周边的水利，于是得良田万余顷。至此滇池周边军、民屯垦之田地遂超过洱海周边，与洱海周边并为云南最重要的粮仓。[①] 基于经济发展，同时又是全省的行政中心，因此昆明的商业发展赶上了大理。于是，元代的昆明和大理，并为全省政治、经济、文化的中心。

到明代，随大理段氏"总管"权势的覆灭，以及昆明政治、经济地位的提高，昆明进而超过大理成为全省最重要的中心，大理次之。明代继续大规模治理滇池，疏通河道，兴修水利。据正德《云南志》载，当时"（滇）池水顿落数丈，得池旁腴田数千顷，夷汉利之"。经济实力进一步增强，并一跃成为云南交通枢纽。明代云南出省的要道，大多以昆明为起点。如昆明—贵阳道（由昆明经杨林、马龙、曲靖、平彝而入贵州），乌撒（今威宁）道（由昆明，经曲靖、宣威、可渡到乌撒，然后入贵州毕节等地，最终至重庆），滇桂道（由昆明，经宜良、路南、弥勒、

---

① 据段红云《明代云南民族发展论纲》（人民出版社，2011）载，至明代滇池地区官民田合计 3875 顷另 62 亩，而洱海地区则 3160 顷另 19 亩，滇池地区多 715 顷；军屯田，滇池地区 372424 亩，洱海地区 186255 亩，更多 186169 亩。

江边、邱北、广南、富州、剥隘入广西百色,进而至南宁)。① 由此,昆明也就成为云南商贸中心,以至省内外及国外的商人都云集昆明。

这种情况至清代进一步发展。清初吴三桂入滇,受封为"平西亲王",总管云南、贵州两省,位于总督、巡抚之上,其藩王府建于昆明。吴三桂覆灭后,清廷或设云南总督,或设云贵总督,甚至在雍正时以鄂尔泰为云贵广西总督,总管三省事务,而总督的驻地始终设于昆明,于是昆明的政治地位进一步强化。而随着云南矿产、有色冶金以及茶叶等的发展,省内外的商业也更加繁荣起来,由于省内各地的商品多汇聚于昆明,再向外地交易,而四川、贵州、广西以及越南、缅甸等地商品亦以昆明为交易枢纽,于是昆明作为商业中心的地位进一步加强。

清代昆明在发展,而大理也并未失去滇西政治、经济枢纽的重要地位。大理西与保山、丽江相连,东经楚雄而至昆明,并与昆明成为云南的核心地区。

滇池、洱海地区政治、经济格局的变化,同时也是民族格局的变化。在南诏、大理时期,洱海地区为重心所在,也就是白族在各民族中处于主导地位的表现;其后,滇池地区地位逐渐上升,则是明清以后汉族与滇东彝族地位上升的表现。但是总起来看,以滇池、洱海为中心连接成的滇中地区,自汉唐(两爨、南诏)以来,重心虽有变化,但却始终是整个云南地区的中心和先导,而这种地域的格局,也正是彝、白、汉三个民族在云南民族格局中主干和先导地位的表现。

(二) 滇西北地区

元明清是滇西北取得重大发展的时期。在这一时期,以纳西族为主干的格局全面确立,而滇西北作为一个有特色的地区,在云南民族格局中的地位也得到确立。

1253年忽必烈率军南征大理,大军经川南从滇西北进入云南。忽必烈亲率中军从奉科(在今丽江境)渡过金沙江,直入丽江坝。纳西族首领麦良审时度势主动迎降,得到忽必烈的信任和重用,麦良等纳西族首领被授"茶罕章管民官""茶罕章宣慰司"等职。至元十一年(1274),

---

① 见何耀华主编《云南通史》第4卷,中国社会科学出版社,2011,第152~153页。

世祖（忽必烈）诏设"丽江路军民总管府"；至元二十二年（1285）改设"丽江军民宣抚司"，其"总管""宣抚使"职由麦良子孙袭任。至此，以丽江为中心的滇西北地区从行政上得以统一，进而结束纳西族"酋寨星列"的分散局面，使滇西北在云南民族格局中的地位、丽江在滇西北的中心地位进一步确立。

明代，丽江、纳西族在民族格局中的地位进一步加强。木氏土司在明代受到朝廷的高度信任和支持，以之为朝廷防御吐蕃势力扩张的依靠。皇帝多次将"辑宁边境""诚心报国""西北藩篱"亲笔匾额赐予木氏土司。木氏也借此不断向吐蕃势力的藏区用兵，扩张自己的势力。明代，木氏的势力达到今四川省甘孜藏族自治州的巴塘、理塘，凉山州的木里以及今西藏自治区的昌都以南，成为滇西北以至滇川、滇藏相邻地区最大的政治势力。在政治、军事力量的基础上，木氏土司积极发展丽江地区的经济、文化。首先木氏在丽江、木里、中甸、兰坪、维西等地开办金、银、铜、铁等矿业以及盐业，并由此而"富冠诸郡"，成为云南最为富有的土司。同时又凭借其经济实力在丽江地区兴修水利，发展畜牧，使丽江成为滇西北的经济和商业中心。木氏在文化上又采取开放的态度，不仅积极吸取内地儒学、诗书礼教，积极引进汉族专业技术人才，如医生、教师、冶金和建筑技术人才，而且对各种宗教亦采取开放、包容的态度。藏传佛教、汉传佛教、道教，藏传佛教的不同宗派，以及本民族土著的东巴教，都可以并行发展，于是，丽江成为滇西北的文化中心，纳西族成为引领滇西北的主导民族，而滇西北也就成为云南民族格局中一个特定的地域。

清代自雍正以后在丽江地区推行"改土归流"和"以夏变夷"的文化政策，这虽然对丽江地区纳西族故有文化有很大的冲击和消融作用，但是，深厚的纳西族传统文化并未消失，其独特性仍保留在民间。经济上，由于与内地联系加强，丽江地区有了进一步的发展。

傈僳族是滇西北地区人口较多的民族，现今在云南境内的人口总数60余万，有40余万在滇西北地区。其人口虽然较多，但迁入滇西北地区并稳定地居住下来却较晚，并且长期受纳西族土司统治，因此，未成为滇西北地区的主导民族。大约在公元8世纪以前，傈僳族先民尚混同于乌蛮族群之中，到元、明时期才分化出来迁居滇西北，分别受纳西族土司（丽江木土司、永宁阿土司、维西女千总禾娘）以及彝族土司的统治。至明代，纳西族与藏族争夺滇藏边境地区的战争中，纳西木氏土司大量征召傈僳族入伍作战。在战争中，傈僳族产生自己的首领"刮木必"，于是在刮木必的率领下，大批傈僳族渡过澜沧江，翻越碧罗雪山，在怒江两岸居住下来。至清末，维西、兰坪等地傈僳族在恒乍绷等人的领导下，爆发反清大起义，失败后又有大批傈僳族同样向西渡过大江，越过雪山，来到怒江地区。在这两次大迁徙之后，傈僳族的生活地域才安定下来。因此，傈僳族在滇西北民族和文化格局中，尚无纳西族那样的深厚基础。

（三）滇西南地区

麓川政权和明代"三征麓川"战争，是元明清时期影响滇西南民族关系格局的重大事件。

麓川领地的主体即滇西南地区，包括今德宏傣族景颇族自治州的瑞丽、陇川、遮放、勐卯、南甸、干崖等地。麓川政权是傣族建立、以傣族为主体的政权。这一强大政权的建立，及明王朝与之进行的规模巨大、旷日持久的"三征麓川"战争，使傣族在这一地区民族格局中的强势地位得以加强。

麓川政权崛起于元代。元初，蒙古军灭缅北蒲甘王朝，于是掸族（亦为傣族先民）和傣族势力发展起来。元朝在这一地区实行较松散的羁縻制，建立多个土司政权。其中麓川平缅宣慰使司（辖境为今德宏傣族景颇自治州的瑞丽、陇川两县及梁河、芒市的部分地区），在傣族思氏集团的率领下，迅速崛起。明初仍命思氏为麓川平缅宣慰使，兼有平缅、麓川两地，其势力迅速膨胀，至洪武十八年（1385）竟能调动十余万兵力，向东进攻，扩张其领地和势力范围。在与明军进行景东和定边两场战役后，迫使明王朝调动全国的力量发动"三征麓川"之战。"三征麓川"之战，双方投入兵力数以十万计，前后近十年时间，这说明当时的滇西南的傣族已是一个强大的族群，完全左右和控制滇西南地区的政治、经济、文化。

"三征麓川"之后，双方都大伤元气。明王朝衰亡，而独霸滇西南的麓川政权则被分解为多个土司，各自为政，同受中央羁縻。如分建陇川、干崖、勐养、南甸、潞江、龙陵等众多宣抚司和土同知。由此，傣族在滇西南的势力和影响被分散，并因相互的争夺而有所抵消，但是，其总体实力和发展水平在这一地区仍处于主干和先导的地位。

元明清时期，在滇西南另一个傣族聚居区，即是麓川以南以车里（彻里）为中心的地区（今西双版纳地区）。据《泐史》载，这里原有一个傣族政权——景龙金殿国。现今看来，这不是真正意义的国家，只是一个强大的部落盟。① 元代建立行省，在此设车里（彻里）军民总管府，以"土酋塞赛"即傣族首领为总管。由此，傣族领主成为这一地区统治者。至明代，据《明史·云南土司三·车里》载："洪武十五年，蛮长刀坎来降，必置车里军民府，以坎为知府。……（十七年）改置军民宣慰使司，以坎为使。"此后，车里傣族首领（召片领）就一直承袭宣慰使司。1570年，时任车里宣慰使的刀应猛将所辖区域划分为12个提供封建贡赋劳役的单位（版纳，"12"傣语读为"西双"），由此遂有"西双版纳"之称。《明清云南土司通纂》据《读史方舆纪要》指出，车里宣慰使司所辖境域："为今西双版纳傣族自治州全境及北部之思茅、普洱两县，南面国界外之猛乌、乌得两地"。② 麓川思氏政权扩张之时，未能吞并车里，"三征麓川"之战车里亦未卷入，故西双版纳在明清两朝一直处在车里宣慰使（召片领）的稳定统治下。因此，傣族在这一地区始终处于主导地位。

（四）滇东南地区

滇东南地区与广西紧邻，唐宋以来壮族就是该地区的主要民族。元代这一地区的壮族称为侬人、沙人或僚人，其首领则姓侬或沙。唐宋以后，哈尼族逐渐从乌蛮等族类中分化而出，并向南迁徙分布于滇南，其中至滇东南的部分较为发达。

元初，蒙古军进入滇东南，当地侬人首领、宋特摩道知事侬士贵率各地土司归降元军。于是元朝设广南道，旋即改为广南西路宣抚司，任壮族侬氏为宣抚使，领有富州、安宁、罗佐三州。明代，仍设广南府以

① 见《傣族简史》（修订本），民族出版社，2009，第63页。
② 龚荫：《明清云南土司通纂》，云南民族出版社，1985，第181页。

及"教化三部"、阿迷州等，仍以侬氏为土府同知。清代"改土归流"后，流官虽然进入，但是实权有限，"在当地土著的壮族等少数民族中，土府同知侬氏无论在政治、经济、军事的各方面都仍然具有实际的统治权力。流官知府最初能够直接统治者，只是迁入的汉族而已。……直到民国年间，土府同知侬氏的统治权力才被最后清除"①。此外，"教化三部"长官司（在今文山壮族苗族自治州）长官龙氏、安南长官司副长官沙氏皆为壮族。特别是沙氏，至明末沙定洲时并吞周边各部，势力剧增，所谓"兼有安南、阿迷之众，复吞诸夷，自元江南连交趾，东抵广南，北至广西，绵恒数千里，称兵二十万"②。甚至出兵省城昆明，进攻明黔国公沐天波欲代之，至"全滇震动"。由此可见其实力之强大，实为滇东南一霸。从以上可知，元明以来，壮族乃滇东南之主要民族。

哈尼族在元代称为和泥。元军进入滇东南后，罗槃（今元江哈尼族彝族傣族自治县）和泥土司阿禾必归降。元朝在其地设元江万户府、和泥路。明代，哈尼族继续发展，至清已成为当地人数较多的民族，开辟梯田、发展生产，日益繁盛。至清末，哈尼族富豪高罗衣、朱申等人聚众发动起义，高罗衣自称"窝泥王"，率众击杀土司，其队伍发展上万人。其失败后，又有高老五（高罗衣侄子）称"窝泥王"再次起义。由此亦可见哈尼族在当地的实力与影响。

虽然，滇东南有部分彝族，但人数较少，也未能主导该地区；而苗族和瑶族，自明以后才不断迁入，人数亦少，且分散居于偏远地区，因此，本地区的民族格局仍以壮族、哈尼族为主干。

（五）滇东北地区

元代建省，滇东北地区属云南省。元代云南省之下设路、府、州、县，但又建宣慰司、宣抚司分片统辖本省大部分的路、府、州、县。滇东北地区在元代属乌撒乌蒙宣慰司管辖。乌撒乌蒙宣慰司下辖有乌撒路、乌蒙路、东川路、芒部路。除乌撒路地域在今贵州省（威宁、水城、赫章一带）外，其余乌蒙、东川、芒部三路就包括了现今滇东北大部地方

---

① 尤中：《云南地方沿革史》，云南人民出版社，1990，第418页。
② 《道光云南志钞·土司志下·开化府》，转引自龚荫《明清云南土司通纂》，第257页。

（昭通地区及会泽、东川等地）。又《元史·地理志》载："乌撒者，蛮名也。其部在中庆（即今昆明）东北七百五十里……自昔乌蛮杂居之。今所辖部六：曰乌撒部、阿头部、易溪部、易娘部、乌蒙部、（阔）畔部。其东西又有芒布、阿晟二部。"即是就部族来说，乌撒乌蒙宣慰司属于皆为乌蛮，共分六部；这六部中，易溪、易娘、乌蒙、（阔）畔等四部都居住在今云南省属的滇东北地区（即昭通地区和会泽、东川）。由此可知，元代滇东北地区属云南省，并且为彝族聚居地区。

但是，明代在行政体制上把这一地区划归四川省，即将东川府、乌蒙府、镇雄府划归四川省管辖。在行政体制上，这一地区不属于云南，但是在民族格局上作为乌蛮（彝族）聚居地，仍与云南有机联系。

清代，雍正年间强力推行"改土归流"，鄂尔泰奏准将东川、乌蒙、镇雄三府划归云南省。但是，在民族格局却发生巨大变化，即鄂尔泰在暴力推行"改土归流"的过程中对彝族残酷镇压，几乎赶尽杀绝，随后又大力招徕各地汉族移民，于是滇东北从彝族聚居区一变而成汉族为多数、为主体的地区，改变了这一地区乃至云南全省的民族格局。

二 汉、彝、白主干地位的确立

（一）汉族人口的增加及经济、文化地位的提高

元明清时期云南民族格局的最重大变化，就是云南汉族人口的增加及其经济和文化地位的提高。

元代，随蒙古军进入云南的汉军，加上明末少量的红巾军余部，以及入滇的商人，其总数都不算多，都不足以改变云南的民族结构。明代，大量汉人以各种方式涌入云南，一二百年中就使少数民族占主要成分的云南，变成了汉族人口占多数的云南。汉人入滇的方式：军队入滇作战，军屯、民屯、商屯，政府组织的移民，流寓的官员，充军的罪犯，贬谪的官员，等等。据《明代云南民族发展论纲》统计，"明代卫所军事移民进入云南的人口大致在403200人"。"巅峰时期云南布政司所辖汉族人口大约在160余万人。"而"万历初年云南布政司和都指挥司所辖军、民人口的总数共计1941787人"。由此得出结论："明代通过军事、民屯、商屯、流寓等形式进入云南的汉族移民数量当在194万

余人。"① 那么，194 万余人在当时云南民族格局中占有什么样的地位呢？《汉族移民入滇史话——南京柳树湾高石坎》一书认为，"明初全国人口大致维持在六七千万之间，若以四十分之一比，云南人口当在二百多万。……但军屯、民屯、商屯三者徙入云南人口总数超过百万是肯定的"。由此，明以后汉族成为云南之主体民族。② 清代各种移民仍不断进入云南，特别是随着云南矿产、有色冶金业的发展，除屯垦务农外，又有不少江浙、四川、湘鄂等地的工匠、技术工人进入云南。

明以后，汉族对民族格局的作用和影响，不仅体现在人数上，而且体现在经济与文化方面。经济方面，军屯、民屯、商屯的汉人，多能据屯垦的优势，大力兴修水利和开垦荒地，元明清三代云南兴修的水利工程超历代，而且屯垦的汉族又多在"坝区"和交通沿线，占据较好地位，因此，汉族很快就成为云南粮食的主要生产者、农业的决定力量。明代和清前期，云南银、铜的产量皆居全国之首。虽然朝廷、官方紧紧控制，但是，为了增加产量、扩大规模和多收"课银"，不得不允许民间资本染指，于是就有内地各省富户到云南开矿，同时带动了许多劳工、技工入滇。《云南简史》就说，云南矿业的发展"吸引了全国三江、两湖、川、广的富商大贾，他们厚积资本来到云南各地矿山，投资开矿、冶炼并兼营贸易""矿主以及矿冶生产各部门中脱离具体劳动的管理者硐头、锅头、欀头、客长、课长、街长、炉长、炭长和来自楚、吴、蜀、秦、滇、黔和砂丁、坑户，组成'厂人累万'的矿区"。③ 这各色人等基本都是汉族。所以，明清以后，云南工农业的主干力量基本是汉族。

文化方面，元明以前汉文化早已渗透云南各族中，但是，元明时期随着汉族人民的大量进入，汉族文化更加广泛、深入地浸润、传播于云南。这种文化传播有两方面十分突出，一是儒学教育的推行，二是许多文化精英进入云南。这两方面使汉文化、汉族在云南民族格局中的地位大为改观。云南官方组织的儒学教育，始自元代赛典赤。至元十三年

---

① 段红云：《明代云南民族发展论纲》，人民出版社，2011，第 254~255 页。
② 郝正治：《汉族移民入滇史话——南京柳树湾高石坎》，云南大学出版社，1998，第 100 页。
③ 马曜主编《云南简史》（新增订本），云南人民出版社，2009，第 123 页。

（1276）赛典赤和张立道在昆明、大理建孔庙及"庙学"。庙学即由政府组建的学校，政府划拨"学田"以田租充其经费，又从四川等地延聘教师。随后，学校在云南主要地区永昌、丽江、鹤庆、楚雄、建水等地组建起来，进而重开科举考试。这样，儒学教育在云南蓬勃发展起来。明代政府继续推进儒学教育，在各府州县建立"府学""州学""县学"，有云南、澄江、曲靖、临安、元江、姚安、蒙化等12所府学，晋宁、昆阳、嵩明、石屏、阿迷、邓川等13所州学，呈贡、通海、河西、浪穹等9所县学。永乐九年（1411）明代恢复科举考试，参试考生和考中举人、进士的数量都大大超过元代。清代则继续这种趋势，不仅官办学校得到巩固和发展，而且大力支持书院的建立和发展。清代云南各地书院有数十个，许多人都是先就读书院而后考取科举。明清两代许多云南人（包括汉族、白族、彝族）通过科举而入内地做官，进一步得到内地文化熏染，晚年多回到云南传道授业、教习子弟，推动了地方文化的发展。总之，元明清以来，教育的发展对中原文化向云南的传播起到巨大的推动作用。明清时期，内地有一大批文化精英来到云南，有的游学数载，有的扎根云南数十年，对于内地汉文化在云南的传播、浸润发挥了重要的作用。其著名者如杨慎、李贽、罗念庵、阮元等人。特别是杨慎，他既是大学者，又是明代著作最多的大家，同时，他在滇共35年，与其交游、切磋、受其教益、启发、影响的云南学者遍及三迤，一代学风为其引领。

（二）白族及大理地区经济、文化的发展

在云南，白族是受汉文化影响最深的民族，也是最善于吸收和应用汉文化的民族，因此，汉文化及汉族在云南的地位、作用和影响的增强，不仅没有抑制白族，反而促进和推动白族和白族文化一起向前发展，并加强了白族在云南民族格局中的地位和作用。如前所述，明代是儒学和汉文化在云南迅速发展的时期，同时，这也就是大理白族教育和文化迅速发展的时期。明清以来，大理白族儒学教育蓬勃发展，儒学大家、学者不断涌现。如明代李元阳、杨南金、艾自新、艾自修，明末清初的高奣映、王崧，以及清末民初的赵藩、赵式铭诸人，皆是白族中涌现的、引领明清云南学风的大家、学者。由此可见，白族、大理地区在民族格

局中具有与汉族并进的地位。

经济方面，昆明（滇池周边）地区在元明清时期发展较快，大理（洱海周边）白族地区同样快速发展，继续与昆明地区并行为云南经济发展的重心所在。明洪武二十年（1387），朝廷从四川精选壮兵丁25000人，令其至云南洱海卫（今祥云县）屯田，并"以钞二万二千锭往四川市耕牛万头"助其屯垦，仍继续发展洱海地区的农业。自明清以来，洱海地区始终是滇西地区，以至整个云南地区的重要的鱼米之乡，白族也始终是云南重要的稻作农耕民族。大理又是滇西的商业中心和交通枢纽，滇西的木材、皮革、骡马、药材、金银皆以大理为重要的商业聚散地。大理"三月街"（时称观音街）已成为全省最大的集市。总之，大理与昆明（通过中间的楚雄）的结合，形成云南经济、政治与文化的重心所在。

（三）彝族分布的变化及影响

本来彝族先民曾聚居于洱海周边及滇池周边，但是南诏、大理之后，由于不断迁徙和分支的离散，彝族逐渐散布开来，遍及云南全省，元明以后除了汉族，就只有彝族是遍布全省大多数州县的民族。彝族在云南民族关系的格局中处于重要的地位，与汉族、白族一起形成云南民族格局的重心所在。

除汉族外，彝族是云南人口最多的民族，也是分布最广的民族，故在云南民族格局中占有重要的地位。但是，彝族也是一个不断迁徙的民族，其内部各个分支不断分化和迁徙，故其分布状况和地位也不断处于变化之中，而元明以后的变化使其更广泛地分布于云南各地，在澜沧江以东，从滇东北到滇东南，绝大多数州县都有彝族，并且与其他兄弟民族交错居住在一起。因此，彝族与汉族一样，以一种网状结构存在于云南民族格局之中。同时，这两张网在云南把各民族联系起来、凝聚起来，形成了"多元一体"的结构。

彝族的源头在云南的北方，先秦时期从滇西北和滇东北进入云南地区，因此，彝族总的来说是从云南北部向南迁徙和扩散的。唐初，乌蛮尚未分化，彝族先民为乌蛮的主体。其时之乌蛮，西部者，起初有所谓七十部，后来相互兼并，至玄宗开元年间并为"六诏"（或"八诏"），其中越析诏是么些（纳西）族先民，其余五诏——蒙舍诏、浪穹诏、邓赕诏、施浪诏、蒙舍诏（南诏）皆为彝族先民。蒙舍诏在最南面，故称为南诏，其居地蒙舍川在今巍山县境，亦是洱海周边地区，故可知，六诏皆居洱海周边及其以北地区。但是，"南诏统治者蒙氏家族是贞观初年才从永昌迁入蒙舍"①，即是说，他们本是从更北面迁移而来的。南诏统一滇西的乌蛮各部（六诏），在洱海地区建立强大的南诏政权后，就向四面扩张。向东则攻灭东爨各部，在昆川（今昆明）建拓东城，并设为南诏副王的驻地。向西则征服金齿、银齿、寻传、朴子诸部，筑镇西城（在今盈江县西部边境外），设镇西节度。向南则征服茫蛮各部，在今西双版纳地区建银生城，设银生节度。如此，南诏政权就把自己的乌蛮部族进一步推向云南各地，力求形成一张遍及云南全境的统治网络。大理国时期，白族统治集团一开始就与乌蛮三十七部联合，使三十七部保持其在滇东的领地。三十七部从滇东的北部向南部蔓延，遍布整个滇东北与滇东南。亦如尤中先生据《南诏野史》在《云南民族史》中所言：三十七部中，"鹿部在今楚雄市境内，罗部，在今禄丰县东北部的罗次一带，罗婺部，在今禄劝县西北部的云龙……"再加上掌鸠法块部、华竹部、阿宁部等，他们遍及整个滇东的北部。而"因远部，在今元江县因远坝。纳楼部，在今开远市境内。王弄部在今文山县西部的回龙一带。阿月部，在今马关县西部的八寨一带。强现三部，在今西畴至文山一带。维摩部，在今砚山县北部的维摩。"②即遍布滇东的南部。而在滇西，彝族（乌蛮）主要分布在北部，即大渡河以南、金沙江以北的滇川交接地区。

元代，乌蛮中的么些（纳西族）等分化出去，乌蛮即彝族，于是元代官方和文献始称这部分乌蛮（彝族）为"罗罗"。当然，由于彝族支系繁多（前述东爨乌蛮即分三十七部），故许多分支在元代并未囊括在"罗罗"名下，如滇西有称"摩察"的，滇中有称"罗婺"的，滇南有称"么些徒"的，等等。元代彝族分布大体与大理国相近，但是已进一步扩散，特别是向滇南扩散。

---

①　尤中：《云南民族史》，云南大学出版社，1994，第117页。
②　同上，第233页。

明代，大量汉族以屯垦方式（军屯、民屯、商屯）进入云南，他们多是江浙、湖广、四川的百姓，善于稻作农耕，喜居温热地区，于是进入云南后多居坝区，耕种稻田，而彝族多事旱作农业并兼畜牧，且喜凉爽山地，于是彝族纷纷向山地转移，特别在滇南地区，彝族多居于海拔2000 米的山区，由此在滇南形成汉、傣等族居坝区、河谷，彝族以及和彝族关系密切的哈尼族居半山，（最后迁入的）苗族、瑶族居山顶的民族分布格局。而在滇东北，由于这里属云贵高原腹地、纬度较高，且是彝族发祥之地，因此从汉晋直到元明，彝族始终聚居于此，覆盖整个地区，占地区人口的大多数。但是，明代在云南的政治区划上有一个重大变化，即将滇东北几个彝族聚居区在行政上划归四川省。明初征云南，大军从四川入境，首攻滇东北的乌撒、乌蒙等彝族聚居区。大军至"东川、乌蒙、芒部诸蛮震詟，皆望风降附"①，于是明洪武十五年（1382）在这一地区设乌蒙、乌撒、东川、芒部四府，仍归属于云南省管辖。但是，这四府彝族与当时云南的永宁、沾益、水西等彝族聚居区连成一片，各土司在其中"无事则互起争端，有事则相为求援"，明朝廷难于驾驭，于是欲分而治之，遂将乌蒙、乌撒、东川、芒部划归四川，此即将今日的滇东北整个地区从云南划出去。于是"滇东北"的概念，在明代的政治区划中是不存在的。但是，这种划分不合于地区民族关系和行政的格局，由此不能持久。嘉靖三十八年（1559）不得不将东川府重又划归云南管辖。

清代，雍正时鄂尔泰暴力推行"改土归流"，致使滇东北民族格局和行政区划发生重大变化。如前所述，"改土归流"中鄂尔泰对滇东北彝族采取"赶尽杀绝"的方针。滇东北彝族或被残酷屠杀，或冒险渡过金沙江逃入大凉山，只有少数得以留下。鄂尔泰为顺利推行"改土归流"，上疏雍正帝强调镇雄划归云南（云贵总督）统辖的必要。于是，雍正五年（1727）下诏，将三府划归云南，并"改土归流"。这样一来，滇东北不再是彝族的主要聚居区，也不是彝族势力的中心区，由此改变了云南民族分布格局，但是，这却使彝族散布全省、"大分散，小聚居"的特点更

---

① 《明史·四川土司传》。

为突出，作为民族联系之"网"的作用更加突出。

彝族、白族，自汉晋至宋元，皆为云南主干，不论两爨、南诏、大理，皆以彝、白两族为主体。明清以来汉族人口迅速增长，占有云南人口的多数，政治、经济、地位进一步增强，且与彝、白两族相容并包，各得其所，由之构成云南民族格局之主干。

三　民族多样性的发展与民族格局的调整

（一）回族在云南地区的兴起及在民族格局中的地位

我国回族的伊斯兰文化及渊源，历史久远且深厚，但回族起于元代，形成于明代。云南回族亦起于元代，至明已成为云南重要的民族。明代的云南，已是全国最重要的回族聚居区之一，是仅次于西北（陕、甘、宁、青）地区的回民第二大聚居区。如此，回族的兴起，应是元明清时期云南民族格局的重大变化。

回族在云南的发展，伴随有三次大的移民潮。第一次从元初开始。1253年忽必烈、兀良合台率大军入云南，其队伍除蒙古族外，主要就是西域回回军，以及畏兀儿等信仰伊斯兰教的色目人，其数在十万以上。他们随即在云南驻留屯垦，并与周围各民族交往、婚姻，于是扎根于此。但是，他们深厚的伊斯兰文化和虔诚的信仰，使他们继续保持独特的民族意识和特点。这样，就他们自身来说，形成了一个独特的民族；就云南来说，则是增加了一种独特的、源于遥远的中亚文化的兄弟民族，这是云南多元文化格局在元明清的重大变化。第二次移民潮在明代。一是明初随傅友德、蓝玉（回族）、沐英（回族）出征云南，大军中回回人很多。征服云南后，这些回回大多留下进行屯垦，从而加入元代回族移民群体中。二是明"三征麓川"，前后二三十万军队，其中又有许多回族，他们中的一些人又流落云南，成为云南回族。这两批人构成了云南回族移民的第二次浪潮。第三次移民潮在清初。南明余部退至滇西，其中又有一些回族，随着南明的覆灭也流落云南。至雍正大规模"改土归流"，在滇东北进行镇压的清军中，有一些回族，其后留在滇东北昭通、鲁甸等地。

这三次移民浪潮构成了云南回族的主干，由此形成回族在云南民格局中的一些重要特点。

第一，回族分布是沿交通线和军事布防而展开的网状结构，即所谓"大分散，小聚居"的结构。时至今日，云南全省 128 个县中，除绿春、富宁两个滇东南边地县外，其余各县皆有回民。这些回民在各县之中又必定是聚族而居的。这种"大分散，小聚居"的网状结构只有彝族能与之相比。

第二，回族在云南总人口中所占比例不算高，但是，政治地位在元明两代都很突出。元代，赛典赤·赡思丁为云南最高行政长官（平章政事），政绩卓著，为云南行省的建立和稳定发展作出奠基性的贡献。其子纳速剌丁，先为云南诸路宣慰使都元帅，赛典赤去世后，世祖忽必烈亲点其继任为云南行省平章政事。他同父亲一样政绩卓著。赛典赤家族乃云南政治精英的家族，代表着元代云南回族的政治地位和影响。明代，沐英协同傅友德率大军入云南攻灭梁王、平定云南全境。其后傅友德、蓝玉班师回朝，沐英镇守云南，被授予云南总兵官、征南将军，世袭西平侯、黔国公。他平息叛乱，安定边境，和睦各族，使明朝在云南稳定建立统治。朱元璋赞赏道："使我高枕无南顾之忧者，沐英也。"①《中国大百科全书·中国历史卷》称："他好贤礼士，抚卒有恩，镇云南十年，百务俱举，因处境内诸部以和，各处叛乱，次第宁息，又简守令，修水利，重农桑，均力役，定贡税，垦田百余万亩，民赖以安。"他去世后，子沐春继其职守，授骠骑将军、后军都督府佥事、西平侯。七年后沐春去世，弟沐晟继任其职及西平侯。二者皆不辱先人，累立战功，治民有成，深得民心。嗣后，沐氏家族凡十二世，世为云南统治者、最高军政长官。由此可以看出，沐氏家族亦是回族在云南政治地位的一个代表。其时，还有许多随沐氏入滇的回族，后来留下担任地方官职或土司，其家族不断发展亦成为地方望族，如建水马青云家族，曲靖桂忠心家族，寻甸马汪（先祖纳姓）家族，等等。②

第三，在云南各族的经济格局中，回族占有独特的地位。回族善于

---

① 《明史·沐英传》。
② 参见杨兆均主编《云南回族史》，云南民族出版社，1989，第 58 页。

经商、开矿、从事手工业，在云南各民族中比较特别，大概只有汉族与白族能与之相比。回族的商队，北面来往于滇藏之间，贩运茶叶、皮革等；西面由腾越进入缅甸，从事珠宝、玉石生意。而在云南省内，更是贩运来往各府州之间，流通交易于各民族之中。由此，回族并未因是后来者，而与原住民族争夺生存空间，而是与云南各族优势互补、协和并存，并通过贸易促进各族、各地之间的联系。

第四，云南回族始终保持虔诚的伊斯兰教信仰，恪守传统习俗，弘扬固有文化，他们的到来极大地丰富了云南民族文化的多元性。同时，云南回族又与中华文化有特别的亲和力，有突出的融通趋向。赛典赤·赡思丁是第一个在全省多处建孔庙、办学校的行省最高长官，是对儒学在云南各族（当然包括回族）中的传播作出巨大贡献的历史人物。而清初回族的大学问家、伊斯兰教学者马注，则对"以儒诠经"，即儒学与伊斯兰教的融会作出了杰出的贡献，其著作《清真指南》是伊斯兰教、儒学融会的杰作，对后世有深远的影响。

综上所述，元明以后云南民族"多元一体"格局得以巩固、发展、丰富，回族的兴起、成长占有重要的历史地位。

（二）元明清苗族、瑶族向云南迁徙对民族格局的影响

苗、瑶两个兄弟民族，有共同的历史源头，共属汉藏语系苗瑶语族（其中，属苗语支的有苗语和布努语，属瑶语支的有勉语）。先秦，苗、瑶两族先民同居于长江中游湘鄂地区，尚未分化，史籍统称"南蛮"范畴之中。汉晋时期，扩及黔桂，有所分化，但仍在"武陵蛮""武溪蛮""黔中蛮"的统称之内。隋唐以后明显分化，始有苗蛮、莫徭蛮、莫徭等称谓，其分布地区已从黔桂延及云南。元明清时期，先后在不同时期、从不同方向大批进入云南。他们从黔西进入云南，大体分为两个方向，一是南向经兴义地区进入滇东南文山地区；二是经安顺、水城西北向进入滇东北昭通地区。进入云南后，两族又不断地分散迁徙，扩散到更广泛的区域。特别是苗族，虽然集中于滇东地区（滇东北、滇东南），滇西地区很少，但是却也星星点点地分布在云南全省。"据第四次人口普查统计，云南苗族共97万人，相对集中在南北两地，但以县而言，仍分布较散；全省县（市）一级的行政单位共133个，有苗族分布的就达132个。

其中人口在 5000 人以上的县有 123 个，超过 5 万人的有滇南的广南、金平、马关、屏边，其中广南县以苗族人口为全省之最，近 8 万人。但这个数字在云南省人口最多的 6 个少数民族（应增'县'字——引者注）中仍显得较低。因此，分布面广，聚居程度（在县一级）低，是云南苗族人口分散的特征。"①

苗、瑶两族迁徙的主要动因，一是遭到封建统治者的镇压，为逃避屠杀不得不背井离乡，四处迁徙；二是有"游耕"传统，喜迁徙。苗族在元明时期还未大量迁入云南，至明代，特别是清初遭到三次大的镇压。第一次是雍正、乾隆之交。雍正帝授鄂尔泰滇、黔、桂总督，强力在三省推进"改土归流"，苗族人民起义反抗。从雍正四年（1726）至乾隆元年（1736）10 年中，贵州苗区受到反复的屠杀和蹂躏。第二次是乾隆、嘉庆之交，湘黔苗族起义后，遭到残酷镇压。第三次则是咸丰、同治年间苗族张秀眉起义失败后遭到的镇压。苗族学者石朝江在《世界苗族迁徙史》中说："清廷镇压三次苗族大起义是很残酷的。雍乾起义失败后，'杀戮十之七八，数十寨无一人'。苗族人民被杀被围困饿死者'水下三十万'。乾嘉起义，苗族起义军以十余万众，抗击七省十八万清兵，除少数人投降外，苗族义军大部战死。咸同起义，同治皇帝下诏'务必根诛'，凡湘、川军所到之处，苗族青壮年多被屠杀。三次大起义失败，带来了民族的大迁徙、大流动、大逃亡。大部分往西往南逃亡，而进入云南、四川和广西等地。"② 由此，苗族的迁徙，特别是大规模的、长途迁徙主要因迫害、镇压等政治原因。但古代苗族乃游耕兼狩猎，每到一地开垦荒地种植数年，往往会择地搬迁，重新开垦，但这只是小范围的、逐渐的迁徙。

由于上述历史原因，苗族大量迁入云南是在明清以后，且因逃避迫害而来，因此进入云南后成为后来的、弱势的群体，因此对原住的民族采取避让的态度，而分散于其他民族较少居住的高山，特别是在滇南地区，故有谚语："汉人占街头，侬人（壮族）占水头，苗人占山头"。从

---

① 郭净等主编《云南少数民族概览》，云南人民出版社，1999，第 251～252 页。

② 石朝江：《世界苗族迁徙史》，贵州人民出版社，2006，第 192 页。

而与原住民之间没有发生大的冲突，能够各得其所，或者为其他民族（彝族或傣族）土司所统治。对其他民族采取避让的态度，也使苗族在游耕中不断转移居留地，进而渐渐扩散至云南各地的山区。这种情况进一步发展了云南各民族总体的“多元一体”，同时也发展各个局部（县区）之间的“多元一体”的结构。

（三）元明清哈尼、傈僳等族的迁徙及其影响

哈尼族和傈僳族都是彝语支的民族，两族都与彝族有共同的族源，有密切的历史渊源关系。哈尼族有谚语：“咂斗辣批其国托，哈尼哈窝戚玛然。”即“盐巴辣子是在一个碓窝里舂的，哈尼彝族是一个娘生的”。[①]而傈僳族与彝族都有共同的洪水泛滥兄妹成婚传人种的传说，并且，很多部落（氏族）的图腾都极为相似（有相似的图腾物和图腾传说）。他们原本与彝语支各族混同在一起，后来分化独立出来。分化独立出来后两族都不断地迁徙，直到元明清才稳定下来，形成现今的分布格局，并由此而影响云南民族格局的形成。

哈尼族有其著名的迁徙史诗《哈尼阿培聪坡坡》等，根据这些史诗、传说及汉文记载可知，在唐代以前，哈尼族生活在云南北部乌蒙山区，其先民与彝族先民属同一个族群——乌蛮。唐以后在汉文文献中始有“和蛮”“和泥”“禾泥”之称，但在唐代、南诏时期，常与作为彝族先民的“乌蛮”称谓混同使用，因此，有学者认为，唐宋滇东乌蛮诸部中，乌蒙、芒部、(闷）畔等部是哈尼族（和泥），“乌蒙为哈尼族地方政权之一”[②]。此说尚可讨论，但与哈尼族先民原在北方之说相合，故可存而不论。现知，宋元以后文献中不再有滇东北的“和泥”，而关于滇东南则有明确的和泥记载。如大理国段思平夺取政权时，支持段氏而受到封赏的和泥强现部和因远部。强现部，首领龙海基，其领地六诏山已在今滇东南的文山壮族苗族自治州；因远部，首领“罗槃主”，其领地已在今滇南的元江、江城一带。至元代，在滇东南今红河哈尼族彝族自治州、文山壮族苗族自治州地区建“阿僰万户府”，以龙海基九世孙龙建能为总管，

① 郭净等主编《云南少数民族概览》，云南人民出版社，1999，第124页。
② 郭净等主编《云南少数民族概览》，云南人民出版社，1999，第121页。

说明这一地区已是哈尼族聚居区。清代，滇东南哈尼族人高罗依起义，自称"窝泥王"，更说明这一地区继续是哈尼族的聚居区。总之，哈尼族由北向南迁徙，至元明清才最终确定其在滇南的分布。哈尼族从云南北部高原从事畜牧和旱作农耕的乌蛮族类，向南迁徙，成为滇南湿热地区从事稻作农耕为主的民族，因此成为彝语支各族（或可称为氐羌族群）与壮傣语族之间联系的中介，发挥出联系云南两大族类的中介作用，表现了云南各民族之间的相互渗透与转化的关系。

　　傈僳族也是一个不断迁徙的民族，同时也是与彝族有共同历史渊源的民族。汉唐以前，与彝族、哈尼族先民共同生活在乌蒙山区，为乌蛮之一部。元明时期，傈僳族已向西迁徙，经过滇中的武定、元谋、大姚等地，进入滇西北丽江地区，被纳西族木氏土司、永宁阿土司统治。明代木氏土司与吐蕃为争夺滇藏之间的领地而不断争战。木氏土司大量征用傈僳族参战。傈僳族军士不堪重负和伤亡，于明万历年间，在其首领"刮木必"的率领下离开丽江、中甸地区，向西渡过澜沧江，翻越碧罗雪山，进入怒江地区。清代，丽江、中甸地区傈僳族又在恒乍绷、唐贵等率领下发动起义，迁入怒江地区。至此，怒江地区才成为傈僳族的聚居区，傈僳族成为这一地区人数最多的民族。滇西北地区的民族分布格局才最终确定下来。

四　云南地区进一步融入中华民族"多元一体"结构

（一）政治关系与民族关系进一步分化，国家的统一进一步加强，中华民族"多元一体"结构进一步巩固

　　元朝以前，虽有西夏、辽、金等少数民族政权，但它们都不是全国的统一政权。到元明清，蒙古族、满族两个少数民族入主中原，建立全国政权，而且削平所有的地方割据政权，开创行省制，实现真正的全国行政的集中统一。元、清时期，汉族与其他少数民族一样，成为被统治的民族。在元代，地位甚至比有些少数民族还要低。但是，很快蒙古族、满族统治集团（所谓的大地主阶层、贵族集团）就不得不与汉族上层（剥削阶级、大地主阶级）结合起来，实行多民族的地主阶级的专制统治。此前的一种看法：中央政权就是汉族政权，中央政权对云南的讨

伐、征服以致镇压，就是汉族对边疆少数民族的讨伐、征服和镇压，至此就难于成立了。特别是清代，中央政权和云南各级政权，算作是汉族政权，还是满族政权？根本说不清。所推行的政策、措施，究竟是汉族的（大汉族主义的表现），还是满族的（满族民族主义的表现）？也同样说不清。如清代强力"改土归流"，不能说是大汉族主义的表现，也不能说是满族民族主义的表现；它既由鄂尔泰（满族）一手操办，也有张耀祖（汉族）、哈元生（回族）等不同民族的将领带兵进攻、烧杀。所谓"说不清"，就是指从民族关系角度说不清，这不是民族关系问题而是政治关系问题，是反动统治阶级压迫各民族人民的问题。由此，在元明清以后，特别是清以后，政治关系与民族关系进一步分化开来。在各种社会冲突中，民族问题与阶级问题区分开来。不论是李文学起义，还是杜文秀起义，都举起各民族被压迫人民共同反对清朝统治的旗帜，主张各民族团结起来反对（政治上的）共同敌人。由此，清末云南此起彼伏的人民起义，较之历史上任何时期都要突出，但是，并未影响或阻碍各民族国家统一、民族团结意识增强的进程。近代，当面临帝国主义侵略时，云南各民族才能形成明确的国家意识，为维护国家主权和领土完整而团结奋斗。

元、清两朝是以少数民族为主建立的政权，更彰显出中国是各民族共同创建的国家，而不仅仅是汉族的国家。在这样的政治条件下，中华民族"多元一体"结构得到进一步巩固与加强。

（二）工商业的发展促进云南融入全国统一的经济体系

明清以前，云南与全国的经济联系，主要在农业和畜牧业方面，全国，特别是青藏地区需要云南的茶，内地需要云南的马（宋代的大理马），而云南需要内地的技术、经验和劳动力（这是云南屯垦得以大规模实行的条件）。这些就是当时云南与全国主要的经济联系。云南的有色金属（金、银、铜）的生产，虽然也输入内地，为内地所需要，但是数量不大，内地对之依赖程度并不高。

但是，明清以来，云南的有色金属迅速发展，在全国所占比例迅速提升。据《元史·食货志》等文献记载，元朝天历元年（1328）朝廷对全国矿冶业金、银、铜三项的课收，云南都稳居首位。由此可知，元代云南金、银、铜的产量已居全国之首。明代，云南银的产量已为全国第一，"合浙江等八省所产，不敌云南之半"①。清代，不仅铜和银，而且锡、铅、锌、锑等的产量，都高居全国之冠。乾隆二十八年至四十七年（1763～1782）云南铜产量年均达到1257万多斤，为全国之冠。宣统三年（1911），云南锡产量达6347吨，仍居全国第一，世界第四位。② 铜和银首先用于铸币，因此，云南的铜和银的生产对全国的经济和金融有重要的关系。铜、锡、银也是重要的工业原料，用于工具和生活用品的生产，云南由此和全国经济生活紧密联系。

元明清三代，云南与内地有色金属的交易始终居全国首。《云南简史》指出：明清两代，"云南银铜供应几乎遍天下，四川、江苏、浙江、江西、湖南、湖北、福建、广东、广西、贵州、陕西等省都有云南铜锡等矿产品。昆明、腾越、蒙自和邻省贵州的镇远等地成为各地矿商云集贸易的城市。……这些以金属、金属制品和手工艺品为主的商品贸易，进一步促进了矿冶业的发展，吸引了全国三江、两湖、川、广的富商大贾，他们厚积资本来到云南各地矿山，投资开矿、冶炼并兼营贸易"。③以有色金属交易为龙头，云南省的内外贸易迅速发展，并联结到全国整体的商贸体系中去，成为全国不可或缺的一环。

（三）"多元一体"文化进一步发挥凝聚作用

明代云南，随着汉族人口在全省一跃而占多数，内地与云南政治、经济联系得到加强，儒学、佛学等各种学术思想涌进云南。而回族的兴起，使伊斯兰文化也开始在云南发展。元明清三代，由少数民族上层在云南提倡教育和传播儒学思想，这为各民族易于接受，致使儒学发展迅速。由此，元明清是中华民族"和而不同""多元一体"文化关系在云南发展、巩固的重要时期。在近代面临西方文化冲击、帝国主义疯狂侵略的严峻形势下，中华民族传统文化对云南各民族发挥了巨大的凝聚作用，推动各民族在爱国主义旗帜下团结起来，共同奋斗。

---

① 《明史·食货志》。
② 见夏光辅等《云南科学技术史稿》，云南科技出版社，1992，第150页。
③ 参见马曜主编《云南简史》，云南人民出版社，2009，第123页。

|第|五|章|

云南民族关系的历史经验

我国民族关系的根本特征在于，构建了"多元一体"关系，或者说，形成了中华民族的"多元一体"关系。而云南是中华民族"多元一体"关系的重要典型，故欲认识和总结我国民族关系的历史经验，云南不可或缺，甚至占有极为重要的地位。云南是我国，甚至世界，民族多样性最为丰富、复杂的地区之一，同时，云南又是我国民族关系最为安定、融洽，民族凝聚力最强的边疆地区。因此，欲总结构建和谐民族关系、增强中华民族凝聚力的历史经验，云南同样是极有意义的典型。

第一节 云南民族关系的历史特点

云南民族关系的历史特点是什么？人们有不同的看法。因对特点的看法不同，人们对民族关系历史经验的总结也就有所不同。我们认为，云南民族关系的历史特点是：经长期的历史发展，各民族形成多层次和谐、内聚的"多元一体"关系。因而，我们所要总结的历史经验，就是构建这种"多元一体"关系的经验。

一 以地区为单元、多层次的"多元一体"

所谓"多层次的多元一体"，就是指：中华民族是"多元一体"的，中国 56 个兄弟民族之间是"多元一体"的关系，这是第一个层次的"多元一体"，云南作为一个民族地区包容在这个总体的关系中；云南作为一个有 26 个世居民族的地区，又是"多元一体"的，这是第二个层次；而云南内部又可分为五个民族关系的单元，每个单元都是多民族的，都形成了"多元一体"的关系，这是第三个层次的。在这以下的更小的单元，如云南有些县级区域，也是多民族的，其"多元一体"关系可视为更低层次的"多元一体"。

"多元一体"本来是费孝通先生用以定义中华民族、界定中华民族内部格局的概念，它概括了我国 56 个民族相互关系的本质特征。1989 年，费孝通先生在其重要著作《中华民族多元一体格局》中把自己的论点概括为三个方面。

第一个论点，中华民族是包括中国境内 56 个民族的民族实体，并不是把 56 个民族加在一起的总称，因为这些加在一起的 56 个民族已结合成相互依存的、统一而不能分割的整体，在这个民族实体里所有归属的成分都已具有高一层次的民族认同意识，即共休戚、共存亡、共荣辱、共命运的感情和道义。这个论点可引申为民族认同意识的多层次论。多元一体格局中，56 个民族是基层，中华民族是高层。

第二个论点，形成多元一体格局有一个从分散的多元结合成一体的过程，在这个过程中必须有一个起凝聚作用的核心。汉族就是多元基层中的一元，由于它发挥凝聚作用把多元结合成一体，这一体不再是汉族而是中华民族，一个高层次认同的民族。

第三个论点，高层次的认同并不一定取代或排斥低层次的认同，不同层次可以并存不悖，甚至在不同层次的认同基础上可以各自发展原有的特点，形成多语言、多文化的整体。所以高层次的民族实质上可说是个既一体又多元的复合体，其间存在相互对立的内部矛盾，是有差异的一致，通过消长变化以适应多变不息的内外条件，而获得这共同体的生存和发展。①

显然这是以民族为单元来看问题，即以中华民族和 56 个兄弟民族为单元来论述（认识）我国的民族关系：中华民族处于第一层次，56 个民族处于第二个层次。两个层次结合起来就构成中华民族的内部格局，形

---

① 费孝通：《中华民族多元一体格局》（修订本），中央民族大学出版社，1999，第 13 页。

成我国民族关系的主要特征。我们非常赞同费孝通先生的论点，并认为云南是中国的局部，云南各民族是中华民族的有机组成部分，因此云南民族关系的本质特征也在于"多元一体"，我们须根据"多元一体"的观点来认识云南民族关系。但是，我们又认为，仅以民族为认识单元，即分别从单个民族出发来认识云南民族的"多元一体"关系，是很难深入的，而以区域为单元则能够得到清晰明确而深入的认识。或者说，中华民族"多元一体"关系，在云南主要以区域为单元而体现出来（这有点像我国现代的民族自治，它无法以民族为单元来实行，而只能实行民族区域自治）。为什么会这样呢？原因在于以下几点。

其一，云南现今26个世居民族，有着复杂而密切的相互关系，经漫长的历史发展，形成本地区以汉族、彝族、白族为核心的"多元一体"关系，并且作为一个整体融入中华民族"多元一体"结构（格局）。我们既须分别从云南26个民族来认识中华民族的"多元一体"关系，更须从云南地区的整体着眼来认识。

其二，云南26个兄弟民族，从纵向的民族源流看，由"同源异流"与"异源合流"而致各民族相互交错、渗透，"你中有我，我中有你"；从地域的分布来看，由复杂、多样的地理环境及民族迁徙，形成各民族"立体"的"大分散，小聚居"格局，致使各民族在地域分布上相互交错、渗透和包容。这样，我们既须把单个民族抽象出来认识它与其他民族的关系，更须从地区整体中各民族的综合关系中来认识。

其三，云南由五个各有特点的局部地区构成。五个地区都是多民族的，并且各以一个或几个民族为核心形成地区的文化特点和"多元一体"关系；同时，地区的"多元一体"关系又促进了云南全省的民族关系，因此要认识云南民族关系，固然要以单个的民族为认识单元，同时还要以地区为认识单元。

以地区为我们认识云南民族关系的认识单元。这五个地区，即滇西北、滇东北、滇西南、滇东南和滇池、洱海地区。正是在这五个地区相互作用的过程中，才形成以彝、白、汉三民族为核心和主干的、云南整体的民族关系的（多元一体）凝聚。大体来说，这五个地区及其民族构成如下：

滇西北：纳西、藏、傈僳、普米等兄弟民族构成。

滇东北：彝、汉、苗、回等兄弟民族构成。

滇西南：傣、佤、拉祜、布朗、景颇等兄弟民族构成。

滇东南：哈尼、壮、苗、瑶、回等兄弟民族构成。

滇池、洱海地区：彝、白、汉等兄弟民族构成。

当然，这只是相对静止地来看，从动态来看，云南各民族都不囿于一地，而是在全省范围内流动、渗透、交织的。如傣族不仅集中在滇南的西双版纳、德宏两个自治州，而且滇西北的金沙江畔、滇东南的红河之滨都有；哈尼族，不仅集中在红河哈尼族彝族自治州，而且西双版纳州也有分布；而彝族、汉族、回族以及流动迁徙中的苗族，则更是渗透到全省大多数县市中。但是，大体来说以上五个地区，可视为五个初级的"多元一体"单元。

（一）滇西北地区

经过漫长的历史发展、民族迁徙与分合，至当代，这里主要为藏、纳西、傈僳、普米、怒、独龙等民族聚居区，同时有少数白族、彝族渗透其中，由此形成多民族、多元文化的格局。这众多的民族相互联结、相互渗透，密切联系。

目前在这一地区中，藏族约 12 万人，纳西族约 28 万人，傈僳族约 53 万人，他们在人数上占多数，而普米、怒、独龙三族共计 6 万多人，因此，藏族、纳西族、傈僳族在这一地区是主干，起主导作用。而在这三个民族中，傈僳族虽然人数最多，但经过多次迁徙才定居于今天怒江地区，而且几次大的迁徙都发生在 19 世纪以后，因此，不论在政治、经济的发展和文化积累，以及对其他民族的影响方面，都不如世代经营于此的纳西族和藏族。因此，纳西族和藏族是滇西北地区民族格局中最重要的民族。而这两个兄弟民族在历史发展中又形成了密切、互渗的关系。对这种关系，杨福泉博士在《纳西族与藏族的历史关系研究》①一书中对这两个民族的关系做了深入系统的研究。该书认为，纳西族和藏族在族

① 杨福泉：《纳西族与藏族的历史关系研究》，民族出版社，2005，第 7 页。

源上就有密切的关系，即"滇川两地的藏族和纳西族与活动在这一区域的古牦牛羌以及作为牦牛羌部族之一的白狼夷有着同源共祖的历史关系"。在政治上，远从唐代起，西藏（吐蕃）与丽江纳西族政治首领（木府）就密切交往，双方既有争夺资源的战争，又有共同结盟的互助；既有藏族占领滇西北部分纳西族地区的情况，也有纳西族向北侵占部分藏族住地的情况。最终，元、明以后双方形成平衡，吐蕃退出云南藏区，木府退出芒康、巴塘等地；纳西族木府统治云南（滇西北）的藏区。木府在藏区的统治要依靠藏族的佛教上层僧侣和部族头领才能实现，并且在其政治、军事制度——"木瓜"制、"姜宗"制、"本虽"制中，又兼容纳西族和藏族两族的特点。由此云南的藏区，在政治上依然保持着藏族的特点，是纳西族与藏族相互结合的体现。纳西族、藏族的互渗和结合在宗教方面更为突出，而宗教正是两个民族的文化核心。纳西族文化的主干和核心在东巴教，而东巴教就是在藏族宗教，首先是苯教的影响下形成的。唐代（公元 7 世纪后），藏族（吐蕃）势力进入云南纳西族（么些人）地区，在今丽江塔城设神川都督府和"铁桥节度"，由此把藏族本土的宗教——苯教带进了纳西族（么些人）中。随后，由于佛教传入吐蕃，并在 8 世纪时胜过苯教，上层统治者"扬佛灭苯"，在这种形势下，吐蕃本土的许多苯教教徒就被驱赶、逃亡到滇西北，进一步在么些人中传播苯教文化。这时正是纳西族本土宗教——东巴教的形成时期，于是形成中的东巴就大量吸收苯教因素，成为结合纳西和藏两族文化因素的宗教。亦如杨福泉博士所言："古羌部落原有的宗教相同因素以及早期的藏族苯教、后期的雍仲苯教等与纳西族的宗教（本土宗教）相融合，就逐渐形成了集纳藏本土古代宗教文化因素于一体的东巴教。"[①] 再说藏传佛教，它虽然在元明以后才大举传入纳西族，但数百年来广泛地渗透于纳西族文化，影响了纳西族文化。首先，纳西族木氏土司就虔诚信仰藏传佛教，他们既信格鲁巴派（黄教），又崇奉噶玛噶举派（白教）。当前者在西藏居于统治地位并排斥后者时，木氏却在滇西北收容、支持后者，广建寺院，让白教高僧讲经，在纳西地区布道、弘法。由此，历

———————

① 杨福泉：《纳西族与藏族的历史关系研究》，民族出版社，2005，第 5 页。

史上纳西族中有许多人出家当喇嘛，甚至成为藏传佛教的高僧，有的藏族活佛"转世"为纳西族（即纳西族的孩子被选中为藏族活佛的"转世灵童"），反之，原为纳西人的活佛又转世为藏人，如此等等，[①] 可见藏传佛教也深深地融入和影响着纳西族。纳西族和藏族紧密结合成为滇西北的主导力量，而影响着滇西北各民族的关系，对滇西北凝聚为一个整体发挥了主导和核心的作用。

（二）滇西南地区

这是我国孟高棉语民族发祥之地，同时又是历史发展过程中，滇西北民族与滇南民族交汇的地方，因此，民族成分更为多样化，有傣、佤、拉祜、布朗、景颇、德昂、阿昌、基诺等兄弟民族，还有部分彝族、哈尼族散居其间。这里又是云南省国境线最长的地区，因此也是跨界（跨境）民族最多的地区，除阿昌、基诺外，傣、佤、拉祜、布朗、景颇、德昂等族都是跨界（跨境）民族。于是这里既有国内复杂的民族关系，又有国内外的跨界关系，虽然如此，却没有陷入敌对、混乱的状态，各民族能够相容共存、团结凝聚，形成"多元一体"的有序关系。

古代史中，除明"三征麓川"的战争外，这里很少（甚至没有）发生大规模的战争（只是近代以来各民族联合抵抗帝国主义的外来入侵，在这一地区多次爆发战斗）。这有多种原因，其中傣族和傣文化发挥了重要的作用。首先，傣族是这一地区人口最多、分布最广的民族。其次，历史上在这一地区建立地方割据政权的民族，就只有傣族，它建立了本地区传承时间最长的西双版纳"景龙金殿国"，以及明代强大的麓川思氏政权。这两个政权，不仅对境内民族，而且对跨界民族的境外部分，都有重大的政治和文化影响。再次，这一地区传播最广、最发达的宗教是南传上座部佛教，而傣族则是它的主要信徒、传播者，故在这一地区，南传佛教的影响力，一定意义上就是傣族文化的影响力。由于这三方面的原因，傣族、傣文化就成为这一地区民族关系、文化关系的重心所在。当然，这一地区只有一种傣文化，例如拉祜族和佤族，他们人口较多（拉祜族约 41 万余人，佤族 35 万余人，傣族 100 万余人），主要信奉本

---

① 杨福泉：《纳西族与藏族的历史关系研究》，民族出版社，2005，第 7 页。

民族特有的宗教，拉祜文化、佤文化与傣文化有很大的差别。但是，他们并不排斥傣族和傣文化，与傣族有密切的关系，如两族都有部分群众受傣族影响而信仰南传佛教；佤族在明清时期曾接受傣族土司的统辖，其语言、习俗受到傣族文化的影响，"居住在阿佤山边缘地区的双江、耿马、澜沧、孟连以及沧源的部分佤族，由于与傣族、汉族关系密切……最早革除了猎头习俗，采用了傣族、汉族的文化信仰，而且大多数人还改用了汉族的姓氏"。而元代以前居住在保山、镇康、永平、云县、凤庆和景东地区的佤族，从明、清以后，一部分南迁了，另一部分则可能与当地的傣族以及汉族融合了。①

总之，这一地区，既有多元的民族和文化，同时又以傣文化为主干和重心，形成多元相容、相互联系的民族关系。

（三）滇东北地区

滇东北地区包括今云南省昭通地区以及曲靖地区的北部。据彝族传说和古彝文文献记载，这里是彝族故地，或发祥地，至今云南各地彝族《指路经》指认这里是祖先发祥，是亡人灵魂最终的归宿。行政上，元代建行省时归四川，清代"改土归流"时划归云南省。

东汉以后至魏晋，这里主要居住着叟人、僰人。魏晋南北朝时期，滇东北为"南中"的主要地区，初为诸"大姓"统治。"大姓"可谓"汉化了的夷人"和"夷化了的汉人"。诸"大姓"相互争斗的结果是爨氏独霸。爨氏统治区域分为东、西两部，史称"东爨"与"西爨"；东爨的主要居民称"乌蛮"，西爨的主要居民称"白蛮"。乌蛮与白蛮，均为泛称、他称，非严格的民族称谓，但是，大体来说乌蛮主要是彝族先民，白蛮主要是白族先民。由此，魏晋南北朝时期滇东北无疑是彝族占主体的地区。唐代，南诏取代爨氏成为云南地方政权。南诏政权对乌蛮、白蛮的分布进行了一些调整，但是，滇东北地区仍以乌蛮为主。所谓乌蛮7部中的阿芋部、阿猛部、夔山部、卢鹿部、磨弥敛仍是这里的主要住民。宋代，大理政权取代南诏，上述格局仍无变化，只是乌蛮7部分化为37部，其中阿芋部改称"乌蒙"，在其首领乌蒙的领导下势力日益强大，以

---

① 参见郭净等主编《云南少数民族概览》，云南人民出版社，1999，第379~380页。

至当时称滇东北地区为"乌蒙",山为"乌蒙山",人为"乌蒙蛮"。元代开始称滇东北彝族为"罗罗",并设有"罗罗斯宣慰司"进行管辖。直到明、清时期,滇东北的民族格局才发生巨大变化,此即"改土归流"的严重后果。如前所述,明、清在滇东北乌蒙地区及黔西地区进行"改土归流",其中雍正时期鄂尔泰以残暴屠杀的手段推进"改土归流",滇东北彝族几乎被赶尽杀绝,只有少数逃离家园,渡金沙江避入大凉山,或隐瞒民族成分改姓埋名。由此滇东北地区的民族格局发生了根本的变化。《昭通彝族史探》一书中说:"'改土归流'以前,昭通地区是一个以彝族为主体民族的重要区域,汉族、苗族和其他民族在昭通是少数,'改土归流'尤其是大规模的反抗经血腥镇压后,昭通地区彝族人口陡然锐减,出现人烟俱寂、鸡犬无声、土地荒芜的惨凉景象。清统治者为改变此种局面,移民昭通垦殖,给予各种优惠,大批汉族人民不断涌入,导致汉族人口迅速增加。原来以彝族为主体民族,一变而为以汉族为主体民族,'汉多夷少',彝族和苗族等成为少数民族。……昭通全境,除镇雄少数地方,巧家、永善的部分地方,保存彝族为主聚居外,一般以汉族为主,又一少部分汉、彝杂居;回族由于不少兵士落籍昭通,人数也扩大了。这样就改变了昭通地区的民族构成。"[①] 这样的格局从清初雍正至今,未有大的变化。所以,滇东北地区,在"改土归流"以前是以彝族、彝文化为主的,此后则以汉族和汉文化为主。但是"改土归流"前,并非只有彝族和彝文化,当时汉族和汉文化已大量进入这里,所谓南中"大姓"即是"汉化了的夷人"与"夷化了的汉人",他们都积聚着深厚的汉文化;而"改土归流"后,也并非只有汉族和汉文化,彝族人数虽然少了,但是,在继续留存当地的彝人中,在世居夷区的汉人(甚至是"夷化了的汉人")中,千百年积累的彝族文化仍继续潜藏、渗透着。因此,滇东北地区以彝、汉文化为主干、主导,同时又包容回、苗等民族多元文化。

(四) 滇东南地区

滇东南地区大致包括今红河哈尼族彝族自治州和文山壮族苗族自治

---

① 陈本明等编著《昭通彝族史探》,云南民族出版社,2001,第162页。

州。少数民族有壮、哈尼、彝、苗、回、瑶、傣等民族，他们占到地区总人口的半数以上，并且多为跨境民族。在这一地区中壮族、哈尼族起着主导和核心的作用。

壮族是我国历史悠久、文化发达、人口最多的少数民族。滇东南地区壮族人口近百万，除汉族外，他们是这里人口最多、文化最发达的民族，同时，他们又是这里历史悠久的土著，如本书第一章所指出，百越族群远古即分布在包括云南在内的广大地区，其后，至迟于汉唐就分化为壮、傣各族，并进入云南地区。因此，今日已近百万的滇东南地区壮族，是滇东南的土著，能够成为地区文化的主干和凝聚的重心。自唐以后，滇东南的壮族分别称为侬人、沙人、山僚。宋代，见诸文献的滇东南壮族土官有特磨道侬氏、乐共沙氏、普厅沈氏、阿雅龙氏。① 元代建云南行省，设路、府、州、县和宣慰司、宣抚司。在此过程中正式册封了许多土著民族的头人担任世袭的土官。其中，滇东南地区就册封了一些壮族头人为当地土官（土司）。如《元史·世祖本纪》载："至元十二年二月乙丑，宋福州团练使知特摩道事农士贵，率知那寡州农天和、知阿吉州农昌成、知上林州农道贤，州县三十有七，户十万，诣云南行中书省请降。"此后这些农（侬）氏就被册封为元朝云南行省广南西路的土司。显然他们就是原先宋代的壮族侬人，并且有很大的势力，这才能控制"州县三十有七，户十万"以归顺元朝。这个侬氏土司代代承袭，历经元、明、清三朝，直到民国十五年（1926）其 23 代孙侬鼎和还"承袭"其职，在当地颇有势力。② 此外，沙氏、沈氏壮族土司也世代传袭，历经元、明、清三朝。明末，安南长官司副长官、壮族土司沙定洲崛起，兼并周边彝族等土司势力，"自是兼有安南、阿迷之众，复吞诸夷，自元江南连交趾，东抵广南，北至广西，绵恒数千里，称兵二十万"。③ 顺治四年（1647）自持势大，发动反叛，偷袭镇守云南的明朝世袭黔国公沐天波，攻入云南首府昆明，最后被农民起义军"大西军"联合南明

① 见黄懿陆《壮族文化论·云南壮族土司世系考释》，云南教育出版社，2001。
② 见龚荫编著《明清云南土司通纂》，云南民族出版社，1985，第 124～125 页。
③ 见《道光云南志钞·土司志》，转引自龚荫编著《明清云南土司通纂》，云南民族出版社，1985，第 257 页。

势力击败，沙定洲被杀。这次战乱震动全云南，对明末清初云南政局产生很大的影响。由此可见当时滇东南壮族土司势力强大，并且其政治、军事活动的舞台不在广西而在云南。总而言之，在滇东南地区壮族是一支植根本土的强势力量，积千百年之努力而成为地区文化的主干、凝聚的重心。

哈尼族自隋唐以来也世居滇东南地区，现今人口近百万，是本地区又一个作为主干和重心的民族。哈尼族学者史军超认为："哈尼族的发展与哈尼族文化的形成，是在诸羌部落与南方民族、游牧文化与南方夷越稻作文化的交流、融合中发展和形成的。"[1] 此说对哈尼族及其文化的特点作了很好的概括。隋唐以前哈尼族与乌蛮同属古羌族群，与彝族先民有同源关系。故哈尼语和彝语关系密切，哈尼文化与彝文化有相似之处（如悠久的父子连名制）。但是，自唐初以降，哈尼先民（和蛮）与彝族先民（乌蛮）相分化，哈尼（和蛮）自北向南迁入滇东南以来，哈尼族就与当地的壮、傣民族相互影响，而从游牧的氐羌民族变为亚热带山区的稻作农耕民族。因而史军超又认为："哈尼族在发祥之始，已经是一个南方的稻作农耕民族，其渊源之一的诸羌部落携带的游牧文化受到夷越民族稻作农耕文化的改造和更替，因而其文化是多元互融的，而且以南方稻作为其文化内核，规范着所有的文化形态。"[2] 这样，在滇东南哈尼族与壮、傣民族有相似的稻作农耕文化。但是，他们并未由此相互争夺耕地，哈尼族作为后来者，他们不与壮、傣族争夺河坝，而到山头开出层层梯田，在山顶种出水稻。这就使滇东南地区两个大民族（现今两者都有近百万人）能够相容并存、和谐共处，共同结成本地区文化主干，并使整个地区实现和谐与稳定。

苗族和瑶族也是滇东南地区人口较多的民族（文山壮族苗族自治州有苗族约 38 万人），但是，他们进入滇东南地区较晚，大约在明末清初。当时，滇黔地区战乱频发，如吴三桂叛乱、苗族"乾嘉起义"、雍正"改土归流"等，大量贵州苗族被迫迁入滇东南的文山、红河地区。较之壮、

---

① 见郭净等主编《云南少数民族概览·哈尼族》，云南人民出版社，1999，第 166～167 页。
② 见郭净等主编《云南少数民族概览·哈尼族》，第 119 页。

傣等土著民族，他们是滇东南地区后到的民族，由此"壮、傣等民族率先进入这一地区，占据了条件最优越的河坝；稍后进入的彝族居中、下半山，再后进入的哈尼族居中、上山，最后进入的苗、瑶族居于高寒山区"。① 滇东南民间谚语："汉人占街头，侬人（壮族）占水头，苗人占山头。"② 由于是晚到者，再加上分散地深居于高寒山区，与其他民族交往较少，因此，苗族、瑶族在滇东南地区民族关系中不能成为核心和主干。

（五）滇池、洱海地区

这是以滇池、洱海为两头的条形地带，大致包括今昆明市、大理白族自治州、楚雄彝族自治州。这里自古以来都是云南政治、经济、文化的重心所在，同时是云南彝族、白族、汉族活动的主要地域。由于这样，滇池、洱海地区在云南五个地区中处于核心、先导的地位，并由此而体现出彝、白、汉三个民族在云南历史上和民族凝聚格局中的主干、先导作用。

云南本土的青铜文化，发展最早也最发达的地区就在滇池、洱海周边。现今云南最为重要的青铜文物"牛虎铜案"、贮贝器、巨型铜棺等，都被发现于滇池、洱海地区。而在滇池、洱海连线上的楚雄地区，同样有重要的青铜时代的考古发现。如，在楚雄万家坝发掘出土的上百件青铜农具，以及人类最早、最原始的铜鼓，它们证明"古代铜鼓产生于春秋时期，起源地在中国云南"。③

云南地区最早的地方政权是滇国。晋宁石寨山汉墓发掘出"滇王之印"，证实《史记》所言。魏晋南北朝时期滇国不复存在，原滇国、夜郎故地以及周围地区史称"南中"。南中各郡初为霍、李、雍、爨诸大姓把持政权，东晋咸康五年（339）以后则为爨氏独霸。爨氏统治下的南中，其治下民人不再被称为叟人、昆明人、僰人，而被称为"乌蛮""白蛮"。今学者一般认为，乌蛮多为彝族先民，白蛮多为白族先民。当时在滇池地区有大量白蛮聚居，同

---

① 郭净等主编《云南少数民族概览》，云南人民出版社，1999，第 115 页。

② 郭净等主编《云南少数民族概览》，第 252 页。

③ 李昆声：《云南考古学论集》，云南人民出版社，1998，第 23 页。

时在山区也有乌蛮；在洱海地区有乌蛮聚居，所谓"在西洱河地区的乌蛮，初有七十部，后互相兼并，至开元年间（713～741）便只剩下六至八个较大的部落，称为'六诏'或'八诏'"。[①] 更有大量白蛮聚居。可见东汉以后，彝族、白族先民与汉族移民已成滇池、洱海地区的主干，彝、白、汉三种文化是这一地区的主要文化；而爨氏在古滇国的基础上，继续经营滇池地区，使之继续为云南的中心和发达地区。

隋唐时期，洱海地区"六诏"中的"南诏"（蒙舍诏）崛起。它在唐朝的支持下，统一"六诏"，据有洱海地区，进而向东发展，建成以云南为主，包括今四川南部、贵州西部及滇桂连接部的强大政权。南诏政权其王室为乌蛮、显贵大臣多为白蛮，故是乌蛮和白蛮共建的政权。南诏以洱海地区为其统治中心，其先后都城（太和城、阳苴咩城）即在今大理市郊，由此推动这一地区经济、文化的迅速发展。南诏初，阁罗凤强迁滇池地区数以万计的"白蛮"至洱海地区。[②]在爨氏时期，滇东及滇池地区的白蛮是"南中"最为先进、发达的族群，现在大量迁至洱海地区，这对洱海地区经济、社会发展一跃而居南诏之首，发挥了重要作用。与此同时，滇池地区也并未衰落下去。唐永泰元年（765）阁罗凤命其子凤伽异在滇池地区筑拓东城（今昆明城），并以凤伽异为"二诏"（第二位的国主）以镇守和经营滇池地区。亦如尤中先生所言，滇池地区的白蛮并没有全部迁走，他们继续以拓东城为中心发展其经济、文化。到大理国时期，滇池地区仍是重心，故由最有势力的权臣、贵族高氏执掌。在高氏统治下滇池地区经济发展，实力雄厚。《云南简史》称：大理国时期"作为与祖国内地经济联系的中心鄯阐城（今昆明），已发展成为一个新兴的工商业城市。鄯阐城的发展，为元代以昆明作为云南行省的省会，提供了物质条件"。[③]南诏时，唐中央政权联系云南的重要通道在姚州，即今姚安、大

---

① 尤中：《云南民族史》，云南大学出版社，1994，第116页。
② 樊绰《云南志》载："阁罗凤遣昆川城使杨牟利以兵围胁西爨，徙二十余万户于永昌城。"今人尤中先生认为："事实并不如此。……看来，阁罗凤只是迁走了东方'白蛮'中爨氏家族中的主要统治者们，最多再加上他们的一部分亲兵部曲和亲兵家属人口，或为二千余户。"（尤中：《云南民族史》，云南大学出版社，1994，第165页）
③ 马曜主编《云南简史》，云南人民出版社，1991，第119页。

姚一线，这使地处昆明、大理中间的楚雄地区，其经济、政治、文化都得到很大的发展。这样一来，滇池、楚雄、洱海一线就成为南诏和大理国政治、经济、文化的重心所在了。当然在长达五六百年的南诏、大理时期，滇池、洱海这两头中，重点在洱海地区，直到元代，重点才开始向滇池地区转移。

元代建云南行省，赛典赤主事，任平章政事。他把行政中心由大理迁到昆明（中庆），由此促进了滇池地区的加速发展。他在滇池地区大力屯田，兴修水利，如凿滇池之"海口"，疏浚螳螂江，开挖金汁河、银汁河，修松华坝，等等，由此既解昆明之水患，又得良田万亩，滇池之滨既是政治中心，又是鱼米之乡，于是云南政治、经济、文化的重点，开始从洱海向滇池转移。当然，这种转移并非赛典赤等政治人物可任意决定的，它自有其深层的社会历史根源。这就是，元朝建行省后，先秦以来的滇国、爨氏、南诏、大理等地方割据政权的历史到此结束，云南与内地的政治、经济、文化联系前所未有地得到加强。由此，与内地联系更为便捷的交通枢纽——昆明，必然要取代大理而成为云南政治、经济、文化的中心。当然，洱海地区依然是云南经济、社会最为发达的地区之一，它与楚雄、昆明连成的条形地带，仍然是整个云南社会发展的重心所在。

由此可知：滇池地区与洱海地区自古紧密联系，形成云南政治、经济、文化最发达的地区，以及民族关系的重心所在；同时它从来都是彝、白、汉三个民族相互联结、汇合、交融、促进的主要地域，因而在云南社会发展和民族关系格局中，始终占据着核心和先导的地位。

二　多元相容、内聚中华的"多元一体"

云南民族关系是相容、内聚的"多元一体"关系；云南民族关系史，是以相容、内聚为主流的历史。

20世纪末，世界各地频繁而激烈地爆发民族冲突及战争。不同民族能否相容、共处？文化的民族差异必定会导致冲突吗？这些问题引起世人的普遍关注。民族和民族文化问题，成为一个引人注目的热点问题。亨廷顿发表《文明的冲突》（1993）和《文明冲突与世界秩序的重建》

（1996），明确回答说，文明的差异必导致冲突，并且是今后世界范围内冲突的主要根源。20世纪末最突出、最激烈的民族冲突首先发生在巴尔干地区。人们认为，巴尔干历来是欧洲的火药桶，原因就在于这里是"民族的马赛克"，也就是说，因为这里民族多、差别大而且相互交错分布，因而不可避免地要发生激烈的民族冲突。这样，对于民族差异造成冲突的论点来说，巴尔干就成了典型的实证。如果说巴尔干地区是"民族的马赛克"，那么，云南地区同样是"民族的马赛克"，甚至在民族类别的多样性、民族源流的复杂性、民族分布的交错混杂上云南可能更为突出。与此同时，按照亨廷顿的看法，就地区范围来说文明冲突主要发生在"文明的断层线"上，以断层线战争的形式爆发，而巴尔干正是在所谓的断层线上，这就难免成为火药桶了。但是，云南也是在多种文化类型交汇的所谓文明断层线上！可是云南在历史上并没有陷入所谓"相对持久、时断时续、难以通过协商解决的断层线战争"；云南民族关系史，并不是一部"断层线战争"频繁发生的历史。如果说，巴尔干的历史可作为文化差异和民族多样导致冲突的典型，那么，云南民族史就是多民族、多文化相容、共存的典型，因此，总结云南民族关系的历史经验，应具有全人类的意义。

（一）多民族相容共处、团结协作的关系

云南民族关系史，以各民族相容共处、团结协作为主流。从秦汉至今，云南民族之间虽有冲突、争斗与战争，但是从未造成不可化解的民族仇恨。古代两千多年间发生几次大规模战争，并不是真正意义上的民族战争，而且没有最终的胜利者和失败者，因此，没有种族灭绝的屠杀，没有不可化解的民族仇恨。如：王莽时期镇压滇中各民族起义的战争，唐朝政权与南诏的天宝战争，明代"三征麓川"的战争。

特别是，作为云南主干与核心的彝、白、汉三个民族之间，从未有过"一山不容二虎""有你无我"的争斗；爨氏时期，东爨乌蛮与西爨白蛮并存；南诏是彝族与白族共创的联合政权，其统治集团由彝族与白族贵族共同构成；大理国段氏（白族）没有滇东彝族三十七部的支持不可能取得政权，取得后更没有发动对南诏彝族统治集团的镇压与屠杀，对彝族始终采取相容共处的方针；明代以后汉族才成为云南人口最多的、

主干与核心的民族，但是，没有发生汉、彝、白三个民族争夺领导权或统治权的争斗；而清代，汉、彝、白都在满族统治集团的压迫下，相互之间的矛盾处于次要地位，而且他们与满族清政府的矛盾，主要是阶级的、政治的斗争。彝、白、汉三个民族的关系，决定着云南民族关系的总体态势。三个主干、核心的民族能够相容共处，这就决定了云南各民族的相容共处。

政治上的相容共处，是以经济利益的相容共处为基础的，而在古代，经济利益又以农业生产的基本条件为基础，人们首先为争夺自己必需的生产、生活条件而发生冲突。但是在云南，生态环境（包括地形、地貌、气候等）极为多样，几乎囊括了我国从南到北所有的生态环境种类，因此，我国从南到北各种不同文化类型和生产类型的民族，都可以分别在云南找到自己所需要的生产、生活条件，而无须觊觎他人之所得，真所谓"各得其所"。如滇南谚语所说："汉人在街上，摆夷（傣族）在坝子，彝族在山腰，苗族在山顶"，傣族不愿到山顶，因为那儿不能种水稻，彝族不愿到坝子，嫌那儿太闷热。而在历史上，滇西北藏、纳西、普米等族从未到滇南争夺坝子，滇南的傣族也不会到滇西北去控制那儿的牧场，他们多满足于"各得其所"。与此同时，云南多样的生态环境和经济、文化又是互补的，高寒山区的藏、纳西、普米等族需要谷地的傣、汉、哈尼等族供给茶叶、蔗糖、稻米等，反之，傣、汉、哈尼等族则需山区的牲畜、药材、金属等。虽然山地占云南总面积的94%，但是，全省江河纵横，虽湍急而无舟楫之便，但却形成崇山峻岭之间的河谷通道。从秦汉开凿的"五尺道""南夷道""西夷道""僰道"，至商旅走出来的"南方丝绸之路""茶马古道"等。这些通道把云南各族联系起来，互通有无，丰歉互补，相互依存。

（二）内聚中华的强烈趋向

云南边疆民族有内聚中华的强烈趋向。

云南自古就是多民族的地区。在39.4万平方公里的土地上，今天仍分布着26个世代聚居于此的民族，但是，在漫长的历史发展过程中，民族和文化的多样并未导致云南各民族的离散与分裂，他们对中华民族和统一的多民族祖国有强烈的内聚力和认同感，从而在秦汉以来两千多年的历史中，云南既显示出民族与文化的多样性，同时又表现出中华民族内在的凝聚力和强烈的认同感，即在民族关系中表现出多元与一体的统一。

自秦汉以后，云南就以洱海、滇池为中心，以彝族、白族、汉族（元明以后）为主干，形成爨氏、南诏、大理等统一政权，以及元代之后稳定的行省制。费孝通先生认为：中华民族成为一体的过程是逐步完成的，先是各地区分别有它的凝聚中心，各自形成初级的统一体，在此基础上进而形成中华民族的统一整体。[①] 而马曜先生则指出，云南自南诏起就建立了"地域性的内部统一"，由于云南民族众多，实现统一的难度较大，因此，南诏的建立和发展"为我们提供了一个不同民族联合实现地域性的统一，然后经过曲折的道路走向全国性大统一的范例"。[②] 政治上的统一不等于民族的认同，但是，长期的、千余年的稳定统一则孕育和实现了民族的凝聚与认同。因此，从南诏建立"地域性的统一"开始，云南各民族也就逐步形成为中华民族的一个"初级统一体"。首先实现云南各民族的凝聚与认同，建立初级统一体，然后实现中华民族的凝聚与认同，融入中华民族多元一体结构中。

古代，从秦汉至明清，云南各民族凝聚与认同的方向总是指向内地，总是归属、认同于内地的主体政权。两千多年的历史中，云南与内地虽然发生过战争，但是，这些战争不具有分裂的性质，最终不论哪方胜利，云南各民族凝聚与认同的方向都没改变，云南与内地长期的、根本的分裂从未发生。西汉对滇国的战争，蜀汉诸葛亮对南中的战争，隋朝攻灭爨氏的战争，以至蒙元入滇平大理国的战争，等等，这些战争由于云南地方政权战败，因而未曾导致分裂。唐朝发动的天宝之战，虽然南诏全歼20万唐军，大获全胜，但是其君臣却共立《德化碑》。碑文中称唐朝皇帝为"九重天子"，自己为"万里忠臣"，并说："我自古及今，为汉不侵不叛之臣。"据《新唐书·南诏传》载，南诏王阁罗凤在建碑时曾

① 参见费孝通主编《中华民族多元一体格局》（修订本），中央民族大学出版社，1999，第35页。
② 马曜：《民族团结的颂歌——电视剧本〈德化碑〉序》，载《马曜学术论著自选集》，云南人民出版社，1998，第981~982页。

说："我上世世奉中国，累封赏，后嗣容归之。若唐使者至，可指碑澡祓吾罪也。"20 年后，阁罗凤的孙子、南诏王异牟寻果然实现了祖父的愿望，在国都迎接唐使，重归于唐。南诏如此，继其而起的大理国也如此。大理立国时，正当宋朝初建。公元 965 年宋太祖入川平定后蜀，大理国即遣使祝贺。此后，大理不断派使臣进京朝贡，请求加封以确认臣属关系。但是，宋朝受北方西夏、辽、金的强大压力和威胁，对于南方的强国大理，只得采取回避与拖延的方针，使其"欲寇不能，欲臣不得"。[①] 但是，大理国却一心一意请求加封，公元 985 年以后，989 年（太宗端拱二年）、991 年（太宗淳化二年）、997 年（太宗至道三年）、999 年（真宗咸平二年）、1005 年（真宗景德二年）、1008 年（真宗大中祥符元年）、1038 年（仁宗景祐五年），不断地遣使入朝要求册封，以正臣属关系。直到 1115年，宋徽宗终于答应其请求，1117 年大理使臣万里迢迢到达开封，宋朝才加封大理国王为"金紫光禄大夫检校司空云南节度使上柱国大理国王"。[②] 与此同时，在三百余年间，大理国与宋朝从未兵戎相见，没有发生过战争。在自己力量较强的情况下，不搞分裂，其凝聚与认同的方向仍然不变，在这一点上，大理国与南诏是相同的。自元代以后，云南已无地方割据政权，大规模的战争仅明代的"三征麓川"。但麓川只是云南的一个强大的土司，而非云南全省的地方政权，战争结局也没有改变云南各族与内地的关系。古代边疆的各民族，当他们的力量足够强大时，其目标是入主中原，继承中华传统，建立新的王朝；当其力量不足时，则求中原王朝的加封、认可，以成为有正式名分的臣属。前者如元代的蒙古族、清代的满族，后者如南诏、大理时期的彝族、白族。两者都体现了中华各民族政治上和文化上的共同追求，表现了各民族共同的内聚力和向心力。

近代，中华民族在帝国主义入侵和西方文化的冲击下，成长为自觉的民族实体，云南各族的中华民族一体意识，实现了从自发到自觉的转变。这一时期云南各族人民抗击帝国主义的英勇斗争，突出地表现了这种转变。1875 年马嘉里事件中，腾冲地区景颇、傣、汉各民族人民英勇

---

① 《建炎以来系年要录》卷 105，转引自尤中《云南民族史》，云南大学出版社，1994，第 256 页。

② 以上史实参见尤中《云南民族史》，云南大学出版社，1994，第 252 ~ 255 页。

抗击英国入侵者。1885 年中法战争后，法国帝国主义入侵滇南，在项朝宗（苗族）的领导下，苗、瑶、壮、傣、汉等兄弟民族联合战斗，历经十余年的流血牺牲，保卫了祖国神圣的领土。1898 年，英军侵入滇西，进攻陇川县章凤街，在景颇族山官的领导下，景颇、傣、汉各族人民奋起抗击，将英军逐出。1900 年英军千余人侵占我国领土片马（今云南省泸水县），在清政府没派一兵一卒的情况下，当地傈僳、景颇、彝、傣、白、汉各族人民联合起来，与侵略者进行了长期顽强的自卫战争，直到1960 年我国与缅甸签订《中缅边界条约》这片土地回归我国，这场艰苦的斗争才胜利结束。1934 年英帝国主义入侵云南佤族的班洪、班老等地区，两地佤族会聚周围十余个"部落"首领开会，剽牛立誓，坚决抗击，与侵略者展开了英勇的战斗。1936 年，中英会勘中缅边界，英帝国主义妄图通过会勘鲸吞班洪、班老地区。由于担心英帝国主义的阴谋及国民党政府的昏庸无能，佤族 17 个"部落"的首领（俗称"王子"）共同发表《告全国人民同胞书》及《致中英会勘滇缅南段界务委员会主席书》。书中大义凛然地表明千万佤族人民的心声："我卡佤山……自昔远祖世受中国抚绥，迄今数百年。英帝逞其野心，步步压迫，种种手段无所不用其极。我卡佤山数十万户，虽血流成河，断不做英国之奴隶。今者，中缅会勘滇缅界务，我全体卡佤山百姓，请愿我委员，保全我卡佤地，若以我卡佤山让与英人，则虽我委员迫于威势，隐忍退让，然我全卡佤山民众决不愿听英帝之驱使，愿断头颅，不愿做英帝之牛马。"[①]从19 世纪中叶到 20 世纪 30 年代，云南少数民族抗击侵略保卫祖国的斗争一浪高过一浪，对祖国、对中华民族认同和凝聚的自觉性在不断地增强。由此，到了抗日战争时期，云南各族人民，特别是少数民族，在修筑国际抗日物资大通道——滇缅公路以及 1944 年滇西大反攻中，做出惊天地、泣鬼神的伟业，表现出强烈的爱国主义精神和对中华民族的向心凝聚力。

三 云南民族关系史的主线是多元与一体的统一

云南各民族，从远古孕育、萌发，经数千年的发展到今天，形成

---

① 转引自杨福泉等主编《云南少数民族概览》，云南人民出版社，1999，第 402 页。

"多元一体"的关系（格局），其发展过程的主线是多元（分化）与一体（融合）的统一。分化，即差异与多样的保持、发展，没有这种趋向和线索，就没有今天云南民族的多样性，以及民族文化的斑斓多彩；融合，即共性的增长，凝聚的增强，没有这种趋向和线索，就没有今天云南民族之间、云南民族与整个中华民族之间的凝聚与统一，简言之，就没有云南内部，以及云南与全国之间的"多元一体"。

（一）融合、一体与统一

在云南民族关系史中，不同民族（族群）之间的融合不断发生与进行。首先，云南的主干和核心——彝族、白族、汉族就是融合的硕果。彝、白两族，从源流来看，既是"同源异流"的，也是"异源合流"的。关于白族历史、源流过程以融合为主，马曜先生有明确的论述。① 关于彝族历史、源流过程中的融合，本书第一章中有所论述。② 此不赘言。汉族，就全国来看，或者说就汉族的整体来看，正如费孝通及许多著名学者所言，从其源头即先秦，到汉唐即其形成，都是由不断融合而成的。如先秦时，秦人、楚人、越人之与华夏的融合；两汉南匈奴人之融入，南北朝以后鲜卑人之融入，等等。云南的汉族更融合了更多的少数民族成分。《云南通史》（三百万言）总主编何耀华先生在该书的绪论部分《融合统一：云南历史发展的主轴》中对云南汉族乃"元、明、清汉族移民融合土著民族的融合体"，做了精辟的论述。他指出，元代以前在云南地区多是汉族移民融入少数民族，而元代以后，则多为少数民族融入汉族。如说："元代开了云南汉族融合爨、僰土著的先河，揭开了汉族在云南作为一个单一民族发展的历史。""由于汉文化在云南社会经济发展中起主导作用，所以自元代开始，移入云南的汉族，就能作为一个单一的民族存在，并能作为一个母体，不断融合原住民族，最终发展为云南的主体民族。"③

彝、白、汉以外其余各民族，按上述何耀华先生及多数学者的看法，在元明两代以前，云南地区"夷多汉少"，同时汉文化的主导作用也未形

---

① 见马曜《云南少数民族中的"同源异流"与"异源同流"》。
② 见本书第一章第三节。
③ 何耀华：《融合统一：云南历史发展的主轴》（下），《云南文史》2010 年第 4 期，第 12 页。

成，因此，多是汉族融入少数民族。由此，在元明以前，不仅彝、白两族及其先民中融入了不少汉族，而且其余各族，如哈尼、壮、傣等都有汉族融入。

各民族相互间的融合，即相互的渗透，在云南历史上十分普遍，由此形成云南各民族"你中有我，我中有你"的关系。

但是，融合与一体、统一有所区别。一体是指各民族的共性，特别是文化的共性，即"多元一体"之"一体"，故与融合不同。云南民族关系史的特点就在于，既保持各民族各自的民族性，同时，又不断地积累、形成共同的民族性。这种共同的民族性，就是中华民族的民族性。民族的实质在文化，文化乃民族之灵魂，民族性是文化的民族性。故云南民族史中各民族"一体"之发展、增进，就是指中华民族共同的文化，特别是作为其核心的中华民族精神，在云南各民族中的生根、形成、增进、发展。由此，"一体"之发展，并非民族融合的发展，云南民族多样性的消减，更不是指云南民族的"汉化"。一些西方学者把云南民族史看成是各少数民族逐渐被"汉化"的历史。这种看法不符合云南民族史的实际。

统一主要是政治概念，特指国家的统一。政治与文化、国家与民族关系密切、相互作用。秦汉统一国家的建立对中华各民族交流、联系的加强，民族融合的发展，都有极其重大的作用。云南地方政权的建立和发展，从滇国、爨氏到南诏、大理，对云南民族关系无疑有重要的作用；秦汉以来，特别是元明以来，中央政权对云南的统辖、治理不断扩大、加强，对云南民族关系更具有极其重要的作用与影响。当然，各民族统一在同一个国家中，接受共同的政治统治，并不等于融合，融合与统一是两个不同性质的概念。

在云南民族关系发展的历史中，不同民族（族群）之间的融合不断发生与进行，但是，融合与分化、差异是并行、互动的，否则经数千年的不断融合，云南民族的多样性早已荡然无存。

（二）分化、差异与多样

云南至今仍是 26 个世居民族的家园，仍是我国乃至世界民族多样性最为丰富的地区之一，就因为在云南历史发展过程中，一方面融合与一体化在不断进行和发展，另一方面，分化与差异也同时在进行和发展。

就因为这样，云南才成为中华民族"多元一体"结构的典型地区；在强调保护民族文化多样性的今天，云南民族关系史的历史经验何以有普遍、深远的意义，原因就在于此。

如前所述，马曜先生认为白族的发展主要是"异源同流"，而彝族的发展则是"同源异流"。我们认为，白族、彝族的发展都是"同源异流"与"异源合流"并行、互动的过程。在白族发展的历史过程中，同样存在分化与"异流"。首先存在于白族形成前的源头中。白族的源头有僰人、叟人、爨人、白蛮等，这些族群之间并不是单纯地相互继承与转化，而是在融合与分化的统一中嬗变。如僰人既融合蜀人、濮人、叟人、昆明人于自身之中，同时，又有一部分分化出去，融入叟人、昆明人、乌蛮之中。马曜先生仅就白族而言，认为白族的发展中只有融合、"同流"，没有分化、"异流"；而何耀华先生则认为，就整个云南通史而言，其"主轴"只是融合与统一。

何耀华先生作为钜作《云南通史》的总主编，为该书所作的总绪论：《融合统一：云南历史发展的主轴》（上、下），既是对三百万言的《云南通史》的总结，也是对云南各民族历史的总结。其标题为"融合统一：云南历史发展的主轴"；其结论则说："纵观五千余年的历史，可用'融合、统一'四个字来概括古代云南历史发展的规律。"① 由于云南自元明以后汉族才占多数，而且到今天少数民族仍占全省人口的 1/3 以上，因此，云南史基本上也可视为云南民族史，进而"云南历史发展的主轴"或"古代云南历史发展的规律"，在一定意义上也可视为云南民族关系的"主轴"和"历史发展规律"。如果这样，那么我们认为，何耀华先生只讲了这"主轴"和"历史发展规律"的一面，即融合、统一的一面。他对这一面的论述，十分精辟、深入，我们十分赞同。他由此得出的结论（即历史经验或启发）共有六点，我们也较赞同。如"（六）云南汉族和各个少数民族，都是相互不断融合形成的民族共同体，具有'我中有你，你中有我'的共同特点。……汉族人口中融入了大量的土著民族，土著

---

① 何耀华：《融合统一：云南历史发展的主轴》（下），《云南文史》2010 年第 3 期，第 19 页。

民族人口中也融入了大量的汉族。云南民族融合所产生的对祖国的内聚力及汉族与各少数民族、少数民族与少数民族之间的互聚力，是云南各族人民在中国共产党领导下与全国各族人民共同奋斗，实现共同繁荣的重要保证，是中华民族自强于世界之本"。① 但是，无论如何，这只强调了历史的一面，云南历史还有另一方面：分化、差异与多样。云南民族史，是融合与分化、一体与多元相互依存、相互促进、相互补充的历史；既安定、团结、凝聚于中华，同时，又保持着多民族、多种文化的并存与繁荣，这就是云南民族史、云南民族关系史最为珍贵、最有启发的经验。

从结构来看，云南民族关系是分化与融合、多元与一体的统一，而从过程来看，则是"多元一体"在不同层次的互动。

第二节　在不同层次的互动中构建"多元一体"

云南民族关系的一个特点，就是存在不同层次的"多元一体"。这种"多元一体"是如何形成与构建起来的呢？是在互动与相互作用中构建起来的。

费孝通先生认为：中华民族成为一体的过程是逐步完成的，先是各地区分别有它的凝聚中心，各自形成初级的统一体，在此基础上进而形成中华民族的统一整体。② 而马曜先生则指出，云南自南诏起就建立了"地域性的内部统一"，由于云南民族众多，实现统一的难度较大，因此，南诏的建立和发展"为我们提供了一个不同民族联合实现地域性的统一，然后经过曲折的道路走向全国性大统一的范例"。③ 虽然政治上的统一不等于民族的认同，但是，长期的、千余年的稳定统一则孕育和实现了民

---

① 何耀华：《融合统一：云南历史发展的主轴》（下），《云南文史》2010 年第 4 期，第 17 页。
② 参见费孝通主编《中华民族多元一体格局》（修订本），中央民族大学出版社，1999，第 35 页。
③ 马曜：《民族团结的颂歌——电视剧本〈德化碑〉序》，载《马曜学术论著自选集》，云南人民出版社，1998，第 981～982 页。

族的凝聚与认同。因此，从南诏建立"地域性的统一"开始，云南各民族也就逐步形成中华民族的一个"初级统一体"。首先实现云南各民族的凝聚与认同，建立初级统一体，然后在更高层次、更大范围内实现中华民族的凝聚与认同，融入中华民族多元一体结构中。这就是云南民族关系史贡献给中华民族史的重要经验。两位先生都认为，我国民族关系，即"多元一体"关系构建过程的一个显著特点就是，局部（各地区）先形成"初级的统一体"或"地域性的统一"，在此基础上进而形成总体的（中华民族的、全国的）"多元一体"关系。这就肯定我国"多元一体"有两个层次，同时，局部对总体有基础的作用。我们十分同意这种看法，但同时认为，局部与总体，这两层次之间的作用和影响是双向的，其形成过程是互动的。云南五个局部地区构建"多元一体"关系的过程，与云南总体形成"多元一体"关系的过程，是互动和相互影响的过程。进而，云南省的"多元一体"与全国（中华民族）"多元一体"也是在互动和相互影响中构建、形成的。

一　局部地区对构建云南总体关系的推动作用

云南五个局部地区就是五个局部的"多元一体"，它们都汇聚着多个兄弟民族，同时，又有一个或两个核心、主干的民族，并以之为中心，形成地区的整体。这种局部的构建对云南整体关系的构建有重要的推动作用。

（一）各地区主干、核心民族的形成对整体构建的推动作用

如前所述，云南五个局部地区分别形成地区的主干、核心民族。滇西北地区：纳西族、藏族；滇西南地区：傣族；滇东北地区：彝族、汉族；滇东南地区：壮族、哈尼族；滇池、洱海地区：彝族、白族、汉族。

五个地区都是多民族的地区，地区中的每个民族，都可能直接和云南的中心地区以及主干民族交流与联系，甚至直接与内地、中原联系。如东汉时滇西徼外的掸国人，就直接到东汉朝廷朝贡，并展示自己的文化。但是，边疆远离中心，不仅"山高皇帝远"，离全国的中心地区很远，而且离云南的中心也很远。

滇西南地区，这里的众多民族（佤、景颇、阿昌、德昂、布朗等族），在古代很难与中原以及云南中心联系，但是，对于本地区的主干——傣族，则有较直接的经济、文化联系，以及政治上的统辖关系，因此傣族能够成为核心并发挥主导作用，进而，在傣族的主导下地区各民族能够与云南整体相联结、凝聚。如南诏时《德化碑》（碑阴）所刻官员中就有傣族官员；大理国时，景龙金殿国臣属于大理政权；元明清时期，该地区的土司多为傣族。这些傣族的上层统治者们，大多有明显的内聚于云南中心和全国中心的倾向。即便明代的麓川政权，虽然明朝廷对之发动"三征麓川"的战争，似乎为了惩罚麓川政权的分裂活动，其实，麓川政权并未公开打出分裂的旗号，主要是侵占其周边的郡县及土司辖区，如其做大则有分裂的危险。而近现代，如干崖土司刀安仁，就组织和领导傣、景颇、德昂、傈僳等族民众，抗击英帝国主义的入侵，并于1906年参加孙中山先生的同盟会，与云南的革命同志一起发动反清民主革命。所以，滇西南形成以傣族为主导的地区特征，对于云南整体的联结与凝聚有着积极的推动作用。

滇西北地区，这里同样是众多民族（纳西、藏、傈僳、普米以及部分彝族和白族）的聚居地。纳西族不仅人口较多，而且与藏族、汉族、白族密切交往，善于吸取各族文化，特别是藏族宗教文化，形成自己独特而内涵丰富的民族文化，同时，纳西族充分发挥地缘优势，建立了较发达而有地区特色的经济；政治上，纳西族木氏土司与元、明、清中央政权都构建了良好的隶属关系，受到三代朝廷的信任和支持。由此，纳西族成为滇西北民族的主干、核心，以及推动滇西北各族内聚于中华的主导力量。所以，纳西族是地区的主干，对云南整体的凝聚，进而对云南各族与中华民族的凝聚发挥了积极的作用。

（二）各地区互补关系的建立对云南整体的基础作用

云南各地区的地理环境就是差异性互补。在此基础上，逐渐发展起来的经济、政治与文化，也是各地区互有区别而又互相依存和补充的。五个地区之间经济、政治、文化的互补关系，正是把它们联系为一个整体的基础，或者说，就是云南作为一个整体得以形成的基础。

二 云南总体对构建局部关系的主导作用

局部与整体的构建、形成是同步、互动的，两者互为基础、相互决定。云南总体对五个局部地区的主导作用，首先就在于全省主干、核心民族对各个局部的制约和主导作用。

（一）云南主干和核心的形成及对局部的意义

彝、白、汉三族是整个云南民族关系的主干和核心，对各个局部地区民族关系的建构都有主导作用，各个局部地区民族关系都围绕他们而形成。

隋唐以前，在南中"大姓"和"爨氏"统治约四百来年的时间里，云南地区（所谓南中）的主干是所谓乌蛮、白蛮，或者说东爨、西爨，他们主要就是彝族与白族的先民。此时汉族已大量进入，如所谓南中"大姓"，很多就是内地汉族。但是，此时汉人数量相对还较少，势力也不够强大，多要依靠土著的彝族、白族先民（时称夷人、叟人），通过与后者结为"遑耶"，得到其支持。以后，南诏、大理国前后约六百余年，大体都保持这种情况。南诏王室为彝族，而其权贵、大臣多为白族，是彝、白两族联合建立的政权。大理国是白族建立的政权，但其建立之初就依靠滇东三十七部，而滇东三十七部主要是彝族。南诏、大理时期彝、白两族是统治民族，其人数多、文化最发达，因此是当时云南民族的主干。直到元、明以后，情况才发生巨大的转变，即内地汉族大量移民云南，并在人数上逐渐超过彝、白两族。首先是屯田（军屯、民屯、商屯）垦殖的规模不断扩大，内地军民等各类人员前所未有地大量涌入云南屯田，特别是明代，军屯人数以十万计，民屯人数以百万计①，这些内地军民（汉人、蒙古人、回回人等）改变了云南人口的民族结构，汉族一跃而与彝族、白族共同成为云南的主干。应当说，这是自明代以来六百余年的历史情况。

---

① 据《滇粹·云南世守黔宁王沐英传附后嗣略》：洪武二十二年（1389）"英（沐英）还镇，携江南江西人民二百五十余万入滇，给予籽种、资金，区别地亩，分布于临安、曲靖……各郡县。春（沐春）镇滇七年（1392～1398），再移南京人民三十余万。"二百五十余万和三十余万之数尚可商量，但有明一代内地入滇民众在百万之上应无疑。

其实，彝、白、汉之所以成为云南民族凝聚的主干和中心，不仅是因为他们人数多，又长期是地方政权的统治民族，而且是因为他们能够相容共处、相互渗透、协同互补，这才形成地区凝聚的中心、稳定的主干。人们常认为，同一地区的两个强大民族总要为夺取统治地位而争斗，这种争斗总是"有你无我"、对抗性的，正所谓"一山不容二虎"，但是这种看法并不适合彝族和白族。明代以前，彝、白两族一直是云南最强大的两个民族，但是，他们没有发生"有你无我"的民族斗争。在有关两族的文献记载中，南中"大姓"和"爨氏"时期，僰与叟、乌蛮与白蛮，没有发生"你死我活"的大规模战争。南诏是彝、白两族联合建立的政权，在二百来年的时间里统治集团没有发生以民族为分界的内部斗争。而南诏灭亡，也并不是亡于民族斗争。郑买嗣推翻南诏，建大长和国政权，杀害南诏蒙氏王族八百余人，这是权臣叛逆夺权的屠杀，而非民族间的屠杀，何况此后郑买嗣不仅没有把屠杀扩及整个乌蛮族群，而且铸铜佛一万尊以表示对被害者的忏悔。其后大天兴国取代大长和国，大义宁国又取代大天兴国，最后大理国取代大义宁国，这都是白蛮统治集团内部的争夺，不涉及白族与彝族的关系。大理国是白族建立的政权，但是它没有"清洗"前政权南诏的统治民族乌蛮（彝族），相反，它是在滇东乌蛮三十七部的有力支持下建立的。大理政权三百余年较为稳定的统治，与它对乌蛮等其他民族采取较宽和的统治方式有关，如对滇东乌蛮以及滇南的金齿，都采取类似"自治"的态度。① 总之，从南中"大姓"、爨氏到大理国，在近千年的漫长历史中，彝、白两族是相容共处、协同互补的。此后，汉族大量入滇，汉、彝、白成为云南地区人数最多、最强势的三个民族。终元明清三代，不仅彝族和白族没有发生过大规模的、"你死我活"的民族争斗，汉族与彝、白两族之间也没有发生。本来在世界上许多地方都发生过，外来移民大量进入后，为争夺土地、资源而与原住民进行不可调和的斗争。至于西方殖民主义的移民，他们与美洲、大洋洲的原住民更是"水火不容"，为争夺土地与资源，他们几乎将后者"斩尽杀绝"了。但是在云南，却没有发生汉族移民与彝、白等民

---

① 参见尤中《云南民族史》，云南大学出版社，1994，第 221 页。

族"你死我活"的斗争。元明以前，最早是所谓的庄跷带队入滇，据说上万人，他们留下了，算是第一批移民，他们没有与滇民为争夺地盘而厮杀，而是"易服，从其俗"，融入了土著之中！此后三国、魏晋时期，有南中的"大姓"：雍、孟、爨、朱、李、吕等。他们本是从内地来到南中的汉族移民，但没有与土著的夷（叟）人等发生不可调和的民族冲突，而是与之结为"遑耶"，甚至变成为"夷化了的汉人"，成为白族的一个来源。元代，汉族开始大量进入，势力增强，但是，汉族是被统治民族，其地位还不如彝族、白族。其初，灭大理国后，蒙古统治者（蒙哥汗）很快就授予原大理国主段兴智以"摩诃罗嵯"（大王）的梵名称号和"大理总管"的权力，此后段氏家族世袭此职共 11 世。由此可见白族在元代的地位应高于汉族移民，至少不会低于汉人而受到汉人的欺压、打击。元代社会的对抗性斗争，主要是被压迫的各族人民对蒙古族统治者的斗争，并未发生汉族移民与土著的斗争。明朝皇帝是汉族，并且以"驱逐鞑虏，恢复中华"为反元的口号，但它不像元朝那样搞民族压迫。明朝对云南的征讨，是为了在云南取代元朝，因此傅友德、沐英等人奉朱元璋之命领军入滇时，与乌撒、东川的彝族土司发生战争，与大理白族段氏总管发生战争，这些战争都不是入侵者与土著的战争，而是由于乌撒、大理等土司依旧支持、认同元朝，抗拒明朝而发生战争，是改朝换代的战争。由此，当这些彝族、白族土司战败并归顺新的王朝后，明朝政府也就册封他们继续做自己的土司了。明代云南地区大规模的战争是"三征麓川"战争，但是它与彝族、白族、汉族关系不大。清初云南一系列纷争、战乱，依然是改朝换代的纷争和战乱，虽然其中包含所谓农民起义军"大西军"的活动、吴三桂讨平云南，但它并不代表汉族，也不代表满族，纯然是政治性的统治，没有民族关系的问题。与此相关，清初云南爆发的农民起义，都是针对清政府和土地问题的，参加者各民族都有，亦无关彝、白、汉的民族关系。唯有雍正时鄂尔泰推行的"改土归流"，这对彝、汉关系有重大影响。如前所述，鄂尔泰推行"改土归流"在滇东北遭到彝族土司的反抗，官兵被杀数百，鄂尔泰残酷报复，不分青红皂白、老弱妇孺，一概斩尽杀绝，仅米贴一地杀彝族三万余人，少数彝人越过波涛汹涌的金沙江，逃入大凉山才得以幸存。此后，内地汉人才大量移民滇东北，成为滇东北的主要居民。至此，以金沙江为界，凉山为彝族区，滇东北为汉族区，彝汉界限分明，凉山彝族更加保守、排外。就整个云南来说，彝族渗透在每一个县域，汉族也分布在每一个县域，因此双方互相渗透、交错，唯有凉山和滇东北与此不大相同，这可能是凉山至 20 世纪四五十年代还保持奴隶制的一个原因。但是，这并未改变云南彝、汉之间的总体关系，一是因为，它只局限于滇东北，并未扩及全省；二是因为，鄂尔泰只代表清朝政府，并不代表汉族，更不代表滇东北汉族移民，乌蒙彝民并没有把鄂尔泰的罪过记在汉族的账上。总结云南彝、白、汉三个民族上千年的历史，可以肯定地说，三者没有不可调和的矛盾，没有发生"有你无我"的排斥与斗争。这三个人数最多、势力最强大的主干民族，他们的和谐共处，主导了整个云南各民族关系的建构。他们是云南各民族凝聚的主干与核心。

（二）总体网络把各民族联结为整体

费孝通先生认为，"汉族通过屯垦移民和通商在各非汉民族地区形成一个点线结合的网络"。他又认为，这网络是把各民族串联在一起形成中华民族自在实体的重要条件。[①] 云南正是这种情况的典型，甚至还更进一步，因为在云南不仅汉族，而且各主要民族：彝、白、傣、苗、瑶、回……都在全省范围内相互渗透、交错地居住与生活，构建成一张民族关系的网络，这网络把云南各族联结为一个整体。

1. 彝、白两族的网络作用

在元明以前的千余年中，他们是云南人口最多的两大民族，元明以后仅次于汉族；他们又是爨氏、南诏、大理三大政权的掌权民族，亦是政治、经济、文化处于优势的民族。但是，他们没有各自"占山为王"形成内部纯一、对外排斥的"彝族区""白族区"，而是相互渗透、交错地居住与生活。《云南志》（蛮书）所谓"西爨，白蛮也。东爨，乌蛮也"。[②] 并不是说当时滇西皆白蛮、滇东皆乌蛮，因为在当时，滇西有乌蛮，如"六诏"特别蒙舍诏就是乌蛮（彝族先民）；滇东则有白蛮，所谓

---

① 见费孝通主编《中华民族多元一体格局》，中央民族学院出版社，1989，第 33 页。
② 见《云南志校释》，赵吕甫校，中国社会科学出版社，1985，第 127 页。

阁罗凤征服滇东（滇池地区）后，强迫迁徙该地白蛮二十余万户至滇西的说法,[①] 就证明当时滇东有许多白蛮。并且尤中先生认为，迁走的并非二十万户，而只是白蛮中的一小部分（可能是二千来户），多数白蛮还是留下了。[②] 所以，截至南诏时期，彝、白两族在云南东西两部都是交错杂处的。尤中先生就说："在南诏统治的区域范围内，'乌蛮'的分布面甚广，一般往往与'白蛮'相互交错混杂。"[③] 进而，彝、白两族又与其他民族交错、渗透，由此形成云南民族凝聚之网的基本经、纬。时至今日的云南，澜沧江以东绝大多数（约85%）的县域地区都分布着彝族，但是又没有一个县全然都是彝族，这就是说，彝族渗透、交错于全省各民族之中。而白族，直到元明以前的千余年中，都与彝族交错、散布于各处，元明以后虽然较集中于洱海地区，但滇西和滇中仍有广泛分布，即今日滇西的保山、怒江、迪庆地区，以及滇中的楚雄、昆明都有分布。

2. 汉族的网络作用

汉族目前是云南人口最多（占总人口2/3）的民族，而且分布也最广，全省127个县每个县都有。费孝通先生说："汉族通过屯垦移民和通商在各非汉民族地区形成一个点线结合的网络。"这在云南最为典型。内地汉人进入云南，从秦汉（滇国）开始至元明共千余年，他们不仅没有排斥少数民族，而且以各种方式融入少数民族（主要是彝族和白族）之中，并把内地文化带入少数民族之中，如南中"大姓"。可以说，这些汉人在千余年中构建了一个各民族凝聚的"隐形的网络"。元明以后，数以百万计的内地汉族移民云南。他们中只有小部分是作为统治者、征服者进入云南的，因为，元代的征服者是蒙古人、色目人。清代，最初的吴三桂是汉族，但很快就垮台了，后来的征服者主要还是满族人，所以，只有小部分汉族是作为征服者、统治者进入云南的，绝大多数进入云南的汉族，或屯垦（军屯、民屯、商屯），或经商，还有就是被流放到边陲的犯人。至今许多云南汉族还说，自己的

---

① 《云南志校释》，赵吕甫校，中国社会科学出版社，1985，第129页。
② 见尤中《云南民族史》，云南大学出版社，1994，第164~165页。
③ 尤中：《云南民族史》，云南大学出版社，1994，第169页。

祖先是充军来云南的。当然，汉人来到边疆，有依仗中央政权的强力而排挤、压迫土著民族的一面，但是总的来说，由于其低微的社会地位，故而以较为平等、和平、渐进的方式求得立足和发展。因此，虽然他们在交通沿线、卫所周边排斥土著，但在其余地方则是靠自己的辛勤开垦而立足的，这样一来，汉族移民能够与土著民族相容、渗透，并沿着交通线而逐渐渗入、交织于全省各民族之中，形成明显的联结网络。

3. 苗族和回族的网络作用

与汉族一样在全省范围内广泛分布、渗透的，还有两个民族：苗族和回族。他们也是元明以后才大量进入云南的，其人数虽然没有汉族多，但是分布却一样地广。1995 年，"云南苗族共 97 万人，相对集中在南北两地，但以县而言，苗族分布较散；全省县（市）一级的行政单位共 133 个，有苗族分布的就达 132 个"。① 而《新编云南省情》（1996）则说："云南的苗族……散布在 87 个县市，其中多数居住在文山州、红河州和昭通地区。"② 不论 132 个或 87 个哪个正确，反正苗族与汉族、彝族一样地在云南分布广泛。但是，"大多数苗族是明代以后从湖南、贵州迁入云南的"③。因此，主要分布在云南东部，即滇东北和东南，并且作为后到的"游耕"民族，他们多分散居于海拔较高的山巅或山腰，因此不能像汉族那样由水陆交通而连成网、线。但是，回族就与苗族不同。云南回族虽然人数少于苗族（苗族 97 万余人，回族 52 万余人），并且更为分散，所谓"除威信、绥江两县外，其余各县市都有回族居住"④。但在元明时期他们主要是作为强势民族而进入云南的，如元代的赛典赤家族、明代的沐氏家族，同时又有深厚的文化传统、开放而发达的社交关系，因此他们多居住在城镇和交通沿线，本民族内部联系紧密，与其他民族交往密切。如，回族善经商，既表现了开放、发达的文化，同时也加强了它与各民族的交往。这样，散布在全省的回族就与汉族一样，

---

① 郭净等主编《云南少数民族概览》，云南人民出版社，1999，第 251～252 页。

② 《新编云南省情》编委会编《新编云南省情》，云南人民出版社，1996，第 48 页。

③ 《新编云南省情》编委会编《新编云南省情》，第 49 页。

④ 《新编云南省情》编委会编《新编云南省情》，第 50 页。

在云南"形成一个点线结合的网络",对整个地区的凝聚发挥了重要作用。

4. 哈尼、壮、傣、傈僳、纳西等族的网络作用

哈尼、壮、傣、傈僳、纳西等族,是滇西北、西南和东南地区的主干民族。他们虽然没有分布、渗透到全省各个地区,但是,他们既遍布本地区,又跨越不同的地区,对不同地区的联结发挥了重要作用。如哈尼族,不仅遍布滇东南地区,而且向西散布到滇西南的西双版纳、普洱地区,向北扩及滇中;傣族从滇西到滇东南沿国境线分布约两千多公里,把德宏、保山、临沧、普洱、红河、文山等地区数十个县贯穿起来,向内则分布到接近滇中的景东、镇沅、新平等县,少数人甚至散布到金沙江边。这些民族与汉、彝、白、苗、回等族共同交织、渗透在一起,形成一个点线结合的凝聚整个云南地区的网络。

总之,在数千年历史发展中,三个主要的民族——彝、白、汉成为云南地区凝聚的主干和核心,由各民族相互渗透、交织而结成的凝聚网络,这两方面的相互结合与支撑,就使云南民族的五个基层(局部)单元,凝聚而为一个多元的整体。这就是说作为整体的云南,正是通过核心、主干和凝聚网络,而对局部发挥作用。

第三节　地理环境与人的相互作用

一　地理环境对构建云南民族关系的基础作用

首先,中华民族生活的地理环境是多元一体的。它的生态环境是多种多样的,同时,又是一个有内在联系的整体。对此,费孝通先生说:"中华民族的家园坐落在亚洲东部,西起帕米尔高原,东到太平洋诸岛,北有广漠,东南是海,西南是山的这一片广阔的大陆上。这片大陆四周有自然屏障,内部有结构完整的体系,形成一个地理单元。"[①] 这里说的

---

① 费孝通主编《中华民族多元一体格局》,中央民族学院出版社,1989,第2页。

"自然屏障"可分为两条，一条从西北的戈壁沙漠、帕米尔高原，经世界屋脊西藏，而至云南与东南亚之间的热带雨林（古时所谓瘴疠之地）；另一条则从东面浩翰的大海，经两广又至云南。这两条"自然屏障"从西北和西南两面围护着自成一体的中华民族家园，而云南正处在其间。因此，云南自古以来，其经济、政治、文化的交流与联系，大体在这屏障之内，成为中华整体的一个有机组成部分。

其次，云南是中国最南端的地区之一，它有热带和亚热带的生态环境和生物资源，这是中国大多数省区没有的；云南又是西部高原地区之一，有丰富的矿产资源、水力资源和山区生物资源。这是云南不同于其他省区的特点。正是这两方面的特点，使得云南自古以来就与全国形成相互依赖的紧密关系。一方面，全国离不了云南。远在商周时期，内地就需云南的铜、锡、金、银等，而到宋元之后，云南的铜、锡等有色金属产量占全国的大半。宋代，云南还是内地马匹的主要来源之一。另一方面，云南离不开全国。云南矿产、生物资源的开发，即工业、农业的发展，需要技术、人力、资金，这正是云南所匮乏的，并且无法穿过热带雨林从东南亚得到，只有从内地、从中华民族中得到。传说"庄蹻开滇"、诸葛孔明到云南传送技术、礼仪。史载南诏既送子弟入川学习，又大量掳掠成都的百工技师；元代赛典赤来滇开办学校；元明清三代在云南发展军屯，大量移民入滇。直到抗日战争中，内地工厂、学校大量迁入云南，如北大、清华、南开三校入滇建西南联合大学……这些都是推动云南资源开发和经济、政治、文化发展的决定性力量，同时，也是促使云南融入中华民族多元一体结构的重要因素。

在地理环境多样性的条件下，形成了云南各族人民生产、生活的"地势梯级"结构、"山区—坝区"结构，以及民族布局的"大分散（大杂合），小聚居"的结构。这种结构，既使多民族、多元文化汇聚于一个地区，同时又使这些不同文化类型的民族，能够和谐共处、相互依存，凝聚为一个整体。这就与本书前述的中华民族整体的情况类似，故而云南区域内各民族"多元一体"凝聚，可以说是中华民族"多元一体"凝聚的缩影和典型。云南"地势梯级"结构，即北高南低的地势可分为三级台阶，形成三种农业生产类型：高寒层农业、中暖层农业和低热层农业。如本书前述，这就形成云南民族的多样（多元）性，即高寒地区，生活着以畜牧业为主的农耕民族，如藏、纳西、独龙、怒、傈僳等民族；中暖地区，生活着以种植稻、麦、玉米为主的农耕民族，如汉、彝、白、哈尼等众多民族；低热地区，则生活着以水稻和热带作物为主的农耕民族，如傣、哈尼、基诺等民族。值得注意的是，这种地势的梯级结构，不仅是形成民族差异性、多样性的条件，也是这些民族之所以能相容和凝聚的重要条件。首先，在长期的历史过程中各民族分别适应了相应地区的生产和生活方式，由此也就形成了各得其所的、稳定的民族分布。例如，藏族、傈僳族等高寒地区的民族已适应这一地区，而形成相应的生产、生活方式，如果让他们迁居于低热地区就很不适应，或反过来，让傣、基诺等低热地区的民族迁居于高寒地区，他们也不适应，也不愿意。故这种地势的分级结构也就成为各民族分布的稳定结构。其次，这三种不同的生产、生活类型具有优势互补、相互支持的关系。如：高山上的藏、纳西、普米等族需要谷地的傣、汉、哈尼等族供给茶叶、蔗糖、稻米等，反之，后者则需山区的牲畜、药材、金属等。突出的事实就是，存在着由茶马交易形成的、纵贯云南的茶马古道。这条有上千年历史的古道，从滇南普洱、西双版纳产茶区开始，经过临沧、大理，直达滇西北丽江、香格里拉（最终至西藏）。它体现着滇西北畜牧业为主的藏、纳西、普米诸民族，与滇南产茶区的傣族、哈尼族、布朗族以及汉族的互补关系。其实除了茶、马之外，食盐和手工制品（如缝衣的针线、刀具、马具等）也是各民族交往和联系的重要中介。在古代，这些生活必需品多集中于经济发达、交通便利的地区。就云南来说，其是以滇池、洱海为中心的中暖地区，在这一地区的汉、彝、白等民族，生产并向南、北两个方向输出这些东西。从滇西北的各族来说，他们不能从更为高寒的北方（西藏）去取得，只能从滇中得到；而滇南，特别是与缅甸、老挝相邻的滇西南各族，越过热带丛林从境外取得也很困难，他们也主要面向滇中进行交易。所以云南自古形成了以洱海、滇池为中心的经济、社会联系。

云南的物质生产条件，还有这样的特点："地势梯级"结构与所谓的"山—坝"结构相结合。如前所说，在云南各地的崇山峻岭之中，星罗棋布地散布着许多"断陷盆地"和高原台地,云南俗称为"坝子",面积在1平方公里以上的各种坝子,多达1442个。这些坝子与周围山区的相对高差极大。由于高差的陡变,在很短的水平距离内,气候就有极大的差别:在坝子里可能很热,水稻可以一年两熟;而山腰则和暖凉爽,既可种水稻也可种小麦、玉米;到了山顶就属于高寒地带,无霜期很短,只能种马铃薯和荞麦,以畜牧为主了。当然,海拔很低、很热的坝子并不多,但是,绝大多数坝子和高寒山区的差别还是很大的。由此在云南,既按"地势梯级"把全省分为三种不同的生产、生活环境,同时,又按"山—坝"结构,把每一个局部(如县级行政区域),分为两种或三种不同的生产、生活环境。这样,一方面,每个局部(如县级行政区域范围内)都具有"山—坝"结构,都是多民族、多元文化的;另一方面,在每一个局部,都存在山区和坝区、山区民族和坝区民族的相互联系和依存。例如,在每一个县都存在山区的民族与坝区的民族相互交换粮食,前者用玉米换稻谷来吃,后者用稻谷换玉米作饲料;前者用牲畜换后者的粮食或工艺品等。

特别是,这种"山—坝"结构使每一个县几乎都有山地民族,如彝族、苗族、瑶族,也有坝区民族,如白族、汉族。一些人口较多的民族,如彝族,虽然多以村寨为单位聚居,但是这些村寨分散在全省的各个县。云南绝大多数县(市)都有彝族聚居,但是又没有一个县全是彝族。这就使得云南的各民族相互交织、渗透,因而特别重视民族之间的关系,所谓"远亲不如近邻",而村寨的近邻多半是其他民族。中国的民族总的来说是"大分散,小聚居"的方式分布的,而云南由于"地势梯级"结构和"山—坝"结构的存在,这种"大分散,小聚居"的分布方式更为典型。这有利于各民族之间的交流、联系与凝聚。

云南地区崇山峻岭、河流湍急,各地之间交通不如平原地区便利。虽然如此,由于特殊的地理条件,密布的河网在崇山峻岭之中形成一条条交通孔道。这些孔道把各个"坝子"即人烟稠密的城镇联系起来,而几条江河水系,更从北到南把全省联结起来,由此为全省的沟通与凝聚提供了条件。云南有六大水系,除金沙江水系是向南后折向东外,其余五个水系:伊洛瓦底江水系、怒江水系、澜沧江水系、元江水系、南盘江水系，都从西北流向东南，呈扇形地在云南大地展开，贯通了多个地区。这些江河大多落差巨大、水流湍急，而不能行舟通航，但是，它们却在崇山之中切割出一条条交通孔道，而把不同地区联结起来。如澜沧江发源于青海，从滇西北进入云南后，从北向南贯通云南，其干流在云南境内 1170 公里，贯通了今天云南的迪庆藏族自治州、怒江傈僳族自治州、大理白族自治州、临沧地区、普洱市（原思茅地区）和西双版纳傣族自治州。元江干流在云南境内共长 677 公里，横贯滇中和滇南，流经今日云南的 28 个县市，它还有小河底河（长 164 公里）、李仙河（境内长 488 公里）、藤条江（长 184 公里）、盘龙河（长 279 公里）、普梅河（长 154 公里）等支流，它们所形成的山间河谷像蛛网一样把滇中和滇南地区联系起来。

如前所述，云南地势为西北高、东南低的三级台阶。而滇池、洱海地区（即大理—楚雄—昆明连成的中部）正处在三级的中间一级，并且具有"起伏和缓的、面积稍大的高原面"。《云南地理》指出"……大体从寻甸的功山附近开始，向西南与向西经过嵩明、昆明、禄丰、楚雄、南华、祥云到下关（大理市）东部。为一弧状，东西长约 500km，中部、东部较宽，西部较窄。昆畹公路就在这片高地上通过。它中部高起，两侧分别向北、向南倾斜，是金沙江、元江及南盘江的分水岭。高原面表现起伏缓和，有低丘分布，陷落盆地两侧有相对高度大于 500m 的梁状山地，面积较大的盆地中有现代湖盆发育。昆明向南，玉溪、江川、通海一带，起伏也不大，是这一片向南的一个分支"。① 可见滇中这一片起伏和缓的高原，既联结了大理与昆明，同时又是南、北两个"台阶"联系的中介和枢纽。洱海地区自古以来就是滇西（滇西北与滇西南）人员、物资汇聚之地，而滇池地区则是滇东（滇东北与滇东南）人员、物资汇聚之地，就因有地理条件的方便。反过来看，南北两面如不向中部（滇池、洱海地区）汇聚也是不行的，因为往北，有青藏高原和金沙江阻隔；往南，多为热带雨林即古烟瘴之地，所以中部是滇南、滇北汇聚的主要方向。这和整个中华民族的情况类似。中华民族所生存的东亚大地，就

---

① 王声跃主编《云南地理》，云南民族出版社，2002，第 49 页。

是一块地理环境多样但又自成体系的独立地区，而黄河、长江中下游地区则是四方汇聚的中心地区。

二 在特定的地理环境中云南各族对历史主动选择

地理环境无疑是云南各族构建相互关系的基础条件，但是，人有主动性，并非动物性地适应环境。这就是，云南各族人民在特定的地理环境中，对相互间应有什么样的关系做出了主动的选择。

（一）对内聚于中华民族的主动选择

云南的地理环境和区位特点，既有利于联系内地、促进云南与中华民族的凝聚，但是，也因"山高皇帝远"、瘴疬之地，而难与内地和中央建立联系。何去何从，做何选择？云南各民族选择了内聚于中华民族的发展方向。亦如北方有丝绸之路，南方有穿越云南的南方丝绸之路，但是，在云南这段丝绸之路上，战火的硝烟就要少得多了。有史以来，云南所发生的两次有关国家统一的大规模战争：天宝之战与"三征麓川"，其最终结果还是国家的统一、云南与中华民族的凝聚。特别是天宝之战，南诏取得了全面胜利，唐王朝 20 万大军全军覆没，但是南诏却在《德化碑》中表示，战争乃无可奈何，仍要忠于唐王朝，最终归于中原王朝。这可以说是云南民族做出历史选择的绝佳范例。

（二）对宽容、共存的主动选择

众多差异极大的文化在一块不大的土地上相遇，宽容、共存并不是必定的结局。按照"文明冲突论"的理论，冲突是必定的，结局必定是一方吃掉另一方；在没有达到同一前，冲突不断。即使"大同"论，也认为民族文化的多样性和差异最终是要被消除的，只不过不是通过冲突与战争，而是文化的融合。民族的实质在于文化，文化（文明）冲突论实质就是说民族之间冲突不可避免，最终只有一种民族存在时，冲突与战争才会止息。但是，在云南这块 39.4 万平方公里的土地上，从远古开始就从三个方向迁徙来了多种多样、差异很大的族群，又经过千百年的"同源同流""异源同流"以及融合、分化，多样性更加丰富，差异性更加显著，但是，真正的民族冲突、文化冲突并不多，这种情况并非地理环境必然决定的。云南各族为什么能做出这种选择呢？是思想观念和民族精神的引导作用。

第四节　思想观念、民族精神的引导作用

云南"多元一体"民族关系的构建，是在特定思想引导下行动的结果，而不是动物式地适应环境的结果。云南民族关系是作为中华民族整体的一个局部而构建的，因此，中华民族精神、全国主流的思想观念，对云南各族关系的构建有根本的引导作用。中原主流的思想和云南各族特定的思想共同引导民族关系的构建。对这些思想、精神、观念，举例如下，概要说明。

一　"和而不同"、宽容差异的精神与思想观念

"和而不同"、宽容差异的精神，既是一种思维方式，也是一种对待事物的态度，它很早就萌发并融合在中华民族的精神与传统之中。

早在西周，史伯就说："夫和实生物，同则不继，以他平他谓之和，故能丰长而物生之。若以同裨同，尽乃弃矣。"① 这就从世界观的高度提出，事物的发展有两个根据，一是"和"，另一是"同"。"和"即"以他平他"，就是差异中求得和谐；"同"即"专同"或"以同裨同"，就是绝对同一。以"和"为根据的事物，"丰长而物生"；以"同"为根据的事物"不继"（衰亡）。故而，"和而不同"（努力做到"和"而摒弃"同"）是正确的生活方法和原则。史伯又做具体阐释："和"不同的材料（金、木、水、火、土）才成器物，"和"酸、甜、咸、苦、辣才成美味，"和"不同的音调才成音乐，向不同的部族聘娶后妃，才能求得王族的和谐、兴旺……以后的思想家继续发扬这一思想。孔子强调"君子和而不同，小人同而不和"②。并进而提出"中和"。其"中和"有"执两用中"之义，即认为，事物归根到底是两个对立方面的统一，故"和"即对立面的统一，或"合二而一"。由此与道家"相反相成"别无二致。所以，和、中和、对立统一，是中国古代思想家的普遍理性，是中华民族精神的深层内容。

① 《国语·周语》。
② 《论语·子路》。

这种思想、精神，经千百年的交流、融会，深入到云南少数民族传统思想之中。如彝族《教育经典》（玛姆特依），开篇就说："天与地两方，星与云两面合，日月两面交，天与地心顺。彝与蜀（汉）两方，布帛两面合，金银两面交，彝与蜀（汉）心顺。君与民两方，任务两面合，牛羊两面交，亲与戚心顺。"[①] 即认为，两两相异的对立事物，如：天与地、彝与汉、君与民，都能通过中介而相"交""合"；对立与差异是可以统一、结合的。彝族思想史上的集大成著作：《西南彝志》（哎哺啥额）和《彝族源流》（能素恒说），将这种朴素的观念进一步理论化和系统化为抽象理论，如认为：从万物的本源哎与哺、啥与额，至天与地、白天与黑夜、青雾与红雾、男人与女人、树木与野兽……无不是相分而又相配的，并且只有相分又相配，才能生育、发展。白族、壮族受内地儒学影响较大，其知识阶层对儒学的"中和""和"等观念，深有理解，并运用于政务和处世之中。如李元阳、高𡺮映等。

受这种思想、精神的引导或影响，云南各族对待差异甚至对立的事物，能以一个"和"字对之。在文化上，能"和"不同的宗教，许多民族儒、道、佛皆信，本土宗教与外来宗教并存，同一宗教的不同教派共存；能"和"不同的风俗习惯，许多民族一起过年（春节），一起过火把节，互不排斥。在政治上，顺利实施羁縻政策、土司制，实现多种制度的并存。这种"和而不同"、宽容差异的精神，引导着"多元一体"民族关系的形成。

二 同源共祖的民族观、宽和相容的宗教观

对民族、族群的基本认识，即民族观，对于民族关系的构建起着直接的作用。云南各民族一方面有关于本民族起源、历史、种族、文化特征的特殊观念，另一方面，又有云南各民族同根共祖的观念，以及由此而生的同胞兄弟观念。这些观念包含在众多民族的创世史诗中，因此是一种起源久远、根深蒂固的观念。如，彝族创世史诗《查姆》中说："阿朴独姆兄妹成亲后，生下三十六个小娃娃。""从此各人为一族，三十六

---

① 见《教育经典》，岭光电译，中央民族学院民族语言研究所彝族历史文献编译室编印本。

族分天下；三十六族常来往，和睦相处是一家。"① 纳西族创世史诗《崇搬图》（又称《创世纪》）中说：洪水过后，只剩下从忍利恩，天神的女儿衬红褒白和他成婚，他们生下三个儿子，"一个瓮酿出三种酒，一母生出三种人，三弟兄说三种话，三个民族同祖先"。② 拉祜族创世史诗《牡帕密帕》中说：人类始祖为一对男女：扎笛和娜笛，共生于葫芦中。从葫芦中出来后相婚配生下九对子女，子女再有子女，共有900人，在一次打猎后，"九百人站成行，九行分成九种民族"。③ 此外，白、瑶、水等民族都有类似的史诗和传说。有意思的是，这些史诗和传说中，都说自己民族的祖先名为伏羲或盘古，这与汉族传说中的伏羲、盘古读音相近，或许所指同一人也！这些传说起源久远，千百年来在各民族中传扬，深入人心。它们与古代所谓汉族与古荆蛮、古越人、古匈奴同为炎黄子孙的传说一样，表现着民族精神深层中存在的、中华各民族同根共祖的意识。这种意识对于云南各民族的相互认同，对于多元一体民族结构的建立起着促进和指引的作用。由于有这种民族亲和的意识，云南历史上的地方政权，大多是两个或多个民族联合建立的政权，如魏晋南北朝时期的南中"大姓"和爨氏，就是内地汉族移民与本地夷人（叟人）的联合政权；南诏则是彝族与白族的联合政权，同时其统治集团中还有傣族、纳西族参与；白族首领段思平建立大理国政权时，就依靠了"东方黑爨三十七部蛮"的支持。近代云南人民的反清起义，也都采取了各民族联合的方针。如，杜文秀领导的滇西回民起义就提出："不分回汉，一体保护。"并规定"族分三教（汉、回、其他民族），各有根本，各行其是，既同营干事，均宜一视同仁"。参加起义军的有回、汉、白、彝、傣、纳西、傈僳、景颇等民族。④ 与此同时，以李文学为首的滇南彝族起义，先提出"夷皆一体，何分彼此"（当时统称各少数民族为"夷"），进而认为汉族贫民与少数民族也是一体的，如李文学说："盖汉与夷为敌者，豪强也，贫无与焉。"⑤ 云南历史上统治者与被统治者这

---

① 《查姆》，云南人民出版社，1981，第74~75页。
② 《创世纪》（纳西族民间史诗），云南人民出版社，1978，第93页。
③ 《牡帕密帕》，云南人民出版社，1979，第43页。
④ 参见马曜主编《云南简史》，云南人民出版社，1983，第246~247页。
⑤ 夏正寅：《哀牢夷雄列传·李文学传》。

种政治上的共同取向，表现了云南各族深层的思想观念，促进了多元一体民族关系的发展。

中共中央、国务院在《关于进一步加强民族工作加快少数民族和民族地区经济社会发展的决定》中，对民族做了一个界定，在此界定中，强调了宗教与民族的关系。它说："民族是在一定的历史发展阶段形成的稳定的人们共同体。一般来说，民族在历史渊源、生产方式、语言、文化、风俗习惯以及心理认同等方面具有共同的特征。有的民族在形成和发展中，宗教起着重要作用。"由此，宗教观、宗教关系，对民族关系有很大的影响。中华民族从总体上看，有一种"宽和共容、重德育而诸教并存的宗教观"。在我国儒、道、佛"三教合流"的历史发展中，这种观念得到了充分的体现。云南各民族历史发展中，儒、道、佛"三教合流"十分突出，虽然，有的只是在本民族传统宗教的基础上融合儒、道，或者融合佛教。但是，这些现象都表现了共同的宗教观，即对不同宗教的"宽和共容"的观念。当然，云南各民族不仅对儒、道、佛采取这种观念，而且对其他各种不同的宗教都采取这样的观念和态度。如元明以后传入的伊斯兰教，不仅在云南回族中兴盛发达，而且传入傣族、藏族、佤族，为其部分群众信奉。由此，多种多样的宗教在云南的相容共存，促进了信仰不同宗教的民族和谐共处、相互认同与凝聚。

三　古代的"大一统"观念与近现代的爱国主义精神

在古代，中华各民族都以"大一统"观念来看待各地区、各民族之间的关系，看待局部与整体的关系。云南各民族也基本如此。而至近现代，在与帝国主义侵略的抗争中、与西方思潮的碰撞中，升华、形成了中华民族的爱国主义，据爱国主义精神来认识局部与整体的关系，认识各民族之间的关系。

中华"大一统"观念起源久远。《春秋公羊传》（简称《公羊传》）在战国末或秦汉之际，对之就有明确的表述。它说，《春秋》开篇所谓："元年，春，王正月。"就包含着一个极其重大的原则："元年者何？君之始年也。春者何？岁之始也。王者孰谓？谓文王也。何为先言王而后言正月？王正月也。何言王正月？大一统也。"这就把"大一统"作为前圣、先王的重大原则提了出来。随之，此说得到董仲舒等人的大肆宣扬。在《举贤良对策》中，董仲舒说："《春秋》大一统者，天地之常经，古今通谊也。"汉武帝对《公羊传》大为赞赏，对治《公羊传》的董仲舒、公孙弘等人十分重用，欲以"大一统"治天下。

何谓"大一统"？首先指天下统一、定于一；再就是指，这种统一乃重大、至高的原则。这思想，虽张扬于秦汉，而源于春秋以至西周之前。《诗经·小雅·北山》就有诗句："溥天之下，莫非王土；率土之滨，莫非王臣。"这说明，在西周就有天下皆为王土的大一统思想。西周之时，所谓"天下"显然不是指王畿周围，也不仅指中原华夏所居之地，而是指包括"四夷""四方"的广大地域。毛亨注解以上诗句就说："溥，大；滨，涯也。"孔颖达疏曰："孙炎曰：浒、滨、涯、浦，皆水畔之地……以滨为言者，古先圣谓中国为九洲者，以水中可居曰洲，言民居之外皆水也。"就是说，天下乃指"九洲"，即"四海之内"或"海内"。这就包括东边的东夷、西边的西戎、北边的北狄、南边的蛮越所居的广大土地了。而这广大的土地既属天子所有，土地上的人民也都是天子的臣民了。于是对四夷、四方之民，就应当视为同一的臣民来对待。先秦儒家认为："四海之内皆兄弟"①"四海之内若一家"②，就是把四海之内的所有人民，包括戎狄蛮夷都视为同胞兄弟。而墨子认为，古圣王都把四夷当作臣民对待，施以兼爱，后人应当效法之。他说："昔者尧北教乎八狄……舜西教乎七戎……禹东教乎九夷。"③ 又说，大禹在东南西北四方治水以利人民，其中"南为江汉淮汝，东流之注五湖之处，以利荆楚干（吴）越与南蛮之民"。④ 他认为，尧舜禹都施教化、兼爱于蛮夷戎狄。由此可见，视四海之内皆为王土、四夷和华夏之民皆为王臣，这种意识乃"大一统"思想之发端，其源久远。至战国诸子，皆鼓吹统一天下，把天下统一作为至高的原则，作为理想来追求，这则是"大一统"思想的形成与实践了。但如何实现统一，各家主张不同。法家主张以法

---

① 《论语·颜渊》。
② 《荀子·儒效》。
③ 《墨子·节葬下》。
④ 《墨子·兼爱中》。

治的办法来实现天下统一，儒家则主张以王道来实现天下的统一。孟子说："苟行王政，四海之内皆举首而望之，欲以为君。"① 荀子说："天下归之之谓王。"② 反对霸道，主张以仁政来统一天下（王天下）。尽管各家对统一的方式、方法、意见不同，有主张王道的，有主张非攻的，有主张法治、暴力的，但是，天下要统一则是各家各派共同的主张。这种统一的主张，经先秦数百年的思想酝酿，至秦汉就由董仲舒等确立为"大一统"的政治思想。而《大学》则以"治国、平天下"作为每个读书人（君子）应有的人生理想，这又以"大一统"为道德原则。

因"大一统"思想，中华各族皆向往统一、争取统一，以"王天下"为政治理想。先秦时如此，秦汉以后如此；华夏与汉族如此，其余各兄弟民族亦如此。先秦时，战国七雄锐意进取，致力耕战，皆欲统一天下。秦人起自西戎，原非华夏，但却不让中原诸夏而横扫六国，一统天下。此可算作边鄙之民入主中原之始也。魏晋时，东晋偏安，虽然有识之士亦欲北渡以统一天下；祖逖、桓温先后北伐，为时人及史书所称道。但是，当北朝势力日益强大后，南朝宋、齐、梁、陈，只求割据自保，哪还有统一天下的志向。这时，鲜卑拓跋部所建之北魏日渐强大，其道武帝、太武帝，特别是孝文帝不断改革，积极吸收汉文化，任用儒生，使鲜卑文化与汉文化相结合，稳定发展北方，此时一统天下的志向转为鲜卑所有。北魏虽未成就统一，但是以之为基础，才有后来北齐、北周到隋的统一。可以说，北魏鲜卑族表现了少数民族积极进取，由统一北方进而统一全国的志向。隋唐以后，五代十国又陷入分裂动乱。但是，这动乱也正是唐末藩镇割据走向统一的过渡，故而五代仅经历半个世纪。五代中，后唐、后晋、后汉的君主都是少数民族：契丹、沙陀，这又表现了少数民族欲一统天下的努力。以后，辽、金、夏虽只做到了局部的统一，但是都有统一天下的志向。真正志在统一而又确实统一全国的是元（蒙古族）和清（满族）。对于元、清的统一应如何看？是异民族入侵、多民族统一国家的灭亡（中断），还是中华民族内部格局的调整以及

---

① 《孟子·滕文公下》。
② 《荀子·王霸》。

多民族统一国家的发展？在我们看来，答案只能是后者。事实上，蒙古族自成吉思汗崛起，虽然远征中亚、欧洲，在西方建立了几个庞大而松散的汗国，但是，整个民族的根据地仍在东方，在中华。而从忽必烈开始，其发展的方向转向中原、南方，其统治重心在中原，其思想、文化日益认同于中华。他在金莲川潜邸时，就广招汉族有为之士，问学于儒生，吸收中原传统文化，而"思大有为于天下"，所谓"大有为"即是南下统一全国，建立新的王朝。后来建立的元朝，不论从道统（文化传统）还是政统（政治传统）来看，都属于中国历史上的正统王朝，即是中国历史上统一的多民族国家的继续和发展。从五代开始，到辽、西夏、金、宋的对峙，中国又有300年的分裂，直到蒙古族兄弟才大有作为而一统天下。这是少数民族对中华大一统思想的一次成功的实践。而满族入主中原建立清朝，是中华民族内部格局的又一次大调整，是中国历史上最后一个统一的封建王朝，它对确立祖国疆域所做的努力和贡献，它对各种分裂势力的斗争，它对蒙古、藏、维吾尔诸民族的联系与团结，都充分表现了中华"大一统"精神在少数民族中的继承和发展。

历代中央王朝，包括汉族建立的各代王朝，以及蒙古族建立的元朝、满族建立的清朝，对于云南地区亦取"大一统"方针对待，由此，增进了云南各族对中原的凝聚与认同。而云南各族受"大一统"思想、精神的影响，则表现为对天下统一的向往与维护，对中央王朝的内聚倾向。这实际是我国各少数民族"大一统"观念的共同特点。我国历史上，各少数民族当其力量足以入主中原时，无不以统一天下为己任，当其力量不足以入主中原号令天下时，则以中原政权为宗主，内聚于中原，维护天下的统一。当然，以中原为宗主，并不等于以汉族为宗主，如元朝时是以蒙古族为宗主，清朝时以满族为宗主。以中原为宗主的大一统意识贯穿于整个云南地方史，决定了云南与中原各族，特别是统治民族的关系。其特别突出者，就是南诏与唐朝的关系。当时它是一个强大的政权，唐朝政权对它发动天宝之战，虽然它是有理的一方，但在大败唐军，前后歼敌20万的形势下，却立《德化碑》，修万人塚，以表明"我上世世奉中国，累封赏，后嗣容归之"。29年后，它果然归唐，接受册封。究其思想根源，当与中华大一统观念有关。在碑文中就载有阁罗凤

（南诏君主）这样的话："至忠不可以无主，至孝不可以无家。"即认为，忠是处理对外关系的原则，而忠就要有"主"（宗主），其主就是中原王朝。南诏以后，白族建立的大理国也依然如此，与中原政权保持臣属关系。

古代"大一统"思想观念是中华民族近现代爱国主义的一个精神来源。近代以来，面对帝国主义的疯狂侵略和压迫，各民族遭遇到共同的灾难和亡国灭种的威胁，这就加强了各民族相互认同的自觉意识。再加上异己的西方文化的强烈冲击，中华民族实现了从"自在"到"自觉"的转变，四万万同胞都更为自觉地意识到：我们同为中国人，同为中华民族。与此同时，近代又是社会转型的时代、革命的时代，我国古代封建皇权国家向人民民主国家转变。在古代，"天下"（国家）是帝王的天下，百姓都只是臣民，近代推翻帝制，王朝不复存在，人民与国家的关系发生根本的转变。爱国不再是臣民对君主的忠诚，而是对祖国的热爱与捍卫；国家（中国）的兴亡，不再是王朝的更迭，而关乎中华民族的兴亡，是每一个人的责任。

在云南，爱国主义精神的形成，一方面加强各民族对国家、对中华民族的凝聚力，各族人民内聚倾向更加强烈；另一方面，各民族相互认同、团结对敌的意识更为加强，由此，云南民族关系发展到新的阶段，云南各民族"多元一体"关系进一步巩固、发展。

近代以来，帝国主义以为，云南民族众多、文化多元，远离国家的政治、文化中心，可以成为他们挑拨民族关系、分裂我国、损害我国主权和领土完整的突破口，然而，他们错了！近代的云南，各族人民精诚团结，不断奋起发动反帝爱国的壮烈斗争，并在反清民主革命（辛亥起义、护国运动）斗争中，走在时代的前列，表现出极为强烈的爱国主义精神。

同治七年（1868），英帝国主义派斯莱登从缅甸进入我滇西后，经腾冲直到大理，大肆侦探、收集情报。同治十三年（1874），英国军官柏郎和驻华公使馆官员马嘉理率领200余名武装人员，从缅甸进入我腾冲境内，武装探测和挑衅，遭到边疆人民抗议、抵制，后由清政府官员护送出境。第二年（光绪元年），二人竟率英武装人员进入我腾越地区（今腾冲、盈江、陇川地区）。当地干崖、盏达等傣族土司发出号召："各土司联合，不分汉夷，七司（指腾越7个傣族土司、土目——引者注）联为一气，使外匪无从得入，以固梓乡。"① 并联合景颇族山官，聚集傣、汉、景颇、傈僳等各族人民武装抵抗。马嘉理率领先头部队，首先开枪打死边民，各族群众奋起反击，击毙马嘉理并全歼其部队，进而以武力将柏郎所率部队逐出国境。这就是有名的"马嘉理事件"。英帝国主义以此为由，威逼、强迫腐朽的清政府承认错误、签订丧权辱国的中英《烟台条约》。光绪十六年（1890），英帝国主义以勘界为名，派遣500余人从缅甸芒莫强行入境，侵入我傣族干崖土司所属铁壁关和盏达土司所属昔董地区。干崖土司刀安仁组建傣、汉、景颇、傈僳等族组成的军队，开赴铁壁关，景颇族山官则组建武装入驻虎踞关，共同抵御英军。1893年腾越7土司、景颇族山官与清政府军联合协防，抵御英军。从1893至1898年，英军妄图占领铁壁关、虎踞关，多次发起进攻，都被各族武装联合击退。但是，光绪二十四年（1898），中英两国政府联合勘界时，清政府却屈服于英帝国主义的压力，同意将包括铁壁关、虎踞关、天马关、汉龙关在内的大片国土划归英属缅甸。傣族土司刀安仁、景颇族山官早乐东等，虽展示铁壁、虎踞两关的石碑及碑文拓本，据理力争，但却无法改变清政府的屈辱态度与失败局面。这是近代云南首次爆发的爱国主义斗争。这一场前后延续25年的斗争，增强了边疆各民族人民的认同感，不论傣、景颇、傈僳、阿昌或汉族，都一致体认到自己是受侵略、欺压的中国人，有共同的命运，有共同的民族感情。由此，也就增进了各民族的团结，改善了相互关系。

20世纪30年代，在滇南边远的阿佤山地区同样爆发了各族人民团结反帝的爱国斗争，这就是所谓的"班洪事件"。班洪、班老地区在滇南中缅边界上，它们自古属于我国，史称"上葫芦王地"，主要居住着佤族同胞。这里的炉房地区蕴藏着丰富的高品位银矿。明末清初李定国率领的农民起义军曾在这里开采，乾隆年间云南石屏县人吴尚贤来到这里，与佤族部落首领刻木协议，合作开矿，人称茂隆厂。不到十年，这里就聚

---

① 《盈江县志》，云南民族出版社，1997，第616页。

集汉、佤、傣、彝、拉祜各族 10 万余人，共同开采、冶炼。茂隆厂兴旺发达，汉、佤、傣、彝各族团结和谐，吴尚贤深受佤族首领和各族群众的信任和爱戴。乾隆十八年（1751）吴尚贤为清政府所迫害，冤死狱中，茂隆厂停办。英帝国主义鲸吞缅甸后，1927 年即觊觎班洪银矿地区，曾由英商向佤族部落首领班洪王、班老王"送礼"以求进入该地开矿，但遭拒绝。1933 年末，英缅武装人员和民夫 1500 余人强占银矿区炉房、金厂等地。1934 年初，佤族首领班洪王胡玉山召集佤族 17 部落首领商议后，举行剽牛盟誓典礼，决心驱逐英军，夺回被侵占领土。战斗从 2 月开始，英军武器先进，佤族则男女老少全民出战，双方各有数十人伤亡，但在敌人大炮轰击下，下班老 6 个寨子全部着火、焚毁，群众不得不撤出，班老遂为英军占领。云南各族人民知情后，群情激昂，纷纷抗议英军入侵，呼吁支援班洪、班老佤族人民。国民党政府遂向英国提出抗议，并正式任命胡玉山为班洪总管，但要他"勿轻用兵"。此时景谷县傣族李希哲联络双江县的彭四、彭五等人，变卖家产购买武器，在官方默许下以私人名义组织"西南边防民众义勇军"。汉、傣、佤、彝、拉祜等各族人民 1200 余人踊跃参加。"义勇军"进入班洪地区后击败英军，收复失地。但是，在英国政府的压力下，国民党政府强令李希哲于 9 月撤军，班老、炉房等地又落入英军手中。1936 年中英再次会勘中缅南段未定界。班老王胡玉堂（昆散）带领班老各部落头领十余人，到南大、户算、甘勐等地参加会勘会，他们列举大量历史事实，展示明、清以来的印鉴、官服，以及原佤族头领与吴尚贤盟约的信物（木刻片），依据历史事实以证明滚弄江以北属中国领土，理应归还中国。但是，国民党政府屈服于英国的压力，致使勘界结果把滚弄江以北大片"葫芦王地"划给缅英。对此结果班洪、班老地区佤族各部落头领和人民无比愤慨、坚决反对。1936 年 2 月 2 日胡玉堂带领班老各部落头领在公明山剽牛盟誓，撰写并一致通过《（佤族 17 部落王）告祖国同胞书》，表示誓死捍卫祖国领土、誓死不愿离开中国、誓死不做英国臣民的决心。后来胡玉堂确实一直不接受英缅的授职，最后迁入境内甘勐寨住。这就是史称的"班洪事件"。

在班洪、班老，抗击英帝国主义的主体是佤族。当时佤族处于较低的经济、社会发展水平，但是，从他们的英勇战斗和《告祖国同胞书》

可以看出，他们有强烈的爱国主义精神和中华民族认同意识。当帝国主义武装入侵班老、班洪时，佤族各部落首领两次集会剽牛盟誓，决心为保卫世代相继的家园，服从统一指挥，誓死共同战斗。从1934年2月开始，全民族男女老少一起投入战斗，前后达百余天，打败了侵略军，捍卫了祖国的领土和民族尊严。在《告祖国同胞书》中说："嗟呼！我阿祖阿公之世世相传，守土有责，覆亡之祸日迫，绝种之恨将成，上难以见冥灵之阿祖阿公，下更何颜于后世耶？敝王等，处此待遇，早夕思筹，废寝忘餐，已集众剽牛，拭泪商议，断指发誓，曰：吾佧佤山，虽地脊民贫，亦有数千里之地，数十万户之民，居天然之险，恃果敢之勇，宁血流成河，断不作英帝国之奴隶。"而班老头领昆干（锡弄撒勐）则对妄图收买他的英国人说："我为中国保厂，以小利而背大义非我祖宗之志也！"他的几个儿子的汉文名字是：保卫国、保卫厂、保为民。班老王昆鄂（胡玉禄）面对英国人的利诱，则回答说："炉房乃中国之地，中国人所开，班老世代为中国保护此厂，余岂能贪图小利卖与英人？"班洪总管（总王）胡玉山，展示历代（明、清、民国）中央政府的印鉴、文件，以证明班洪地区自古是中国领土，并大义凛然地回应英国人的利诱："矿是中国的矿，你就是驮几驮金子来也不准开。"对英国人的武装进攻，他带领全部头人和群众剽牛盟誓，投入殊死的战斗。他的两个儿子，一个取名为胡忠汉，一个取名为胡忠华，以此表明对祖国的忠诚。1934年4月19日佤族15王与"西南边防民众义勇军"在勐卯寨（新地方）剽牛誓盟，盟约第一条就说："……日后任何一王投英或不服从中国命令者，即由各王诛灭之；若力量不足者，可请兵补助。"第三条说："各王永远服从中国政府，无论何时不得退出中国投英。"17王《告祖国同胞书》，篇名就昭示着鲜明的祖国意识，开篇说："窃我佧佤山17王地……自昔远祖，世受中国抚绥，固守边疆，迄今数百年，世及弗替；不但载诸史册，即现尚存历朝颁给印信，可次凭证。"文中反复立论："……我佧佤山地，西滨潞江，自古我阿公阿祖相传，世世守之，而我佧佤山为中国领土……不论地理或历史，我佧佤山为中国地，应归中国，又何疑意。"尤为可贵者，在于佤族对中华民族的诚挚认同、对祖国永不言离的眷恋之情。当感到中央政府有可能又放弃该地区、将之划归英缅时，17王代表数十万佤族同胞强烈抗议，向祖国同胞发出心底的呼声：决不离开中华，永远都做中国人。这表明他们与祖国的凝聚、与中华民族的认同、与各兄弟民族的团结，不只源于政治权力和法律的约束，更源自内心深处的道德意识和民族精神。在 17 王《告祖国同胞书》中，对这种道德意识和民族精神作了发自肺腑的表达：

> ……不论地理或历史，我佧佤山为中国土，应归中国，又何疑意。在昔薛福成（清使臣，光绪二十年赴伦敦签订中英续议滇缅界务条约——引者注）与英定约，界出潞江以东，此我佧佤山民所不能承诺者；迄乎刘万胜（清腾越官吏，光绪二十五年与英使会勘中缅南段界——引者注）划界，陈词哀求归中国，未获尽纳；此辈卖国媚外，不惜割裂我佧佤山地，以饱英帝国之枵腹，我佧佤山民所最痛心；此次勘界，深虑当道之庸柔徇情，故曾集议于塔田，赴南大请愿，虽获面示当尊重我佧佤山民意，然察其行为，诚恐蹈薛、刘之覆辙，且变本加厉也。后就甘塞召开佧佤山民众自决代表大会，公推代表，搜集印信证据，请愿于勘界委员会，陈述佧佤山民众之誓不为英帝国奴隶，当据理与之力争；委员大人之顾惜我佧佤山民，而遂愿否不可知；然我佧佤山民众，已早发誓团结，自决方针，告诸天地鬼神，愿断头颅，不愿为英帝国牛马，此志此情坚持到底，爰为是书。敬告我祖国政府，各省当道，各法团及同胞之前，请悯我边疆弱小民族之痛苦，又念唇亡齿寒之惧，舐糖及米之危，直接间接予以实力之援助，或为书面之广为宣传，我佧佤山民虽万一见弃于中华，必不甘心亡于英帝国，尤不甘心亡于英帝国，尤不失为中国之藩篱，与我祖同胞相求相助，此所愿也。敝王高呼佧佤山民众自决万岁！[1]

班洪、班老的斗争，以爱国、反帝、保家为旗帜，极大地激发起云南各族人民团结一致、共同对敌的爱国主义精神。当胡玉山派出使者向

---

[1] 以上《告祖国同胞书》，见方国瑜《滇西边区考察记》，1943 年国立云南大学出版。转引自段世琳主编《班洪抗英纪实》，云南民族出版社，1998，第 17～18 页。

各民族求援时，全省各族人民都行动起来。傣族人李希哲与彭四等自发组织"西南边防民众义勇军"，立即得到汉、傣、彝、拉祜等各族人民的热烈响应，迅疾组成 1200 余人的队伍奔赴班洪，与佤族兄弟共同战斗。《告祖国同胞书》，由佤族首领胡玉山及 17 王共同讨论、决议，由傣族人张万美用傣文执笔撰写成文，爱国华侨尹溯涛译为汉文发表。张万美为沧源勐董傣族，做过和尚、傣族土司署副总管，会傣语、汉语、佤语、拉祜语和缅甸语。抗英斗争开始后，他受勐董土司派遣带领傣族战士和物资前往班洪支援。所以，《告祖国同胞书》不仅代表佤族，而且代表云南边疆各民族的共同意志和愿望，体现着云南边疆各民族团结战斗、生死与共的爱国主义精神。[①]

1937 年抗日战争全面爆发，全国人民的爱国热情空前高涨，云南各族的认同意识、爱国主义精神进一步激发。在云南执掌军政大权的龙云、卢汉、张冲等都是彝族，本来他们与国民党中央政府有一定的矛盾。龙云任省主席 10 年从不到南京，更不参加中央政府会议，但是抗战一开始，中央政府在南京召开"国防会议"，龙云立即应召前往，并表示："本人除竭诚拥护既定国策，接受命令外，别无何种意见贡献。事已至此……当尽以地方所有之人力、财力，贡献国家，牺牲一切，奋斗到底，俾期挽救危亡。"[②] 随即派出滇军属下的第 60 军、58 军、（老）3 军、新 3 军开赴抗战前线。八年抗战，云南参战的各民族子弟兵在 42 万人以上，先后在台儿庄、中条山等重大战役中激战，伤亡近 10 万余人。而当时云南全省人口仅 1200 万！

八年抗战中，1942～1945 年的滇西抗战，充分表现了云南各民族强烈的爱国主义精神和中华民族认同意识。1942 年日军进攻缅甸，英军溃败，日军攻占缅甸后，快速进入我国滇西地区。但是，在这个中国边远的多民族地区，他们出乎预料地遇到了顽强的抵抗，不得不止于怒江西岸。怒江以西地区，居住着傣、傈僳、景颇、阿昌、德昂等众多少数民族，他们社会发展水平极不平衡，大多保持着土司、山官制度，甚至更

---

① 关于"班洪事件"的以上论述，主要依据《班洪抗英纪实》（段世琳主编，云南民族出版社，1998）、《临沧地区民族志》（临沧地区民族宗教事务局编，云南民族出版社，2003）、《云南简史》（马曜主编，云南人民出版社，1991）。特此致谢。

② 见谢本书《龙云传》，四川民族出版社，1988，第 145 页。

原始的社会管理方式，又长期存在土司之间、土司与政府"流官"之间的纷争和矛盾。日本侵略者以为，可以如在东南亚那样，利用印尼人与荷兰人的矛盾、越南人与法国人的矛盾、缅甸人与英国人的矛盾来实现其占领与掠夺的图谋。但是在滇西，不同文化、不同制度的各民族，迅疾捐弃前嫌，团结一致地拼死反击日寇；那种背弃祖国、出卖民族而投靠日寇的败类极少。多民族混合的各种游击队迅速组成，四处打击敌人。据《云南抗日战争史》一书载：当时腾越地区"实力较强、影响较大的土司主要有傣族的南甸土司龚绶、干崖土司刀京版、陇川土司多永安、盏达土司思洪升等人；受他们影响的有勐卯土司方善之（代办）、户撒阿昌族土司盖炳全、腊撒阿昌族土司赖奉先等人。这些都拥护政府抗战，并参加了游击队"。如刀京版组织了"滇西边区自卫军"、龚绶联合多永安组织滇西抗日游击队。在各族土司的带动下，在腾越地区以及中缅边境上，傣、汉、景颇、阿昌、德昂、傈僳等各族人民纷纷组成抗日游击中队、大队，配合政府军展开斗争。①

1944 年 5 月，中国以 7 个军 16 万人的兵力于滇西发起反攻。在美国空军和物资、装备的支援下，中国军队强渡怒江，连续发动壮烈的松山战役、腾冲战役、龙陵战役，到 1945 年 1 月，歼敌（毙、伤、俘）21057 人，把日寇干净、彻底地从滇西赶出国门。这是八年抗战中第一次把日寇赶出国门的战斗，对我国以至东南亚、南亚抗日战争的全局，都有重大意义。这场数十万人的大战在滇西展开，云南各族人民虽承受着前所未有的战争灾难，仍义无反顾地全力支持国军。当时，三十余万青壮年应征支援前线（运送物资、救护伤员、侦察向导），全省征集数百万担（市石）的粮食运送前线。仅腾冲战役中，支前的民夫就光荣牺牲1300 余人，其中既有汉族也有少数民族。胜利后前线官兵一致认为，之所以能取得胜利并把日寇赶出国境，云南各族人民的支持是重要的条件。②

---

① 见孙代兴、吴宝璋主编《云南抗日战争史》（增订本），云南大学出版社，2005，第110～121 页。

② 孙代兴、吴宝璋主编《云南抗日战争史》（增订本），云南大学出版社，2005，第三、五章。

抗日战争中，滇缅公路、中印公路的修筑对持久战的坚持和最后反攻的胜利至关重要。而这上千公里的大道，修建在滇西高原之上，横跨怒江、澜沧江等江河、峡谷，并且是在没有任何机械、全凭手工，敌机又不断轰炸、骚扰的情况下，仅用九个月的时间就建成、通车的。云南人民，特别是滇西人民，包括今大理白族自治州、德宏傣族景颇族自治州、怒江傈僳族自治州、楚雄彝族自治州以及保山市的各族人民，高峰时每天出工人数高达 20 万人以上，其中有汉、彝、白、傣、回、景颇、阿昌、德昂、苗、傈僳等十多个民族。如从龙陵到终点潞西有百来公里，就有芒市、遮放、干崖、盏达、南甸、勐卯、陇川、户撒、腊撒等大小土司带领所属少数民族群众，自带口粮、工具到指定地段开山凿石架桥铺路。① 由于工具简陋、技术落后，再加热带瘴疠肆虐和敌机轰炸，无数民工为工程献出了宝贵的生命。如龙陵县负责修建过县境的 40.9 公里路就牺牲 300 余人，每公里近10 人；县长拉着傣族乡长（土司）线光天一起上工地，他的两个秘书就牺牲了。② 这条各族人民血肉筑成的大道，是当时西南"大后方"运量最大、最重要的国际通道，从 1938 年 12 月至 1942 年 5 月畹町陷落为止，三年半的时间里共运输了 45 万多吨急需的战时物资，为打破日寇的封锁、保证抗日物资需要，准备日后的反攻，做出了极其重大的贡献。③ 路成之时美国总统罗斯福似有怀疑，遂命驻华大使詹森前往视察。詹森亲往查看后感叹道："滇缅公路工程浩大……且修筑滇缅路，物质条件异常缺乏，第一缺乏机器，第二纯系人力开辟，全赖沿途人民的艰苦耐劳精神，这种精神是全世界任何民族所不及的。"④ 确实如此，为完成这艰难、宏伟的工程，云南各族人民充分发扬了中华民族以爱国主义为

① 见多立周《抢修滇缅公路终点段》，载云南省政协文史委员会编《血肉筑成抗战路》，云南人民出版社，2005。
② 多立周：《抢修滇缅公路终点段》，载云南省政协文史委员会编《血肉筑成抗战路》，云南人民出版社，2005，第 99 页。
③ 孙代兴、吴宝璋主编《云南抗日战争史》（增订本），云南大学出版社，2005，第 174 页。
④ 谢自佳：《抗日战争时期的滇缅公路》，见云南省政协文史委员会编《血肉筑成抗战路》，云南人民出版社，2005。

核心的民族精神。

爱国主义是激励各族人民奋起自强的精神力量，同时也是各族人民凝聚与团结的旗帜与灵魂。它促使云南各民族"多元一体"关系从自在到自觉的升华。

四 崇德重仁的价值观

对于民族关系的形成和发展，民族观和宗教观有直接的指引作用，但是民族观和宗教观又受到价值观的指引和影响。价值观在民族精神中处于更深层和核心的地位。中华民族崇德重仁、道德至上的价值观，一方面使各族人民能够相互宽容，使不同文化得以共存，因此是云南民族文化多样性得以存在的思想条件，也即中华民族多元一体结构中"多元"、多样性的思想条件。[①] 另一方面，这种价值观又是中华民族"一体"关系得以形成的思想条件和精神基础。它是中华民族的共性，中华各民族由崇德重仁的价值观而相互认同、凝聚。就云南来说，彝、白、汉三个起主导作用的民族，都重道德、仁义。汉族以儒家思想为主导，其崇德重仁的价值观自不待言。而云南少数民族以彝、白两族人口最多，在政治、经济、文化上都起主导作用，可作为云南民族的代表来看。从历史来说，南诏是彝族、白族共同建立的政权。南诏初期其统治阶层就有重道德仁义的思想。天宝之战后，南诏君臣共立《德化碑》，其中说："小能胜大，祸之胎；亲仁善邻，国之宝。""夫德以立功，功以建业。"主张对内亲仁，对外善邻；标榜以仁德为立功立业的根基。碑文又载：消灭 20 万唐军后，阁罗凤下诏："生虽祸之始，死乃怨之终，岂顾前非而忘大礼"。命臣下收拾唐军的遗骸"祭而葬之，以存旧恩"（此所谓"万人冢"，遗址仍在今大理市）。可见其讲礼义、仁德，是有实际的。南诏有《德化碑》，而大理国留传至今的则有《护法明公德运碑》《兴宝寺德化铭》等。它们虽然综合儒释道各家的思想，但是，突出一个"德"字、重道德价值却是其基本精神，可见，重仁义、道德的思想已为当时彝、白两族统治集团所认同。元明以后，彝、白两族经济、文化

---

① 见拙文《云南民族关系的历史经验——对多样性的宽容》。

迅速发展，涌现一些有影响的人物，如李元阳、高奣映等，他们早年为官，后又讲学授徒，宣扬儒家重道德、仁义的思想。如谓："夫学问之道，以心之所历，而各以所得而歧焉，惟止至善，以求仁为端，以作圣为结，以天下为己任。"[①] "教化行，而人知亲长之义！人知亲长之义，则盗贼非所患也。"[②] 在他们的教育和影响下，重仁义、讲道德的精神在云南各民族中进一步发展。近代以来在少数民族，特别是白族中，就产生了一大批有高尚的道德情操和爱国爱民热忱的知识分子。此外，云南少数民族，或结合儒学于本民族传统，如回族、壮族；或结合佛教于本民族传统，如傣族等，在不同的民族文化中逐渐形成重道德、仁义的价值观。由此，在政治上，不论哪个民族执掌云南政权，成为统治民族，最终都少不了以仁德为治国的价值目标，至少是宣称以此为目标。由此，在南诏、大理国时期，作为统治民族的彝族、白族与云南各民族，没有形成"不共戴天"的仇恨。在漫长的历史过程中，云南各民族，虽因经济或政治的利益，不时发生矛盾、冲突，以至战争、杀戮，但是，最终却能化解仇恨，相容共存，并认同中华民族多元一体结构，其思想前提正在于冲突各方都有崇德重仁的价值观念，例如，南诏天宝之战、忽必烈征云南之战就是如此。再者，从重道德的价值观出发，中国传统文化就认为，人的根本价值在于礼义、道德，君子与小人的区别在此，诸夏与蛮夷的主要区别也在此。《左传》定公十四年载：孔子说："裔不谋夏，夷不乱华。"唐代孔颖达《五经正义》疏曰："中国有礼义之大，故称夏；有服章之美，故谓之华。"即是此意。如此，就是以道德、仁义为族群区别的根本，对有道德、仁义者即可视为同类同族。春秋之初，诸夏认为秦人、楚人不讲礼义，乃戎狄、荆蛮，非华夏之类。后经春秋战国五百余年，秦人、楚人以及部分越人，接受了中原道德、仁义观念及制度，于是被诸夏认为是同类。以后，入主中原的蒙古族、满族，起初只重武力征服，受到汉族为主的各民族的坚决反抗和排斥，而后当他们融入中华传统文化之中，接受道德、仁义思想及制度，就逐

---

① 高奣映：《迪孙·穀雾》。
② 李元阳：《赠王通守序》，载《李中溪全集》卷5。

渐为各民族认为同类，其王朝被视为中华传统政权之一环；元、清王朝虽然最终覆灭，而蒙古族、满族则认同中华民族。云南各民族也都以道德、仁义为相互认同的根据。他们有重道德、仁义的传统，并仰慕和学习中华传统文化，因而从秦汉以来，不仅相互视为同类，而且与汉族及中华各族之间依据仁义、道德而相互认同和凝聚，成为中华民族的一分子。

参|考|文|献

1. 方国瑜主编《云南史料丛刊》第 1~10 卷，云南大学出版社，1998。

2. 王崧编纂《云南备征志》，李春龙点校，云南人民出版社，2010。

3. 《华阳国志校注》，刘琳校注，巴蜀书社，1994。

4. 《云南志校释》，赵吕甫校释，中国社会科学出版社，1985。

5. 《百夷传校注》江应樑校注，云南人民出版社，1980。

6. 郭松年、李京撰《大理行记校注·云南志略辑校》王叔武校注，云南民族出版社，1980。

7. 郭松年：《创建中庆路大成庙碑记》，见方国瑜主编《云南史料丛刊》第 3 卷。

8. 《山海经》，袁珂译注，贵州人民出版社，1991。

9. 《明太祖实录》。

10. 《李元阳集》（散文卷），云南大学出版社，2008。

11. 《春秋公羊传》，载李学勤主编《十三经注疏》，北京大学出版社，1999。

12. 高奣映：《滇鉴》，云南大学出版社，2011。

13. 马注：《清真指南》，云南民族出版社，1989，第 15 页。

14. 《马克思恩格斯选集》，中央文献编译局译，人民出版社，1972。

15. 《毛泽东选集》，人民出版社，1992。

16. 白寿彝主编《中国通史》第 1 卷，上海人民出版社，1989。

17. 翁独健主编《中国民族关系史纲要》，中国社会科学出版社，2001。

18. 王钟翰主编《中国民族史》，中国社会科学出版社，1994。

19. 江应樑主编《中国民族史》，民族出版社，1990。

20. 费孝通主编《中华民族多元一体格局》（修订本），中央民族大学出版社，1999。

21. 费孝通：《从事社会学五十年》，天津人民出版社，1983。

22. 国家民族事务委员会研究室撰《统一多民族的中国和中华民族的多元一体》，民族出版社，2009。

23. 方国瑜：《滇史论丛》第1辑，上海人民出版社，1982。

24. 方国瑜：《滇西边区考察记》，国立云南大学出版，1943。

25. 陈连开主编《中国民族史纲要》，中国财政经济出版社，1999。

26. 马曜主编《云南简史》（新增订本），云南人民出版社，2009。

27. 马曜：《马曜学术论著自选集》，云南人民出版社，1998。

28. 尤中：《中华民族发展史》，晨光出版社，2007。

29. 尤中：《云南民族史》，云南大学出版社，1994。

30. 尤中：《中国西南的古代民族》，云南人民出版社，1979。

31. 尤中：《云南地方沿革史》，见《尤中文集》第1卷，云南大学出版社，2009。

32. 达力扎布主编《中国民族史研究60年》，中央民族大学出版社，2010。

33. 张植荣：《中国边疆与民族问题——当代中国的挑战及其历史由来》，北京大学出版社，2005。

34. 郭家骥：《云南民族关系调查研究》，中国社会科学出版社，2010。

35. 郭家骥主编《云南的民族团结与边疆稳定》，民族出版社，1998。

36. 方铁：《边疆民族史探究》，中国文史出版社，2005。

37. 方铁主编《西南边疆民族研究》第1~3辑，云南大学出版社，2001、2002、2003。

38. 夏光辅等：《云南科学技术史稿》，云南科技出版社，1992。

39. 杨学政主编《云南宗教史》，云南人民出版社，1999。

40. 杨寿川：《云南经济史研究》，云南民族出版社，1999。

41. 陆韧：《变迁与交融——明代云南汉族移民研究》，云南教育出版社，2001。

42. 刘小兵：《滇文化史》，云南人民出版社，1990。

43. 编写组编写《云南民族工作四十年》，云南民族出版社，1994。

44. 王文光等：《云南近现代民族发展史》，云南大学出版社，2009。

45. 孙代兴、吴宝璋主编《云南抗日战争史》（增订本），云南大学出版社，2005。

46. 《傣族简史》编写组编写《傣族简史》，云南人民出版社，1985。

47. 《白族简史》编写组编写《白族简史》，云南人民出版社，1988。

48. 《彝族简史》编写组编写《彝族简史》，云南人民出版社，1987。

49. 《纳西族简史》编写组编写《纳西族简史》，云南人民出版社，1984。

50. 《傈僳族简史》编写组编写《傈僳族简史》，云南人民出版社，1983。

51. 《壮族简史》编写组编写《壮族简史》，广西人民出版社，1980。

52. 胡绍华：《中国南方民族发展史》，民族出版社，2004。

53. 王文光：《中国南方民族史》，民族出版社，1999。

54. 段丽波：《中国西南氐羌民族源流史》，人民出版社，2011。

55. 杨策、彭武等主编《中国近代民族关系史》，中央民族大学出版社，1999。

56. 侯绍庄等：《贵州古代民族关系史》，贵州民族出版社，1991。

57. 徐新建：《西南研究论》，云南教育出版社，1992。

58. 刘尧汉：《中国文明源头新探——道家与彝族虎宇宙观》，云南人民出版社，1985。

59. 徐兴祥：《中国古代民族思想与羁縻政策研究》，云南民族出版社，1999。

60. 云南省博物馆编《云南省博物馆学术论文集》，云南人民出版社，1989。

61. 云南省博物馆编《云南青铜文化论集》，云南人民出版社，1991。

62. 汪宁生：《云南考古》（增订本），云南人民出版社，1980。

63. 李昆声：《云南考古学论集》，云南人民出版社，1998。

64. 林超民：《林超民文集》，云南人民出版社，2008。

65. 李晓岑等：《中国铅同位素考古》，云南科技出版社，2000。

66. 王大道：《云南铜鼓》，云南教育出版社，1986。

67. 杨福泉：《纳西族与藏族的历史关系研究》，民族出版社，2005。

68. 段红云：《明代云南民族发展论纲》，人民出版社，2011。

69. 龚荫编著《明清云南土司通纂》，云南民族出版社，1985。

70. 易谋远：《彝族史要》，社会科学文献出版社，2007。

71. 马长寿：《彝族古代史》，李绍明整理，上海人民出版社，1987。

72. 方国瑜：《彝族史稿》，四川民族出版社，1984。

73. 陈本明等编著《昭通彝族史探》，云南民族出版社，2001。

74. 石硕主编《藏彝走廊：历史与文化》，四川人民出版社，2005。

75. 范宏贵：《同根生的民族——壮泰各族渊源与文化》，民族出版社，2007。

76. 黄懿陆：《壮族文化论》，云南教育出版社，2001。

77. 黄兴球：《壮泰族群分化时间考》，民族出版社，2008。

78. 黄惠焜：《从越人到泰人》，云南民族出版社，1992。

79. 杨应新主编《白族文化大观》，云南民族出版社，1999。

80. 云南民族事务委员会编《白族文化大观》，云南民族出版社，1999。

81. 陆复初：《昆明简史》（上），昆明市志编纂委员会，1983。

82. 贵州省民族研究所毕节地区彝文翻译组：《西南彝志选》，贵州人民出版社，1982。

83. 盈江县志编纂委员会：《盈江县志》，云南民族出版社，1997。

84. 临沧地区民族宗教事务局编《临沧地区民族志》，云南民族出版社，2003。

85. 郭净等主编《云南少数民族概览》，云南人民出版社，1999。

86. 管彦波：《民族地理学》，社会科学文献出版社，2011。

87. 王声跃主编《云南地理》，云南民族出版社，2002。

88. 《新编云南省情》编委会编《新编云南省情》，云南人民出版社，1996。

89. 段世琳主编《班洪抗英纪实》，云南民族出版社，1998。

90. 云南省政协文史委员会编《血肉筑成抗战路》，云南人民出版社，2005。

91. 谢本书：《龙云传》，四川民族出版社，1988。

92. 陈国新、谢旭辉、杨浩东编著《中共三代领导人对马克思主义民族理
    论的继承和发展》，贵州人民出版社，2003。

93. 〔英〕休希顿·沃森：《民族与国家》，吴洪英、黄群译，中央民族大
    学出版社，2009。

94. 〔美〕斯塔夫里阿诺斯：《全球通史——从史前到 21 世纪》，吴象婴
    等译，北京大学出版社，2005。

95. 〔日〕佐佐木高明：《照叶树林文化之路——自不丹、云南至日本》，
    刘愚山译，云南大学出版社，1998。

96. 蔡寿福：《云南教育史》，云南教育出版社，2001。

97. 杨学政主编《云南宗教史》，云南人民出版社，1999。

98. 卿希泰、唐大潮：《道教史》，江苏人民出版社，2006。

99. 马德新：《四典要会》，宁夏人民出版社，1988。

100. 马注：《清真指南译注》，云南民族出版社，1989。

101. 费孝通：《民族社会学调查的尝试》，载《从事社会学五十年》，天
     津人民出版社，1983。

102. 陈纳：《地理与时间的碎片》，《读书》2011 年第 7 期。

103. 徐亦亭：《中国古代文化区域和民族关系》，《中央民族学院学报》
     1992 年第 5 期。

104. 佟柱臣：《中国新石器时代文化的多中心发展论和发展不平衡论——
     论中国新石器时代文化发展的规律和中国文明的起源》，见内蒙古社
     会科学院编《草原文化研究资料选编》（第一辑）。

105. 陆巍、吴宝鲁：《试论第四纪晚期中国古人类三次迁移与气候变化》，
     《地理学报》1997 年第 5 期。

106. 段渝：《先秦巴蜀地区百濮和氏羌的来源》，《贵州民族研究》2006
     年第 5 期。

107. 李昆声：《云南通史·远古至战国时期卷前言》，《云南文史》2010
     年第 3 期。

108. 林超民：《壮泰族群分化时间考·序二》，载黄兴球《壮泰族群分化

時間考》，民族出版社，2008。

109. 林超民：《汉族移民与云南统一》，《云南民族大学学报》2005 年第 3 期。

110. 方国瑜：《关于"乌蛮"、"白蛮"的解释》，载方国瑜《滇史论丛》第 1 辑，上海人民出版社，1982。

111. 方铁：《论南诏的民族政策》，《思想战线》2003 年第 3 期。

112. 方铁：《南诏、吐蕃与唐朝三者间的关系》，《中国藏学》2003 年第 3 期。

113. 方铁：《大理国的民族治策和民族政策》，载赵寅松主编《白族文化研究》，云南民族出版社，2004。

114. 何耀华：《融合统一：云南历史发展的主轴》（上、下），《云南文史》2010 年第 3、4 期。

115. 宋蜀华：《论南诏的兴亡及其和唐、吐蕃的关系》，《云南民族学院学报》2001 年第 5 期。

116. 周祜：《大理与赵宋王朝的关系》，《大理学院学报》1997 年第 3 期。

117. 段玉明：《大理国的周边关系》，《云南社会科学》1997 年第 3 期。

118. 李晓斌：《秦汉、魏晋南北朝时期云南民族融合研究》，《云南师范大学学报》2002 年第 5 期。

119. 和在瑞：《万德宫——徐霞客传授文化的地方》，《丽江文史资料》第 3 辑。

120. 伍雄武：《云南民族关系的历史经验——对多样性的宽容》，《思想战线》2005 年第 6 期。

121. 伍雄武：《云南民族关系的历史经验——多元一体》，《云南师范大学学报》2005 年第 5 期。

122. 李绍明：《"藏彝走廊"研究与民族走廊学说》，载（石硕主编）《藏彝走廊：历史与文化》，四川人民出版社，2005。

123. 龙西江：《中国亟待建立自己的民族学理论》，《战略与管理》1994 年第 3 期，《新华文摘》1994 年第 10 期转载。

124. 徐新建：《"族群地理"与"生态史学"——由"藏彝走廊"引出的综述和评说》，载石硕主编《藏彝走廊：历史与文化》，四川人民出版社，2005。

125. 陆巍、吴宝鲁：《试论第四纪晚期中国古人类三次迁移与气候变化》，《地理学报》1997 年第 5 期。

126. 黄彩文：《试论明代云南民族关系的特点》，《中南民族大学学报》2003 年第 2 期。

127. 多立周：《抢修滇缅公路终点段》，载云南省政协文史委员会编《血肉筑成抗战路》，云南人民出版社，2005。

128. 谢自佳：《抗日战争时期的滇缅公路》，载云南省政协文史委员会编《血肉筑成抗战路》，云南人民出版社，2005。

129. 姚燧：《湖广行省左丞相神道碑》，见苏天爵《元文类卷五十九》，上海古籍出版社，1993。

130. 《告祖国同胞书》，见方国瑜《滇西边区考察记》，1943 年国立云南大学出版。

131. 周家瑜：《近十年云南民族关系史研究综述》，《边疆经济与文化》2007 年第 12 期。

132. 高宏、王小波：《近十年云南民族关系史研究综述》，《保山师专学报》2007 年第 6 期。

图书在版编目（CIP）数据

云南民族关系的历史与经验/张刚，伍雄武著. —北京：
社会科学文献出版社，2014.7
（西南边疆历史与现状综合研究项目. 研究系列）
ISBN 978 - 7 - 5097 - 5247 - 0

Ⅰ.①云… Ⅱ.①张… ②伍… Ⅲ.①民族关系 - 研究 -
云南省 Ⅳ.①D633

中国版本图书馆 CIP 数据核字（2013）第 257823 号

西南边疆历史与现状综合研究项目·研究系列
云南民族关系的历史与经验

著　者 / 张　刚　伍雄武

出 版 人 / 谢寿光
出 版 者 / 社会科学文献出版社
地　　址 / 北京市西城区北三环中路甲 29 号院 3 号楼华龙大厦
邮政编码 / 100029

责任部门 / 人文分社（010）59367215　　　　　　　责任编辑 / 王玉霞
电子信箱 / renwen@ ssap. cn　　　　　　　　　　　责任校对 / 李艳涛
项目统筹 / 宋月华　范　迎　　　　　　　　　　　　责任印制 / 岳　阳
经　　销 / 社会科学文献出版社市场营销中心（010）59367081　59367089
读者服务 / 读者服务中心（010）59367028

印　　装 / 三河市尚艺印装有限公司
开　　本 / 787mm × 1092mm　1/16　　　　　　　　印　张 / 21
版　　次 / 2014 年 7 月第 1 版　　　　　　　　　　字　数 / 321 千字
印　　次 / 2014 年 7 月第 1 次印刷
书　　号 / ISBN 978 - 7 - 5097 - 5247 - 0
定　　价 / 89.00 元